普通高校经济管理类应用型本科系列规划教材

理财规划

主　编　张权中
副主编　杨德草　李根生　方　涛
编　委（按姓氏笔画排序）
　　　　方　涛　朱　璟　李根生
　　　　杨德草　邹　璐　张权中
　　　　侯玲玲　洪　颖　瞿娟娟

中国科学技术大学出版社

内 容 简 介

进入新时代，居民收入水平得到了大幅度的提升，人们开始寻求如何有效地实现资产的保值增值，个人家庭理财领域获得前所未有的巨大市场机遇。理财规划作为一个全方位的服务体系，它对从业人员知识的广度和运用能力具有较高的要求。本书包括：理财规划基础知识（财务会计基础、经济金融基础、计量统计基础、理财规划法律基础等），理财规划工作流程和要点，具体理财规划（包括现金规划、消费规划、教育规划、保险规划、投资规划、税收规划、退休养老规划、财产分配与传承规划），综合理财规划等内容。可供高校金融、投资、保险类专业学生作为教材使用，也可供参加"理财规划师"考试的人员参考。

图书在版编目(CIP)数据

理财规划/张权中主编. —合肥:中国科学技术大学出版社,2020.9
ISBN 978-7-312-04999-6

Ⅰ. 理… Ⅱ. 张… Ⅲ. 投资—高等学校—教材 Ⅳ. F830.59

中国版本图书馆 CIP 数据核字(2020)第 117532 号

理财规划
LICAI GUIHUA

出版	中国科学技术大学出版社
	安徽省合肥市金寨路96号,230026
	http://press.ustc.edu.cn
	https://zgkxjsdxcbs.tmall.com
印刷	安徽省瑞隆印务有限公司
发行	中国科学技术大学出版社
经销	全国新华书店
开本	787 mm×1092 mm 1/16
印张	20.5
字数	525千
版次	2020年9月第1版
印次	2020年9月第1次印刷
定价	50.00元

前 言

在互联网、大数据、人工智能高速发展的今天,我国居民收入水平得到了大幅度的提升,居民资产数量呈现出快速增长的趋势,同时也加剧了产业结构的升级换代。新时期催生了新经济、新模式,互联网、移动互联网平台加速了消费经济、分享经济、共享经济的发展,财富的快速增加推动了对个人资产进行管理的需求,人们开始寻求如何有效实现资产的保值增值。与此同时,金融工具的创新、混业经营和全方位服务的新发展,也推动了金融机构开始向个人家庭理财领域拓展自己的服务内容,以便在这一巨大的新型市场获得先机。

理财规划在我国目前是一个新兴的领域,但在西方发达国家已经形成了较为完整的服务体系。对于处于起步阶段的我国金融服务业而言,存在许多需要规范和改进的空间,包括从业人员的资格认证、行业服务的标准和规范、全方位服务的制度障碍等。目前,我国金融业实行的还是分业经营、分业监管的模式,尽管这一模式对于降低金融系统的风险起到了重要的作用,但它也在一定程度上限制了我国理财规划业务的全面开展和质量的提升。现在,很多的金融机构,包括银行、保险、证券以及各类投资咨询机构,都开始发展自己的个人理财规划业务,但是政策的限制使得它们往往只能提供或者更专注于某一类金融业务,这与理财规划全方位服务的要求出现了背离。因此,尽管理财规划业务在我国存在着很大的市场空间,但它同时还有很长的路要走。也正是在这个过程中,市场中的机会才得以不断涌现。

本书正是在这种背景下推出的。市场服务的需求开始转向全方位的服务,同样,对人才的需求也转向了对复合型人才的需求。对于财经类专业的学生和准备在这一领域发展的从业人员来说,正确把握理财规划的基本流程、不同金融工具的运用原理,并为客户提供综合的个性化服务,是获得成功的必备前提。

理财规划是根据客户财务与非财务状况,运用规范的方法,并遵循一定程序,为客户制订切合实际、可操作的某一方面或一系列相互协调的规划方案,包括现金规划、消费支出规划、教育规划、风险管理与保险规划、税收筹划、投资规划、退休养老规划、财产分配与传承规划等。个人理财规划基于人的生命周期,是一个长期的过程,一个努力达到终生的财务安全、自主、自由的过程。同时,理财规划又是一项综合服务,它由专业理财人员通过明确个人客户的理财目标,分析客户的生活、财务状况,从而帮助客户制订出可行的理财方案。

理财规划是一个全方位的服务体系,因此它对从业人员的知识广度和运用能力有较高的要求。对于这门课程的学习,需要大家拓展自己的视野,实时地跟踪市场的最新信息,不断充实和提高自己的专业技能及与人沟通交流的能力。根据国外的经验来看,在这一领域内的从业人员,能够获得专业的特许注册金融分析师(CFA)等资格认证的,都是在这一领域内从业多年的专业人员。因此,理财规划是一门专业性强、要求高和需求全面的新课程。

在本书中，我们特别强调了理财规划师的道德与职业道德、理财规划师工作流程中建立客户关系，拓展了教育规划的内涵和增加了创业投资规划的相关内容。因此，我们希望读者对此予以重点关注。具体来说，道德与职业道德是理财规划师立业之基，所谓"德者，事业之基，未有基不固，而栋宇坚久者"；而建立长久的客户关系，则是有德者的诚信之果。教育规划乃是一个人一生都必须非常重视的内容，从组建家庭开始，为人父母者就要着手全面、全方位地开展教育规划（个人和子女教育规划）。投资规划的制订和实施是理财规划的重点。在对投资规划的介绍中，本书分别从不同的投资工具入手，介绍了不同的金融工具的特点、类型和投资策略等方面的内容。对理财规划师来说，将不同的理财工具融会贯通，并制订出一个高效的投资组合，需要多年的实战经验和对不同金融工具投资技巧的把握。另外在拓展创业投资规划的内容中，读者可以学到如何通过创业来实现财务安全，达到财务自由。

经过多年的课程讲授和教学实践，我们对理财规划行业的发展历程和趋势也更加了解。在讲解的过程中，我们深刻地体会到理财规划师这个行业广阔的发展前景和较高的职业素质要求。该课程是一个偏重实践的课程，要求大家学以致用，因此，我们在教学中非常注重案例教学。

本书由张权中任主编，杨德草、李根生、方涛任副主编。全书的内容设想、大纲编写、体例设计、团队组建、统筹审核、协调出版等工作由张权中负责。杨德草、李根生负责教材内容的审核，方涛负责教材体例的修改。

全书共分12章，具体分工如下：第一章、第六章、第八章第八节由张权中编写；第二章、第五章由方涛编写；第三章由侯玲玲编写；第四章由洪颖编写；第七章由瞿娟娟编写；第八章第一节到第七节由杨德草编写；第九章由朱璟编写；第十章由邹璐编写；第十一章由邹璐、李根生共同编写；第十二章由李根生编写。

在编写过程中，本书参考和借鉴了国内外同类的书籍、报刊和网络资料，在此谨向所有作者表示衷心的感谢！在本书即将付梓时我们要感谢中国科学技术大学出版社领导和编辑的帮助！同时，在这里还要感谢多年来一直支持的家人和朋友！

由于作者水平有限，书中不足之处在所难免，敬请广大读者批评指正，谢谢！

张权中

2020年4月

目 录

前言 ………………………………………………………………………………（ⅰ）

第一章 理财规划基础 ………………………………………………………（1）
  第一节 理财规划概述 ………………………………………………………（1）
  第二节 理财规划的内容 ……………………………………………………（6）
  第三节 理财规划师职业发展、职业道德与准则 …………………………（11）

第二章 理财规划的财务基础 ………………………………………………（19）
  第一节 财务会计基础 ………………………………………………………（19）
  第二节 财务管理基础 ………………………………………………………（30）
  第三节 个人家庭会计报表分析基础 ………………………………………（35）

第三章 理财规划师的工作流程 ……………………………………………（44）
  第一节 建立客户关系 ………………………………………………………（44）
  第二节 收集客户信息 ………………………………………………………（51）
  第三节 财务分析和评价 ……………………………………………………（62）
  第四节 制订理财规划方案 …………………………………………………（68）
  第五节 实施理财规划方案 …………………………………………………（74）
  第六节 提供持续的理财服务 ………………………………………………（76）

第四章 现金规划 ……………………………………………………………（80）
  第一节 金融基础知识 ………………………………………………………（80）
  第二节 分析客户现金需求 …………………………………………………（83）
  第三节 制订现金规划方案 …………………………………………………（87）

第五章 消费支出规划 ………………………………………………………（99）
  第一节 分析客户消费需求 …………………………………………………（99）
  第二节 制订住房消费方案 …………………………………………………（102）
  第三节 制订汽车消费方案 …………………………………………………（112）

第六章 教育规划 ……………………………………………………………（118）
  第一节 教育规划必要性 ……………………………………………………（118）
  第二节 分析客户教育规划需求 ……………………………………………（125）
  第三节 制订客户教育规划方案 ……………………………………………（131）

第七章 保险规划 ……………………………………………………………（140）
  第一节 风险与可保风险 ……………………………………………………（141）
  第二节 保险的功能与种类 …………………………………………………（144）

第三节　制订保险规划方案 …………………………………………………… (159)

第八章　投资规划 ……………………………………………………………………… (164)
　　第一节　投资规划概述 …………………………………………………………… (164)
　　第二节　宏观经济分析基础理论 ………………………………………………… (170)
　　第三节　股票投资规划 …………………………………………………………… (175)
　　第四节　债券投资规划 …………………………………………………………… (188)
　　第五节　证券投资基金 …………………………………………………………… (195)
　　第六节　黄金投资规划 …………………………………………………………… (204)
　　第七节　银行理财产品投资规划 ………………………………………………… (208)
　　第八节　创新创业投资规划 ……………………………………………………… (212)

第九章　税收规划 ……………………………………………………………………… (234)
　　第一节　个人所得税概述 ………………………………………………………… (234)
　　第二节　个人所得税的基本构成要素 …………………………………………… (238)
　　第三节　个人税收规划的原则与方法 …………………………………………… (248)
　　第四节　个人所得税规划实务 …………………………………………………… (251)

第十章　退休养老规划 ………………………………………………………………… (255)
　　第一节　分析客户养老费用 ……………………………………………………… (255)
　　第二节　制订退休养老规划 ……………………………………………………… (261)

第十一章　财产分配规划与传承规划 ………………………………………………… (274)
　　第一节　分析客户财产状况 ……………………………………………………… (274)
　　第二节　制订财产分配方案 ……………………………………………………… (283)
　　第三节　分析客户财产传承需求 ………………………………………………… (288)
　　第四节　制订财产传承规划方案 ………………………………………………… (292)

第十二章　综合理财规划方案编写 …………………………………………………… (302)
　　第一节　综合理财规划书的基本知识 …………………………………………… (302)
　　第二节　综合理财规划书的撰写与案例 ………………………………………… (308)
　　第三节　实施与调整投资理财规划方案 ………………………………………… (314)

参考文献 ………………………………………………………………………………… (319)

第一章　理财规划基础

- 理解理财与理财规划的内涵
- 了解熟悉理财规划的目标与原则
- 熟悉理财规划的内容与业务流程
- 了解生命周期理论与家庭模型
- 熟悉掌握理财规划师的职业道德

第一节　理财规划概述

管道的故事

两个年轻人,从事同样的提水工作,每提一桶水,就有人付一份钱给他们。第一个年轻人梦想凭借自己的能力,提更多桶水,以便赚更多的钱。第二个年轻人却将一部分白天的时间用来提桶运水,用额外的时间建造运水的管道。几年过去了,第一个年轻人仍然日复一日,辛苦提水,却身无分文。第二个年轻人已经无需再提水了:他已经建起了自己的运水管道,无论他是否工作,水都在源源不断流入,而流入他口袋的钱也因此变得越来越多……

遗憾的是,时至今日,仍然有数不清的人生活在纯粹提水桶——纯粹依靠工资的日子里,他们甚至不懂得该怎样打理自己辛苦赚来的钱。这种生活的危险在于:一份时间交易一份金钱,如果被解雇或因病不能工作,工资也将同时停止。而每个家庭不得不正视的现实是:一对夫妻不但要供养孩子,同时还要奉养四个老人。

为了明天,我们必须学会建立人生的"理财管道",学会用今天的钱为明天造福。

一、理财与理财规划

理财是一个范畴相对比较广的概念。简单来说,理财就是对财富的态度和对财富处理方式的选择。具体来说,理财是指理财主体对财务(财产和债务)进行管理,从而以实现财产的保值、增值。举个简单的例子,假如你的财富是拥有一篮子苹果,你可以有三种选择:

第一种,立刻全部吃掉它,满足眼前的享乐,这相当于你把财富全部用于眼前的消费,这种消费是一时或一次性的。

第二种,将苹果储藏起来,以备不时之需。我们知道,苹果如果储藏方法不当容易慢慢坏掉。这相当于你把自己的财富藏在自家的保险箱或以储蓄存款的方式存于银行,如果遇到通货膨胀,财富就会贬值缩水。

第三种:将苹果种子种到地里,培育成果园,生产苹果出售,并不断调整生产规模和改良品种,得到更加丰厚的收益。这相当于你把你的财富用于投资,通过购买理财产品,不断保值和增值。

你会选择哪种财富处理的方式呢?作为理性的人,第三种方式应该是一种最明智的选择。

理财规划是根据客户财务与非财务状况,运用规范的方法,并遵循一定的程序,为客户制订切实可操作的某一方面或一系列相互协调的规划方案,包括现金规划、消费支出规划、教育规划、风险管理与保险规划、税收筹划、投资规划、退休养老规划、财产分配与传承规划等。个人理财规划基于人的生命周期,是一个长期的过程,一个努力达到终身财务安全、自主、自由和自在的过程。同时,理财规划又是一项综合的服务,它由专业理财人员通过明确个人客户的理财目标,分析客户的生活、财务状况,从而帮助客户制订出可行的理财方案。

理财规划的定义强调以下几点:

(1) 理财规划是全方位的综合性服务,而不是简单的金融产品销售,它不局限于提供某种单一的金融产品,而是针对客户不同阶段的各种理财目标进行全方位、多层次、个性化的财务服务。

(2) 理财规划强调个性化。每个顾客都有自己独特的财务与非财务状况,并且往往差异巨大,这就决定了理财规划服务不可能有一成不变的模式,而是因客户具体情况而异。

(3) 尽管理财规划经常以短期规划方案的形式表现,但就生命周期而言,理财规划是一项长期规划,它贯穿人的一生,而不是针对某一阶段的规划。

(4) 理财规划通常由专业人士提供。

二、理财规划目标

(一) 理财规划的总体目标

个人理财规划的目标无论做何种分类,都可以归结为两个层次,即实现财务安全和追求财务自由。

1. 财务安全

财务安全是指个人或家庭对自己的财务现状有充分的信心,认为现有的财富足以应对未来的财务支出和其他生活目标的实现,不会出现大的财务危机。衡量一个人或家庭的财务安全,主要有以下内容:①是否有稳定、充足的收入;②个人是否有发展的潜力,是否有充足的现金准备;③是否有适当的住房;④是否购买了适当的财产和人身保险;⑤是否有适当、收益稳定的投资;⑥是否享受社会保障;⑦是否有额外的养老保障计划。

2. 财务自由

财务自由是指个人或家庭的收入主要来源于主动投资而不是被动工作。一般来说,个人或家庭的收入来自两部分:一部分是工资薪金和其他与社会工作角度相关的收入,如养老金、年金等,一部分是个人或家庭进行金融投资或实业投资的投资所得。工资薪金收入的增长幅度和频率一般情况下都不会很大,所以通常仅能达到财物安全的程度。而投资收入则完全具有主动性和争取实现更高收益的特征,投资规模越来越大,投资水平越来越高,投资给个人或家庭带来的收入也会越来越多,并逐步成为个人或家庭收入的主要来源。当投资收入可以完全覆盖个人或家庭的各项支出时,我们认为就达到了财务自由的层次。

(二) 理财规划的具体目标

1. 平衡现在和未来的收支

人一生的各个阶段中,人力资源和收入水平的变动都不是一条水平的直线,而是有上升也有下降,有波峰也有波谷。一个人在其经济上独立到结婚的这段时间里,人力资源处于一个急速上升的阶段,而收入则可能是一生中最低的时候。但这个阶段的花销并不少,结婚、买房的压力让年轻人不得不节约开支。在度过了这个最困难的阶段之后,个人的事业开始有所成就,收入也逐渐上升。但随着子女长大,他们接受高等教育的费用成为家庭的主要负担。

2. 改善生活质量,提高生活水平

每个人都希望能够过上有车有房、衣食无忧的丰裕生活,但并不是每个人的收入都能使自己过上这种生活。因此,如何使自己的所得在保证财务安全的条件下获得尽量高的回报率,就成为人们非常关注的一个问题。然而,投资需要丰富的实务经验和专业技能,普通人在这方面往往力不从心。

3. 实现教育期望

天下所有的父母都希望自己的子女能够接受高等教育成龙成凤。然而,教育费用持续上升,教育开支的比重变得越来越大,并不是每个家庭都可以轻松承担的。

4. 完备的风险保障

在人的一生中风险无处不在,任何人在任何时候都有可能遭遇意外事件。但如果事先做好安排,则可以将意外事件带来的损失降到最低限度,从而达到规避风险、保障生活的目的。

5. 合理的纳税安排

纳税是每一个人的法定义务,但纳税人往往希望将自己的税负降到最低。为达到这一目的,理财规划师通过对纳税主体的经营、投资、理财等经济活动的事先筹划和安排,充分利用税法提供的优惠和差别待遇,适当减少或延缓税负支出。

6. 积累财富

个人或家庭财富增加的途径是开源节流,即通过减少支出和增加收入来实现。工资薪金收入一般相对稳定,而投资则可以获取高收益。理财规划师可以根据客户的理财目标、投资额以及客户的风险承受能力,为客户制订有效的投资方案,为个人和家庭积累越来越多的收入。

7. 安享晚年

每一个人到了晚年都希望有一个自尊、自立的老年生活。退休后收入水平的下降，要求人们在青壮年时期就应奋发图强，积累一部分养老基金，满足自己的养老需求。而理财规划师则需要为客户制订完善的财务规划方案，让客户晚年能"老有所养"。

三、理财规划原则

理财规划是针对个人及家庭的科学、理性的财务规划方案。专业人员在为客户制订理财规划方案的过程中，必须注意遵循一定的原则。这些原则概括起来主要有以下几个方面。

（一）综合考虑整体规划原则

完整的理财规划方案往往不是一个单一性的计划。生活目标本身就是综合性的，为达成目标而制订的理财规划也必然是对整体规划进行综合解决的过程。它不但涉及如何满足个人或家庭现金、风险管理、投资、子女教育、税收、养老、财产继承等金额需求，还要考虑到这些需求的时间性。

（二）量入为出原则

在收入一定的前提下，投资和消费往往此消彼长，理财规划应该正确处理消费、投资和收入的关系。在投资达到预期目的的同时保证生活质量的提高。消费要合理，适度做到既不滞后又不超前；既不人为抑制消费，又不盲目攀比。总之消费要和自身收入相匹配，做到适度消费，有计划地合理安排生活。

（三）现金保障优先原则

根据理财规划的基本要求，为客户建立一个能够帮助客户家庭在出现失业、大病、灾难等意外情况下也能安然度过危机的现金保障系统十分关键，也是理财规划师进行任何理财前应首先考虑和重点安排的。只有建立了完备的现金保障，才能考虑将客户的其他资产进行专项安排。

（四）不同的家庭类型使用不同策略原则

根据不同家庭形态的特点，理财规划师要分别制订不同的理财规划策略。一般来说，青年家庭的风险承受能力比较高，理财规划的核心策略为进攻型；中年家庭的风险承受能力中等，理财规划的核心策略为攻守兼备型；老年家庭的风险承受能力比较低，因此理财规划核心策略为防守型较为适宜。

（五）风险管理优先于追求收益原则

理财规划的宗旨是通过财务安排和合理运作实现财务的保值、增值，要在适当的风险承受力的基础上进行科学的资产配置。理财规划首先应该考虑的因素是风险，而非收益。追求收益最大化应基于风险管理基础之上。因此理财规划师应根据不同客户的不同生命周期阶段及风险承受能力制订不同的理财方案。

（六）消费、投资与收入相匹配原则

理财规划应该正确处理消费、资本投入与收入之间的矛盾，形成资产的动态平衡，确保在投资达到预期目的的同时保证生活质量的提高。在现实中，应特别注意使消费与收入相匹配、投资规模与收入相匹配、投资和消费支出安排要与现金流状况相匹配等。

（七）提早规划原则

理财目标的实现并不是依靠一次性的大笔投入才能实现，很小数目投资的积累，也会带来不少的财富。货币是有时间价值的，财富在时间和复利作用下的膨胀效应是惊人的，因此投资越早开始越好。

四、树立正确的理财价值观

理财价值观是价值观的一种，它对个人理财方式的选择起着决定作用。价值观因人而异，同样理财价值观也因人而异。理财价值观就是投资者对不同理财目标的优先顺序的主观评价。人在成长的过程中，受到社会环境、家庭环境、教育水平等方面的影响，以及受个人经历的影响，逐渐形成了自己独特的价值观。理财规划师的责任不在于改变投资者的价值观，而是让投资者了解在不用价值观下的财务特征和理财方式。

（一）先牺牲后享受型

这类客户习惯于将大部分选择性支出都存起来，而他们储蓄投资的最重要目标就是，期待退休后享受高品质的生活水平。他们在工作期间全力以赴，不注重眼前享受，努力赚取远超过生活所需的收入，维持高储蓄率以迅速积累财富。其最大期待是早日实现财务独立目标而提早退休，或是在退休后享受远高于当前消费水平的生活。工作期和退休期生活形态差异明显，先牺牲后享受。高储蓄率是其最突出的特征。

（二）先享受后牺牲型

他们是把选择性支出的大部分都用在当前消费上，提升当前的生活水平。注重眼前的消费，对当前消费的要求远大于对未来更加美好生活水平的期待。持有这种心态使他们在工作期间储蓄率很低，赚多少花多少，因此一旦退休，其积累的净资产不够老年生活所需，必须大幅度降低生活水平或靠社会救济维生。

（三）为房辛苦为房忙碌型

这类客户的支出以房贷为主，或对尚未购房者而言，把选择性支出都储蓄起来准备购房，将购置房产列为重要理财目标，可以为了拥有自用住宅背负长期房贷，并节衣缩食，只要现金流还过得去，他们通常认为晚买不如早买，希望早日脱离租房生活。

偏购房型的客户在工作期的收入扣除房贷支出后，既不能维持好的生活水平，也没有多少余钱可以储蓄起来准备退休，因此难以在退休时过上较好的生活。

（四）以子女为中心型

这类客户当前投入教育经费的比重偏高，或者其首要动机也是筹集未来子女的高等教育准备金。偏子女型客户对子女的照顾可谓勤劳备至，视子女成功为自己最大的成就，终其一生为儿女辛苦为儿女忙就是他们最真实的写照。

第二节 理财规划的内容

导入案例

一个铜板的故事

从前有个年轻人，抓了一只老鼠，卖给药铺，他得到了1个铜币。他走过花园，听花匠们说口渴，他又有了想法。他用这枚铜币买了一点糖浆，和着水送给花匠们喝。花匠们喝了水，便一人送他一束花。他到集市卖掉这些花，得到了8个铜币。

一天，风雨交集，果园里四处都是被狂风吹落的枯枝败叶。年轻人对园丁说："假如把这些断枝落叶送给我，我愿意把果园清扫洁净。"园丁很快乐地说："可以，你都拿去吧！"年轻人用8个铜币买了一些糖果，分给一群游玩的小孩，小孩们帮他把所有的残枝败叶捡拾一空。年轻人又去找皇家厨工说有一堆柴想卖给他们，厨工付了16个铜币买走了这堆柴火。

年轻人用16个铜币谋起了生计，他在离城不远的中央摆了个茶水摊，因为附近有500个割草工人要喝水。不久，他认识了一个路过喝水的商人，商人通知他："明天有个马贩子带400匹马进城。"听了商人的话，年轻人想了一会，对割草工人说："今天我不收钱了，请你们每人给我一捆草，行吗？"工人们很大方地说："行啊！"这样，年轻人有了500捆草。第二天，马贩子来了要买饲料，便出了1000个铜币买下了年轻人的500捆草。

几年后，年轻人成了远近闻名的大财主。

个人理财规划是理财规划工作的重中之重，是针对客户整个人生而不是某个阶段的规划，人在不同的生命阶段有不同的财务状况、不同的资金需求，这决定着客户各个阶段选择理财工具的种类、数量和理财目标也要有所区别，因而针对不同客户个人或家庭资产需进行不同的配置。理财规划师之所以划分客户的生命周期，其目的在于划分客户所处的生命阶段，分析其在不同阶段的不同财务状况与理财目标，从而有效地对其进行个人理财规划设计。可以说生命周期理论是整个理财规划的基础。

一、生命周期理论与家庭模型概述

每个客户的家庭情况、财务状况和性格特征各不相同，因而并不存在一个放之四海而皆准的标准理财方案，我们说理财规划必须是一项强调个性的服务，这并不意味着客户情况无规律可循。透过诸多个性化的差异,我们会发现客户特征也存在着许多共同的地方,其中最主要的一点就是生命周期现象:处于相同生命周期阶段的客户往往面临相似的理财目标、收入状况和风险承受能力。一般而言,个人理财规划是基于人的生命周期而存在的,理财规划师必须为不同的客户在不同的阶段,设计出有针对性的策略,来帮助他们实现自己的生活目标。

(一) 生命周期理论

人从出生到死亡会经历婴幼儿、童年、少年、青年、中年和老年六个时期。由于婴幼儿期、童年期、少年期没有独立的经济来源,通常也不必承担经济责任,因此这三个时期并不是理财规划的重要时期。而青年期、中年期和老年期则是进行理财规划的三个重要时期。将理财规划的重要时期进一步细分,可分为五个时期,即单身期、家庭与事业形成期、家庭与事业成长期、退休前期和退休期。

(1) 单身期。指从参加工作至结婚的这段时间,一般为2~8年,这时客户的年龄一般为22~30岁。在这个时期,个人刚刚迈入社会开始工作,经济收入比较低且花销大,但这个时期又往往是家庭资金的原始积累期。这个时期个人的人生目标应该是积极寻找高薪职位并努力工作,此外,也要广开财源,尽量每月能有部分结余,进行小额投资,一方面尽可能多地获得财富,另一方面也为今后的理财积累经验。

(2) 家庭与事业形成期。指从结婚到新生儿诞生的这段时期,一般为1~3年。在这个时期,个人组建了家庭,伴随子女的出生,经济负担加重,对于双薪家庭,经济收入有了一定的增加,而且生活开始走向稳定,在这个阶段,尽管家庭财力仍然不是很强大,但呈现蒸蒸日上之势。此时,家庭最大的支出一般为购房支出,对此应进行仔细规划,使月供负担在自己的经济承受范围之内,另外此时应开始考虑高等教育费用的准备,以减轻子女未来接受高等教育时的资金压力。

(3) 家庭与事业成长期。指子女出生到子女完成大学教育的这段时期,一般为18~22年。在这个时期,家庭成员不再增加,整个家庭成员年龄都在增长,经济收入增长的同时,花费也随之增加,生活已经基本稳定。但子女上大学后,由于高等教育支出的增加,家庭支出会有较大幅度上升,对于这个阶段的家庭而言,应该设法提高家庭资产中投资资产的比重,逐年累积净资产。

(4) 退休前期。这个时期指子女参加工作到个人退休之前,一般为10~15年。在这个时期,家庭已经完全稳定,子女也已经经济独立,家庭收入增加,支出减少,资产逐渐增加,负债逐渐减少。此时个人的事业一般处于巅峰状态,但身体状况开始下滑。这一时期最重要的应该是准备退休金,并在资产组合中适当降低风险高的金融资产的比重,获取更加稳健的收益。

(5) 退休期。是指退休后的这段时期。进入退休期,客户肩负的家庭责任减轻,锻炼身体、娱乐休闲是生活的主要内容,收支情况表现为收入减少,而休闲、医疗费用增加,其他费用降低。此时,客户风险承受能力降低,对资金安全性的要求远远高于收益性,所以在资产配置上要进一步降低风险。在这一时期个人(家庭)最主要的目标就是安度晚年,享受夕阳红,并开始有计划地安排身后事。

(二) 家庭模型

基本的家庭模型有三种:青年家庭、中年家庭和老年家庭。根据家庭收入主导者的生命周期而定,家庭收入主导者的生理年龄在35周岁以下的家庭为青年家庭,家庭收入主导者的生理年龄在55周岁以上的家庭为老年家庭,介于这两个界限之间的为中年家庭。不同生命周期、不同家庭模型下的理财规划如表1.1所示。

表1.1 不同生命周期、不同家庭模型下的理财规划

家庭模型	生命周期	理财需求分析	理财规划
青年家庭 (35周岁以下)	单身期	租赁房屋 满足日常支出 偿还教育贷款 储蓄 小额投资积累经验	现金规划 消费支出规划 投资规划
	家庭与事业形成期	购买房屋 子女出生和养育 建立应急基金 增加收入 风险保障 储蓄和投资 建立退休资金	消费支出规划 现金规划 风险管理规划 投资规划 税收筹划 子女教育规划 退休养老规划
中年家庭 (35~55岁)	家庭与事业成长期	购买房屋、汽车 子女教育费用 增加收入 风险保障 储蓄和投资 养老金储备	子女教育规划 消费支出规划 风险管理规划 投资规划 退休养老规划 现金规划 税收筹划
	退休前期	提高投资收益的稳定性 养老金储备 财产传承	退休养老规划 投资规划 税收筹划 现金规划 财产传承规划
老年家庭 (55岁以上)	退休期	保障财务安全 遗嘱 建立信托 准备善后费用	现金规划 财产传承规划 投资规划

二、理财的基本内容

个人理财规划主要包括现金规划、消费支出规划、教育规划、保险规划、税收规划、投资规划、退休规划和财产分配与传承规划。

（一）现金规划

现金规划是理财规划的核心部分。为了满足个人或家庭短期需求，要确定现金及现金等价物的额度。现金规划既要使所拥有的资产具有一定的流动性，以满足个人或家庭支付日常家庭费用的需要，又要使流动性较强的资产保持一定的收益。

（二）消费支出规划

消费支出规划是理财业务重要的内容。消费支出规划是基于一定的财务资源下，对家庭消费水平和消费结构进行规划，以达到适度消费、稳步提高生活质量的目标。如果消费支出计划不当，很可能导致支付过高的消费成本，甚至出现财务危机。

（三）保险保障规划

风险无处不在。在没有充分保险的情况下，一旦个人或家庭发生意外，将会给个人或家庭带来重大损失。保险保障规划的目的就是通过对个人经济状况和保障需求的分析，选择最适合的风险管理措施以规避风险。

（四）投资规划

投资是实现资产增值的主要手段。投资规划根据个人投资理财目标和风险承受能力，为个人制订合理的资产配置方案，构建投资组合来帮助个人实现理财目标的过程。如果没有通过投资实现资产增值，个人可能没有足够的财力资源来完成诸如购房、养老等生活目标。因此，投资规划对于个人理财规划有重要的基础性作用。

（五）税收规划

税收规划是指纳税人为了减轻税收负担和实现涉税零风险而采取非违法手段，对自己的经济活动事先进行的策划安排。个人税收规划是指在纳税义务发生前，通过对纳税主体的经营、投资、理财等经济活动的事先筹划和安排，充分利用税法提供的优惠和差别待遇，以减轻税负，达到整体税后利润最大化的过程。

（六）教育规划

教育支出既是一种消费支出，也是一种投资支出。教育不仅可以提高人的文化水平与生活品位，也可以增加受教育者的人力资本。教育规划包括本人教育规划和子女教育规划两种，自我完善和教育后代都是人生重要的内容。而子女教育规划又分为基础教育规划和高等教育规划。

（七）退休养老规划

退休养老规划是为了保证个人在将来有一个自立、尊严、高品质的退休生活，而制订的一个从现在就开始积极实施的规划方案。退休后能够享受自立、尊严、高品质的退休生活是一个人一生中最重要的财务目标。因此，退休养老规划是个人理财规划中不可缺少的部分。

（八）财产分配与传承规划

财产分配与传承规划是人生需要妥善安排的一个重要事项。从形式上看，制订财产分配和传承规划能够对个人及家庭财产进行合理合法的配置；从更深的层次看，财产分配与传承规划为个人和家庭提供了一种规避风险的保障机制，当个人及家庭在遭遇到现实中存在的风险时，这种规划能够帮助客户隔离风险或降低风险所带来的损失。

三、理财规划业务流程

（一）建立客户关系

建立客户关系是开展个人理财规划业务的前提。建立客户关系可以通过电话交谈、互联网沟通、书面交流和面对面交谈等方式。

（二）收集客户信息

个人理财规划方案是在对客户信息非常了解的基础上做出来的。只有全面、准确地了解客户信息，个人理财规划方案才会尽可能接近客户的实际。

（三）分析客户财务状况

客户现行的财务状况是达到未来财务目标的基础，在提出具体的理财计划之前理财规划师必须客观地分析客户的现行财务状况，并对客户未来的财务状况进行预测。客户的财务状况分析主要包括客户家庭资产负债表、现金流量表和财务比率分析，以及未来财务状况的预测。

（四）客户财务目标分析与确认

通过与客户交流和沟通，了解客户的人生目标，并将其分解为短期目标、中期目标和长期目标。在确定客户目标与要求的过程中，由于客户本身对投资产品和投资风险的认识存在不足，可能提出一些不切实际的要求。

（五）制订个人理财规划方案

理财规划师在了解客户信息和理财目标的基础上，诊断出客户的财务问题后，在考虑目前和未来宏观经济发展状况的前提下，为客户制订整体理财方案。

（六）实施个人理财规划方案

为了确保理财规划的执行效果，理财规划师应当遵循三个原则：准确性、有效性和及时性,而且还要制订理财规划的执行计划。在执行计划中,要确定理财计划的实施步骤,确保匹配的资金来源和实施的时间表。

（七）监控理财规划方案的实施

任何宏观或微观环境的变化都会对个人理财规划方案的执行效果造成影响,个人理财规划师必须定期地对理财规划书的执行和实施情况进行监控和评估。

第三节　理财规划师职业发展、职业道德与准则

一、理财规划职业介绍

个人理财规划业务首先出现在美国,其发展经历了初创期、扩张期、成熟稳定期三个阶段。

（一）初创期

现代理财规划起源于欧洲的贵族私人银行,发展于20世纪30年代的美国保险业。1929年10月纽约股市暴跌,证券业受到极大的冲击,保险业得到空前的发展。同时"经济大危机"使人们开始萌生了对个人生活的综合规划和资产配置的需求。在这样的背景下,一些证券投资顾问和保险推销员在进行产品推销的同时,也提供一些生活规划和资产运用的咨询服务,当时这些人员被称为"经济理财员",尽管其主要目的是推销产品,但这种工作形式却成为现代理财规划的萌芽,并显现出很强的生命力。

（二）扩张期

现代意义上的理财规划思想是人类进入"金融经济"时代产生并得到发展的。在个人和家庭资产中,金融资产的比重越来越大,个人对理财的需求,在范围上不断延伸的同时,在时间跨度上也开始扩展,跨越了个人及家庭的整个生命周期。因此,普通的以金融产品营销为特征的理财服务已经不能满足人们的需要,人们迫切需要的是一种专业的全面的理财规划服务,个人理财规划师就成为他们必要的帮手。

二战以后,经济的复苏和社会财富的积累,无疑使美国个人理财规划业进入了起飞阶段。社会经济环境的变化,逐渐使富裕阶层和普通消费者无法凭借个人的知识和技能来实现自己短期和长期的生活及财务目标。因此,消费者开始主动寻求称职的、客观公允的、以追求客户利益最大化为己任的专业理财规划人员的咨询。

（三）成熟稳定期

在理财规划师认证制度的推动下,个人理财业务逐渐发展成为一个独立的金融服务行业,出现了以客观、公允为执业准则的专业技术人员——个人理财规划师。他们不再从销售

金融产品及服务中获取佣金,而是为帮助客户实现其生活、财务目标进行专业咨询并通过一个规范的个人理财服务流程来实施理财建议,从而防止客户利益受到侵害。20 世纪 90 年代,国际性理财规划师协会出现,理财规划服务有了国际统一的职业道德、胜任能力及实务操作标准。

二、道德与职业道德

人生在世,最重要的有两件事:一是学做人,一是学做事。每一个人从出生就开始学做事了,社会教育我们做事要认真踏实,但"做事"与"做人"是两回事,做好了"事",并不等于做好了"人"。很多人在事业上有一时的成就,而在做人上一塌糊涂,最终难成大器。

那么,怎样做人呢?最重要的就是以德为先,做有德的人。道德是做人的根本,古今中外,凡有所成就、受人尊重的人,都是有德的人,所谓"德者,才之帅也"。道德是精神的支柱、事业成功的基础。

(一) 道德

何谓"道",道者,轨也、路也、规则也、规律也,即社会与大自然运行法则。何谓"德",循道即为德。顺从大自然的法则,不违越地做人,此之谓德。道德是一定社会经济、政治、文化和自然环境等诸要素及其相互关系的客观反映。由于人们认识世界的立场、观点和方法有所不同,对道德也赋予了种种不同的涵义。

(1) 天人合德。我国古代著作《易经》认为顺应天道就是最高道德,要求人们为了生存和发展,应当共同适应环境要求,遵从事物运行规律;要求人们爱护山川大地、资源大气、花草树木、鸟兽虫鱼,并做到顺应天时、注意地利、友爱人和。这里并不是说对各种资源不应利用,而是要求开发、采掘、砍伐、采摘、捕杀不能超过环境本身所能承受的程度,否则必然造成严重后果。

(2) 伦理道德。伦理道德是我国传统美德,是道德的核心,也是做人的基础。针对当前我国社会和经济情况,很多人认为,孝、悌、忠、信、礼、义、廉、耻以及仁、爱、和、平还是应当信,交友、处事、待人都应以诚信为本,即所谓"民无信不立";礼是指遵守法律、礼数;义是指仁义待人,为国家可舍生为人民应见义勇为;廉是指廉洁奉公,不贪污受贿;耻是指不做令人羞耻之事;仁是指待人之道,即所谓"仁者爱人",不做损害他人利益的事;和是指"和为贵",和谐共事是为人处世、治家、交友之道。

(3) 社会公德。人们在社会生活中由于从事生产和生活目的的不同,相互之间既有共同利益,又有不同要求。为了维护社会秩序,保证社会稳定、健康、持续发展,就需要确立一些共同遵守的规范,由此逐步形成社会公德。在 2001 年 9 月中共中央发布的《公民道德建设实施纲要》中,提出爱国守法、明礼诚信、团结友爱、勤俭自强、敬业奉献为社会公德的基本要求,这一规定的出台对维持社会秩序、维护各方利益、安定人民生活、促进经济发展起到了重要作用。

(4) 职业道德。职业道德是道德体系的重要组成部分,是规范从业人员的行为、维护生产生活正常进行、促进社会发展的重要行为规范和准则,职业道德是伴随着社会分工而形成发展起来的,因此也就形成了多种不同的职业道德规范。在社会主义社会中,虽然还有社会分工的区别,但各种职业利益在根本上是一致的,应把为人民服务,热爱本工作、正确处理个人、团体(单位)和国家三者的利益关系,作为职业道德的共同要求。

(二) 职业道德

职业道德是一个行业从业人员所应恪守的道德标准,或者说是人们在其职业活动中应当遵循的行为规范和准则,正如道德与法律的区别一样,职业道德不是法律规范,因此不具有法律上的强制约束力。一般说来,职业道德规范的实行,依靠的是从业人员的自觉和集体约束行为,不是由国家机关依靠国家强制力来保证实施的。因此,职业道德规范并非从法律责任的角度界定一个行业的执业标准,而是通过行业自律机制确立一个行业的道德准则。

职业道德一般包括爱国守法、正直诚信、客观公正、勤学上进、公平合理、严守秘密、团结合作、勤勉尽责等。一个行业的职业道德是该行业的基本要求。对于理财规划师职业而言,除遵守法律关于该行业的强制性规范以外,还必须遵守该行业的职业道德规范。

三、理财规划师职业道德的意义

理财规划师与律师、注册会计师等从业人员一样,均属于专业服务人员。作为从事服务的个人或机构,"受人之托,忠人之事"是必须遵守的准则。如果受人之托,而不能忠人之事,整个社会将对理财规划行业失去信心,理财规划师也就失去了存在的基础。

在理财规划专业服务中,理财规划师是委托人的受托人,受托人又称"受任人",即"被信任之人"。因此理财规划师往往被委托人和社会公众置于"信任"或"信心"的地位,而社会公众的"信任"或"信心"最终来源于理规划师的职业操守。

因此,职业道德规范对理财规划师职业的生存和发展具有至关重要的意义,是理财规划行业生存和发展的根本保证之一。

四、理财规划师职业道德规范的构成

一般来说,一个国家的法律对于一个专业服务行业的职业道德规范并不做出具体规定,而通常以"积极要求的法律规范"的形式原则性地规定该行业的从业人员应当遵守该行业的职业道德规范,至于该行业具体的职业道德规范形式一般是由该行业的行业自律机构来发布实施的。以律师行业为例,律师职业道德和执业纪律规范由律师协会发布,全体执业律师必须遵守。

理财规划师为社会提供专业化服务,因此一般的专业服务行业的职业道德规范对理财规划行业可以适用。理财规划师的职业道德规范由两部分组成:职业道德准则和执业纪律规范。职业道德准则是以原则性的语言表述该行业的从业道德和理念,是每一个理财规划师所应秉持的基本准则。因此,职业道德准则虽在很大程度上体现出的特点是倡议性,但却是理财规划师执业纪律的基本渊源和根据。相对于职业道德准则而言,执业纪律规范是具体的行为规则,是理财规划师办理具体业务时所应体现的道德和专业负责精神。所以,理财规划师执业纪律规范在语言上不同于职业道德准则,很多方面体现的是"积极要求"或"禁止性"的内容,而非倡议性。

（一）理财规划师职业道德准则

各行各业都必须遵守职业道德。同样，理财规划师不但要具备常规的基础知识和工作经验，遵守实务操作守则，还应遵守职业道德准则。一般来说，职业道德准则主要包括两部分：一般原则和具体规范。一般原则包括：正直诚信原则、客观公正原则、勤勉谨慎原则、专业尽责原则、严守秘密原则、团队合作原则。这些原则体现了理财规划师对于公众、客户、同行以及雇主的责任。具体规范则是一般原则的具体化。

1. 正直诚信原则及相关具体规范

理财规划师应当以正直和诚实信用的精神提供理财规划专业服务。因此，理财规划师职业操守的核心原则就是个人诚信。"正直诚信"要求理财规划师诚实不欺，不能为个人的利益而损害委托人的利益。如果理财规划师并非由于主观故意而导致错误，或者与客户存在意见分歧，且该部分并不违反法律，则此种情形与正直诚信的职业道德准则并不违背。

但是正直诚信的原则决不容忍欺诈或对做人理念的歪曲。正直诚信原则要求理财规划师不仅要遵循职业道德准则的文字，更重要的是把握职业道德准则的理念和灵魂。

2. 客观公正原则及相关具体规范

理财规划师在向客户提供专业服务时，应秉承客观公正的原则。所谓"客观"，是指理财规划师以自己的专业知识进行判断，坚持客观性，不带感情色彩。当然，客观是任何专业人士均应具备的、不可或缺的品质。无论理财规划师在具体业务中提供何种服务，或以何种身份行事，理财规划师均应确保公正，坚持客观性，避免自己的判断受到不正常因素的左右。所谓"公正"，是指理财规划师在执业过程中应对客户、委托人、合伙人或所在机构持公正合理的态度，对于执业过程中发生的或可能发生的利益冲突应随时向有关各方进行披露。

因此，理财规划师应摒弃个人情感、偏见和欲望，以确保在存在利益冲突时做到公正合理。理财规划师在处理客户、委托人和所在机构之间关系时，应以自己期望别人对待自己的方式对待有关各方，这也是任何提供专业服务的行业对从业人员的基本要求。

3. 勤勉谨慎原则及相关具体规范

理财规划师在执业过程中，应恪尽职守，勤勉谨慎，全心全意为客户提供专业服务。勤勉谨慎原则，要求理财规划师在提供专业服务时，工作要及时、彻底、不拖拖拉拉，在理财规划业务中务必保持谨慎的工作态度。

勤勉谨慎，是对理财规划师工作全过程的要求，不仅包括理财计划的制订过程，还包括理财计划的执行及其监督过程。具体来说，勤勉就是理财规划师在工作中要做到干练与细心，对于提供的专业服务，在事前要进行充分的准备与计划，在事后要进行合理的跟踪与监控；谨慎就是要在提供理财规划服务过程中，从委托人的角度出发，始终保持严谨、审慎，注意细节、忠于职守，在合法的前提下最大限度地维护客户的利益。

4. 专业尽责原则及相关具体规范

理财规划是一个需要较高专业背景及资深经验的职业。作为一名合格的尽责的理财规划师，必须具备资深的专业素养，每年保证一定时间的继续教育，及时储备知识，以保持最佳的知识结构。由于理财规划师提供服务的重要性，理财规划师有义务在提供服务的过程中既要做到专业，同时又要尽责，秉承严谨、诚实、信用、有效的职业素养，用专业的眼光和方法去帮助委托人实现理财目标。

具体来说，在与客户沟通过程中，要对客户及相关职业者保持尊重与礼貌；在实务操作中,必须保持严谨的工作态度,谨守业内规章,从专业的角度进行审慎判断;同时,理财规划师有责任与客户充分沟通,以尽责敬业的职业态度,维护和提高理财规划师的声誉和公众形象。

5. 严守秘密原则及相关具体规范

理财规划师不得泄漏在执业过程中知悉的客户信息,除非取得客户明确同意,或在适当的司法程序中,理财规划师被司法机关要求必须提供所知悉的相关信息。这里的信息主要是指客户的个人隐私和商业秘密。具体规范包括客户为取得理财规划专业服务,意与理财规划师建立个人信任关系,这种个人信任关系的建立,是基于客户相信提供给理财规划师的秘密信息不会被理财规划师随意披露。

所以,理财规划师必须恪守严守秘密的职业道德准则,以确保客户信息的保密性和安全性。理财规划师在执业过程中,如果知悉客户违法或犯罪的事实,是否仍须严守秘密而不予举报呢?关于这个问题,目前尚无确定的法律规范可以参考。

6. 团队合作及相关具体规范

理财规划业务涉及客户的现金规划、消费支出规划、保险管理规划、教育规划、税务筹划、投资规划、退休养老规划及家财产分配与传承规划,贯穿个人的一生,因此,理财规划业务是一个系统的过程。对理财规划来说,一个人的知识、经验有限,必须要与各个领域的专业人士合作,团队合作,这样才能为客户制订最佳的理财规划方案,实现最终的理财规划目标。

所谓团队,就是由具有互补技能组成的,为达成共同的目标,愿意在认同的程序下工作的团体。团队合作,就是理财规划师要及时认识到自身所掌握知识和技能的局限,对于自己不熟悉的领域,理财规划师应请教咨询该领域的专业机构,或及时将业务交给自己所在机构的其他具备该专业知识的理财规划师办理。

(二)理财规划师执业纪律规范

理财规划师职业道德准则是关于理财规划师职业的原则性规范,适用于全体执业理财规划师和非执业理财规划师。理财规划师针对客户提供理财规划服务,而客户的实际情况又千差万别,导致理财规划师在不同的案例中所提供的具体服务内容和服务方式不尽相同。所以,原则性的职业道德准则对于理财规划师而言是远远不够的,还需要有具体的规范来约束理财规划师的执业行为,这种规范就是理财规划师执业纪律规范。当然,执业纪律规范主要是对执业理财规划师的行为进行约束。理财规划师执业纪律规范的主要内容包括:

(1) 理财规划师不得利用提供服务的契机从事或帮助客户从事违法行为。
(2) 理财规划师不得以虚假的信息或广告欺骗或误导客户。
(3) 理财规划师在执业过程中不得侵占或窃取客户的财产。
(4) 理财规划师应以客观公正的态度维护客户的利益。
(5) 理财规划师应随时向客户披露存在或可能产生的利益冲突。
(6) 理财规划师不得随意公开或使用客户的秘密信息。
(7) 理财规划师应维护行业整体形象,禁止任何形式的不正当竞争。
(8) 理财规划师应勤勉尽责,严格履行对客户的承诺。

（三）违反职业道德规范的制裁措施

1. 行业自律机构的制裁措施

对于违反业道德准则和执业纪律规范的行为，行业自律机构根据具体情节的不同，会给予不同的制裁。一般来说，非执业理财规划师而如果违反职业道德规范，通常的制裁措施是取消其理财规划资格，严重者可能终生无法再次参加理财规划师职业资格考试，或终生无法执业。对于执业理财规划师而言，通常的制裁措施主要包括：警告、暂停执业、罚款和吊销执照等措施。警告适用于情节轻微的行为。暂停执业、罚款一般适用于情节较为严重，但尚未给客户造成重大损失的情形。吊销执照一般适用于情节严重且造成较大损失的行为，通常该行为也触犯了法律的规定。

2. 法律责任

理财规划师违反执业纪律规范的行为，如同时触犯法律，则将承担相应的法律责任。法律责任有民事法律责任、行政法律责任和刑事法律责任。

本 章 小 结

◆内容摘要

理财就是对财富的态度和处理方式的选择。理财规划是根据客户财务与非财务状况，运用规范的方法，并遵循一定的程序，为客户制订切实可操作的某一方面或一系列相互协调的规划方案，包括现金规划、消费支出规划、教育规划、风险管理与保险规划、税收筹划、投资规划、退休养老规划、财产分配与传承规划等。个人理财规划基于人的生命周期，是一个长期的过程，一个努力达到终身财务安全、自主、自由和自在的过程。同时，理财规划又是一项综合服务，它由专业理财人员通过明确个人客户的理财目标，分析客户的生活、财务状况，从而帮助客户制订出可行的理财方案。

个人的理财规划的目标无论做何种分类，都可以归结为两个层次，实现财务安全和追求财务自由。衡量一个人或家庭的财务安全，主要有以下内容：① 是否有稳定、充足的收入；② 个人是否有发展的潜力，是否有充足的现金准备；③ 是否有适当的住房；④ 是否购买了适当的财产和人身保险；⑤ 是否有适当、收益稳定的投资；⑥ 是否享受社会保障；⑦ 是否有额外的养老保障计划。

理财规划是针对个人及家庭的科学、理性的财务规划方案。专业人员在为客户制订理财规划方案的过程中，必需要注意遵循一定的原则。这些原则概括起来主要有以下几个方面：综合考虑整体规划原则，量入为出原则，现金保障优先原则，不同的家庭类型策略不同原则，风险管理优先于追求收益原则，消费、投资与收入相匹配原则，提早规划原则。

人从出生到死亡会经历婴幼儿、童年、少年、青年、中年和老年六个时期。由于婴幼儿期、童年期、少年期没有独立的经济来源，通常也不必承担经济责任，因此这三个时期并不是理财规划的重要时期。而青年期、中年期和老年期则是进行理财规划的三个重要时期。将理财规划的重要时期进一步细分，可分为五个时期，即单身期、家庭与事业形成期、家庭与事业成长期、退休前期和退休期。基本的家庭模型有三种：青年家庭、中年家庭和老年家庭。根据家庭收入主导者的生命周期而定，家庭收入主导者的生理年龄在35周岁以下的家庭为青年家庭,家庭收入主导者的生理年龄在55周岁以上的家庭为老年家庭,介于这两个界限之间的为中年家庭。

理财规划业务流程:建立客户关系;收集客户信息;分析客户财务状况;客户财务目标分析与确认;制订个人理财规划方案;实施个人理财规划方案;监控理财规划方案的实施。

各行各业都必须遵守职业道德。同样,理财规划师不但要具备常规的基础知识和工作经验,遵守实务操作守则,还应遵守职业道德准则。一般来说,职业道德准则主要包括两部分:一般原则和具体规范。一般原则包括:正直诚信原则、客观公正原则、勤勉谨慎原则、专业尽责原则、严守秘密原则、团队合作原则,这些原则体现了理财规划师对于公众、客户、同行以及雇主的责任。

理财规划师执业纪律规范的主要内容包括:① 理财规划师不得利用提供服务的契机从事或帮助客户从事违法行为;② 理财规划师不得以虚假的信息或广告欺骗或误导客户;③ 理财规划师在执业过程中不得侵占或窃取客户的财产;④ 理财规划师应以客观公正的态度维护客户的利益;⑤ 理财规划师应随时向客户披露存在或可能产生的利益冲突;⑥ 理财规划师不得随意公开或使用客户的秘密信息;⑦ 理财规划师应维护行业整体形象,禁止任何形式的不正当竞争;⑧ 理财规划师应勤勉尽责,严格履行对客户的承诺。

◆ **关键词**

理财规划　总体目标　具体目标　理财规划原则　理财规划内容　理财规划师业务流程　理财规划师职业道德

◆ **思考题**

1. 理财与理财规划的含义?
2. 理财规划的目标与原则?
3. 理财规划的内容与工作流程是什么?
4. 简述生命周期理论与家庭模型。
5. 简述理财规划师的职业道德准则。
6. 简述理财规划师执业纪律规范的主要内容。

中国古代的理财达人

陶朱公,春秋末期人,即助越王勾践一战灭吴的大智者范蠡,堪称历史上弃政从商的鼻祖和开创个人致富记录的典范。陶朱公根据市场的供求关系,判断价格的涨落,即"论其(商品)有余和不足,则知(价格)贵贱。"他发现价格涨落有个极限,即贵到极点后就会下落;贱到极点后就会上涨,出现"一贵一贱,极而复反"的规律。因为一种商品价格上涨,人们就会更多地生产,供应市场,这就为价格下跌创造了条件。相反,如果价格太低,就打击了积极性,人们就不愿生产,市场的货物也就少了,又为价格上涨创造了条件。

吕不韦,战国末年卫国人,古今中外第一风险投资商。他以投机商业的手段投机政治,并不是让人只要金子,不要银子。面对现实要准确地把握,对市场前景进行理性分析,吕不韦崇尚的更多的是投资方面,喜欢去发掘一些有潜力、价值被低估的物品,然后低价买进,再高价卖出,来赚取差额获得利润。当然投资这些领域,你一定要懂行。

白圭,战国人,后人称"商圣"。他不贪图眼前小利,善于推测观察市场的走势,然后抓住最佳投资时机,来获得最大收益。他喜欢观察市场情况,当谷物成熟时,他买进粮食,出售绢帛棉絮;当蚕茧养成时,他买进绢帛棉絮,出售粮食,从而赚取中间的差价。

苏轼,北宋人,他为了能节约开支,每月将自己的4500文钱俸禄,分成30份用绳子串起挂在房梁之上,每天需要使用时就取下一串来使用。如果有没用完的钱,他便用绳子重新串下来。而且规定自己每天开销控制在150文钱以内,通过这样的方法也控制自己一定的消费。

知道了中国古代人的理财方式,其实我们可以明白,理财方法千变万变,却不会离开几条最基本的原则,省钱、控制消费、关注行情、抓住投资机会。

应用训练

实训项目:个人理财规划业务调研分析

1. 实训目的

通过本实训,使学生能够了解我国个人理财业务发展的基本情况,以及未来我国理财业务发展的趋势及其影响因素,培养学生收集资料、整理资料、分析问题的能力,提高学生的团队意识。

2. 实训内容

学生收集相关资料,分析我国个人理财业务发展的现状和未来发展的趋势。

3. 实训要求

(1)能够通过图书、杂志、网络等渠道,收集和整理相关资料。

(2)能够根据收集和整理的资料,以书面报告的形式得出观点。

4. 实训过程设计

(1)学生分组,每5~6名同学为一组。

(2)学生通过多种渠道和方法收集相关资料。

(3)撰写调查报告并制作PPT进行展示。

(4)老师点评和总结。

第二章　理财规划的财务基础

- 熟悉各会计要素的内容及特征
- 熟悉资金成本的计算方法
- 掌握财务报表的分析方法
- 掌握本量利分析方法
- 掌握个人家庭会计报表的分析方法

第一节　财务会计基础

理财与会计的区别和联系

在我国,理财和会计的关系长期混淆不清,致使长期以来财会合一,理财和会计职责不分,这与我国社会主义市场经济环境极不相称。

理财与会计的联系在于:总体研究对象相同。理财与会计的研究对象都是企业财产物资运动的价值方面:资金运动。理财与会计的产生都是出于人们对生产过程的关心。在人类社会早期,生产活动、理财活动和会计信息处理是紧密结合在一起的,具有不可分割性,随着物质资料的丰富和社会分工的出现,才有了专人从事理财活动和会计记录,而且,在相当长的时间内,理财和会计是合一的;大部分信息资料来源相同。我们知道,会计的主要目的是提供反映企业资金运动的一系列财务成本信息,它是依据过去资金运动所发出的信息进行加工、整理和汇总,从而为管理当局及企业利益相关者提供可靠的财务信息。公司理财也需要大量的信息,尽管理财活动所需的信息并不完全局限于会计所提供的信息,有时还需要对之进行进一步的加工,但理财活动所利用的资料绝大部分来自会计信息,而这些会计信息都是资金运动的客观反映。因此,理财和会计的大部分信息都来源于企业资金运动。长期以来,我国将会计机构和理财机构合二为一,这一机构的人员具有双重身份,他们既是理财人员,也是会计人员,因此统称为"财会人员"。

理财与会计的区别在于:研究对象的侧重点不同,会计研究对象侧重于资金运动的信息,并以提供一整套反映资金运动的信息为其主要目标。而理财的研究对象则是实实在在的资金运动,具体地说,就是通过融资、投资和成果分配对资金运动进行调控。工作性质不同,如何加工、处理、传递信息是会计工作的主要内容,会计工作是一种信息处理和信息服务活动;而理财则不同,它是实实在在的管理活动,是一种具体的调控行为。会计必须为理财活动提供信息。

一、会计概述

(一) 会计的概念

会计是以货币为主要计量单位,以凭证为主要依据,借助于专门的技术方法,对一定单位的资金运动进行全面、综合、连续、系统的核算与监督的一种经济管理活动。会计的基本职能是会计核算和会计监督。核算是监督的前提和依据,监督是核算的继续和保证。

(二) 会计的基本假设

会计的基本假设是企业会计确认、计量和报告的前提,是对会计核算所处时间、空间环境等所作的合理假定。会计基本假设包括会计主体、持续经营、会计分期和货币计量。

1. 会计主体

会计主体是指企业会计确认、计量、记录和报告的空间范围。明确界定会计主体是开展会计确认、计量和报告工作的重要前提。会计主体假设是指假设会计所核算的是一个特定的企业或单位的经济活动。一般的企业会计中,企业是会计主体,而对于个人理财的需要,我们可以将个人或家庭的财务收支作为核算对象,将个人或家庭作为会计主体。

2. 持续经营

持续经营是指在可以预见的将来,企业将按照当前的规模和状态继续经营下去,不会停业,也不会大规模削减业务。只有在这一前提下,企业的再生产过程才得以进行,企业会计才可以以历史成本来确认、计量资产,所有资产才能按照预定的目标在正常的生产经营过程中被消耗、售卖等。就个人而言,需要假定个人的财务收支活动是一个持续不断的过程,这样才有进行规划的必要。

3. 会计分期

会计分期是指将一个企业持续经营的生产经营活动期间划分为一个个连续的、长短相同的期间。在会计分期前提下,企业应当划分会计期间,分类结算账目和编制财务报告。会计期间分为年度和中期。对于个人理财也是如此,通过分期可以进行阶段性的总结,将长期规划细化,使其更具有可操作性。

4. 货币计量

货币计量是指会计主体在会计核算过程中采用货币作为统一的计量单位,记录、核算会计主体的财务状况和经营成果。货币计量的前提还包括币值不变这一假定,即假定企业在不同时期的每一单位货币或同量货币具有完全相同的价值。在我国会计实务中,企业会计核算应该以人民币为记账本位币。业务收支以外币为主的企业,也可以选择某种外币作为记账本位币,但编制的会计报表应当折算为人民币反映。

（三）会计的记账基础

1. 权责发生制

企业会计的确认、计量和报告应当以权责发生制为基础，即凡是当期已经实现的收入和已经发生或应当负担的费用，不论款项是否收付都应作为当期的收入和费用处理。凡是不属于当期的收入和费用，即使款项在当期收付，也不应作为当期的收入和费用处理。

2. 收付实现制

收付实现制是与权责发生制相对应的一种会计记账基础，它是以收到或支出现金作为确认收入和费用的依据。

与收付实现制相比，权责发生制能够更加准确地反映特定会计期间真实的财务状况和经营成果。目前，我国企业的资产负债表和利润表是以权责发生制为基础编制的，现金流量表则是以收付实现制为基础编制的。

为简便起见，个人及家庭收支流量大多以收付实现制计算，对照初期与末期的现金，看记账时有无漏记之处。对一般家庭来说，如果采用收付实现制记账，与权责发生制记账的主要差异发生在信用卡的使用和收缴时，比照企业会计的权责发生制，每笔交易都做借贷分录来记账，是正确、科学的记账方式，但由于个人家庭财务报表并不复杂，很少使用。

（四）会计的信息质量要求

会计原则是指确认和计量会计事项所依据的规范和规则，它对于会计人员选择会计程序和方法具有重要的指导作用。对于个人理财规划来说，需要利用这些原则对个人理财活动中的收支进行相应的确认和计量。主要的会计原则如下：

1. 可比性原则

同一企业不同时期发生的相同或者相似的交易或者事项，应当采用一致的会计政策，不得随意变更。不同企业发生的相同或者相似的交易或者事项，应当采用统一规定的会计政策，确保会计信息口径一致，相互可比。

2. 实质重于形式原则

这里的"实质"强调经济业务的经济实质，"形式"强调经济业务的法律形式，即经济实质要重于法律形式。实质重于形式要求企业应当按照交易或者事项的经济实质进行会计确认、计量和报告，不应仅以交易或者事项的法律形式为依据。

3. 重要性原则

重要性是指财务报告中提供的会计信息的省略或错报会影响使用者据此做出经济决策，该信息就具有重要性。重要性要求企业提供的会计信息应当反映与企业财务状况、经营成果和现金流量等有关的重要交易或者事项。

4. 谨慎性原则

谨慎性要求企业对交易或者事项进行会计确认、计量和报告时应当保持应有的谨慎，不应高估资产或者收益、低估负债或者费用。

5. 可靠性原则

可靠性要求会计核算应当以实际发生的交易或者事项为依据进行会计确认、计量和报告，如实反映符合确认和计量要求的各项会计要素及其他相关信息，保证会计信息真实可靠、内容完整。

6. 相关性原则

相关性要求会计主体提供的会计信息应当与财务报告使用者的经济决策需要相关,有助于财务会计报告使用者对企业过去、现在或者未来的情况做出评价或者预测。如会计信息没有满足使用者的需要,对使用者的决策没有什么作用,就不具有相关性。

7. 可理解性原则

可理解性是指会计记录和会计报告要做到清晰完整,简明扼要,便于财务报告使用者理解和使用。会计信息的目的在于使用,只有清楚地反映经济活动的各种比例关系,反映经济业务的来龙去脉,才能有助于会计信息使用者获得必要的会计信息,以便做出正确的经济决策。

8. 及时性原则

及时性要求企业对于已经发生的交易或者事项,应当及时进行会计确认、计量和报告,不得提前或者延后。

以上会计核算的信息质量要求是以企业的会计核算作为主体的,但如果将会计主体界定为个人的时候,一些信息质量要求的使用可能不是很经常。如谨慎性、重要性,在企业会计核算中,这些原则的运用往往对会计信息产生较大的影响,但在个人理财中则运用得较少。

二、会计要素与会计等式

(一) 会计要素

会计要素分为六大类,即资产、负债、所有者权益、收入、费用和利润。其中资产、负债和所有者权益三项会计要素侧重于反映企业的财务状况,收入、费用和利润三项会计要素侧重于反映企业的经营成果。

1. 资产

资产是指企业过去的交易或者事项形成的、由企业拥有或者控制的、预期会给企业带来经济利益的资源。资产是企业获得经济收益的物质基础,其具有以下几种特征:

(1) 资产是一种经济资源。这种资源具有在未来期间给企业带来经济利益的能力。作为企业的一项资产,其能够给企业直接创造经济收益,或有助于企业经济收益的实现。

(2) 资产必须由特定企业实体所拥有或控制。"拥有"的基本含义是指企业具有该项资产的所有权。而"控制"是指尽管企业不拥有其所有权但拥有其使用权。

(3) 资产必须是过去交易或者事项的结果。资产必须是企业经过已经发生的经济行为而取得的资源,资产应当是现实客观存在于企业。计划在未来期间取得,其相关交易或事项尚未实际发生,这样的财产不属于企业的资产。

理解这一定义时,要注意:未来交易或事项可能形成的资产不能确认,如或有资产;企业对资产负债表中的资产并不都拥有所有权,如融资租入的固定资产,不能给企业带来未来经济利益的资产则不能作为资产加以确认。

个人理财中的资产是指个人所拥有的能以货币计量的财产、债权和其他权利。财产主要是指各种实物、金融产品等最明显的东西;债权就是个人借出可到期收回的钱物;其他权利主要就是无形资产,如各种知识产权、股份等。

2. 负债

负债是指企业过去的交易或者事项形成的、预期会导致经济利益流出企业的现时义务。企业的负债要素具有如下基本特征：

（1）负债是企业承担的一种现时义务。负债作为一种现时义务，产生于过去的交易或事项。未来承诺一般不构成企业负债的内容。

（2）负债的清偿会导致经济利益流出企业。企业履行因举债而形成的义务，必然会放弃含有经济利益的资产，如以支付现金、提供劳务等方式偿债。

理解这一定义时，要注意：未来交易或事项可能产生的负债不能确认，但或有负债在符合条件时则应该确认；负债需要通过转移资产或提供劳务加以清偿，或者借新债还旧债。

3. 所有者权益

所有者权益是指企业资产扣除负债后由所有者享有的剩余权益。所有者权益的来源包括所有者投入的资本、直接计入所有者权益的利得和损失、留存收益等。这里，直接计入所有者权益的利得和损失，是指不应计入当期损益、会导致所有者权益发生增减变动的、与所有者投入资本或者向所有者分配利润无关的利得或者损失；利得是指由企业非日常活动所形成的、会导致所有者权益增加的、与所有者投入资本无关的经济利益的流入；损失则是指由企业非日常活动所发生的、会导致所有者权益减少的、与向所有者分配利润无关的经济利益的流出。

理解这一定义时要注意：所有者权益是表明企业产权关系的会计要素；所有者权益与负债有着本质的不同，负债需要定期偿还，但所有者的投资则不能随便取出。

4. 收入

收入是指在企业日常活动中形成的、会导致所有者权益增加的、与所有者投入资本无关的经济利益的总流入。其特征包括：

（1）收入是企业在日常活动中形成的。日常活动是指企业为完成其经营目标所从事的经常性活动以及与之相关的其他活动。

（2）收入是与所有者投入资本无关的经济利益的总流入。收入应当会导致经济利益的流入，从而导致资产的增加。

理解这一定义时要注意：收入的来源包括三个方面，即销售商品、提供劳务和让渡资产使用权，但对外投资的收益则不包括在收入要素中；收入应该是企业在日常经营活动中形成的，所以营业外收入不包括在收入要素中。投资收益和营业外收入在我国应该属于利润要素。

5. 费用

费用是指企业在日常活动中发生的、会导致所有者权益减少的、与向所有者分配利润无关的经济利益的总流出。其特征包括：

（1）费用是企业在日常活动中形成的。

（2）费用会导致所有者权益的减少。

（3）费用是与向所有者分配利润无关的经济利益的总流出。

理解这一定义时要注意：费用和收入之间存在配比关系；费用中能够对象化的部分形成产品的制造成本，不能够对象化的部分则形成期间费用。所以，一项费用要么是产品成本，要么是期间费用。

6. 利润

利润是指企业在某一会计期间的经营成果，其用来衡量企业在特定会计期间的财务业绩。利润金额取决于收入和费用、直接计入当期利润的利得和损失金额的计量。

理解这一定义时要注意:作为反映企业经营成果的要素,利润应该是指企业的净利润,即利润总额减所得税之后的差额;利润总额由四部分组成,即营业利润、投资净收益、补贴收入和营业外收支净额;利润是反映企业经营成果的最终要素。

就个人及家庭理财而言,会计要素就不需要太复杂。根据个人理财的特点,可以将其会计要素分为资产、负债、净资产、收入和支出五大类,并以此来编制个人财务报表。

(二) 会计等式

会计等式也称为会计平衡式、会计方程式,表示六要素之间的数量关系,是指表明各会计要素之间基本关系的恒等式。资产来源于所有者权益和债权人的借入资金,分别归属于所有者和债权人,资产必然等于负债加上所有者权益。在某一特定时日,资产、负债和所有者权益等静态会计要素具有下列基本关系:

$$资产=负债+所有者权益$$

企业在生产经营过程中,每天都会发生多种多样、错综复杂的经济业务,从而引起各会计要素的增减变动,但并不影响资产与权益的恒等关系。

在某一特定会计期间,收入、费用和利润等动态会计要素具有下列基本关系:

$$收入-费用=利润$$

上述会计等式说明了收入、费用和利润三大会计要素的内在关系,是编制利润表的理论依据。因此,又称之为利润表等式。

由以上两个会计等式可以得到会计要素之间的等式关系,即

$$资产+费用=负债+所有者权益+收入$$

三、会计核算的内容

会计核算是指会计以货币为主要计量单位,通过确认、计量、记录、报告等环节,反映特定对象的经济活动,向有关各方提供会计信息。其基本特点包括:第一,以货币为主要计量单位反映各单位的经济活动;第二,会计核算具有完整性、连续性和系统性。会计核算包括以下四个环节:

(一) 会计确认

会计确认是指通过一定的标准或方法来确定所发生的经济活动是否应该或能够进行会计处理。确认的定义表明,确认需要解决"应否确认""何时确认"和"如何确认"三个问题,其中关键的是"应否"与"何时"。如果一项会计业务应该确认而没有确认,就可能造成企业资产的流失、会计信息的失真,使会计信息的有用性受到影响,进而影响会计信息使用者做出正确的决策。

(二) 会计计量

会计计量指以货币为单位对已确定可以进行会计处理的经济活动确定其应记录的金额。它由两个要素构成:一是计量单位,二是计量属性。计量单位通常采用名义货币,即不考虑货币购买力的变动(通货膨胀的影响),一律按不同时期同种货币的面值为计量单位。

计量属性是指会计要素(主要是资产)可用货币计量的各种特征,如历史成本、重置成本、可变现净值、现值和公允价值。

1. 历史成本

在历史成本计量下,资产按照购置时支付的现金或者现金等价物的金额,或者按照购置资产时所付出的对价的公允价值计量。负债按照因承担现时义务而实际收到的款项或者资产的金额,或者承担现时义务的合同金额,或者按照日常活动中为偿还负债,预期需要支付的现金或者现金等价物的金额计量。

2. 重置成本

在重置成本计量下,资产按照现在购买相同或者相似资产所需支付的现金或者现金等价物的金额计量。负债按照现在偿付该项债务所需支付的现金或者现金等价物的金额计量。

3. 可变现净值

在可变现净值计量下,资产按照其正常对外销售所能收到现金或者现金等价物的金额扣减该资产至完工时估计将要发生的成本、估计的销售费用以及相关税费后的金额计量。

4. 现值

在现值计量下,资产按照预计从其持续使用和最终处置中所产生的未来净现金流入量的折现金额计量。负债按照预计期限内需要偿还的未来净现金流出量的折现金额计量。

5. 公允价值

在公允价值计量下,资产和负债按照在公平交易中,熟悉情况的交易双方自愿进行资产交换或者债务清偿的金额计量。

企业在对会计要素进行计量时,一般应当采用历史成本,采用重置成本、可变现净值、现值、公允价值计量的,应当保证所确定的会计要素金额能够取得并可靠计量。个人财务报表与企业不同,多采用公允价值记账,这样可以正确显示家庭财富的当前公允价值。

(三)会计记录

会计记录是指把已确认和已计量的企业资产、负债、所有者权益、收入、费用和利润以会计凭证为依据,正式地记录在会计账簿中的过程。

(四)会计报告

会计报告是指以恰当的形式汇总日常确认、计量、记录的结果进行再次确认,定期向会计信息使用者报告企业的财务状况、经营成果和现金流量情况的过程。会计报告是会计信息使用者使用的主要会计信息,主要包括资产负债表、利润表和现金流量表、所有者权益变动表以及报表附注。

四、财务会计报告

(一)财务会计报告的概念和内容

财务报告是指企业对外揭示并传递经济信息的手段,也称为"财务会计报告"。由于财务报告信息直接影响会计信息使用者的利益,所以财务报告必须对企业自身的财务状况、经营业绩和现金流量等相关信息予以充分披露。

财务会计报告的目标是向财务会计报告使用者提供与企业财务状况、经营成果和现金流量等有关的会计信息,反映企业管理层受托责任履行情况,有助于财务会计报告使用者做出经济决策。财务会计报告包括会计报表、会计报表附注和财务情况说明书。

(二) 会计报表

会计报表是对主体财务状况、经营成果和现金流量的结构性表述,目的是向财务报表使用者提供有关的会计信息,以帮助财务报表使用者了解整体的有关状况,并做出相应决策。会计报表至少包括资产负债表、利润表、现金流量表以及附注等,分别从不同角度反映主体的财务状况、经营成果和现金流量。

1. 资产负债表

资产负债表是总括反映企业在一定日期(如年末、季末、月末)的全部资产、负债和所有者权益的会计报表。其基本特点有:

(1) 反映一定时点的财务状况(月报、年报),因此有被修饰的可能。
(2) 按权责发生制填制,对未来的反映有一定程度的影响。
(3) 反映资产与负债、所有者权益之间的关系,即资产=负债+所有者权益。
(4) 反映资产、负债、所有者权益的存量及其结构等信息。

表 2.1 为一张资产负债表。

表 2.1 资产负债表

编制单位:　　　　　　　　　　　时间:2016/12/31　　　　　　　单位:元

资　　产	行次	年初数	期末数	负债及所有者权益	行次	年初数	期末数
流动资产:				流动负债:			
货币资金		233975.00	27645.00	短期借款		3857245.00	73653.00
应收账款		33492.00	27630.00	应付账款		635335.00	37530.00
应收票据			3696283.00	应付票据		397362.00	49375.00
短期投资				预收账款			
存货				应交税金			
流动资产合计		267467.00	3751558.00	流动负债合计		4889942.00	160558.00
长期投资:				长期负债:			
长期股权投资		2845720.00	276530.00	长期借款		552754.00	49376.00
长期债权投资				长期债款		39756.00	39763.00
长期投资合计		2845720.00	276530.00	长期负债合计		592510.00	89139.00
固定资产:				递延资产:			
固定资产原值		2754029.00	48736.00	递延税项		39736.00	39376.00

续表

资 产	行次	年初数	期末数	负债及所有者权益	行次	年初数	期末数
减：累计折旧				递延税款贷项		39666.00	
固定资产合计		2754029.00	48736.00	递延资产合计		79402.00	39376.00
无形及递延资产：				所有者权益：			
无形资产		386593.00	374853.00	实收资本		393272.00	29573.00
				盈余公积		2947.00	40275.00
				未分配利润		295736.00	4092756.00
无形及递延资产合计		386593.00	374853.00	所有者权益合计		691955.00	4162604.00
资产合计		6253809.00	4451677.00	负债及所有者权益合计		6253809.00	4451677.00

根据资产负债表，在对资产总额进行评价时应注意以下几点：
(1) 反映企业生产经营规模的大小及能力的强弱。
(2) 资产并不代表盈利能力和偿债能力，只代表拥有或控制的经济资源。
(3) 资产金额受会计确认、计量、报告和披露规则的约束。
(4) 注意资产总额的变动。

2. 利润表

利润表是总括反映企业在某一会计期间内(年度、季度、月份等)经营成果的一种会计报表。利润表的内部项目有主营业务收入、主营业务成本、营业税金及附加、主营业务利润、其他业务利润、投资收益、销售费用、管理费用、财务费用、资产减值损失、公允价值变动损益、营业外收入、营业外支出、利润总额、净利润等。其基本特点有：

(1) 反映一定期间经营成果。
(2) 按权责发生制填制。
(3) 反映利润的构成及实现，有利于管理者了解本期取得的收入和发生的产品成本、期间费用及税金，了解盈利总水平和各项利润的形成来源及其构成。

表2.2为一张利润表。

表2.2 利润表

2016年度　　　　　　　　　　　　　　　　　　　　　　　　　单位：元

项 目	行次	本年实际	上年实际
一、净利润			
加：年初未分配利润			
其他转入			

续表

项　　目	行次	本年实际	上年实际
二、可供分配的利润			
减:提取法定盈余公积			
提取法定公益金			
三、可供投资者分配的利润			
减:应付有限股股利			
提取任意盈余公积			
应付普通股股利			
转作股本的普通股股利			
四、未分配利润			

根据利润表,对利润表分析的基本内容包括:

(1) 利润总额及其增减变动的方向和数额。

(2) 利润总额的构成:各构成部分增减变动的方向和数额、增减变动的原因。

(3) 主营业务利润的构成、增减变动的方向和数额、增减变动的原因。

(4) 各种利润和收益之间的结构,如主营业务利润与其他业务利润、投资收益的比例。通过分析盈利结构可以了解公司经营状况和利润来源的真实情况。

(5) 各种利润与收入间的结构,如主营业务利润占主营业务收入的比重、净利润占主营业务收入的比重。通过分析利润与收入间的结构可以了解公司的收益率。

(6) 成本与收入间的结构,如主营业务成本占主营业务收入的比重。通过分析成本率可以了解公司为取得收益而付出的成本水平。

(7) 其他项目间的结构,如管理费用占主营业务收入的比重等。

3. 现金流量表

现金流量表是以现金为基础编制的反映企业一定期间内由于经营、投资、筹资活动所形成的现金流量情况的会计报表。其基本特点有:

(1) 反映一定期间现金流动的情况和结果。

(2) 按收付实现制填制,能够在很大程度上真实反映企业对未来资源的掌握。

表 2.3 为一张现金流量表。

表 2.3　现金流量表

年度:2016
制单单位:×××公司　　　　　　　　　　　　　　　　单位:元

项　　目	行次	金　　额
一、经营活动产生的现金流量		
销售商品提供劳务收到的现金	1	3049000.00
收到的税费返还	2	394830.00
收到的其他与经营活动有关的现金	3	483750.00
现金流入小计	4	3927580.00

续表

项 目	行次	金 额
购买商品接受劳务支付的现金	5	489570.00
支付给职工以及为职工支付的现金	6	48374.00
支付的各项税费	7	4930.00
支付的其他与经营活动有关的现金	8	48390.00
现金流出小计	9	591264.00
经营活动产生的现金流量净额	10	3336316.00
二、投资活动产生的现金流量		
收回投资所收到的现金	11	3029480.00
取得投资收益所收到的现金	12	49380.00
处置固定资产无形资产和其他长期资产而收到的现金净额	13	394830.00
收到的其他与投资活动有关的现金	14	3480.00
现金流入小计	15	3477170.00
购建固定资产无形资产和其他长期资产所支付的现金	16	493840.00
投资所支付的现金	17	493840.00
支付的其他与投资活动有关的现金	18	48374.00
现金流出小计	19	1036054.00
投资活动产生的现金流量净额	20	2441116.00
三、筹资活动产生的现金流量		
吸收投资所收到的现金	21	3943400.00
借款所收到的现金	22	482740.00
收到的其他与筹资活动有关的现金	23	48270.00
现金流入小计	24	4474410.00
偿还债务所支付的现金	25	485739.00
分配股利利润或偿付利息所支付的现金	26	59385.00
支付的其他与筹资活动有关的现金	27	29845.00
现金流出小计	28	574969.00
筹资活动产生的现金流量净额	29	3899441.00
四、汇率变动对现金的影响	30	
五、现金及现金等价物净增加额	31	9676873.00

现金流量表分析要点有:

(1) 一定期间净现金流量变动与利润表的利润额比较,分析差额产生的可能情况。

(2) 现金流入、流出的数量规模。

(3) 一般来说,经营现金净流量为正,投资活动现金净流量为负,筹资活动现金净流量随前两部分比较的结果而定。

第二节　财务管理基础

导入案例

田纳西镇的巨额账单

如果你突然收到一张事先不知道的1260亿美元的账单,你一定会大吃一惊。而这样的事件却发生在田纳西镇的居民身上。纽约布鲁克林法院判决田纳西镇应向美国投资者支付这笔钱。最初,田纳西镇的居民以为这是一件小事,但当他们收到账单时,他们被这张巨额账单惊呆了。他们的律师指出,若高级法院支持这一判决,为偿还债务,所有田纳西镇的居民在其余生中不得不靠吃廉价快餐度日。田纳西镇的问题源于1966年的一笔存款。斯兰黑不动产内部交换银行(田纳西镇的一个银行)存入一笔6亿美元的存款。存款协议要求银行按每周1‰的利率(复利)付息(该银行第二年破产)。1994年,纽约布鲁克林法院做出判决,从存款日到田纳西镇对该银行进行清算的7年中,这笔存款应按每周1‰的复利计息,而在银行清算后的21年中,每年按8.54%的复利计息。

思考:请说明1260亿美元是如何计算出来的?如利率为每周1‰按复利计算,6亿美元增加到12亿美元需多长时间?增加到1000亿美元需要多长时间?本案例对你有何启示?

一、财务管理概述

企业财务是指企业因从事财务活动所引发的资金运动,以及由此所形成的财务关系的总称。财务管理是企业组织财务活动和处理财务关系的管理工作总称,是企业管理的重要组成部分。财务管理是对企业财务活动的主观反映,如何有效地组织好企业的财务活动,处理好已存在的财务关系,就构成了企业财务管理的主要内容。

二、货币的时间价值

(一) 货币时间价值的概念

货币的时间价值也称资金的时间价值,是指在无风险和无通货膨胀的条件下货币经历一定时间的投资和再投资所增加的价值。时间价值的产生是有条件的。只有当资金进入社会资金流通过程中,如存入银行、进行生产投资或证券投资,参与到社会生产过程中,资金才会随时间的推移而增值。

时间价值产生于生产领域和流通领域,消费领域不产生时间价值,因此企业应将更多的资金或资源投入生产领域和流通领域而非消费领域。时间价值产生于资金运动之中,只有运动着的资金才能产生时间价值,凡处于停顿状态的资金不会产生时间价值,因此企业应尽量减少资金的停顿时间和数量。时间价值的大小取决于资金周转速度的快慢,时间价值与资金周转速度成正比,因此企业应采取各种有效措施加速资金周转,提高资金使用效率。

（二）货币时间价值的计算

货币的时间价值从量的规定性来看,等于没有风险和通货膨胀率为零的情况下社会平均的资金使用回报率。典型的现金流量计算包括终值和现值。

1. 终值

终值是把现在或未来某些时刻之前多次支付（收入）的现金额,按照某种统一利率（亦称"贴现率"）计算出的在未来某一时点的值。

单利终值计算公式为

$$F = P \times (1 + i \times n)$$

其中,F为单利终值,P为本金（现值）,i为每期利息率,n为期数。

复利终值计算公式为

$$F_n = P \times (1+i)^n$$

其中,F_n为n年后的复利终值,P为本金（现值）,i为每期利息率,n为期数。

例2.1 有一笔存款为100万元,投资时间为10年,有以下两种方式待选：

（1）存入银行10年期的定期存款,年利率为7%,求该笔定期存款的终值。

解析：定期存款的终值：$(100 \times 7\%) \times 10 + 100 = 170$（万元）。

（2）投入某货币基金产品,年利率为6%,求该基金的终值。

解析：投资货币基金的终值：$100 \times (1+6\%)^{10} = 179.0848$（万元）。

2. 现值

未来的货币收入在目前时间点上的价值就是现值,即可以是未来一次支付（收入）的现金流量折算到现在的值。

单利现值的计算公式为

$$P = F/(1 + i \times n)$$

其中,F为单利终值,P为本金（现值）,i为每期利息率,n为期数。

复利现值的计算公式为

$$P = F_n/(1+r)^n$$

其中,P为复利现值,F_n为n年后的复利终值,i为每期利息率,n为期数。

例2.2 爸爸在小明满25岁时给小明10000元,小明已经20岁,5年期的债券年收益率为6%,那么现在给小明多少钱,使其在5年后刚好等于10000元?

解析：$P = 10000/(1+0.06)^5 = 7472.58$（元）。

三、资金成本

（一）资金成本的概念和作用

资金成本指的是企业筹集和使用资金必须支付的各种费用。具体包括：用资费用是指企业在使用资金中所支付的费用,如股利、利息等,其金额与使用资金数额多少及时间长短成正比，它是资金成本的主要内容。筹资费用是指企业在筹集资金中所支付的费用，如借款手续费、证券发行费等，其金额与资金筹措有关，而与使用资金的数额多少及时间长短无关。

由于存在筹资费用，企业计划筹资额与实际筹资额是不相等的，实际筹资额等于计划筹资额减筹资费用，所以企业使用资金的实际代价大于名义代价。如果不考虑所得税因素，资金成本应按下列公式计算：

$$资金成本＝每年的用资费用÷（筹资数额－筹资费用）$$

资金成本是企业选择资金来源、拟定筹资方案的依据。这种影响主要表现在四个方面：资金成本是影响企业筹资总额的重要因素；资金成本是企业选择资金来源的基本依据；资金成本是企业选用筹资方式的参考标准；资金成本是确定最优资本结构的主要参数。当采用净现值指标决策时，此时净现值为正则投资项目可行，否则不可行；当以内部收益率指标决策时，资金成本是决定项目取舍的一个重要标准。只有当项目的内部收益率高于资金成本时，项目才可能被接受，否则就必须放弃。

（二）个别资金成本的计算

个别资金成本是指各种筹资方式的资金成本，其计算是加权平均资金成本计算及相关决策的重要依据。所谓个别资金成本就是指特定筹资方式的融资成本，在确定融资成本时，通常需要考虑融资的风险、所得税等因素的影响。

1. 债券成本

企业债券成本构成内容主要包括中介费用、发行费用及手续费等。债券成本中的利息在税前支付，具有减税效应。其计算公式为

$$K_b = [I_b \times (1-T)]/[B \times (1-f_b)]$$

其中，K_b 为企业债券资金成本，I_b 为企业债券每期的利息，T 为企业所得税税率，B 为企业债券筹资总额，f_b 为企业债券筹资费用率。

例2.3　ABC公司经批准按面值发行5年期企业债券1200万元，票面利率8%，筹资费用率3%，每年末付息一次，到期还本，企业所得税税率25%。该企业的债券资金成本计算如下：

$$K = [8\% \times (1-25\%)]/(1-3\%) = 6.19\%$$

2. 银行借款成本

银行借款成本的计算与债券基本一致，银行借款成本一般由借款利息和手续费两部分组成，其计算公式为

$$K_1 = [I_i \times (1-T)]/[L_i \times (1-f_i)]$$

其中，K_1 为银行借款资金成本，I_i 为银行借款年年息，L_i 为银行借款融资总额，T 为企业所得税税率，f_i 为银行借款筹资费用率。

例2.4　ABC公司向银行借款100万元，借款年限3年，年利率10%，每年付息一次，到期还本。企业所得税税率25%，筹资费用率0.2%。该项长期银行借款资金成本计算如下：

$$K = [100 \times 10\% \times (1-25\%)]/[100 \times (1-0.2\%)] = 7.65\%$$

3. 优先股成本

优先股成本由筹资费用和股利构成，其股利在税后支付，税息具有固定性。因此，优先股的融资成本一般介于股票和债券之间，低于股票成本而高于债券成本。优先股成本的计算公式为

$$K_p = D_p / [P_p \times (1-f)]$$

其中，K_p 为优先股成本，D_p 为优先股每年股利，P_p 为优先股筹资总额，f 为优先股筹资费用率。

例 2.5 ABC 公司计划发行优先股 4000 万股，每股发行价格 5 元，发行费用率为 4%，每股股息为 0.25 元。则该优先股的资金成本计算如下：

$$K = 0.25 / [5 \times (1 - 4\%)] = 5.21\%$$

4. 普通股成本

普通股成本的计算存在多种不同方法，其主要方法为估价法。这种方法是利用普通股现值的估价公式来计算普通股成本的一种方法。但由于计算比较复杂，在许多公司股利不断增加的情况下，假设年增长率为 g，则普通股成本的计算公式可简化为

$$K_s = D_1 / [P \times (1-f)] + g$$

其中，K_s 为普通股成本，D_1 为普通股第一年的股利，P 为普通股筹资总额，f 为普通股筹资费用率，g 为普通股股利年增长率。

5. 留存收益成本

留存收益是企业内部融资的主要方式，是企业税后利润形成的，内容包括提取的盈余公积金和未分配利润等。从产权归属来看，留存收益属于所有者权益。从资本的来源渠道看，留存收益是由企业本年利润结转形成，无须发生任何融资成本。但实际上，留存收益作为股东对企业的再投资，也希望该部分资金能给股东带来预期的收益。可见，留存收益的资本成本实质上是一种机会成本。因此，留存收益的资本成本可按照普通股的资金成本确定，只是在计算留存收益的资本成本时，无须考虑筹资费用。

（三）加权平均资金成本的计算

在资本市场发达的今天，多元化融资是现代企业的基本融资特点。当企业采用多元融资方式组合时，仅计算个别资金成本是不够的，还需要计算该企业整体资本的加权平均资金成本。加权平均资金成本是指企业全部资金的成本水平，通常是依据各种融资方式的融资比例为权重，对个别资金成本加权计算的成本，故又称加权平均资金成本。决定企业加权平均资本成本水平有两大因素：各种融资方式的个别资金成本，以及该融资方式在总融资中所占比重（融资权重）。其计算公式为

$$K_w = \sum_{j=1}^{n} K_j \times W_j$$

其中，K_w 为加权平均资金成本，K_j 为第 j 类个别资金成本，W_j 为第 j 类个别资金占全部资金的比重。

四、风险与收益

风险和报酬之间存在一个对等关系，投资人必须对报酬和风险做出权衡，为追求较高报酬而承担较大风险，或者为减少风险而接受较低的报酬。

在个人理财规划中，运用风险收益均衡这一原则应注意以下几点：

（1）收益与风险是正相关的，在财务活动中，低风险一般只能获得低收益，高收益则往往伴随着高风险。无论市场的状况是繁荣还是衰落，无论人们的心理状态是稳健还是进取，

都应当对决策项目的风险和收益做出全面分析和权衡,以便选择最有利的方案。如子女教育规划、退休后养老金的使用就不适合选择投资风险高的项目。

(2) 处于不同生命周期的客户,其风险承受能力不同,所选择的投资工具也各不相同。

(3) 要注意进行资产配置,把风险大、收益高的项目同风险小、收益低的项目适当地搭配起来,分散风险,使风险与收益平衡。

五、本量利分析

本量利分析,即数量、成本、利润分析,也称为损益平衡分析,是企业经营管理中用于预测目标利润,确定目标成本,规划生产经营的一种现代技术方法。企业经营的目的在于获得最大的资本增值。本量利分析的主要作用就在于通过损益平衡计算找出并确定一个损益平衡点或保本点,以及进一步突破此点后增加销售数量,控制成本,提高利润的可能性。本量利分析还有助于发现和确定企业增加利润的潜在能力,以及各有关因素变动对成本、利润的影响程度。

损益平衡分析的前提,要求先将产品销售成本划分为固定成本和变动成本两部分。然后根据产品销售价格,计算出产品销售量达到何种程度时,产品销售收入正好等于产品销售成本。这就是损益平衡点,或保本点。

如何将财务管理知识运用到个人理财上?

【资料链接】2.1

你家的财务管理有专人负责吗?你知道家里有几张银行卡,每张卡上有多少钱吗?你的家庭理财目标主要是什么?日前,财之道家庭财智研究院对石家庄市民2016年的家庭财务管理状况做了专项调查,收回有效调查问卷近3000份。调查显示,多数居民的家庭理财有点"迷糊",收入支出不记账,随意性较强。有三成多受访者不清楚家里有几张银行卡。

针对调查结果,专家建议,家庭理财最好要专人负责定期梳理,资产配置亦要分层进行科学管理。家庭金融工程的建设至关重要,因此最好能专人负责,从记账开始,合理规划收入与支出。管理原则是综合管理,动态调整,既要有合理的资产配置,也可以根据家庭变化适时进行调整。对于家庭资产的配置可以运用分层管理的理念,即把自己家庭的所有资产分为核心资产、中场资产、卫星资产三个层次进行区分管理。核心资产指的是自住房、职业收入,这是基本生活品质的保障,这部分资产需要夯实基础,财务安全最重要。中场资产一般包括专项储蓄、商业保险以及现金资产,这部分资产可防范系统性风险,也能应对一般的财务问题。应该进行长期的价值投资,追求业绩稳定。卫星资产则包括各类投资,诸如股票、外汇、债券、房地产(除自住房外)、大宗商品等,可以利用不同资产的周期表现进行组合管理,最终实现稳健成长。卫星资产重要的是把握趋势,最终实现财务自由。

第三节　个人家庭会计报表分析基础

导入案例

家庭账本

在虹口旧改地块142街坊（嘉兴路街道岳州居民区），居民杜国清家一直传承着一个习惯——记账。50多年来，她的父母、本人和子女代代传承，半个多世纪以来记录家庭收支用度，一点一滴，一天不落，厚厚实实累"记"了15本账册。家庭小账本反映时代变迁，也传承了勤俭持家的好家风。杜阿姨说，父母这代人记账是为了勤俭持家，她现在记账不是爱"算计"，而是为了更好地生活。如今该地块面临旧改，这些弥足珍贵的老账本被杜阿姨捐赠给了嘉兴路街道旧改分指挥部，作为在此生活了半个多世纪的虹口居民们的集体"记忆遗产"。

"鸡毛菜一角八分，豆制品4分，大饼3分，油条3分，煤球……这是1960年一天的支出，共1元2角钱，主要还是买菜。"翻开杜国清家的账本，密密麻麻记录着这个家庭50多年来所有的生活开销，柴米油盐、人情世故、结婚生子……事无巨细，一一记录。

翻着老账本，坐上"时光机"，时代的变迁仿佛浓缩在了这片片泛黄的纸页上。"20世纪60年代遇到了三年自然灾害，我是家里最小的女儿，上面有三个哥哥，一家人抱团过日子，精打细算，经常向亲戚邻居借钱接济，你看，这里记着'问张家借了5块、问董家借了3块'……"杜阿姨一边翻阅着账本，一边打开了记忆的闸门。在接下来的70、80年代，生活条件明显改善，"到了80年代，生活条件越来越好了，你看！账本上首次出现积蓄结余！"

"钱要花在刀刃上，记账后就能一目了然，从而形成节俭、规律、有计划的生活方式。"杜阿姨始终认为，"不管家里条件有多好，中华民族勤俭节约的好习惯不能丢。"

随着时代的变迁，记账从另一个角度来说是家庭理财的一种方式，而家庭理财可以通过编制家庭财务报表对各项收支进行合理的规划。

一、个人家庭会计报表分析

家庭会计是指家庭成员为维持家庭财务的合理运转，以货币为表现形式，应用基本的会计方法，反映家庭中资金运动，以进行理财和记账的系统。其核算内容涵盖家庭的所有经济活动，具体包括家庭生活消费、家务劳动生产、劳动力再生产、家庭生产经营、家庭人力经营、家庭融资投资、家庭投保防险、家庭转移收支活动等。所有这些家庭经济活动的交易或事项，共同形成了家庭财务会计的核算内容，形成了以家庭劳动经营、家庭资本为主线的全新的会计分支。它的产生基于社会经济的发展、家庭财富的积累以及文化素质的提高和家庭、社会完善管理的需要。

个人理财规划的制订和执行是建立在财务分析的基础上,财务分析包括财务报表结构分析和财务比率分析。通过这两个方面的分析,可以全面把握家庭财务状况。

二、家庭财务报表结构分析

编制家庭财务报表的目的是更好地了解家庭的财务状况,发现并改进财务问题,从而使财务更安全、更健康。家庭财务报表结构分析主要包括对资产负债表和收支表的分析。

（一）资产负债结构分析

家庭资产负债表是对家庭在某一时刻财务状况的反映。资产负债表显示家庭资产管理的经济资源,以及所承担的一切债务,如表2.4所示。

表2.4　家庭资产负债表

资产		金额	负债		金额
生息资产	现金类资产	现金		流动负债	信用卡透支	
		活期存款			应付水电费	
		定期存款			应付租金	
		货币市场资金			应付税金	
		银行现金类理财产品			应付保费	
	金融类资产	外汇存款			当期应付长期贷款	
		债券基金			其他流动负债	
		股票基金		流动负债小计		
		股票		长期负债	房贷余额	
		债券			车贷余额	
		纸黄金(白银)			消费贷款余额	
		银行理财产品			助学贷款余额	
		券商集合理财产品			投资贷款余额	
		私募基金			其他长期负债	
		信托产品		长期负债小计		
		保单现金价值		负债总计		
		住房公积金余额				
		基本养老保险个人账户				
		企业年金/职业年金个人账户				
		基本医疗保险个人账户				
		其他金融资产				

续表

资产			金额	负债	金额
生息资产	实物投资资产	收藏品			
		投资性房地产			
		贵金属			
		其他实物投资			
	生息资产小计				
自用资产	珠宝首饰				
	家具				
	电器				
	汽车				
	自住房产				
	其他自用资产				
	自用资产小计				
资产总计					

1. 资产项目分析

在一般情况下，家庭资产可以分为自用资产、生息资产和奢侈资产三大类。对不少家庭来说，奢侈资产很少，并且它与财务规划关系不大，不需要单独列出。自用资产满足家庭的基本使用，是日常生活的必需品。而生息资产则是理财规划的重点，是实现理财目标最为重要的资金来源。所以，对于大多数家庭而言，资产中最为主要的部分是生息资产和自用资产。

生息资产可以分为现金类资产、金融类投资资产以及实物投资资产。

现金类资产的特点是安全、具有很高的流动性但收益少，甚至无收益。持有现金类资产的目的是满足家庭日常消费开支以及紧急备用需求。由于家庭日常消费开支一般可以从当期收入中得以满足，所以家庭仍必须保留一定额度的现金类资产，其主要目的是紧急备用。紧急备用金主要用来应付收入突然中断或支出突然暴增时的应急需要，以免家庭陷入财务困境。

金融类投资资产和实物投资资产是除工作收入之外的重要收入来源，持有投资资产的目的是获得更多的理财收入，通过不断的投资积累，更快地实现理财目标。但持有此类资产必将冒一定的风险，所以投资资产的品种应根据经济情况进行合理调整，经济繁荣时持有高风险的资产比例高些，经济萧条时则要适当降低高风险资产的持有比例。另外，随着年龄的增长，持有投资资产的比重也会发生变化。年轻时收入较低，再加上结婚、生子、买房等大额支出，导致很难有多余积蓄进行投资，这一阶段投资资产的比重相对较低。但随着收入的逐渐提高，就应该考虑多储蓄，为未来的长远理财目标提前做好资金储备。

自用资产在一般家庭中占有较大比重，它虽然不带来收益，但却是日常生活所必需的。它可以再分为两类：一类是升值性资产，如房地产和收藏品；另一类是折旧资产，如汽车、家具等。后一类资产所占比重不能太高，平时应注意控制这类支出，否则会影响到以后生活质量的进一步提高。

2. 负债项目分析

负债是由家庭过去的经济活动而产生的现有责任，这种责任的结算将会引起家庭经济资源的流出。通常情况下,家庭总负债要小于总资产,否则就说明家庭现时财务状况相当糟糕,如果不及时采取改善措施,将面临被债权人清算的危险。但也并非不负债财务状况就是最好,适当负债往往可以提高生活质量。例如,如果不负债,可能需要很长时间才能积累足够的购房资金,房价上涨的情况下甚至可能永远也攒不够钱买房,而适当负债可以提前拥有自己的住房,结束居无定所的生活,还可以获得房价上涨带来的资产增值。

负债可以分为短期负债(1年以下)、中期负债(1～5年)、长期负债(5年以上)。中长期负债应与家庭的中长期偿债能力,即其未来收入相适应,短期负债构成对家庭资产的流动性影响较大。为了真实反映客户的财务状况,有时需要理财规划师帮助客户估计一些数额尚未确定的债务,如当期应纳税金、应付水电费和煤气费、信用卡透支额等。

(二)收入支出结构分析

家庭现金流可以分为工作收入、理财收入及资产负债调整的现金流入。收入结构分析对于理财规划而言,处于基础地位。可分为工作收入、理财收入、其他收入;支出可分为基本项目支出、重大项目支出、其他支出,如表2.5所示。

表 2.5 家庭收入支出表

收入			金额	支出			金额
工作收入	工资薪金收入	工资		基本项目支出	衣	衣物	
		奖金				穿戴	
		劳动分红				理发	
		退休金				美容	
	经营收入					其他	
	劳务报酬				食	日常饮食	
	稿酬所得					外出就餐	
	特许权使用费所得					其他	
	其他				住	水电气	
理财收入	存款利息					电视网络	
	公募基金投资收入					物业管理	
	股票投资收入					日用品	
	债券投资收入					房租	
	贵金属投资收入					房屋维修	
	银行理财产品投资收入					房贷本息	
	券商理财产品投资收入					其他	
	私募基金投资收入				行	交通费	
	信托产品投资收入					汽车油费	
	收藏品投资收入					过路费	
	房地产投资收入					停车费	
	其他投资收入					车贷本息	

续表

收入		金额	支出		金额
其他收入			重大项目支出	学杂费	
				保费	
				购置家具家电	
				医疗保健	
				护理	
				旅游	
				休闲娱乐	
				捐赠	
			其他支出		
收入总计			支出总计		
			结余（支出－收入）		

1. 收入结构分析

不同的收入来源结构决定了家庭收入的稳定性和成长性，所以，收入结构分析是财务分析的重要环节。家庭收入主要包括工作收入、理财收入。

工作收入包括工资、薪金、奖金、年终加薪、劳动分红、津贴、补贴、劳务报酬、稿酬等人力资本创造的收入，通常较为稳定，但有失业和丧失劳动力的风险。理财收入主要包括利息、股利、资本利得、房租等以金钱或已有资产衍生出来的收入，通常随着金融环境的变化而变化，存在投资风险。

2. 支出结构分析

支出也可以进行不同分类，比如按支出去向分为生活支出、理财支出，按支出特点可以分为固定支出和临时支出，按可调整程度可以分为可控支出和不可控支出。生活支出是用于衣食住行、文化娱乐、医疗健身等日常生活方面的开支，理财支出是用于偿还借款、支付投资手续费和保险费等方面的支出。固定支出包括社会保障费支出、保险费支出、还贷支出、税收支出、物业费支出，以及餐饮、交通、水电煤气等日常消费支出、医疗保健支出及子女教育支出。临时性支出包括度假旅游、捐赠、购置衣物、添置家具、娱乐、赡养父母等方面的支出。理财规划师应根据客户家庭的收支表计算各项支出占比及分类支出占比，以发现支出方面存在的问题，并提出改进方案和措施。

3. 储蓄结构分析

收支差额为盈余（或赤字），它反映当期的储蓄规模。人一生的收支总是不平衡的，在买房时需要支付大额的房产首付款，孩子上学时需要支付高额的教育费，年老体迈时退休金也许不能满足生活所需。但在大多数的工作期间，收入应大于支出，才能形成一定的储蓄结余，从而弥补漫长退休生涯中养老支出的不足。

三、财务比率分析

个人理财规划中运用的财务比率可以分为两大类：一类是常见财务比率，类似于企业财务比率,主要用来反映和指导当前的个人财务活动;另一类是综合财务比率,主要用于长期财务规划。常见财务比率指标有资产负债比率、收入负债比率、支出保障比率、储蓄比率、净资产投资比率、投资回报率等。这些指标可以根据个人财务报表中的项目直接计算出来,相对比较简单,主要用来反映和指导当前的个人财务活动。

(一)资产负债比率

这类比率有两个相互联系、从不同方面反映家庭负债状况的指标。

1. 总资产负债比率

这一比率用来综合反映家庭债务负担状况和还债能力。其计算公式为

$$总资产负债比率 = 总负债/总资产$$

这一比率的数值范围为0~1,如果大于1,从理论上讲,该家庭已经破产。一般情况下应将其控制在0.5以下,以减少由于资产流动性不足而出现财务危机的可能。

2. 净资产比率

净资产比率也称自有权益比率或净资产偿付比率,用来反映家庭自有资产对总资产的支撑程度。其计算公式为

$$净资产比率 = 净资产/总资产$$

这一比率的数值范围也是0~1。接近0意味着目前的生活主要是靠借债来维持的,一旦收入下降或利率提高,很可能陷入资不抵债的破产境地。接近1则意味着财务状况比较安全。对于进入退休阶段的家庭而言,一般不宜负债,净资产比率越高越好。但是对于很多理财目标尚未实现的年轻家庭而言,高净资产比率则意味着没有充分利用自己的信用额度,其财务结构还有通过负债进一步优化的空间。一般情况下,该比率应高于0.5。

(二)收入负债比率

$$收入负债比率 = 当期应偿债本息/当期收入$$

这一比率反映家庭的偿债能力,是衡量家庭财务状况是否良好的重要参考指标。对于收入和债务支出都相对稳定的客户,可以以年度为计算周期;对于收入和债务支出不稳定的客户,以月度为计算周期。一般收入负债比率在0.4以下时,财务状况正常。

(三)支出保障比率

这类指标反映了在发生意外情况时以家庭现有资产变现来满足支出需要的能力。常用的指标有:

1. 流动资产保障率

$$流动资产保障率 = 流动资产/月均支出$$

该比率反映资产在不发生价值损失的条件下迅速变现以应付家庭支出需要的能力。流动性资产包括现金、活期存款及可以及时变现的短期债券等。例如,这一比率的数值为3,即流动性资产可以满足3个月家庭支出需要。

2. 生息资产保障率

$$生息资产保障率 = 生息资产/月均支出$$

生息资产包括现金类资产、金融性投资资产和实物投资资产。当流动性较好的现金类资产不能满足家庭支出需求时,就需要变现投资资产。例如,这一比率的数值为6,即生息资

产至少能保障 6 个月的家庭支出需要。

3. 净资产保障率

$$资产保障率 = 净资产 / 月均支出$$

净资产是扣除负债后的家庭自有资产,包括自用资产。当可变现资产仍不能满足家庭发生变故后的基本支出需要时,有可能需要变卖部分自用资产。所以,这要求保障的月数更长,例如,这一比率的数值为 12,即所有资产变现并扣除家庭债务后的资金应至少能保障 1 年的家庭支出需要。

（四）储蓄比率

$$储蓄比率 = 家庭储蓄 / 家庭税后收入$$

储蓄比率是一个很重要的指标,反映了家庭控制其开支和增加其净资产的能力。储蓄比率的高低和储蓄观念、社会福利水平、家庭收入及所处阶段等都有一定的关系。《中国家庭金融调查报告》显示,中国收入最高的 10% 家庭,其储蓄率为 60.6%,而大量低收入家庭在调查年份的支出大于或等于收入,没有或几乎没有储蓄。年轻家庭的大额支出项目较多,如买房买车、小孩养育和教育支出等,储蓄率较低;成熟家庭则因为完成了小孩教育、没有购房压力等原因,能将大部分收入进行储蓄投资。因此,设定合理的储蓄比率,应该结合家庭的实际情况进行分析。如果一个家庭储蓄率较低,则要根据其支出结构进行进一步判断,如果非必要支出,如休闲娱乐、交际等比重太大,则意味着这个家庭应该压缩这些方面的支出,从而提高家庭储蓄率。

（五）投资净资产比率

$$投资净资产比率 = 投资净资产 / 净资产$$

该比率反映家庭通过投资增加财富以实现其财务目标的能力。随着家庭的成长,这一比率应不断提高,以此保证净资产有合理的增长率。一般认为净资产投资比率应保持在 0.5 以上,这样才能保证净资产有较为合适的增长率。而对于较年轻的家庭来说,由于财富积累年限尚浅,一般在 0.2 以上较为合适。

（六）投资回报率

$$投资回报率 = 理财收入 / 投资资产$$

投资回报率也是反映财务健康状况的一个重要指标。投资回报率的高低反映了一个家庭通过投资让财富增值的能力,但并非投资回报率越高,财务越健康。对于一个风险承受能力较高的家庭,例如一些年轻家庭,要让财富更快速地增长,可以投资一些风险较高、回报较大的投资品种;但对于一些迈入退休阶段的家庭,投资风险承受能力较低,追求过高的投资回报率显然不合适。

（七）财务自由度

财务自由,是指在尚未取得劳动收入或无需取得劳动收入的情况下,单靠投资理财取得的收益,就完全可以维持较好的财务状态。计算公式如下:

$$财务自由度 = 目前的净资产 \times 投资报酬率 / 年支出$$

通常情况,客户的财务自由度大于或等于 1 较为理想。每个人估计的投资报酬率不同,财务自由度也会不同。可以拟定一个比较客观的标准,即每个客户都可以采用相同且合理的投资报酬率,然后根据个别净资产与年支出状况,计算不同客户的财务自由度。如果客户计算出的财务自由度低于应有标准,应建议更积极地进行储蓄投资计划。当整体投资报酬率随存款利率走低时,即使净资产没有减少,财务自由度也会降低。此时应该设法以储蓄来积累资产,或者通过削减年支出,来实现财务自由。

如何编制家庭财务报表?

【分析案例】2.1

李先生家庭有生息资产20万元、自用资产100万元,其中自住房屋的价值为80万元,有负债50万元。每年家庭生活支出大约需要4万元。李先生购有一份定期寿险,保额为10万元。李先生想知道,万一他身故,此份寿险能否保障他家庭10年的基本生活。

解析:李先生家庭突变保障率
　　　=(可变现资产+保险理赔金-现有负债)/10年家庭生活基本支出
　　　=(20+10-50)/(4×10)=-0.5

可见,李先生家庭灾变承受能力较低,要提高灾变保障率至1,保险理赔金额度应达到70万元,因此在现有保险基础上,还应增加60万元保额的寿险。

本 章 小 结

◆ **内容摘要**

会计基本假设包括会计主体、持续经营、会计分期和货币计量。会计要素分为六大类,即资产、负债、所有者权益、收入、费用和利润。根据个人理财的特点,可以将其会计要素分为资产、负债、净资产、收入和支出五大类。

货币是有时间价值的。货币的时间价值是在没有风险和没有通货膨胀下的社会平均资金利润率。

家庭财务报表一般分两种:家庭资产负债表和家庭收支表。家庭资产负债表中资产分为三大类:自用资产、生息资产和奢侈资产。家庭收支表一般以现金基础为原则记账。主要收入项目有:薪资收入、佣金收入、房租收入、利息收入、资产变现收入和其他收入等。主要支出项目有:家庭生活支出、房租支出、贷款利息支出、保费支出和其他支出。

◆ **关键词**

货币的时间价值　资金成本　本量利分析　家庭财务报表　财务比率分析

◆ **思考题**

1. 家庭会计和企业会计的主要区别有哪些?
2. 何为资金成本?资金成本在现代财务决策中有何重要作用?
3. 家庭财务报表应包括哪些内容?

4. 什么是本量利分析?
5. 财务比率分析要考虑哪些因素?

晋升为爸妈以后,王先生夫妇喜悦之余也不免有些担忧未来。"养个娃贵过一套房"的理念已经在他们的周边普遍被证明了,养育孩子的花费已经不小,还要考虑孩子的教育费,另外,结婚时刚买的住房太小(两室一厅),随着孩子的出生,当前还要考虑换一个至少三居室的住房。未来充满各种不确定性,如何才能把握得更好呢?王先生现30岁,王太太现31岁,小孩刚1岁,王太太的母亲帮忙照看小孩。王先生夫妇都是某市同一家私营企业的员工。王先生从事网络技术服务工作,每月税后收入约为5000元,王太太是办公室文秘,每月税后收入约为3500元;王先生的公积金账户每月收入为1400元,王太太的公积金账户每月收入为900元。王先生年终奖有2万元,王太太年终奖有1万元,去年获得存款利息收入3000元。夫妇俩过着朝九晚五的普通白领生活,基本没有时间从事其他兼职工作。在支出方面,夫妇俩平日不是紧巴巴过日子的人,王先生在衣食住行方面的基本生活开销约为每月3000元,休闲娱乐支出约为每月3000元,孩子的奶粉、尿布等支出约为每月1500元,房屋贷款尚有20万元分15年等额本息未还,贷款年利率为5.2%,每月需偿还贷款约1600元,其他支出约为每月1000元。家庭资产方面,王先生一家目前居住的住房是2年前结婚时花费35万元购置的,总面积为60平方米,现在总市值约为45万元。夫妇俩手里现金及活期存款约为3万元,定期存款为8万元。家具家电等价值大约为8万元。纵观朋友和同事的情况,王先生估计女儿3岁后,直至大学毕业每年在学费、才艺等方面的支出需要2万元。另外,他希望近期内能够换一个面积90平方米、三室一厅的住房,新房大约为每平方米8000元。

针对上述案例,试诊断王先生家庭的财务状况,并判断其是否存在可以改进的空间,理财目标能否实现。

1. 训练一:某人计划积累200万元供退休后使用,从现在起每年年末储蓄2万元,按照8%的储蓄利率,多少年可以达到目标?
2. 训练二:根据你的家庭财务状况编制并分析家庭财务报表。

第三章　理财规划师的工作流程

- 掌握与客户交流、沟通的技巧，与客户建立信任关系
- 掌握收集、整理客户财务信息和非财务信息的方法
- 掌握资产负债表、现金流量表的编制
- 掌握如何使用财务比率分析客户的财务状况
- 了解理财规划方案的编制流程
- 了解如何协助客户实施理财规划方案

第一节　建立客户关系

爱因斯坦的理财之道

爱因斯坦说："金钱只能用于满足私欲，并且常常被其拥有者滥用。"所以他曾在普林斯顿大学要求3000美元的超低价薪水后被校方以"太低"为由拒绝，在财务顾问劝说下，才最终以17000美元妥协。不过，如果你就此认为爱因斯坦是个不善理财的"天然呆"，那就大错特错了，他在不到20年的时间内，让几千美元的股票升值到25万美元。虽然他自己对理财并不擅长，但他知人善任，聘请了一位财务顾问替他打理家财，才取得了这样优异的业绩。

由此可见，人能挣钱，钱也能赚钱。做好个人理财，能在自己给别人的资本打工的同时，让别人也给自己攒下的资本打工。也就是说，决定命运更重要的是思维，而不是行为。

一、与客户交谈与沟通

交谈与沟通是人类社会交往的基本行为过程，人们进行交谈与沟通的方式、形式也是多种多样的。通过交谈与沟通进行信息的传递、交换或分享。有效的交谈与沟通，能够让我们获得更多有效信息，从而为客户提供优质高效的服务。理财规划师在与客户进行交谈与沟通的过程中,可以掌握客户的基本情况,通过对客户基本情况的分析,了解客户的财务状况、风险偏好、理财需求等相关信息。在与客户的每次接触中,都在传递着信息。信息积极与否取决于理财规划师的交谈技巧。理财规划师与客户能否建立业务关系,很大程度上取决于理财规划师是否有能力与客户进行明确、积极、成功的交谈与沟通。因此,理财规划师在提升自己业务能力的同时,需要在工作中不断地总结经验提高自己的沟通能力。

（一）初次接触客户

1. 理财规划师的态度

在与客户交流的过程中,理财规划师待人的态度往往决定了客户对自己的态度,因此,若想获取客户的信任,首先要采取合适的态度与客户交谈与沟通。

（1）尊敬。在人际交往过程中,尊重是待人接物的一种基本要求。当有人对你产生尊重的时候,他就会用具体的行为尊重你,尊重是与客户交流当中重要的核心关键。因为,在人际交往过程中最深切的渴望就是成为重要人物的感觉。作为个人理财规划师有没有让你的客户觉得自己很重要,有没有让你的客户感觉到是你给了他这种被重视的感觉。当你重视客户的时候,他会对你产生好感,从而增强他对你的信任,他的感性部分就会向你的方向倾斜,这样他也会反过来尊敬你。

（2）真诚。理财规划师要真心热爱你的客户,真心实意地去帮助客户,用自己的真诚去吸引客户,赢得客户的信赖。戴尔·卡耐基说:"时时真诚地去关心别人,你在两个月内所交到的朋友,远比在两年内所交的朋友还多。"理财规划师要想赢得客户对自己的信赖,首先要真诚关心顾客。所谓真诚关心是发自肺腑地去关心客户,发自内心地去帮助客户排忧解难,才能建立起信任和理解,才能够促进理财工作的顺利进行。理财规划师一定要树立真诚为客户服务的意识,与客户建立相互信任的关系,想客户所想,知客户所需,一切以客户为中心,以真诚对待客户、用真情打动客户、凭真心赢得客户。

（3）理解和包容。理财规划师需要有包容心,要包容和理解客户。真正地从客户的角度来看问题,设身处地地从客户的角度思考问题、处理问题。用客户期望的方式来对待客户,以客户的需求为起点,以客户的满意为落脚点,尊重客户,包容客户,理解客户。客户需要做理财规划的时候是在寻求帮助,理财规划师应多为客户着想,由于不同客户的性格不同,人生观、世界观、价值观也不同,理财规划师需要耐心倾听客户的想法,积极采取相应的措施替客户解决问题,对不同要求的客户采取不一样的解决方法,从而赢得他们的信任。对客户要有认真负责的态度,充分考虑到他们的利益和难处,充分接受与我们社会地位、价值观不同的客户。对于客户的需求给予理解,并予以正面的引导。

（4）自知。理财规划师需要清晰地认识自己,不断地思考,认清自己的观点和态度,避免将自己的行为决策强加给客户。从多方面了解自己,对自己了解得越多,客户越能理解和评价自己的行为,越能在理财规划师的帮助下学会把控自己的选择。因此,理财规划师是根据客户自身的价值观而不是规划师的价值观来帮助客户做出相应的决策。

理财规划师在与客户交流的过程中需要注意以下几点:① 对客户保持足够的热情;② 真诚了解客户的需求;③ 巧妙应对客户的不同反应;④ 有效倾听客户谈话;⑤ 准确分析客户的决定过程;⑥ 保持思维缜密和清晰。

这些注意事项都是理财规划师在工作时应该考虑到的。要想做到这些就需要理财规划师不断地审视自己,在工作中剖析自己,了解自己是理财规划师的重要职责,这样才能够高效地完成自己的工作。

2. 采取有效的沟通方式

理财规划师在与客户实际沟通过程中，往往由于种种原因，造成理财规划师无法获取全面、有效的信息。然而，理财规划师只有在充分地获取客户信息之后，才能够更好地服务于客户。因此，理财规划师需要凭借自己较强的沟通方法和技巧，采取有效的方式，获得客户的认可，进而获取更多有效信息。一般，具体的沟通方式包括语言沟通和非语言沟通。

（1）语言沟通。理财规划师需要运用一定的沟通技巧，为客户创造一个轻松的谈话氛围，消除客户的拘谨及疑虑，并在谈话中给予客户较多发表意见的机会，从而引出问题。这就要求理财规划师在语言沟通过程中需要注意以下几点：

① 提问方式要适当。理财规划师应根据所要获取信息的特点和客户的表现，选择合适的方式对客户进行提问。问题的答案通常可以为财务决策提供多方面的信息，这类提问需要给客户一定的思考时间，同时理财规划师还要对客户进行正确的引导，甚至提供若干的备选答案供其参考，以此获取更具价值的所需信息。另外，理财规划师通过合适的提问方式控制好时间，在有限的时间内获取有价值的信息，保证谈话的时效性。

② 提醒方式要委婉。理财规划师应是一个很好的倾听者，需要认真倾听客户的回答和表述，并在适当的时候对客户的回答进行总结和评论。当遇到善于表达自己意见和想法的客户时，理财规划师在考虑时间和效率的情况下，可在既不打击客户积极性，又能引导其表述重点想法的前提下采取委婉的方式对客户进行提醒，以获取客户高质量的信息。

③ 语言要专业。理财规划师在与客户进行沟通时，要注意措辞的合规性和语言的专业性，尽可能地使用专业化的语言，尽量不使用带有命令性的语言。此外，在与客户交谈过程中，理财规划师应当语速适当，思路清晰，措辞严谨、准确，态度友善，以避免不必要的误解。

（2）非语言沟通。非语言沟通是指通过客户的形体语言，如面部表情、手势、眼神等获取相关信息；或者通过一些标准化的数据来获取信息。

① 形体语言。理财规划师在与客户会面过程中，要时刻注意自己的身体语言，随意的身体语言会向客户传递不好或错误的信息。因此，理财规划师要适当地保持微笑注视着客户，在表达意见时，可适当地使用手势。

② 数据调查表。数据调查表是一种简单、有效的收集客户信息的方式，调查表的设计要注意内容的完善性和衔接性。理财规划师在与客户会面时，可以要求客户填写相关信息调查表，以此来获取相关数据。客户填写调查表时，理财规划师应提供及时的帮助和咨询，并且在表格填写完成后进行相应的检查、核对，以确保数据的准确性。

3. 了解客户需求

客户的需求往往是多方面的、不确定的，理财规划师需要分析和引导客户。当我们和客户面对面时，即使其表现出对理财及理财产品有极大的兴趣，但这并不能够说明他对理财规划有深入的了解。在这种情况下，理财规划师需要增强与客户的沟通，对客户的需求做出挖掘。挖掘客户的需求就是指通过双方的交谈与沟通，将客户心中模糊的认识以精确的方式描述并展示出来的过程。通过深入了解客户的财务目标、投资偏好、风险承受能力等信息，向客户解释关于理财规划的作用、目标以及存在的风险，才能够了解客户理财的真正需求。在理财规划师的分析和引导下，用简单易懂的语言去剖析客户的状况及其现阶段面临的问题，让客户根据自身的条件、能力、素质，选择适合自己的理财规划，让客户清楚地了解到理财规划师能够帮助他们去解决问题，由此建立良好的客户关系。

【资料链接】3.1　　　　常见的理财误区

（1）理财就是赚钱，能赚到钱就是一切。

错误：理财是要赚钱，但首先要在防范风险的基础上牟利、赚钱。人生要包括的内容很多，赚钱只是其中的一部分。

（2）理财就是投资，投资就是炒股、买基金等。

错误：理财不仅仅是投资，还包括了从出生到死亡的一整套有关生存、活动、发展中涉及钱财事项的打理。

（3）理财就是对拥有的货币金融资产组织打理。

错误：个人家庭拥有的"财"，不仅仅是钱财，还包括了价值更为昂贵的住房资源和构成实体的人力资源，这些资源需要打理带动从而产生更大的效用。

（4）理财就是机构对客户个人的咨询服务、推销理财产品等。

错误：理财的主体不仅仅是金融保险机构对客户理财，还包括个人家庭对自己拥有各类资源的自我理财。

（5）理财是富人的专利，与穷人无关。

错误：富人需要理财，使得拥有的钱财能够保值增值；穷人更需要理财，摆脱生活的困境。前者是锦上添花，后者是雪中送炭。

（二）建立信任关系

理财规划师在与客户初次进行交流与沟通时已经初步建立了与客户之间的关系，接下来的工作就是进一步地加强与客户之间的相互信任关系。信任是良好人际关系的基础，信任关系是相信并敢于托付他人的一种行为。良好的信任关系能够促使理财规划师与客户和谐相处的同时并有足够的能力解决客户的问题。建立良好的信任关系，才能为将来理财规划工作中客户信息的收集、理财规划的制订与实施等提供良好的保障。

1. 信任关系的重要性

客户关系建立的过程是客户和专业理财规划师从不认识到熟悉，从熟悉到了解，从了解到理解的过程。理财规划师要想取得客户的信任，需要足够的细心去发现客户多方面的需求，解决客户的问题，并且能有足够的诚意和热情。这种信任关系的重要性主要表现在以下几个方面：

（1）通过接触和客户建立信任关系是任何服务性工作的首要步骤。

（2）客户关系的基础是信任，如果没有好感与信任，理财规划师就难以了解客户，客户也不愿意接受理财规划师的建议及服务。

（3）能否获得客户的信任，和理财规划师在与客户接触的过程中的表现有着直接的关系。

（4）理财规划师在客户面前表现什么以及如何表现，是一名专业的理财规划师最基本的专业素质之一。

2. 如何建立信任关系

（1）明确自身定位，树立职业形象。无论在任何时候，专业理财规划师都应该从内而外地表现出一名专业理财人员的风范，这不仅仅是良好的客户关系建立的基础，同样也是自身长期职业生涯发展的需求。

(2) 关注自身礼仪和工作状态。

① 礼仪是在人际交往过程中相互尊重的行为准则。它同样是理财规划师个人素质和修养的体现,同时也代表着所属金融机构以及理财行业的形象。

② 专业的理财规划师要具有良好的工作状态,良好的工作状态在与客户接触的过程中起到非常重要的作用。专业的理财规划师在和客户接触的过程中,应当精神饱满,谈吐清晰,让客户切身体会到理财规划师对工作的热情。

理财规划师应更多地关心每一位客户真正的需求。专业的理财规划师在客户面前需要尽可能地传递出自己的工作是"以客户为中心"的意愿。

(三) 需要告知客户的理财服务信息

接触客户、建立信任关系阶段,理财规划师需要坦诚地让客户对理财规划服务有如下方面的认识,这也是与客户建立长期信任关系的基础。

1. 解决财务问题的条件和方法

理财规划师不仅仅通过交谈的方式来获得客户的财务信息,通常还需要采用数据调查表来帮助收集相关信息,进而提高理财规划工作的效率和质量。

2. 了解、收集客户相关信息的必要性

在了解、收集客户相关信息方面,专业理财规划师要做的不是纠结自己是否会触犯客户的隐私,或者客户会不会告诉自己,而是把工作的重心放在引导客户、了解其财务问题和涉及其他家庭财务信息的事实上。

3. 如实告知客户自己的能力范围

个人理财规划师应该向客户清楚地解释整个理财规划的流程,并且告知客户自己在整个理财规划过程中扮演的角色,以及具体的工作内容。表 3.1 是理财规划师需要向客户传递的具体信息。

表 3.1 个人理财规划师需要告知客户的理财服务信息

信息类型	说 明
规划师的角色和作用	明确客户财务目标,提供切合实际的理财方案
理财规划的作用	帮助客户实现财务目标
理财规划的流程	与客户建立关系、收集资料、分析客户财务状况、设计并制订理财规划方案、理财规划方案的实施和控制、理财规划方案的动态监测等
理财规划师的行业经验和资格	职业道德、专业能力和工作经验,例如所获证书和奖项、从业年限、成功案例等
费用及费用计算标准	咨询服务的服务费、客户购买金融产品的佣金
理财规划师的工作团队	会计师、律师、保险经纪人、证券经纪人、审计师等
后续服务和评估	跟踪调查、信息更新、组合调整
其他事项	例如对于并不熟悉或对个人理财规划一无所知的客户,规划师要对他们的疑虑给予耐心的解释和回答

每位客户都希望在了解理财规划过程中能够获得多少收益和承担多大风险的前提下,根据理财规划师的建议来设定理财目标、制订理财规划及实施理财规划。因此,理财规划师

有义务向客户披露相关的信息,帮助客户了解理财规划的作用及其中存在的风险,使理财规划方案能够切合实际地制订。

二、确定客户关系

接触客户、建立信任关系即发现潜在的理财客户,通过接触发现客户的需求和相互认可,然后正式确立理财规划师为客户提供理财规划服务。

(一)签订理财规划服务合同

在与客户的交谈与沟通中,理财规划师通过对客户多方面的了解,能够确定客户有真正的理财需求且与客户建立了相互之间的信任。并且,客户有委托该理财规划师所在机构帮助其理财意向的情况下,就可以与客户开展后续工作,即签订理财规划服务合同。

1. 理财规划服务合同的签订程序

理财规划服务合同签订的程序如图 3.1 所示。

图 3.1 理财规划服务合同签订程序

(1)准备合同。理财规划师应预先将合同文本准备好。

(2)提请客户阅读。为了避免在签订合同之后因对合同条款有异议或分歧而产生法律纠纷,先需提醒客户对合同中提及的所有条款认真研读,理财规划师应对客户存在疑问的条款给予详细、合理的解释。

(3)审查客户的身份。通过对客户身份的审查,确保客户具有签订合同的行为能力。

(4)当面签署合同。如客户对合同内容无异议,同意签署合同,则要求合同双方当面在相应的位置签字并盖章。当合同为多页时,则要求客户在每一页上都要签字。

2. 签订理财规划服务合同的注意事项

(1)理财规划师是理财规划机构的代理人,代表机构承办理财相关事务。因此,应以所在机构的名义签订合同,不能以个人的名义签订合同。

(2)理财规划师在向客户解释合同条款时,当发现合同某一条款确实存在理解上的歧义时,应提请所在机构的相关部门进行修改。

(3)理财规划师不得向客户做出收益保证或承诺,也不得向客户提供任何虚假或误导性信息。

(4)合同签订完毕后,合同原件应由理财规划师所在机构档案管理部门存档保管,为避免原件不慎丢失,理财规划师个人需留存复印件。

(二)理财规划服务合同的形式和内容

1. 理财规划服务合同的形式

理财规划服务合同应该依据《合同法》的相关规定采用书面形式。理财规划师是代表所在机构为客户提供相关理财服务,不是个人行为。理财规划师所在机构都会备置格式合同,在客户确定理财意向后,理财规划师会代表所在机构与客户签订备置的书面合同。

2. 理财规划服务合同的主要条款

根据理财规划服务的内容和理财规划合同的性质,理财规划合同主要包括以下条款:当事人条款、鉴于条款、委托事项、理财服务费用、陈述与保证、客户的权利与义务、理财规划师所在机构的权利与义务、违约责任、争议解决方式以及特别声明条款。

(1) 当事人条款。"当事人条款"需要标记当事人各方的自然情况。在双方签订理财合同的时候,合同的当事人主要是客户和理财规划师所处的机构。当客户为个人的情况时,合同中必须要注明客户的姓名、地址、邮政编码、联系电话和电子邮箱等细节性内容。需要注意的是,自然人签订合同时,最好在合同中写明身份证号,便于确定当事人的身份。当理财规划师为公司的时候,应该标明公司的具体名称、代表人地址、邮政编码、联系电话、传真和电子邮箱等。

(2) 鉴于条款。合同中的"鉴于条款",主要是表明双方当事人签订合同的初衷或借此想达到的目的,或签订该合同所依赖的事实状态。在双方对合同履行内容发生争议的时候,此时鉴于条款就相当于一个辅助评价标准,有一定的证明作用,减轻了当事人的举证负担。因此,为避免今后发生争议或举证上的困难,应当慎重对待鉴于条款,努力使鉴于条款的原则与具体条款的内容相一致。

(3) 委托事项条款。"委托事项条款"是合同的核心内容,是客户委托理财规划师所在机构根据客户提供的相关信息和理财需求制订符合客户个人性质的理财方案,同时辅助客户执行理财规划方案。通常情况下,客户是基于对理财规划师个人的信任才委托其所在机构提供理财服务。因此,"委托事项条款"中,需要约定具体的理财规划师。

(4) 理财服务费用条款。"理财服务费用条款"是客户与理财规划师约定通过何种方式向理财规划师所在机构支付相应的服务费用的条款。其中包括理财服务费用的金额、支付方式、支付步骤以及接受账户。

(5) 陈述与保证条款。"陈述与保证条款"要求客户提供的信息真实可靠,不得隐瞒真实情况或提供虚假、错误信息,如果因隐瞒真实信息或提供虚假、错误信息造成损失,理财规划师及理财规划师所在机构均不承担任何责任;理财规划师及理财规划师所在机构也要保证向客户提供真实信息,不得误导客户或提供虚假信息,一旦因为隐瞒造成客户的损失,理财规划师及理财规划师所在机构应承担赔偿责任。

(6) 当事人权利与义务。合同是约定当事人权利和义务的法律文件,因此合同中需要明确规定合同各方的权利和义务。客户的权利是客户有依据合同约定得到理财规划师相应服务的权利,包括要求理财规划师所在机构提供书面理财计划的权利、要求理财规划师协助自己理财计划执行的权利、要求理财规划师及所在机构保密的权利;客户的义务是提供真实信息、积极配合理财规划师制订和执行理财规划、并根据约定支付相应的理财服务费用。理财规划师所在机构的权利主要是收取理财服务费用;理财规划师所在机构的义务主要是提供理财服务、提供书面理财规划,跟踪和监督理财规划的执行、严守客户秘密。

(7) 违约责任。"违约责任"是指当事人不履行合同义务或者履行合同义务不符合合同约定的行为。在理财规划合同中,若客户提供虚假、错误信息,以及未依据合同约定支付相应的理财服务费,则理财规划师所在机构可以拒绝提供或拒绝继续提供理财服务,且不退还已经支付的费用;若理财规划师所在机构未履行或未全面履行合同约定的保密、提供理财服务、跟踪和指导理财服务的义务,则客户有权要求全部或部分退还已经支付的服务费,且有权要求赔偿。

(8)争议解决。理财规划师所在机构与客户在理财规划的过程中往往会产生一些争议。所以理财规划合同中应设置"争议解决"条款,当事人在合同中可以在法律规定的范围内,约定当发生争议时解决的方式,可选择协商、仲裁或者诉讼等。

(9)特别声明条款。通常理财规划合同是理财规划师所在机构预先印制的,常被认定为格式合同,格式合同在发生争议时会对格式合同提出人产生不利后果。因此,理财规划合同中通常会设置"特别声明条款",由客户声明已经清楚阅读并全部理解合同条款,双方确认该合同不是格式合同。

第二节 收集客户信息

进行理财规划时,需因人而异,对症理财,即在制订理财方案之前,理财规划师需对客户的财务信息(如财务资源)、与理财相关的非财务信息的收集(如风险偏好等)和客户对理财收益的期望目标有多方面且深入的了解,才能够确保为客户制订的理财方案是符合客户自身特征的。因此,收集、整理和分析客户的财务信息和非财务信息,是制订理财规划方案的首要任务。

一、收集客户信息的必要性

在正式开始理财之前,理财规划师需要对客户的财务状况,包括资产负债状况,收支状况,结余状况和其他财务安排以及相关信息的未来变化状况等进行详细的、有条理的、准确的收集,才能够真正地了解客户的财务状况和理财目标,以便于面对不同的客户提供切合实际的精准的理财方案。因此,理财规划师需要让客户事先了解,只有详细、准确的信息才能够确保理财方案的高效性。清晰明了的客户信息可以给理财规划师带来以下好处:

(1)理财规划师通过对客户信息的掌握,能够在自己的能力范围内协助客户安排日常商业活动。

(2)理财规划师对客户的财务活动和财务过程在合法合理的情况下进行监控,衡量接近目标所取得的进步。

(3)理财规划师通过对客户日常收支情况的了解,能够协助客户有效地避免不合理的消费行为,促使客户成为理性的消费者,减少消费时的冲动性和盲目性。

(4)理财规划师通过信息的收集、整理和分析,了解客户的财务状况,方便在理财规划中正确引导客户进行各种财务决策。

二、收集客户信息的内容

在正式收集客户信息之前,当客户愿意让理财规划师为其提供理财规划服务时,需填写财务建议要求书,如表3.2所示。

表3.2 财务建议要求书

本人
◆ 现要求×××先生代表×××公司(注册登记号××××)根据双方在＿＿＿年＿＿＿月＿＿＿日会谈的内容和数据调查表提供的信息,为本人提供理财规划服务。
◆ 在个人理财规划建议以书面形式确认后,本人将支付给×××公司服务费人民币＿＿＿元。
◆ 该个人理财规划建议在以下状况下适用: (1)   (2)
公司签章:　　　　　　　　　　　　　　　签字人: 日　　期:　　　　　　　　　　　　　　　日　　期:

资料来源:柴效武,孟晓苏.个人理财规划[M].北京:北京交通大学出版社,2013:43.

另外,有些信息涉及客户的隐私,理财规划师要想获得相关信息资料,需要客户填写授权书并签字,这样理财规划师才能够向客户的律师或保险经纪人及其相关机构索取所需材料,如表3.3所示。

表3.3 获取个人信息授权书样本

个人授权委托书
委托人姓名:×××　　　　性别:　　　　身份证编号:
受托人姓名:×××　　　　性别:　　　　身份证编号:
兹委托受托人:×××　　　为我的代理人,全权代表我办理下列事项:
1. 查询本人名下的投资、保险、存款、"社保五金"账户的基本信息;
2. 查询本人名下房产信息。
代理人在其权限范围内签署的一切有关文件,我均承认,由此在法律上产生的权利、义务由委托人享有和承担。
委托期限:自签字日起20个工作日内,上述事项办理完毕终止。
委托人:　　　　　　(签名或盖章)   　　　　　　　　　　　　　　　　　　　　　　　　　　年　　月　　日

资料来源:苑德军,张颖.个人理财[M].北京:中央广播电视大学出版社,2012:25.

理财规划师在向客户提供理财服务的过程中需收集详尽的个人、家庭资料和财务数据,主要包括客户的财务信息和非财务信息两大类。要对个人或者家庭的财务状况做出透彻的分析,理财规划师可以根据不同类型的客户来设计相关的表格。

1. 客户非财务信息的收集

客户的非财务信息是指除财务信息以外与理财规划有密切关系的信息,即客户个人的基本情况(包括年龄、职业、健康状况等)、客户心理和性格特征。它与客户的财务信息同等重要,不可忽视。在进行个人及家庭理财规划时,非财务信息可以使理财规划师从侧面了解客户的财务状况,以及客户未来财务状况变化的趋势,因此,非财务信息起着绝对重要的作用。

(1)客户个人的基本信息。个人基本信息主要指客户的社会地位、年龄、健康状况等,如图3.2所示,是非财务信息数据调查中不可缺少的部分。一般,客户个人的基本信息主要包括表 3.4 信息内容,表 3.4 是客户的非财务信息表,基本涵盖了客户非财务信息所涉及的内容。

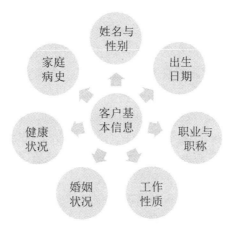

图 3.2 客户个人非财务信息的内容

表 3.4 客户个人基本信息表

项　　目	本人资料	配偶资料
姓　　名		
性　　别		
出生日期		
职　　业		
职　　称		
工作性质		
工作单位		
工作年限		
退休日期		
婚姻状况		
健康状况		
家族病史		

① 姓名与性别。客户的姓名和性别是客户最基本的信息,所有的理财规划师在向客户收集信息时都要求客户提供姓名和性别。理财规划师应该明确告知客户,提供的姓名必须与身份证上的姓名一致。其次,因为性别决定不同的客户工作年限不一样,并且直接关系到退休年龄,所以客户所购买的保险、收入变动情况和社会保障状况等都会因此受到影响。

② 出生日期。出生日期决定着客户的年龄,不同的年龄阶段所处的生命周期是不一样的,不同的生命周期有不同的理财目标和所能承受的风险能力,理财规划师所给的理财建议也是不同的。

③ 职业与职称。客户的职业和职称能够帮助理财规划师了解客户的收入水平、收入稳定程度和未来收入增长情况。如果客户的职业比较稳定,那么收入也相对比较稳定,如果客

户还具有一定的职称,那么将直接影响到客户的收入,较高职称会有较高的收入。在这种情况下,即使工作发生了一些变动,短期内也可以找到新的工作来代替。因此,职业与职称信息为客户设计预算、消费支出等提供重要的参考价值。

④ 工作性质。工作性质主要指客户所从事的工作是否存在危险。如果存在危险且危险系数较高,理财规划师会重点关注客户的保险保障规划,建议客户在社会保障和用人单位提供的保障之外,再增购其他相关保险来增加保障。

⑤ 婚姻状况。婚姻状况信息一般包括未婚、已婚、离异和再婚四种情况。婚姻状况对于理财规划师衡量客户的收入水平、收入变动情况和财务负担等有重要影响,理财规划师会根据不同的婚姻状况决定客户的现金规划、收入支出比例和理财目标。

⑥ 健康状况。客户的健康状况,对于个人理财也存在着重要的影响。根据不同的健康状况,理财规划师会加强客户的医疗保障规划。

⑦ 家族病史。客户家族遗传性疾病情况信息的掌握,有助于理财规划师有针对性地为客户进行人生规划与保障规划。

在理财规划过程中除了了解客户的个人基本信息之外,还需要收集除客户以外的其他家庭成员的信息。如表3.5所示,客户家庭成员数量、年龄、教育程度、婚姻状况和健康状况等,这些信息也会给客户的财务安排带来影响。

表3.5 客户家庭成员的资料

姓名	关系	出生日期	职业	收入	婚姻状况	健康状况

例如,子女的数量越多且年龄越小,则教育规划在客户的理财规划中就相对重要,同时如果子女健康状况较差,那么保险规划也显得尤为重要。如果子女已经成年,且有相当高的收入,则客户不仅没有财务负担,可能在急需钱时还会得到子女的支持,如果子女未结婚,则客户可能要考虑子女结婚时要有一笔大的支出,尤其是在我国,理财规划师在为客户制订理财规划时,更有必要考虑这个问题。

客户家庭中有经常生病需要赡养的老人,家庭中需要客户给予财务支持的老人的健康状况,对于理财规划师为客户制订保险规划和现金准备具有重要的影响。那么需要现金或现金等价物等流动性强的资产的数量就应高于一般家庭。

另外,为了方便理财规划师与客户之间能保持良好的沟通联络,客户必须填写相关的联系方式,包括家庭地址、联系地址、工作地址、联系方式等。理财规划师必须提醒客户认真详细填写联系方式,包括工作单位及其常住地址、家庭住址、移动电话、固定电话和电子邮件,以及在因紧急情况无法联系到本人时,是否有替代联系人等,以便在需要时能迅速与客户取得联系。

(2) 客户心理和性格特征。理财规划师在工作中会遇到各种类型的客户,由于文化、风俗、地域和成长背景的不同,导致人与人之间有很大程度上的差异。有的客户,对于风险的承担能力比较强,他会重点考虑证券类投资;有的客户,比较内敛属于保守型客户,通常会选择风险较小的储蓄。理财规划师会对不同类型的客户,根据他们各自持有的观念,结合客户心理和性格的特征,为客户提供适合他们的理财建议和策略。

① 地域差异。不同的地域,人们在理财观念的形成过程中,会受到民族文化、社会经济环境、家庭生活模式等因素的影响,使得收入水平、收入渠道、消费水平、消费理念、消费习惯等出现明显的差异。在我国北方人豪爽、生活不拘小节、待人热情,南方人大多性情柔婉细腻、精明、生活处处精心。因此,南北方的理财观念也有所差异,如表3.6所示。

表3.6 我国南、北方客户的理财差异

地域	性格特征	理财理念	理财规划师的作用
北方	豪爽、热情、生活不拘小节	注重"开源",生活中重视当下的生活质量,理财上如果充分信任某人往往愿意全权委托	帮助客户树立正确的理财观念,定立合理的理财目标,在具体的规划中,用自己良好的职业道德和素养为客户做专业化的引导
南方	温婉、细腻、生活精打细算	由于财务谨慎对生活精益求精,通常理财观念比较强	尤其注意理财产品的选择、比较,与客户共同分析选择更适宜的理财产品

以上是对我国南、北方客户的理财差异进行大致的比较,并不能代表所有客户的理财观念。我们所强调的理财规划方案是根据不同类型的客户做的个性化设计,虽然南、北方有地域上的差异,但还是因人而异,理财规划师针对不同的客户要能够做到对"症"下药,为客户建立切合实际的规划方案。

② 个性偏好分析。Pillips 和 Bergquist(1999)认为:"所有的个体都在寻找一种能够实现生活意义和价值的方式"。这一理论是建立在马斯洛的自我价值实现理论上的,但又有很大发展。按照这一理论,可将客户分为四种类型:现实主义者、理想主义者、行动主义者和实用主义者。如图3.3所示。

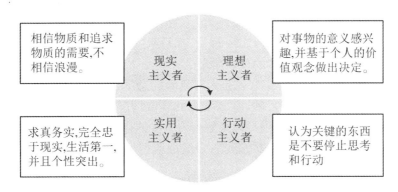

图3.3 Pillips 和 Bergquist 的个性偏好分析

通过了解这一理论中的四种客户类型,理财规划师可以方便对客户进行分类。但是,这个理论假定无论哪一类型的人都具有积极向上的人生观。其实在实际生活中,不是所有的人都有如此明显的特征,因此,这有可能对个体类型的归属造成一定的困难。

③ 客户心理分析。客户心理分析理论主要是指荣氏理论(1920)。荣氏理论是瑞士心理学家卡尔·荣格(Carl Jung)在1920年提出的,他将人的心理分为四种基本类型:外在感应型、直觉型、思想型和内在感应型。表3.7对荣氏理论的个人心理类型特征进行了列举。

表 3.7　荣氏理论中四种心理类型的简略特征描述

类型	典型行为	办公室环境特点	衣着特点
直觉型	高尚、冷漠、客观 常常改变主意或离题 想象力丰富，思路创新	对办公室发挥丰富的想象力，选择一些新型的家具	难以预测，常变换衣着式样，按自己的理念和想象力选择新潮或者过时的穿着
思想型	工作认真、有序，办事准确，效率高但形象黯淡 说话语调缺乏变化 谨慎分析、权衡数据	喜欢在一个整洁不受干扰的环境下工作，办公室家具赏心悦目但较传统	保守、正义，服饰搭配协调但缺乏新意
内在感应型	热情友善、甚至过于热情 有时处理问题不区分工作和私人事务 喜欢交谈，下决定前希望能够征求他人意见	办公室摆设个性化，家居化的办公氛围，喜欢暖色、有生气的植物和纪念品，对照相情有独钟	着装个性化，随性选择，时常出人意料，喜欢色彩鲜亮、非正式的衣服，有许多感性的服装
外在感应型	态度有时粗鲁且多变，说话直接，目的明确 习惯打断别人的话题来控制谈话内容，无耐心，独自决定事情，不喜欢考虑他人意见	常会制造一些难以控制的混乱，办公桌大而乱，工作忙，难以保持整洁，总是处于执行任务的紧张状态	休闲简单的着装、设计受到人们的欢迎，希望着装整洁而不夸张

在荣氏理论的基础上，1984 年 David Keirsey 和 Manlyn Bates 又将个人性格划分为八种类型。Keicey 和 Bates 理论根据不同的影响因素将荣氏模型的四种分类进行进一步细分，将客户的心理分成了八种类型。

无论是荣氏理论还是 Keicey 和 Bates 理论，都是通过对客户的心理分析，将客户进行归类，以便更好地服务客户，提高客户的理财质量。

④ 客户风险偏好分析。风险偏好就是人对风险的态度，即对风险事件的容忍程度。客户对风险的态度是一种主观上的反映，它与个人的客观情况、生活经验、性格爱好等因素有着密切的关系，将对个人理财中各项具体规划有着重要的指导作用。一般，客户风险偏好可分为五种类型：保守型、温和保守型、中庸型、轻度进取型、进取型。表 3.8 是关于不同风险偏好的特征和理财建议。

表 3.8　不同风险偏好分析

风险偏好	特征	理财建议
保守型	客户一般为退休人员，收入较低，社会负担较重，抗拒风险，不抱侥幸心理，关注能否保本，追求稳定	由于收入较低、闲置资金少、家庭负担大、抗风险能力较差，回避风险是保守型理财的最主要目标，所以首选风险较小的理财品种，例如银行储蓄、国债
温和保守型	客户一般为中老年，惧怕风险，承受风险的能力有限，愿意承担较低风险	对风险的关注重于收益，在保证本金安全的基础上增加收入，也建议银行储蓄和国债

续表

风险偏好	特征	理财建议
中庸型	有较高的追求目标,对风险有清醒的认识,通常不会采取激进的办法去达到目标。比较理性地分析,追求社会平均水平的风险	由于有一定经济基础,具备基本的抗风险能力。注意风险防范,追求稳定收益,将金融储蓄与金融投资相结合,即以银行储蓄为主,其余部分可尝试进行股市和汇市的投资
轻度进取型	有一定的专业技能,愿意承担一定的风险,追求较高的收益	抗风险能力较强,具有一定的经济实力,获取较高收益是轻度进取型的理财目标,可以考虑债券、汇市、基金等投资性金融产品
进取型	客户相对比较年轻、自信、追求成功,有专业知识技能,敢于冒险,社会负担较轻,追求高收益和资产快速增值	由于财务目标较高、家庭负担轻,愿意承担较大风险,愿意进行高风险投资获得较大收益,可以考虑股票期货、基金等较高风险的金融品种为主进行组合投资

2. 客户的财务信息

在与客户接触的过程中,理财规划师已经初步了解到客户的个人及家庭财务状况,要想通过综合金融理财规划服务来帮助客户做好家庭财务决策,更加需要理财规划师对客户的财务信息做系统全面的收集,对收集到的信息按标准化的格式进行分类和整理,然后对此进行专业性的分析。

(1) 收入与支出。客户的收入与支出情况是理财规划师需要了解的重要财务数据,也是编制客户资产负债及现金流量表的基础。收入与支出能够帮助客户了解自身的财务状况,也是理财规划师编制现金流量表并进行相关分析的基础。

① 收入。收入是指客户通过多种途径与形式,积极参与社会生产或个体组织生产经营,以及各项证券、实业投资理财等,取得各项货币、实务、劳务收入的总和。客户的工资薪酬一般是按月发放,但因为年终奖、股息、红利等收入往往按年发放,因此在进行客户资料统计时,通常要求填写年收入情况,如表3.9所示。

表3.9 客户年收入明细表

目前年收入	项目	本人	配偶
工资、薪金所得	工资、薪金		
	奖金、年终奖金、劳动分红		
	津贴、补贴		
	退休金		
利息、股息、红利所得	保险分红		
	利息收入		
	股息、红利收入		
	劳务报酬所得		
自雇收入	稿酬等所得		

续表

目前年收入	项目	本人	配偶
财产转让所得	土地房产转让所得		
	有价证券转让所得		
财产租赁所得	不动产租赁收入		
	动产租赁收入		
	个人从事个体工商业生产经营所得		
	对企事业单位承包、承租经营所得		
特许权使用费所得	专利权、商标权、著作权使用费收入		
	专利技术等使用费收入		
	偶然所得		
	应税收入小计		
	免税收入小计		
	收入总计		

② 支出。支出是商品经济社会的个人及家庭经济运行的普遍方式,是连接收入与生活消费的桥梁与纽带。收入是为了消费,但又必须通过支出购买,才能够将获取的收入(主要是货币收入)变换为符合生活需要的各种消费品和劳务服务。

支出取决于收入的多少,又对个人及家庭财产的拥有量、家务处理方式、生活消费水平等发挥一定影响。支出水平决定了消费水平,支出趋向制约着消费内容,影响着个人及家庭财产的构成。每个客户及其家庭都有着不同的支出分类。原则上只要支出分类清晰,便于了解资金流动的状况即可。通常客户的年支出可以从衣、食、住、行等方面来统计,如表 3.10 所示。

表 3.10 客户年支出明细表

目前年支出		项目	本人	配偶	其他家庭成员
日常生活消费支出	衣	服饰购置费			
		洗衣费			
		护理、美容、理发等			
	食	日常饮食支出			
		外出就餐			
		饮料、烟酒开支			
	住	房租			
		物业费			
		水、电、煤气等费用			
		电话费			
	行	车辆保养费			
		公共交通费			

续表

目前年支出		项目	本人	配偶	其他家庭成员
日常生活消费支出	行	油费			
	教育	停车费			
		学费			
		课外培训费			
	文化娱乐	其他教育费			
		旅游			
		视听娱乐			
	医疗保健	文化(书报、杂志等)			
		住院费			
		药品费			
		体检费			
		保健品消费			
	社交	健身费			
		年节送礼			
		丧葬、婚庆礼金			
		转移性支出			
贷款支出		房贷年支出			
		车贷年支出			
		其他个人消费信贷本息			
		贷款本息支出			
		向他人举债本息支出			
保险支出					
定期金融投资支出		股票投资			
		债券投资			
		基金投资支出			
		外汇投资支出			
		其他投资支出			
税务支出					
捐赠支出					
偶然支出					
支出总计					
盈余/赤字					

第三章 理财规划师的工作流程

(2) 资产与负债。

① 资产。资产,就是个人所拥有的,能以货币计量的有价值的财产、债券和其他权利。其中财产主要指各类实物、金融资产等;债券是借出去到期可收回的财物;其他权利主要是指无形资产,如各种知识产权、股份等。客户的资产可分为实物资产和金融资产两大部分,如表 3.11 和表 3.12 所示。

表 3.11 客户的实物资产

资产类别	购买价格	购买年数	是否按揭	购买的车险产品		
汽车						
房产	购买价格	购买年数	市价	贷款额度	月还款额	按揭剩余年限
其他资产	购买价格		购买年数		折旧率	
家具家电						
运动器材						
收藏品						
珠宝首饰						
奢侈资产						
其他						

表 3.12 客户的金融资产

资产类别		投资成本	投资年数	当前价值
短期金融投资	现金			
	银行活期存款			
	银行定期存款			
	货币市场基金			
长期金融资产	股票			
	债券			
	非货币型开放基金			
	封闭式基金			
	保险年金价值			
银行理财产品				
其他金融资产				

② 负债。负债,是指个人的借贷资金,具有货币价值的债务、银行借贷、应付账单等。负债项目如表 3.13 所示。

表 3.13　客户的负债

项目	负债总额	偿还期限
车贷		
房贷		
信用卡贷款		
其他		

(3) 社会保障信息。社会保障信息是关于政府实行的养老社会保险计划和企业实行的补充保险计划,主要了解的是关于客户的退休金安排情况。客户的社会保障还可以分为收入和支出两部分。

如果客户已经退休,则每月获得一定的退休金额,同时不再有社会保障支出。但如果客户尚未退休,则需要了解相关的信息:① 客户将来退休后每月可以获得的退休金额,这里包括常规性退休金和临时性退休金;② 客户目前每年的社会保障支出金额;③ 客户开始支付社会保障费用的时间和以往每年的支出金额;④ 客户将来每年用于社会保障的支出金额。

在客户不完全了解自己的社会保障情况下,理财规划师可通过"授权书",向有关部门征询相关数据。

(4) 风险管理信息。风险管理主要是指客户针对风险采取的一定程度的安全保障措施。这里的风险管理主要作用是为客户的人身、财产和责任提供安全保障,通过购买保险来予以防范或实现风险转移。主要涉及的保险种类有人身保险、财产保险、责任保险。

对客户的投保状况的了解非常重要,理财规划师根据客户提供的风险管理信息,客观地对客户的保障程度进行评价,并在此基础上对客户未来的保障程度进行适当调整,以确保保障体系实现最优化。

(5) 遗产管理信息。遗产就是将自己有生之年剩余的财富在去世之后留给子女,如何以适当的方式传递给子女是很重要的。由于财产存在的方式越来越复杂,财产委托管理的观念也日益强化,遗产的规划也逐渐受到人们的重视。客户的遗产信息主要包括以下内容:① 客户是否拟定了遗嘱;② 遗嘱的内容和形式是否合法;③ 客户是否愿意使用遗嘱信托的方式管理财产;④ 客户目前对遗产的分配安排有无疑问或要求。

3. 了解客户的期望理财目标

一般来说,寻求理财服务的客户都有着各种各样的理财目标。理财目标是指客户通过理财规划所要实现的目标或满足的期望。客户在寻求理财规划帮助的同时,通常心目中已有自己设想的期望目标。当然,一个合理的理财目标,是理财规划师根据客户的财务状况,综合客户的投资偏好、风险偏好和其他信息而形成的。因此,在收集客户信息阶段,理财规划师需要了解客户的期望理财目标。一般,客户的期望目标分为以下几类:

(1) 保持部分资产的流动性和持有一定的储蓄额。
(2) 合理消费,提高生活质量。
(3) 实现个人及家庭的教育期望。
(4) 建立完备的风险保障。
(5) 减少税负。
(6) 稳定和高效的投资。
(7) 为退休和遗产积累财富。

第三节　财务分析和评价

个人理财规划师在收集了客户的有关数据和了解了客户的期望理财目标之后，将收集到的相关数据进行整理和分析，便可以开始为客户编制财务报表。个人理财规划中常见的财务报表包含资产负债表、现金流量表。它在资产负债表和现金流量表的基础上，以财务比率的形式反映客户目前的财务状况。在此基础上，理财规划师根据已掌握的客户信息、理财期望目标，预测客户未来的财务趋势，帮助客户实现财务目标。

一、编制客户财务报表

财务报表是用来反映客户财务状况和财富增减变动的会计报表，主要有资产负债表和现金流量表。主要用于个人的财务规划，如向银行贷款、取得分期付款购货优惠、缴纳个人所得税、申办信用贷款上学，以及公开个人财务情况等。财务报表的作用很多，首先是为客户的经济运行、财务处理等，提供可依据的财务文件，为客户及家庭资源的优化配置，家庭运营、投资、消费活动的顺利开展，发挥应有的作用。

（一）编制资产负债表

资产负债表是个人在某一时刻的资产和负债状况的财务报表，又称净资产表。资产负债表说明客户的某一时刻（如4月5日、7月8日等）的财务状况如何，是个存量指标，它并不揭示客户的资产和负债是如何形成的，显示的是客户目前的状况，所以资产负债表展示的是静态数据。

资产负债表的作用在于：一是反映资产的分布状况；二是反映所承担债务及其偿还的时间；三是反映净资产及其形成的原因；四是反映未来财务状况及其发展趋势。由此，可以看出资产负债表是对客户资产、负债、净资产的总结。

1. 资产的组成

能以货币计量的，具有货币价值的任何经济要素都可以成为资产。无论是用现金购买的，还是贷款购买的，都可以归划为资产。尽管一个人的某项资产还未偿清欠款，例如按揭贷款买房，可以认为该资产已经属于这个人所有。资产是指客户个人所拥有的全部资产，大体分为以下几类：

（1）现金及现金等价物。现金及现金等价物是流动性最强的低风险的资产，主要根据资产的原值计价，包括现金、银行活期和定期存款、货币市场基金等。例如，理财规划师陈经理根据客户李先生提供的资料知道：李先生平时为了应付日常开支，准备了12000元现金，在银行的定期存款有60000元，活期存款30000元，将这些记录在现金及现金等价物项目下，计算得知其现金及现金等价物总计是102000元。通常，这些资产是用以满足日常需要、紧急需要和无法预知需要的，一般需要保持3~6个月开销的资金量。

（2）金融资产。金融资产也称投资资产，是以获得回报为目的的资产。常见的金融资产包括股票、证券投资基金、债券、不动产等。由于金融资产的市场价值变动比较频繁,市场价值增值或减值是否确定并能长期保持,若能确定并能较长时期保持,就应该予以确认并同时调整该金融资产的价值。例如,对持有的债券、储蓄存款的价值增值,是确定的,账面记录应予确认。但是,股票的价值增值,因股价的不稳定,则属于不确定的增值,账面记录不予以确认;股票的价值减值,如李先生以每股 30 元的价格购入某股票 100 股,价值 3000 元,但该股票的市价已跌至 10 元,且该股票在后期也不可能再回升到原价。这时的股票资产计算,面对损失,按 1000 元记账。

【分析案例】3.1

> **资产价值确认**
>
> 投资性资产通常以市场价值作为公允价值(市场价值)进行资产计量。这种方法相对简单,也更能直观地反映出家庭资产的变动情况。例如,2010 年,王小姐以每股 120 元的价格,购入某公司股票 1000 股,价值 120000 万元,2020 年该股票价格上涨到 610 元/股,总共价值 610000 元,可以作为股票资产的账面记录予以确认。

(3) 实物资产。实物资产是指客户个人正在使用的资产,如住宅、珠宝、手表、交通工具、收藏品等。在编制资产负债表时,不同的资产需要运用不同的方法进行评估其存在的价值。其中,住宅、汽车一般按照完全重置成本减去应扣损耗或贬值来评估;其他自用资产一般按照重置成本确定价值来确定价值;打算出售的自用资产一般按照市场价值减去处置的费用来确定价值;珠宝等奢侈品一般按照市场价值减去购置费用来确定价值。

2. 负债的组成

负债是指客户个人目前所承担的且必须在将来偿还的债务。负债会影响今后资金的流出。一般负债可分为流动负债(也称短期负债)和长期负债两大类。通常以一年为期限,一年内需要偿清的负债为流动负债,一年以上需要偿清的负债为长期负债。

(1) 流动负债。流动负债一般是消费产生的短期未付清的账单,主要包括水电气费账单、信用卡未偿余额、尚未支付的保险费以及其他未偿还的短期贷款等。

(2) 长期负债。从编制资产负债表当日算起,偿还期限为一年以上的债务被归为长期负债。通常都是金额较大的债务。一般是一年以后到期或者多年内需要按月支付的负债,其中最为常见的是个人住房贷款、消费贷款(如汽车按揭贷款)、质押贷款等。客户的负债一般按照当期实际应当支付的金额或者以后应当支付的金额来计算。

3. 净资产

净资产是客户个人实际的财富数额,代表财富积累的水平。

$$净资产=总资产-总负债$$

净资产的重要性在于,让客户了解自己拥有多少可支配的财产以后再实施合理的投资计划。客户净资产的规模是个人理财的出发点,净资产规模是实现购房、教育、退休、旅游等计划的基础。所以,要定期(如每半年)了解自己的净资产及其增长情况,确保理财规划方案的合理性。

4. 客户资产负债表的编制

理财规划的主要目标是管理好自己的净资产,高效地实现理财目标。使用资产负债表有助于检验客户向理财目标前进的进度,实时监督财务的健康状况,促使客户及时察觉到财务状况中可能被忽视的异动,帮助客户及时进行调整。

在编制客户资产负债表时,我们需要根据表3.14中的科目分别进行核算和填写。常见的客户资产负债表如表2.4所示。

表3.14 客户资产负债表主要科目

类别	主要科目	细分科目/金额
现金及现金等价物	现金	人民币/外币
	活期存款	存款银行/存折账号(信用卡账号)
	定期存款	存款银行/存续期间/利率/币别
	货币市场基金	名称/买入日期/数量/成本/市价
现金及现金等价物合计		
金融资产/生息资产	债券	国债、公司债/买入日期/金额/利率/到期日
	股票	名称/买入日期/股数/成本/市价
	非货币市场基金	名称/买入日期/股数/成本/市价
	期货	名称/买入日期/股数/成本/市价
	保值性商品	黄金、白银/细目/数量/成本/市价
	寿险保单现值	保单种类/受益人/保障年限/保费/解约现值
	应收账款/应收款项	债务人姓名/借期/还款方式/利率/目前余额
	其他金融资产	视投资品性质而定
金融资产/生息资产合计		
实物资产	自用住宅	坐落地点/面积/买入日期/成本/市价/首付款、目前房贷
	汽车	车型号/买入日期/成本/市价/折旧率/车贷余额
	其他自用资产	家电家具细目/买入日期/成本/市价/折旧率
	珠宝首饰	珠宝种类/细目/数量/成本/市价
	收藏品	收藏品种类/细目/数量/成本/市价
	其他奢侈资产	种类/细目/数量/成本/市价
	房地产投资	坐落地点/面积/成本/市价/目前房租
	其他投资资产	视投资品性质而定
实物资产合计		
资产合计		
负债	信用卡贷款余额	发卡银行/当期应缴款/期限/循环信用余额
	教育贷款余额	贷款期限/贷款额/利率/每期应缴额/贷款余额
	消费贷款余额	贷款期限/贷款额/利率/每期应缴额/贷款余额
	汽车贷款余额	贷款期限/贷款额/利率/每期应缴额/贷款余额
	房屋贷款余额	贷款期限/贷款额/利率/每期应缴额/贷款余额
	股票质押贷款	股票名称/股数/贷款时价格/贷款额/质借余额
	股票融资融券	股票名称/股数/融资时价格/融资额/融资余额
负债合计		
净资产=资产合计−负债合计		

(二) 编制现金流量表

现金流量表一般是指客户在某段时间内现金收入和支出的财务报表,又称现金收支表。如在一个月或是一年之内个人的现金流入和支出。客户的现金流量表一般可以分为现金的流入(即收入)、现金的流出(即支出)和用流入和流出计算得来的盈余(或赤字)。

1. 现金流入

现金流量表的第一个部分就是收集客户所有的现金流入即现金收入来源。大部分客户的现金收入来源于工资和投资收益,但有一部分客户资金来源较为丰富,除了工资和投资收益外,还有房屋租金、养老金收入、各种津贴等。收入的来源及稳定性直接影响到客户对风险的承受能力。具体的现金收入或流入包括工资、薪金、奖金及津贴、红利、佣金及遗产继承以及其他形式的收入来源。其他形式的收入主要包括政府补贴、养老金收入、投资收入等。

2. 现金流出

现金流量表的第二个部分是客户的现金流出即现金支出,它将客户在每一时期的支出加以列示。一般情况下,这里列出的支出项目都是客户的生活支出,如食品和衣物购买等。这些支出通常分为两大类:日常性支出和临时性支出。

日常性支出也称经常性支出,包括日常的生活费支出、住房管理费、房屋维修费、交通通信费、所得税和财产税支出、保险费、医疗费、住房贷款偿还、个人贷款偿还、人寿保险和财产保险、子女的教育费等。这部分支出属于不可控支出,一般较难压缩。

临时性支出也称非经常性支出,包括假期的旅游费用、捐赠支出、高档衣物购置费、家具添置费、信用卡支付、娱乐费用等。这一部分的支出属于可控支出,可以根据情况进行适当的压缩。

3. 净现金流量

在掌握了客户的现金流入和流出信息后,即可计算出净现金流量。

净现金流量(盈余或赤字)＝现金流入(收入)－现金流出(支出)

若净现金流量＞0,即客户有盈余,表示客户日常有一定的积累,可用于新增投资。

若净现金流量＝0,表示客户日常收入与支出平衡,日常无积累。

若净现金流量＜0,即客户有赤字,表示客户日常入不敷出,要动用原有的积蓄或借债。

4. 客户现金流量表的编制

现金流量表是反映客户的现金流量及财务状况的重要报表。客户的经济活动一般都直接体现为现金的流入与流出,现金流量表的编制体现客户经济运行的基本状况。当流入大于流出,说明可以进行投资;当流出大于流入,说明应该适当控制流出,以调节平衡。

在编制客户现金流量表时,我们需要根据表3.15中的科目分别进行核算和填写。常见的客户现金流量表的内容与格式如表3.16所示。

表3.15 客户现金流量科目表

类别	主要科目	明细科目/金额
现金流入（收入）	工资	本人/其他家庭成员
	租金收入	房屋/商铺的租金
	利息收入	存款/债券/票据/股息
	资本利得	出售股票/赎回基金已实现的结算损益

类别	主要科目	明细科目/金额
现金流入（收入）	劳务收入	稿费/演讲费等
	其他收入	赡养费/赠与/中奖/遗产等
现金流入总额		金额
现金流出（支出）	基本消费支出	衣/食/住/行
	房屋按揭支出	购买不动产负债的还款额
	教育支出	学费/住宿费/补习费
	娱乐支出	旅游/书报杂志等
	医药费	住院费/门诊费/检查费/医疗器械费
	投资支出	增加的投资额（股票/债券/基金/其他）
	保障性支出	社保/商业保险费用
	赡养费	给家庭需要赡养人员的生活费
	其他支出	利息支出/交际费
支出总额		金额
盈余（赤字）＝现金流入－现金流出		金额

表 3.16　客户现金流量表

（××××年××月××日～××××年××月××日）　　　　　　　　　　单位：元

收　　入		支　　出	
项目	金额/元	项目	金额/元
1. 经常性收入 工资 存款利息 股票 债券 其他金融产品投资 收入		1. 经常性支出 生活费支出 住房管理费用 社会保障费用 医疗费用 贷款偿还 保险费用 教育费用 父母生活费 税务支出	
2. 非经常性收入 劳务报酬所得 稿酬所得 财产转让所得 财产租赁所得		2. 非经常性支出 旅游费用 投资支出 捐赠支出 家具添置费 信用卡支付 娱乐费用	
收入合计		支出合计	
收入盈余（赤字）＝收入合计－支出合计			

资产负债表主要是体现客户拥有多少净资产,帮助客户判断自身的财务状况;现金流量表则体现了个人的经济来源及消费情况对净资产值造成的影响。净资产的增减,在现金流量表上都可以发现钱从哪里来,又被花在哪些地方。

二、分析客户财务状况

通过收集来的客户信息编制资产负债表和现金流量表,透露了客户很多至关重要的信息,具有很高的探究价值。但是,它并没有直接反映客户的财务状况健康与否。所以,需要采用财务比率分析对资产负债表和现金流量表上的数据进行分析,以此诊断客户的财务状况,让其效用最大化。

财务比率分析是通过客户的资产负债表和现金流量表中相关专项的数值进行深入分析,从而找出改善客户财务状况的方法和措施,以实现客户的理财目标。理财规划师要计算各种财务比率,对客户的资产负债表和现金流量表作进一步分析,找出改善财务状况的潜力,保证财务建议的客观性和科学性。指标分析详见第二章第二节"个人家庭会计报表分析基础"相关内容。

为了方便编制理财规划方案,实际操作的时候,可以把几个相关指标编制如表 3.17 所示,根据不同的案例计算出实际值,然后对此进行分析,这样客户的财务特征及存在的问题就一目了然了。

表 3.17 客户家庭财务比率分析表

项目	计算公式	参考值	主要功能	实际值	备注
偿付比率	偿付比率=净资产/总资产	>50%	综合偿债能力		
资产负债率	资产负债率=负债/总资产	<50%	综合偿债能力		
负债收入比率	负债收入比率=当年负债/当年税后收入	<40%	短期偿债能力		
流动性比率	流动性比率=流动资产/月支出	3~6	应急储备状况		
储蓄比率	储蓄比率=当期储蓄/当期税后收入	10%~40%	储蓄意识、投资能力		
投资与净资产比率	投资与净资产比率=投资资产/净资产	50%	投资意识		
财务自由度	财务自由度=目前的净资产×投资报酬率/年支出	≥1	财务自由程度		

综上所述,运用财务比率分析个人资产负债表和现金流量表,能够衡量出个人财务的健康状况,还能诊断出财务上存在的不足和缺陷,从而找到相适应的解决方法,拟定出合理的理财目标,促进理财规划方案的制订和完善。

【资料链接】3.2   中国家庭理财现状分析

中国理财网对全国城市家庭理财状况进行了调查诊断,在保证对客户信息保密的前提下,选取了全国171份家庭理财体检数据进行调研分析。经过调查和诊断发现,中国白领家庭理财存在一定的隐患。
- 现金流量诊断:选取的171位客户该诊断结果均为正常。
- 债务健康指标:有9人没有达到该指标的正常值,占比5%。
- 流动性健康指标:有135人没有达标,占比79%。
- 盈余指标:有4人每月结余为负值,占比2%。
- 消费健康指标:有128人消费不健康,占比75%。
- 食物支出指标:有48人处于贫困状态,占比28%;有61人处于最富裕状态,占比36%。
- 家庭保障能力诊断:有35人处于正常范围,占比20%;有84人无家庭保障,占比49%;保障能力不足的占比31%。
- 偿付能力诊断:有24人此项诊断处于不正常范围,占比14%。
- 资产负债诊断:有24人此项诊断处于不正常范围,占比14%。
- 房产持有诊断:有26人此项诊断不健康,占比15%。
- 投资比率诊断:有97人此项诊断不健康,占比57%。
- 储蓄投资能力诊断:有3人此项诊断不健康,占比2%。
- 财务自由诊断:有149人此项诊断不健康,占比87%。
- 收入构成诊断:有104人此项诊断不达标,占比61%。

通过上面的数据总结可以看出调查客户家庭存在的理财误区和隐患。指标中财务自由、家庭保障能力、流动性健康、消费健康、收入构成五大项出现不达标客户的比例较高,分别为87%、80%、79%、75%、61%。

第四节 制订理财规划方案

一、确定客户理财目标

(一)理财目标含义

理财目标就是客户在一定期限内,给自己设定的一个个人净资产的增加值,即一定时期的个人理财目标,同时有计划地安排资产种类,以便获得有序的现金流。通常情况,客户会提出期望达到的各项目标,这些目标相对比较宽泛,为了更好地完成这些目标,理财规划师必须在客观分析客户财务状况和理财目标基础上,将这些目标细分并加以补充。

在确定客户理财目标的过程中,因客户对投资产品和风险的认识不够充分,很有可能提出一些不切实际的目标。针对这样的问题,理财规划师需要加强与客户的沟通,增加客户对投资产品和风险的认识。在确保客户充分理解的基础上,共同确定合理的理财目标。

（二）理财目标原则

理财目标是制订理财规划所要实现的愿望。不是客户一厢情愿的结果,也不是理财规划师随意确定的规划。理财目标的确定,必须遵循一定的原则。

1. 量化目标

将理财目标用实际数字表示,含糊不清的目标没有意义。

2. 明确性

理财规划目标的内容、希望达成的时间都必须明确。不具体、不明确的理财目标,使得理财规划师在制订理财规划方案时也会无从下手。理财目标越具体,越具有可操作性,对于正确制订理财方案越有帮助。

3. 现实可行性

理财目标应该建立在收入和生活状况的基础上,脱离现实不切实际的追求可能会影响到整个理财活动。

4. 合理性

理财目标是用来改善客户的财务状况而设定的,有些客户由于过度地追求高收益的投资而忽略了整体财务状况的改善。实际上,真正能给客户带来高收益的是整体财务状况的改善。因此,与通过投资获取收益相比较,注重整体财务状况的改善是更有必要的。

5. 现金准备

在日常生活中,现金是不可或缺的,没有现金的话,会直接影响到客户的正常生活甚至投资活动。不同的客户,财务状况不同,其现金准备的额度也会有所不同。

6. 排列先后顺序

给不同的理财目标设置优先顺序是十分必要的,因为不可能同时达成所有的目标,因此,理财规划师应结合客户自身的情况对客户具体的理财目标按照重要程度紧迫程度进行优先排列,其中,有一些目标显示出不能达到的迹象时,应立即调整。

7. 一致性

各个理财目标之间是相互关联的,不要互相矛盾。

（三）理财目标分类

客户的理财目标需要理财规划师综合运用所掌握的专业知识与技能,帮助客户达成相应的目标。在这里,可以把客户的理财目标按照时间长短和人生阶段进行划分。

1. 按时间长短分类

根据实现理财目标时间的长短,可以将客户的理财目标分为短期目标、中期目标和长期目标。

（1）短期目标。短期目标是指在较短时间内(一般5年以内)实现的目标,需要客户每年制订并进行修改。例如将日常生活开支减少10%、旅游、购置家具家电等都属于短期目标。

（2）中期目标。中期目标是指制订后在必要的情况下可以进行调整,并希望在一定时期内(一般6～10年)实现的目标。例如买车、买房等。

（3）长期目标。长期目标是指通常一旦确定,就需要客户通过长时间(一般10年以上)

的规划和努力才能实现的目标。例如退休生活保障目标、为子女准备教育基金等。

需要注意的是短期目标、中期目标和长期目标是相对而言的,对于不同类型的客户,同样的理财目标会有不同的界定。例如,购买汽车对一个刚踏入社会走上工作岗位的年轻人来说可能是中期目标,但是对于一个工作阅历丰富,财富有一定积累的中年人来说,可能是一个短期目标。

2. 按生命周期阶段分类

理财规划的最终目标是建立一个财务安全健康的生活体系,实现人生不同阶段的目标和理想。理财目标可分为单身期、家庭与事业形成期、家庭与事业成长期、家庭与事业成熟期、退休期。在生命周期的不同阶段,理财目标也有所侧重。

对自己的未来勾勒出大致的框架,在人生的每一个阶段理财活动应作何安排?

二、制订具体规划方案

理财规划方案就是指理财规划师在收集有关信息,并对客户的财务状况进行分析和评价的基础上,对客户个人在人生发展的不同时期,依据其收入、支出状况的变化,制订个人财务规划的具体方案,帮助客户实现人生各个阶段的目标和理想。在整个理财规划方案制订中,不仅要考虑财富的积累,还要考虑财富的安全和保障。

理财规划师主要是根据客户的资产状况、风险偏好,关注客户的需求与目标等,以服务客户为核心,采取整套规范的模式提供全面深入的财务建议,为客户的保险、储蓄、股票、债券、基金等事项寻求最适合的理财方式,以确保资产的保值和增值。理财规划师提出初步的理财规划方案及几种相应的替代方案供客户选择,从而形成最终的理财建议,以书面的形式提交客户。

(一) 理财方案的基本要素

1. 理财方案的摘要

理财规划书的开头部分需要设置一段摘要,通过摘要预先介绍理财规划方案中的重要建议和结论,帮助客户对理财方案的整体内容有个概括精要的了解。

2. 对客户当前基本状况和财务状况的陈述

这部分内容主要反映客户个人的基本信息和财务状况。主要通过与客户的交流与沟通、客户基本信息调查表、会谈记录及其他途径获取到的信息。另外,这部分内容还涉及客户的风险偏好和其他关心的财务问题。

3. 理财假设

为了能客观地分析客户未来的财务状况,理财规划师需要根据情况设立合理的理财规划假设。长期的理财规划可能需要以下几种假设:

(1) 通货膨胀率、利率、汇率、税率、经济增长率的变动趋势。

(2) 工资增长水平、未来消费支出的变动趋势。

(3)国内政治、经济环境稳定。
(4)无其他不可抗拒因素和不可预见因素的重大不利影响。
(5)其他相关假设因素。

理财规划师需要向客户解释这些假设以及假设的必要性,这将有利于客户对理财方案中的指标计算和数据分析的理解。

4. 理财策略

这部分内容主要包括理财目标和具体的理财规划内容。也就是说,在掌握客户财务状况的基础上,帮助客户实现其未来财务目标的过程。这个过程需要采用有效、合理的策略帮助客户实现预先拟定计划,达到最终目标。这里的策略包含了现金规划、消费支出规划、保险规划、投资规划、教育规划、税收筹划、退休养老规划和财产分配与传承规划等。由于每个客户自身条件和目标的不同,理财规划师对理财的策略也会做相应的调整,提供合适的理财规划方案。

5. 理财预测

理财方案书的最后一部分内容会对整套方案的执行效果进行综合性的预测,主要包括以下内容:

(1)现金流量预测。对客户的理财规划方案执行后可能会产生的现金流量变动进行预估。

(2)资产负债情况预测。在对现金流量变动预测的基础上,对资产负债和净资产的变动情况进行预估。

(3)财务状况变动的综合评价。就此方案实施后对客户财务状况可能会产生的各种影响进行全面的评价。

6. 附录和备查文档

附录和备查文档是对理财方案的结论、预测等提供计算分析依据的一系列文件,是为理财规划建议提供支持的一种重要形式。此外,需要附加说明的其他相关信息、所依据的法律法规、相关研究报告等也可以放在这一部分。

(二)理财方案的基本内容

理财建议是理财规划师根据客户各专项理财需求及理财目标提出的对策。在理财规划方案中,理财建议一般是按先考虑实现财务安全,然后再进一步提出实现财务自由目标的对策的顺序排列。规划建议包括对策的根据,对策的具体内容等,主要有以下几个方面的内容(图3.4所示):

1. 现金规划建议

建立应急基金,保障个人和家庭生活质量和状态的持续稳定。一般家庭的紧急备用金应能满足家庭3~6个月的支出的需要,紧急备用金的配置首先要考虑流动性、安全性和收益性。家庭现金收支应保持结余为正且结余比率大于10%,这样才可保证家庭财富的快速增长。

2. 消费支出规划建议

消费支出规划建议是在对客户及家庭消费需求分析的基础上,综合考虑根据客户的具体情况提出的,如买房、购车。但要考虑实际情况,以免引起较大的财务压力。一般在保证家庭能够正常生活,不影响其他理财目标实现的情况下,房贷不超过收入的1/3,所有的贷款应控制在收入的40%以内。

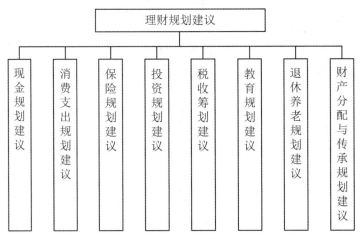

图3.4 理财规划规划建议

3. 保险规划建议

保险规划建议是在对客户家庭风险分析的基础上,根据其保障需求,综合考虑家庭的具体情况提出的人身保障和财产保障。一般保险的保额控制在年收入的10倍以上,才能确保在遇到风险时得到充分保障;保费支出应控制在收入的10%以内,以免造成过大的财务压力。

4. 投资规划建议

投资规划建议是在综合考虑风险、收益的基础上提出的,主要是金融资产的配置和未来每月结余配置的对策。理财规划师应该结合客户的风险承受能力,对不同投资品种的流动性、安全性及收益性等方面进行综合评估,为客户选择合适的投资组合。

5. 税收筹划建议

税收筹划建议是在合理、合法的前提下减少税负的对策,应结合投资规划、保险规划等使这些规划能够满足税负最小化的要求。

6. 教育规划建议

教育规划是在对客户及家庭教育需求分析的基础上,提出的关于子女的教育以及客户自身的继续教育的对策。好的教育必然成本就高,这可能给家庭带来较大的财务压力,所以选择什么教育方式和如何筹集教育资金是教育规划的重点内容。

7. 退休养老规划建议

退休规划建议是根据客户的退休年龄、目前生活水平,考虑物价上涨等情况下,预测客户退休后的资金需求;同时,根据客户社保、年金、养老保险等预测客户退休后的资金供给。由此,根据家庭现有资产和未来结余提出养老金筹集方案,确保退休后拥有高质量的生活水平。

8. 财产分配与传承规划建议

财产分配规划建议是将家庭财产在家庭成员之间进行合理分配而制订的财务规划。

遗产传承规划建议是客户将自己的各种资产及负债进行安排,确保在去世后能够实现将家庭财产以简单、快速以及税务上最有利的方式转移给继承人的一种合理财产安排。

个人理财规划方案包括一系列规划建议,具体涉及的内容有哪些?

三、交付理财规划方案

(一)交付理财规划方案时注意事项

理财规划方案文本制作完毕后,理财规划师与客户约定好时间、地点进行理财规划方案文本的交付。在交付过程中,理财规划师应遵循以下注意事项:

1. 理财规划的实施费用

理财规划师在与客户交付理财规划方案时,要向客户表明理财规划在实施过程中会产生相关的各项成本费用,客户对理财方案中各项具体建议的所有成本费用有知情权。费用披露的范围,包括支付给理财规划师和其他相关机构的所有费用,理财规划师应予以明确说明。

2. 阐述理财规划

理财规划方案是理财规划师根据客户所提供的详细信息结合客户的理财目标,利用自己的专业技能编制的专项规划及管理的专业性极强的方案书,需要客户有较高的理解能力。为了让客户对这些内容有清晰、全面、深入的认识了解,需要理财规划师对涉及的各项建议进行总结说明。

3. 客户自行理解

在理财规划方案交付的过程中,理财规划师已经尽可能详细地向客户阐述了理财规划方案的具体内容,但还是要求客户自行对理财规划方案认真研读,深入理解,可提出意见。根据具体情况对理财规划方案进行合理的修改。

(二)理财规划方案的修改

客户对交付的理财规划方案有了深入理解之后,可能会要求理财规划师对理财规划方案进行相应的修改。提出修改要求的原因,可能是对客户的当前状况和所达目标有误解,或客户对理财方案的部分内容不满意等。理财规划师根据产生修改要求的原因和实际情况,采取相应的措施进行修改。

1. 因产生误解而修改理财规划

理财规划师对客户的财务状况和所达理财目标有误解时,会引起客户对理财方案的不满意,要求修改。首先,理财规划师要加强与客户沟通,消除误解。然后,理财规划师与客户进行相关讨论,根据实际情况提出建议,按照客户的要求对方案进行修改并记录,再次进行书面确认。

2. 因客户不满意而修改理财规划

当客户对理财规划方案深入研读后,可能对某部分不太满意,会提出相关的修改要求。在这种情况下,理财规划师要向客户说明,可以按照客户的要求对方案进行修改,但是需要对客户要求修改时双方讨论的内容作详细的记录并保留;理财规划师在收到客户签署的要求修改的书面说明后,才可以对理财规划方案进行修改。

3. 根据其他专业人士的意见修改理财规划

理财规划涉及各行各业的专业内容,例如法律、财务会计、金融投资、保险等。相关的专业人士,会从各自的领域出发,对理财规划提出专项的建议。理财规划师必须与客户沟通后,在客户知情并同意的前提下,采纳相关领域专业人士的意见对理财规划方案进行修改。

(三) 客户声明

个人理财规划方案在完成最终的修改,将最新的理财规划方案交付给客户后,客户对方案也有了透彻的理解,对方案内容不再有异议,理财规划师便可与客户签署相关的声明。客户声明是客户在完全理解和接收理财规划师向他提出的理财方案之后,对理财方案中所提到的自身财务状况、理财规划方案、涉及的相关收费等方面的内容表示认可的声明,可以把它看作为了避免理财规划师与客户之间产生纠纷的有利文件保障,同时也有助于明确双方的责任。以下是客户声明包含的内容:

(1) 已经完整阅读该规划方案。
(2) 信息真实准确,没有重大遗漏。
(3) 理财规划师已就重大问题进行了明确说明。
(4) 接受该理财规划方案。

由于客户的自身的差异性,可根据实际情况针对不同的客户对声明的内容进行适当的增补。

客户声明其实是一种用来限制和减轻理财规划师所负责任的表示方式,是理财规划师提醒客户对超出可控制范围的事件引起的损失不承担相关责任。

第五节 实施理财规划方案

一、取得客户授权

客户授权主要是指信息披露授权,即客户授权给理财规划师,由他们将客户的相关信息(如姓名、住址、财务状况等)在合适的时间和场合披露给相关人员。由于理财规划方案涉及不同领域的专业人员,比如律师、财务会计、保险专员等,所以在与这些专业人员联络与沟通的过程中,肯定涉及对客户信息的披露与介绍。因此,理财规划师必须在获得客户书面的信息披露授权书之后,才能与其他相关专业人员就客户的情况进行讨论。这种方式,既是对客户个人隐私和个人信息的保护,也避免了由于客户信息的泄露引起的理财规划师与客户之间的法律纠纷。

二、具体实施计划

在理财规划师完成并提出整合的理财规划方案,或者根据客户要求与情况变化进行了方案的修改与调整,并且为客户所接受之后,接下来就是执行实施这个理财方案。方案实施之前,应该制订一个相应的实施计划。

实施计划是对理财规划方案的具体化和现实化,它需要列出针对客户的不同需求的各个计划的实施步骤、实施时间、实施人员、实施资金等。

1. 确定计划行动步骤

对客户的理财目标按照时间的长短或生命周期进行了分类,在制订实施计划的时候,首先应该对客户的各个目标按照其轻重缓急进行分类,同时应该明确实现每一个目标所需要实施的行动步骤,即清楚地知道每一个行动过程中所对应的客户预期实现的目标。只有这样,才可能防止或减少行动步骤的疏漏。

2. 确定实施时间

一般较容易受到时间因素影响的行动步骤应该放在实施计划的时间表前面,比如某些为实现客户短期目标所采取的行动步骤。对整个实施计划具有关键作用的行动步骤也应该放在前面,比如客户对理财规划师的授权声明或雇佣合同的签订。相对来说,为了实现客户长远目标所采取的行动步骤,在实施计划的时间表中可适当后移。因为这类行动步骤一般不会由于推迟几天或几个星期影响最终目标的实现。另外,为了实现客户比较保守或者稳定性较高的目标而采取的行动步骤也可适当后移。

3. 确定实施人员

在现实的理财规划方案实施过程中,理财规划师需要与很多其他相关领域的专业人员进行沟通合作。因此,理财规划方案的实施必须确定人员安排,根据理财规划方案确定需要参加方案实施的人员。由具备专业知识与经验的人员参与客户的理财规划,才能使制订出来的理财规划方案具有可信性和可行性,从而满足客户的高需求。

4. 确定实施资金

在制订实施计划的时候,需要根据客户现在的财务状况进一步明确各类资金的具体来源和使用方向,尤其是各个行动的资金来源保障,因为资金来源的及时和重组与否直接决定了行动步骤实施的有效性和及时性。例如,保险计划准备购买某种保险产品,必须清楚投保时所需要缴纳的保险费是来源于原有的储蓄账户,还是来源于原来的投资策略进行调整时所出售的某种债券的收入等。

三、保存客户的理财记录

在理财规划方案的具体实施过程中,一定会产生大量的文件资料,理财规划师应对这些文件资料进行妥善的保管,同时还需要保存完整的执行记录。

文件的保管最常见的两种方式:书面文件的保存和计算机文件的保存。

保存客户的记录和相关文件的作用:

(1)一旦有客户与理财规划师之间产生法律纠纷,理财规划师可以将自己保存的这些标明日期并记录理财规划师向客户提供各项建议与整个业务过程的文件与资料作为证据,从而免除自身不应当承担的法律责任。

（2）保存这些业务资料有利于积累公司的资料库，理财规划师可以随时对这些客户记录进行跟踪检索，找出客户没有接受理财方案或建议的原因，实施过程中出现的各种问题，吸取教训，总结经验，可供日后的工作中遇到同类问题时进行研究学习。

四、理财规划实施中的争端处理

一般来说，在理财规划师与客户签订合同的时候，就应该列出专门的免责条款。当争端发生时，理财规划师可以根据相关的条款免除自己的责任，维护自己的权益，此外，合同中也应该明确双方发生争端之后，如何解决争端的条款。争端处理的步骤大致包括协商、调解、诉讼或仲裁。

第六节　提供持续的理财服务

理财规划方案提交给客户后，要了解和监督客户理财规划方案的执行情况，确保理财规划有序地进行。因为理财规划师为客户制订了一生的规划，贯穿整个人生，由于宏观经济环境及客户自身经济条件的变动会造成未来预测产生偏差，所以，理财规划师应为客户提供后续的服务，定期对理财规划方案进行评估和调整。

对理财规划方案的评估，实际上是对整个理财规划过程的所有步骤重新分析与再次评价，对理财规划方案的评估过程基本上是根据以下步骤进行的。

（1）回顾客户的目标与需求。主要是关注客户的资产流动性、稳定性、社会保障状况、健康状况、对现有投资的满意程度、保险需求等，同时还要关注客户的目标与需求有无变化。

（2）评估财务与投资决策。分析各种宏观、微观因素的变化对当前策略的影响，并且研究如何调整策略来应对这种变化及影响。

（3）评估当前投资组合的资产价值和业绩。投资组合是否可以达到预期目标？如果没有达到目标找出相应的原因。收入是否能够满足现在的需求？如果不能，考虑如何弥补这个缺口。

（4）评判当前投资组合的优劣。考虑各项投资的安全性和前景，是否出现业绩下滑的征兆或大量投资者撤资的情况。如果出现不良情况，要根据实际情况对投资组合进行相应的调整。

（5）调整投资组合。在调整投资组合时，应该考虑交易成本（如税负、补偿赎金等）、风险分散化需求以及客户条件的变化。

（6）及时与客户沟通。任何对理财方案以及投资组合的修改都应该获得客户的同意和认可，并且要向客户做清晰、准确的解释。

（7）检查方案是否被遵循。理财规划师要关注理财规划方案是否被客户遵照执行。当客户没有按照原有的理财方案来进行投资，而是自行决定购买了其他投资产品，这样的话，就会影响到理财规划方案的实质性作用。理财规划师应该提醒客户注意理财方案的完整性。建议客户在做出计划外投资决定之前,最好事先咨询理财规划师的意见。

一份优秀的理财规划方案,一定是将客户的需求最大化地体现在其中,同时还体现了理财规划师与客户之间是否进行了充分的沟通,方案的制订是否最大效率地实现资源配置与平衡,是否有注意风险收益均衡并进行风险提示等。

本 章 小 结

◆ **内容摘要**

理财规划师的工作流程包括以下几个步骤:① 理财规划师与客户建立关系;② 收集和整理客户信息,明确客户的理财需求和目标;③ 编制相关的财务报表;④ 分析、评估客户的财务状况;⑤ 整合理财规划策略并向客户提供全面的理财规划方案;⑥ 实施个人理财规划方案;⑦ 提供持续的理财服务,定期予以相应的调整。

客户的个人信息分为财务信息和非财务信息,通过对客户相关信息的收集和整理,了解了客户的期望理财目标之后,编制资产负债表、现金流量表,以财务比率的形式反映客户目前的财务状况。

理财规划方案对客户个人在人生发展的不同时期,依据其收入、支出状况的变化,制订个人财务规划的具体方案,帮助客户实现人生各个阶段的目标和理想。在整个理财规划方案制订中,不仅要考虑财富的积累,还要考虑财富的安全和保障。

理财规划方案的内容主要包括:摘要、客户当前财务状况和财务目标、相关假设、理财规划具体内容的建议、理财规划建议总结及预测。

◆ **关键词**

财务信息　非财务信息　客户期望理财目标　资产负债表　现金流量表　财务比率

◆ **思考题**

1. 理财规划师如何与客户建立信任关系?
2. 理财规划师要向客户收集哪些信息?
3. 客户的资产负债表包含哪些项目?
4. 如何编制客户的现金流量表?
5. 客户的理财目标如何分类?
6. 偿付比率与资产负债率两者之间存在什么关系?
7. 简述个人理财规划的基本流程。

1. 理财规划师在与客户张先生面谈中了解到,张先生现任某外企企划部经理,妻子是某公司财务主管。他们现在有一套价值 2400000 元的住房,还欠银行贷款 400000 元,每年需要偿还 80000 元。他们还贷款买了一辆汽车,价值 230000 元,每年偿还 21000 元,尚欠 105000 元,定期一年存款 500000 元。现在手里有股票 120000 元(现值)。他们的女儿今年高三,每年教育费支出 20000 元。张先生夫妇准备女儿高中毕业后送她去英国读大学。张先生家一年的膳食费要 30000 元,通信费要 10000 元,交通费 10000 元,水、电、气费支出

6000元,衣物购置费10000元,旅游费20000元。张先生出差信用卡买的的机票10000元还没有偿还。

经过分析,理财规划师为张先生家庭理财的短期目标是确保女儿能够顺利去国外读完大学,中长期目标是确保个人财务安全,并实现资产的增值,为退休积累一定的财富。

思考:你知道的理财目标有哪些内容和分类?

2. 理财规划师为了能为李女士提供合适的理财规划,需要李女士填写相关的数据调查表以获得全面的信息,帮助分析其当前的财务状况。李女士按着调查表中的项目,逐一了解和填写表格内容,理财规划师也对李女士不理解的项目进行解释,最终理财规划师取得了李女士的相关信息。表3.18就是李女士的基本信息。

表3.18 基本信息

项目	本人	配偶	子女
姓名	李梅	张三	张浩
年龄	43	43	18
学历	大学本科	大学本科	高三
职业	财务	计算机	学生
职务/职称	财务主管	部门经理	—
工作稳定度	较高	较高	—
工作安全度	较高	较高	—
健康状况	良好	良好	良好
拟退休年龄	55	60	—
联系电话	139××××××××	138××××××××	010—4832××××
电子邮件	1234lm@hotmail.com	1234zs@hotmail.com	—

思考:作为理财规划师应该收集哪些信息?这些信息应如何整理?

应用训练

1. 训练一

(1)根据下列信息,编制小夏的家庭资产负债表,填入表3.19。

小夏家截止到2019年12月31日,有现金15000元,各类银行存款20000元,股票投资220000元,现市值310000元,自住房价值620000元,其他实物资产76000元,住房贷款400000元,信用卡本月账单680元,教育贷款15000元。

表3.19 小夏的资产负债表

(截至2019年12月31日)   单位:元

资产		负债	
项目	金额	项目	金额
现金		信用卡负债	
银行存款		住房贷款	

续表

资产		负债	
股票		教育贷款	
自住房屋			
其他实物资产			
资产总计		负债总计	
净资产			

（2）根据下列信息，编制小夏的现金流量表，填入表3.20中。

小夏家2019年的各项年收入与支出为：工资收入105000元，奖金和津贴22500元，银行存款利息600元，另有稿费收入2300元，获赠收入480元，投资收入66000元；住房贷款还款28000元，保险费用支出5200元，医疗费用支出6200元，服装购置费5300元，旅游支出1100元，日常开支每月3600元，赡养父母每月600元。

表3.20　小夏的现金流量表

（2019年1月～2019年12月）　　　　　　　　　　　　　　单位：元

收入		支出	
项目	金额	项目	金额
薪金收入（工资、资金津贴等）		生活开支（衣食住行等）	
投资收入（利息、股息红利等）		房贷支出	
其他收入		医疗支出	
		保险支出	
		旅游支出	
		赡养支出	
收入合计		支出合计	
年结余			

（3）根据以上资料，完成该客户财务比率测算和财务状况综合分析，填入表3.21。

表3.21　小夏的财务比率分析

项目	计算公式	参考值	主要功能	实际值
流动性比率	流动资产/月支出	3～6	应急储备状况	
结余比率	当期储蓄(结余)/当期税后收入	10%～40%	储蓄意识、投资能力	
投资净资产比率	投资资产/净资产	50%	投资意识	
负债收入能力	当年负债/当年税后收入	<40%	短期偿债能力	
偿付比例	净资产/总资产	>50%	综合偿债能力	
负债比率	当年负债/当年税后收入	<40%	短期偿债能力	

第四章 现金规划

- 熟悉现金规划的流程
- 掌握现金规划中的相关概念,理解现金规划的重要性、必要性和意义
- 掌握编制家庭资产负债表和现金收支表的方法
- 掌握各类现金规划工具的特点和适用性,编制现金规划方案

第一节 金融基础知识

许先生的现金规划之路

许先生是一位私营企业主,企业经营情况不错,每年都有上百万元收入。爱人是一家知名IT企业的中层领导,收入不菲。虽然两人已有小孩,但是年纪尚小,开销不大,许先生和妻子的收入足以支持家庭的各种开销费用,还有不少结余。结婚5年来,两人已经积累不少家产,有房有车,并且还清了所有贷款。夫妻二人工作繁忙,一般赚了钱就拿去银行存着,2012年年底两人算了笔账,活期存款上已经有了300多万元。许先生和太太感觉无债一身轻,非常开心。

前不久,许先生去银行办理其他业务,无意间和理财经理聊了一下,理财经理发现他的资产情况"过度安全",可以拿点资金用作投资。如果用钱频率比较高,可选择购买短期理财产品或货币基金,赎回到账都比较快。建议许先生购买短期理财产品,期限1个多月,预期收益3%左右。几次做下来,许先生觉得效果不错,确实收益提高了不少。许先生决定追加投资,而且无论是银行短期理财产品,还是债券基金、股票基金甚至投连险都有涉及,以前活期账户上的几百万元存款几乎都变成了各类理财产品。半年来,一些短期银行理财产品给许先生创造了预期收益。许先生发现还是对基金最有兴趣,为此还自学了相关知识并且每天看盘。许先生非常相信自己的眼光,认为在基金上的投资肯定会有大的收获。

然而,一个突发状况打乱了许先生的计划。许先生的公司由于一笔贷款没有及时收回,导致资金链有了缺口,急需20万元资金补缺。以往许先生都是用个人资金垫付,很容易就能解决。这次,自有资金有一半在短期理财产品里,不能提前赎回;另外一半资金在前不久刚投的股票基金里,现在有5%的亏损,手头只有5万元活期存款可以动用。眼看公司那笔款不能再拖,只好亏损赎回基金,加上手续费亏损8%,这让许先生心疼不已。经过这一次尝试,许先生发现不能为了追求高收益而忽略应急资金的规划。

一、现金及现金规划

(一)现金

1. 货币层次

在国际金融市场上,按照货币的流通强弱性,可以将货币划分成 M_0、M_1、M_2、M_3 四个层次。

M_0 指流通中的货币,也就是我们俗称的现金,具体指银行体系以外各个单位的库存现金和居民的手持现金之和。M_0 被认为是流通性最强的一种货币形式。

狭义货币供应量 M_1 范围较 M_0 更广,是指在 M_0 的基础上加上非金融性公司的活期存款,即企业、机关、团体、部队、学校等单位在银行的活期存款。

广义货币供应量 M_2 是指在 M_1 的基础上加上非金融性公司的定期存款、储蓄存款、城乡居民个人在银行的各项储蓄存款、证券客户保证金以及其他存款,M_2 与 M_1 的差额,即单位的定期存款和个人的储蓄存款之和,通常称作准货币;通常央行会关注这三个货币供应量的指标,来看社会中流通的货币量是否合适,进而调整货币政策。

2. 现金概念

现金,一般是指立即可以投入流通的交换媒介。在现代的金融活动中,现金可以从广义和狭义两个层面进行分析,从广义上来看,现金主要包括现金本身和现金等价物。对现金等价物的判定主要符合两个条件:① 容易变现,且不受较大损失;② 投资期限较短,一般为1到3个月。例如:支票账户、储蓄账户、货币市场账户以及其他短期投资工具。狭义的现金一般仅包括持有的现金以及可以随时用于支付的存款、货币基金以及存放在支付宝、微信等第三方支付机构里的超高流动性资产。狭义的现金具有存款期限短、流动性强、价值变动风险较小等特点。

在互联网2.0的时代下,科技和创新赋予现金更多的含义。除了传统的现金形式之外,互联网+货币诞生,推动了国家金融发展新方向。随着我国的网络基础建设的不断完善,加上网络技术的飞速发展,促进了支付的一次又一次的变革。现在在我们国家的任何一个地方,不用拿现金,只要拿着手机就可以在不管是大型商场还是路边小摊都能用手机完成交易支付。这给我们的生活提供了很多的便利,而且也提高了交易的效率。纸币似乎已经在我们的生活中慢慢地消失了。

银行推出了银行闪付卡,这种卡能提高交易的完成效率。随着支付的变革,后来又出现了一种类似的刷卡支付的工具——手机钱包,这是通信运营商和银行联合推出的一种产品,利用NFC技术,客户只要带着手机就能在对应的POS机刷手机进行交易。与此同时,支付宝、微信支付等这种第三方公司扫码支付迅速崛起加速了支付的变革。

移动互联网的发展,让我们的支付变得更加快捷。这种快捷的支付方式已经在慢慢地取代我们传统的支付方式。对于消费者而言,交易完成的体验度比以前快了许多,对于企业来说,这种无现金化的支付方式,降低了企业生产效率和人工成本。而对于政府而言,无现金化的支付也是一种创新,降低了社会的管理成本,也提供了更多的新的工作岗位。

(二) 现金规划

1. 概念

现金规划既能够使家庭或个人所拥有的资产保持一定的流动性,满足支付日常家庭生活费用的需要,又能够使流动性较强的资产保持一定的收益。现金规划是为满足个人或家庭短期需求,而对日常的现金及现金等价物及短期融资活动进行管理和安排的过程。确保有充足的资金来应对计划内外的费用,消费模式也在预算的可承受范围之内,这些都是进行现金规划的目的。按照现金流动的方向,可将现金规划分为现金收入预算和现金支出预算,其目的是保证家庭或个人的财务通畅,合理有效地规避资金周转不灵等问题。

2. 原则

现金规划的原则是流动性与收益性相统一。流动性主要指现金及现金等价物需要满足家庭日常生活开支;收益性主要指保证高流动性资产的相对较高收益性。一般情况下,家庭短期需求可以通过流动性最高的手头现金来解决,而预期的或者将来的需求则可以通过各种类型的储蓄或者短期投、融资工具来满足。现金规划实质在于保持流畅的现金流,管理流动性资产,专门针对现金资产进行合理的分配和投资分布,以满足客户的实时需要。

3. 现金规划的动机

个人或者家庭对现金规划的需求主要源于三个动机:交易动机、预防动机以及投机动机。

(1) 交易动机。交易动机是为维持日常生活需要而持有现金。产生的原因主要是由于收入和支出的时间错配。即收入与支出在时间上无法同步进行。流动性较弱的资产往往能给家庭带来高收益回报,但是变现能力差的特点也为家庭日常生活开支带来诸多不便,因此,个人或者家庭需要适量的现金及现金等价物以保障正常合理的交易活动。一般情况下,个人或家庭在交易动机的驱使下所拥有的货币量会受到收入水平、消费水平等因素影响。

(2) 预防动机。预防动机是指为了预防日常交易之外的支出而持有现金及现金等价物的动机,主要是为了应付紧急情况。预防动机区别于交易动机,产生的主要原因是对未来收入和支出的不确定。"永远不知道明天和意外哪个先到来。"阐述了预防动机在现金规划中的必要性。规划现金是为了应付人生中的消极插曲,比如失业、重疾、车祸等都会在短期内给家庭带来经济重挫。合理的现金规划就是预留出部分应对意外的资金,缓解家庭短期的资金压力。预防动机的影响因素包括有风险承担能力、举债能力的强弱以及对现金流量预测的准确性。

(3) 投机动机。投机动机是指人们根据对市场利率变化的预测,需要持有货币以便把握投资机会获得较大受益而持有现金动机。现金是流动性最强的一种资产,可以根据市场行情的变动,随时买进或者卖出,从中获得投机收益。例如:准备一笔资金,随时准备买股票。投机动机受投资机会、风险偏好等因素的影响。

总而言之,持有现金是为了满足流动性的需要。

4. 现金规划的作用

(1) 有助于满足日常现金需要。作为商品经济社会不可或缺的重要元素,人们在生活中离不开现金。

（2）满足计划外现金消费——紧急备用金的提留。紧急备用金作为家庭的现金流的缓冲池，为应付失业、生病等不时之需，紧急备用金一般为月支出的3～6倍。

（3）有助于提高资金利用率。现金的持有确实能给生活带来许多便利，但也不是持有越多越好，持有现金的比例越大，资金盈利的机会成本就越高。

（三）机会成本

现金持有成本即持有现金所放弃的最高报酬，就是持有现金的机会成本，这种成本通常包括两个方面：放弃的投资收益和通货膨胀的贬值损失。

【资料链接】4.1

> 法国巴黎大学校长布里丹讲述一头驴子的故事。有一头驴子，它非常饿，到处找吃的，终于看到了前面有两堆草。它迅速跑过去，却为难了，因为它不知道应该先吃哪一堆。它犹豫不决，在两堆草之间徘徊不定，最终因没办法选择而被活活饿死。这头陷入两难困境的驴被后人称之为"布里丹之驴"。
>
> 机会成本就是因选择行为而产生的成本。
>
> 比尔·盖茨于1973年进入哈佛大学法律系学习。他不喜欢法律，但对计算机十分感兴趣。19岁时的他面临两种选择：是继续学习直至毕业，还是辍学创办软件公司？比尔·盖茨义无反顾地放弃了学业，创办了自己的软件公司。1999年比尔·盖茨荣登世界亿万富翁的榜首。
>
> 机会成本是为了得到这种东西而放弃的东西。它不是会计学意义上的成本而纯粹是经济学意义上的概念。
>
> （资料来源：根据网络资料整理。）

第二节　分析客户现金需求

一、获取客户财务信息

不论扮演何种社会角色，处于何种生命周期，人们都有自己个性化的现金规划的需求。因此，在制订现金规划之前，理财规划师有必要了解客户的相关信息。信息的获取途径也是多样的，如电话调查、邮件咨询以及面对面交谈等，其中最常用、最高效的方式就是面谈。理财规划师在进行准备工作时，除了对内容进行准备外，在形式上也需要进行准备。具体操作环节如下：

1. 电话预约

在正式面谈之前，首先和客户进行电话预约，征求客户的同意，协调和确定正式面谈的时间、地点以及大致的时间段安排。由于初次印象极其重要，双方进行信息交换，确定合作的可能性，为以后的长期关系奠定基础。因此，地点的选择也显得尤为关键，舒适优雅的环境可以从外部提升交流的质量,如咖啡厅、茶餐厅等。

理财规划师首先需要罗列出谈话大纲,明确与客户面谈的目的和主要内容。然后在电话中告知客户需要准备和携带的相关材料,这些材料应该是与理财规划相关的家庭财务资料,如家庭成员工资单、银行存款单、股票或证券凭证、保险单、水电缴费单、家庭记账单等。

2. 准备面谈所需要的材料

为了增强客户对现金规划的理解和对理财规划师的信任,从业者可以准备相关材料,提升客户对本行业的了解,为良好的客户关系建立开端。材料主要包括理财规划师所在机构的宣传和介绍性资料、机构营业执照的复印件或电子档、从事业务许可证、理财规划师个人从业资格证、理财方案样本以及杰出历史规划案例等。

其次,准备好相应的记录工具,如纸、笔等,以方便客户进行记录或者计算。

理财规划师还需注意自己的外在形象。正装搭配给人以庄重严谨的印象;时刻面带微笑可彰显其亲和力,拉近人与人之间的距离;行为举止大方得体,可以增强客户在交流过程中的舒适度。

除此之外,理财规划师还需要提前准备好自己的名片,一方面可以展示出自己的合作诚意,另一方面也可以保障后续的联系通畅。

3. 迎接客户

为彰显合作的诚意和专业性,理财规划师需要提前到达指定会谈场所,并在门口等待迎接客户。当客户到来时,理财规划师可以上前问候并握手,准确地称呼出客户的姓氏并进行简短的自我介绍,双手递呈名片,加深客户对理财规划师的初始印象,如果客户同样交换名片,规划师需当场仔细观看,再仔细收好。这样礼貌的社交行为会让客户立刻感受到被尊重和重视,拉近彼此之间的距离,更容易切入话题。

4. 铺垫工作

在正式会谈前,需要先做一些铺垫工作,轻松愉悦的日常话题可以让客户与理财规划师拉近彼此的心理距离,活跃和预热聊天的气氛。在聊天的过程中,理财规划师不要强势抢话题,注意做好聆听者的角色,让客户抒发自己的想法和观点,并在交流过程中观察客户的性格特点以及可能的理财需求。此外,理财规划师应该尽量避免在交流过程中使用专业术语,因其理解难度较大,容易让客户丧失继续交谈的兴趣和热情。在简短的铺垫话题结束后,理财规划师可以主动过渡话题,切入本次会晤的目的。

除此之外,非语言沟通技巧也是极为重要的,即肢体语言。在交谈的过程中避免一些随意的举止。保持姿态端正,面带微笑,双目注视对方并不时点头,以示理解和对对方的尊重。

5. 核心工作

理财规划师首先需要向客户解释什么是理财规划,用通俗简练的语言阐述理财规划的概念、目的、意义以及进行现金规划的必要性,引起客户的理财共鸣,帮助客户确立切合实际的家庭财务目标。此外,向客户传递有效信息,说明理财规划师工作角色的意义和重要性以及团队专业性,增加客户的信任感和安全感。同时,理财规划师需要在正式合作前将一切可能产生的费用告知客户,避免日后不必要的经济矛盾。最后,规划师可以合理宣传团队的后续服务,让客户放心地将家庭财务交由理财团队进行规划和打理。

6. 编制客户家庭财务报表

在此基础上,根据客户提供的个人或家庭现金收支和资产的明细资料,编制月度或年度家庭资产负债表以及收入支出表。分析财务状况,确定现金规划方案。

二、编制家庭资产负债表

(一) 客户资产

客户家庭或个人的资产是指家庭所拥有的能以货币计量的财产、债权和其他权利。其中财产主要是指各种实物、金融产品等最明显的东西;债权就是家庭成员外其他人或机构欠的金钱或财物,也就是家庭借出去可到期收回的钱物;其他权利主要就是无形资产,如各种知识产权、股份等。能以货币计量的含义就是各种资产都是有价的,可估算出它们的价值或价格。

关于家庭资产的分类与内容,可能有多种方法来归类。如按财产的流动性分类:固定资产、流动资产。固定资产是指住房、汽车、物品等实物类资产;流动资产就是指现金、存款、证券、基金以及投资收益形成的利润等。所谓流动,是指可以适时应付紧急支付或投资机会的能力,或者说就是变现的能力。其中固定资产可以分成投资类固定资产、消费类固定资产。如房地产投资、黄金珠宝等可产生收益的实物;消费类固定资产是家庭生活所必需的生活用品,它们的主要目标就是供家庭成员使用,一般不会产生收益(而且只能折旧贬值),如自用住房、汽车、服装、电脑等。

家庭资产也可按资产的属性分类:金融资产(财务资产)、实物资产、无形资产等。金融资产包括流动性资产和投资性资产,实物资产就是住房、汽车、家具、电脑、收藏等。无形资产就是专利、商标、版权等知识产权。

(二) 客户负债

家庭负债就是指家庭的借贷资金,包括所有家庭成员欠非家庭成员的所有债务、银行贷款、应付账单等。家庭负债根据到期时间长度分为短期负债(流动负债)和长期负债。区分标准到底是多长一般各有各的分法。可以把一个月内到期的负债认为是短期负债,一个月以上或很多年内每个月要支付的负债认为是长期负债,如按揭贷款的每月还贷就是长期负债。另一种分法是以一年为限,一年内到期的负债为短期负债,一年以上的负债为长期负债。实际上,具体区分流动负债和长期负债可以根据客户自己的财务周期(付款周期)自行确定,如可以是以周、月、每两月、季、年等不同周期来区分。

客户的资产负债表是总体反映客户在特定时期的财务状况的会计报表,报告客户的最新财务状况。客户的资产负债表能够优化家庭消费结构,帮助家庭资产快速增值,有利于建立个人信用评价体系。资产负债表显示了客户全部的资产和负债状况,通过分析客户的资产负债表,不仅可以了解客户的资产和负债信息,而且能够掌握客户的资产和负债结构,为进行现金规划奠定财务基础。

三、编制家庭现金收支表

(一) 家庭收入

家庭收入是指整个家庭剔除所有税款和费用后的可自由支配的纯所得,包括货币收入和实物收入。普通家庭的家庭收入一般包括以下项目:

(1) 工作所得(家庭所有成员的工资、奖金、补助、福利、红利等)。
(2) 经营所得(自有产业的净收益,如生意、自由职业、佣金、店铺等)。
(3) 投资收益(现金分红、资本收益、租金收入、利息收入、其他投资收入等)。
(4) 其他所得(劳务报酬、稿酬、失业保险所得、中奖等偶然所得、离婚获得的赡养费、子女给付的赡养费和生活费等)。

(二) 家庭支出

家庭支出是指全家所有的现金支付。如果没有详细的记录,要收集所有的日常开支非常不容易,大多数人没有这样的记录。在我国,家庭的支出主要包含两个方面:债务偿还的支出以及购买支出。其中购买支出既包括对日常生活必需品、奢侈品的支出(如:对柴、米、油、盐、酱、醋、茶、字画、珠宝、别墅、教育、旅游等的消费),也包括对购买金融产品的开支(如:对股票、债券等的期初投资费用)。

理财规划师在收集到客户大量的收入、支出材料后,可以指导客户编制家庭现金收支表。家庭现金收支表主要由收入、支出、结余三个部分组成,一般以月为周期进行编制,相关财务报表详见第三章第三节。该表反映出个人或家庭每月获取收入的能力、收支分布以及衡量在过去是否理性消费,从而为理财规划师进行现金理财投资策略提供基础信息。

通过编制家庭现金收支表可以基本反映出个人或家庭现金流入和流出情况。数字直观地反映出个人或家庭每月的支出笔数以及金额,再根据家庭成员工作的稳定性,确定流动性比例的合理数字,所得乘积就是在现金规划过程中的可用资金额度。同时,可以根据现金收支表的收入部分,分析出个人或家庭的主要收入来源,若主要收入来源于稳定性强的工资等,则可以适当降低家庭资产流动性比例,扩大支出和投资。

四、家庭财务衡量指标

家庭财务指标,理财规划师在分析客户财务状况过程中,经常运用财务比率,通常可以利用客户资产负债表和现金流量表中相关数据计算得到。这些比率从不同方面反映了客户的财务状况及相关信息,理财规划师可以透过这些比率对客户的行为方式和心理特征进行分析,这对于保证理财方案的科学性和合理性具有十分重要的意义。指标分析详见第二章第二节相关内容。

第三节 制订现金规划方案

一、现金规划的一般工具

(一)现金

现金是现金规划最基础的工具。现金具有两个最主要的特征。一是现金的流动性最强。流动性就是资产变现的能力,现金本身的存在形态就决定了它高流动性的特征。二是收益性最差。现金是人们持有在手中的资产,不投资于任何的金融工具,因此,现金本身无任何收益性可言。此外,考虑到货币的时间价值和通货膨胀率,现金其实在不断贬值。截至2019年12月,我国通货膨胀率为4.5%,同比增长3%,也就是说,2018年底的100元钱,在2019年末的购买力下降,所购物品的市场价值实际只有97元。同时,现金也极大程度上反映出流动性与收益性呈反比的特征。

(二)相关储蓄品种

1. 活期储蓄

活期储蓄是指无固定存期、可随时存取、存取金额不限的一种比较灵活的储蓄方式。活期储蓄适用于所有客户,其资金运用灵活性较高,人民币1元起存,外汇活期储蓄存款起存金额为不低于20元人民币的等值外汇。储蓄机构发给客户一个存折或借记卡,凭折(卡)随时存取,办理手续简便,全部支取时,按销户日挂牌公告的活期储蓄利率计息。

随着银行卡的不断发展,人们越来越习惯把钱放到自己的借记卡中,借记卡是指先存款后消费(或取现),具有存取款功能,但没有透支功能的银行卡。放到借记卡中的资金可以享受活期存款利率。不仅如此,各家银行的借记卡通常还具有证券转账、证券买卖等众多理财功能。而且,各银行系统内部还实现了"一卡通",即可以对借记卡里的活期存款进行同城及异地通存通兑。

2. 整存整取

整存整取是指开户时约定存期,一次性存入,届时一次性支取本息的一种个人存款方式。50元起存,外汇起存金额为等值于人民币100元的外汇。至2013年,通过网上银行可以直接提取全部或者部分,余下部分还是按原定期计算利息,取出部分按活期计算利息。计息按存入时的约定利率计算,利随本清。整存整取存款本息可以在到期日自动转存,也可根据客户意愿到期办理约定转存。除个别银行外,整存整取类银行储蓄的交易凭证一般都是存单。人民币存期分为三个月、六个月、一年、两年、三年、五年六个档次,外币存期分为一个月、三个月、六个月、一年、两年五个档次。存款期限越长,年利率越高。

3. 定活两便储蓄

所谓定活两便就是指既具有活期储蓄的流通性,又具有定期储蓄的回报率。这是一种事先不约定存期,一次性存入,一次性支取的储蓄存款。个人定活两便存款开办的币种多样,除人民币外,还有美元、日元、欧元、英镑、澳大利亚元、加拿大元、瑞士法郎、新加坡元等。定活两便存款的起存金额为人民币50元或者不低于人民币100元的等值外币。定活两便储蓄的计息方式相对较为复杂,存期低于整存整取最低档次的,按活期利率计息;存期超过整存整取最低档次且在一年以内的,分别按同档次整存整取利率打六折计息;存期超过一年(含一年)的,一律按一年期整存整取利率打六折计息。其公式为:利息＝本金×存期×利率×60%。

4. 零存整取

零存整取定期储蓄是指个人将人民币存入银行储蓄机构,每月固定存额,集零成整,约定存款期限,到期一次性支取本息的一种定期储蓄。随着科技的发展,零存整取储蓄方式越来越重要和普遍。计算机精确的计算能力解放了手工账本的不便,零存整取的储蓄存款利息得到精确计算,使得其在商业银行储蓄业务中得到极大的推广和应用。

5. 整存零取

整存零取是一种事先约定存期,整数金额一次存入,分期平均支取本金,到期支取利息的定期储蓄。这种储蓄方式一次存入本金,人民币1000元即可起存。存期分为1年、3年、5年,取款间隔可选择1个月、3个月、半年,可记名,预留印鉴或密码,可挂失。开户时由银行发给储户存折,取款时储户凭存折到原开户行填写取款凭证后领取本金。如到期日未领取,以后可随时领取。整存零取不得部分提前支取。利息在期满结清时支取。这种储蓄方式比较适合那些有整笔较大款项收入且需要在一定时期内分期陆续支取使用的客户。

6. 存本取息

存本取息定期储蓄是指个人将属于其所有的人民币一次性存入较大的金额,分次支取利息,到期支取本金的一种定期储蓄。这种储蓄方式5000元起存,存期分为一年、三年、五年。作为分期付息的储蓄方式,客户可以获得较活期储蓄高的利息收入,虽然不同的银行存本取息的利率会有所不同,但目前各大银行存本取息的利率都是在央行公布的基准利率上进行浮动执行。

7. 个人通知存款

个人通知存款是存入款项时不约定存期,但约定支取存款的通知期限,支取时按约定期限提前通知银行,约定支取存款的日期和金额,凭存款凭证支取本金和利息的服务。人民币通知存款的最低存款金额为5万元(含),外币通知存款的最低存款金额各地区略有不同,约为等值人民币5万元(含)。本金一次存入,可一次或分次支取。通知存款按提前通知的期限,分为一天通知和七天通知两个品种。外币通知存款提前通知的期限为七天。

个人通知存款采用逐笔计息法,按支取日挂牌利率和存款实际天数计算利息,如遇利率调整,不分段计息,利随本清。但通知存款如遇以下情况,按活期存款利率计息:① 实际存期不足通知期限的,按活期存款利率计息;② 未提前通知而支取的,支取部分按活期存款利率计息;③ 已办理通知手续而提前支取或逾期支取的,支取部分按活期存款利率计息;④ 支取金额不足或超过约定金额的,不足或超过部分按活期存款利率计息;⑤ 支取金额不足最低支取金额的,按活期存款利率计息。对于已办理通知手续而不支取或在通知期内取消通知的,通知期限内不计息。

8. 个人支票储蓄存款

这种存款是以活期储蓄存款作保证,以支票作支付凭证,办定期存款。办理支现和转账结算,集储蓄与消费于一体的存款。客户凭有效身份证件开户与银行签订"个人使用支票协议书"后购买支票;凭支票取现或转账。存款期限同活期储蓄,账户余额不得低于所签发支票总额。此种存款方便,支付安全快捷,尤其适合个体工商户。

9. 第三方支付

随着互联网科技的兴起,第三方支付行业也在大力发展。人们越来越多地将钱放在第三方支付钱包中,如支付宝钱包、微信钱包等。第三方支付机构越来越相当于银行的功能,为客户提供存款功能。基于虚拟账户的普遍性,提高社会金融体系安全问题被日益重视,目前我国央行开始负责监管互联网支付领域。详情请参考法律附件《中国人民银行、工业和信息化部、公安部、财政部、工商总局、法制办、银监会、证监会、保监会、国家互联网信息办公室关于促进互联网金融健康发展的指导意见》。

(三)货币市场基金

1. 概念

货币市场基金是将众多的小额投资者的资金集合起来,由专门的经理人进行市场运作,赚取收益后按一定的期限及持有的份额进行分配的一种金融组织形式。货币基金只有一种分红方式——红利转投资。货币市场基金每份单位始终保持在1元,超过1元后的收益会按时自动转化为基金份额,拥有多少基金份额即拥有多少资产。例如:某投资者以100元投资于某货币市场基金,即可拥有100个基金单位。1年后,若投资报酬是10%,那么该投资者就多10个基金单位,总共110个基金单位,价值110元。

货币市场基金可以投资的金融工具有:① 现金;② 1年以内(含1年)的银行定期存款大额存单;③ 剩余期限在397天以内(含397天)的债券;④ 期限在1年以内(含1年)的债券回购;⑤ 期限在1年以内(含1年)的中央银行票据;⑥ 中国证监会、中国人民银行认可的其他具有良好流动性的货币市场工具。但不得投资于以下金融工具:① 股票;② 可转换债券;③ 剩余期限超过397天的债券;④ 信用等级在AAA级以下的企业债券;⑤ 中国证监会、中国人民银行禁止投资的其他金融工具。

【资料链接】4.2　　　　　　　　货币市场基金的起源

> 20世纪70年代初美国对商业银行与储蓄银行提供的大部分存款利率均进行管制,出台了《Q项条例》,而货币市场则是浮动利率,但许多中小投资者无法进入货币市场,货币市场共同基金利用这一事实,将许多投资者的小额资金集合起来,但由于当时市场利率处于存款机构规定能支付的利率上限以下,货币市场共同基金因其收益并不高于银行存款利率而难以发展,总股份在几年中非常有限。
>
> 到了70年代末,由于通货膨胀导致市场利率剧增,货币市场工具收益率超过了10%,远高于银行与储蓄机构为储蓄存款和定期存款所支付的利率上限。随着储蓄机构的客户不断地从储蓄存款中抽出资金投向收益更高的货币市场共同基金,货币市场共同基金的总资产迅速扩大,并在总资产上超过了股票和债券共同基金。货币市场共同基金的迅速发展是市场利率超过银行和其他存款机构管制利率的产物。同时货币市场共同基金能迅速发展并且能保持活力的原因还在于管制较少,货币市场共同基金没有法定的利率上限,而且对提前取款也没有罚款。

2. 货币市场基金的特点

(1)流动性高。货币市场基金专门以货币市场工具为投资组合对象,而货币市场工具短期性、高流动性的特点,使得货币市场基金管理人可以随时追加投资额,也可以随时退出,因此货币市场基金具有非常好的流动性。货币市场基金一般为开放式基金,投资者可以随时投资,T＋0 或 T＋1 就可以取得资金,随时变现。在利率上升的环境中,投资于商业银行储蓄的资金,将会失去提高收益的机会,而投资于货币市场基金,则可以享受到收益率的提升。

（2）收益稳定。货币市场工具的特点,使得货币市场基金的收益不像股票市场基金和债券基金那样波动性比较大。而且由于货币市场工具的流动性好,交易价差小,所以货币市场基金资产的资本利得一般比较小,但是收益却相对稳定。因此,货币市场基金非常适合那些风险偏好较小、流动性偏好较大的小额投资者和有现金管理需求的机构投资者。

（3）投资者多元化。由于免税和高流动性,相当一部分机构和个人都将货币市场基金作为现金性资产的避风港,只要有暂时富裕出的资金,便投资于货币市场基金。特别是一些非金融性公司,在生产经营过程中,经常有着较多的财务资金头寸。在不影响其生产周转的前提下,为了能够使资金获得理想的收益,投资于货币市场基金是非常好的选择。

（4）风险较小。货币市场基金"资金批发"业务的本质,使得其可以通过构建组合的方式,使各种货币市场工具在流动性上得到互补。这意味着原本风险就很低的货币市场工具在经过组合之后形成的货币市场基金的风险,将降到更低的水平。

（5）收益率高于银行存款。从投资者的角度看货币市场基金,其投资的灵活性很类似于银行存款,将货币市场基金视为是一类特殊"影子银行"也并不过分。正是由于货币市场基金可以最大限度地实现规模效益,以机构投资者的地位争取到更优惠的市场价格、获取更高的收益。因此其收益率一般情况下会高于商业银行存款。

（6）费用低廉。同其他基金一样,货币市场基金需要向基金经理人支付管理费用;向基金托管人支付托管费用;向证券商或债券自营商支付佣金或者价差;向银行支付账户管理及资金往来手续费等。不同的是,货币市场基金通常不向投资者收取认购、申购或者赎回费用,取而代之的是每年按照不高于资产规模 2.5‰的比例从基金资产计提"销售服务费",专门用于本基金的销售与基金持有人服务。可以说,货币市场基金是所有共同基金之中费用最为低廉的品种。

3. 货币市场基金的收益指标

通常反映货币市场基金收益率高低有两个指标:一是七日年化收益率;二是每万份基金净收益。

根据中国证监会《证券投资基金信息披露编报规则第 5 号〈货币市场基金信息披露特别规定〉》,货币市场基金应至少于每个开放日的次日在指定报刊和管理人网站上披露开放日每万份基金净收益 7 日年化收益率。

这里,每万份基金净收益是指每 1 万份基金份额在某一日或者某一时期所取得的基金净收益额。其计算方法为将每日每份额基金净收益乘以 10000,具体公式为:日每万份基金净收益＝(当日基金净收益/当日基金份额总额)×10000;期间每万份基金净收益＝期间日每万份基金净收益之和。

单日万份基金净收益在很大程度上依赖于基金所持证券或者存款的利息发放日落在哪一天,其本身并不具有反映基金收益能力的意义。为此,国际投资管理界流行将基金过往 7 天的净收益进行年度化调整,从而反映出投资组合的当前收益率状况,并便于投资者横向比较。在不同的收益结转方式下,七日年化收益率计算公式也应有所不同。

根据上述中国证监会规定,我国货币市场基金的 7 日年化收益率的计算方法取决于基金的收益结转方式。目前货币市场基金存在两种收益结转方式,一是"日日分红,按月结转",相当于日日单利,月月复利。另外一种是"日日分红,按日结转"相当于日日复利。其中单利计算公式为:$(\sum R_i/7) \times 365/10000$ 份 $\times 100\%$;复利计算公式为:$(\sum R_i/10000$ 份$)365/7 \times 100\%$。其中,R_i 为最近第 i 公历日($i = 1, 2\cdots 7$)的每万份收益,基金七日年收益率采取四舍五入方式保留小数点后三位。

4. 新型的货币市场基金——互联网"宝"类基金

我国的货币市场基金经历了四次高峰,其中最近一次发展高峰出现在 2013 年。2013 年作为我国互联网货币基金诞生的元年,标志着我国货币基金的发展步入了新阶段。而 2013 年 6 月钱荒的出现导致货币基金收益率上升,从而吸引大量资金,使其规模迅速增长。此后,货币基金的规模保持稳健上升态势。

2013 年以来,互联网技术的发展使移动支付及电子商务普及率大大提高,投资者的现金管理需求日益增长。在此背景下,作为互联网和金融结合的产物,余额宝应运而生,它依托支付宝平台迅猛发展,使得整个市场开启了互联网理财新时代。余额宝诞生后,众多提供互联网货币基金业务的互联网理财平台如微信理财通、兴全掌柜钱包、广发钱袋子等不断涌现,我国互联网金融进入了高速发展期。一系列理财平台为使用者提供的各种理财产品,实质是以互联网平台为依托,将用户的资金投入互联网货币基金,它不仅对我国传统货币基金业务产生冲击,还推动了我国金融改革。

但互联网货币基金发展红火的同时也隐藏着风险。由于互联网货币基金的高流动性,第三方机构会为期限错配的未到期基金提供资金垫付,若出现挤兑现象便有可能引发金融危机。对此,央行表示高度重视,并通过政策文件对互联网货币基金市场进行合理监管。详情请参考法律附件《中国人民银行、工业和信息化部、公安部、财政部、工商总局、法制办、银监会、证监会、保监会、国家互联网信息办公室关于促进互联网金融健康发展的指导意见》。互联网货币基金有投资门槛低、便捷性高、相对收益高的特点。

【分析案例】4.1

在我国,阿里巴巴集团旗下余额宝与天弘基金合作,成立了我国的第一只互联网货币市场基金,从此掀起了互联网货币市场基金宝类产品热潮。余额宝的快速发展,主要受益于 2013 年下半年高企的资金成本,同时与互联网平台的结合也加快了这一进程。在往年货币基金整体平均收益都在 3% 左右,不过 2013 年底至今资金紧张导致利率大幅高企,货币基金七日年化收益超 5% 甚至 6% 比比皆是。如何实现如此高的收益,其秘密在于背后的货币基金投资策略。余额宝对应的天弘基金增利宝货币市场基金,其投资标的主要是同业存款,占比达 80%~90%,其余的部分则是投向利率债、高等级的信用债等。

2013 年 6 月份,银行间爆发市场流动性紧张,市场资金价格一路飙升。自此以来,银行的资金利率一直处于较高水平,与 Shibor 利率挂钩的银行协议存款正是余额宝投资的主要资产。余额宝通过协议存款的形式将资金借给缺钱的银行,因此收益率一直处于较高水平。天弘增利宝基金经理曾在 2013 年四季报中称,"短融收益率追随资金利率走势,也出现大幅上行。银行存款收益率也普遍抬升,特别是跨年底及春节的资金需求十分旺盛,收益一直维持在高位。"随着余额宝吸金能力不断增强,自上线以来基本一直处于净申购状态。如此之高的规模也使其拥有极高协议存款谈判能力,受益于这一市场变化,在资金较紧时不少协议存款年化收益高过了8%甚至9%。2011年底证监会取消了货币基金投资协议存款30%上限规定,自此货币基金主要的投资标的均转向协议存款。余额宝通过聚集个人的闲散资金然后投向银行的协议存款,以获得一部分利差。个人活期存款的利率仅0.35%,但通过余额宝可以获得5%~6%的协议存款利率,这正是余额宝带给投资者的收益利差。余额宝的资产中投向协议存款的比例高达92.21%,其投资组合的平均剩余期限在30天以内的资产占基金资产净值的比例达63.69%。也就是说,余额宝90%以上的资产投向了协议存款,而其中1个月以内期限协议存款的比例超过60%。这远远高于其他同类货币基金的水平。

余额宝成立于2013年5月,从2013年12月26日开始,一直到2014年2月末,七日年化收益保持在6%以上。由于余额宝客户以普通投资者居多,其7000万客户户均规模仅约5700元,收益的波动性也较小。但不可避免的是,收益的下降将导致货币市场基金的吸引力明显下降,货币市场基金也会在未来面临巨大的流动性风险。随着规模的暴增,余额宝投资组合剩余期限也出现较大的变化,组合剩余期限出现大幅缩短。截至2013年四季度末,其剩余期限在30天以内的组合资产占比高达63.69%,剩余期限在60~90天的组合资产占29.71%。而在2013年三季度末,占比最高的是剩余期限在6~90天的资产,占比57.84%,而剩余期限在30天以内的资产占比仅23.57%。受益于利率市场化不断深入,在相当长一段时间内,余额宝都可以通过投资协议存款获得较高收益。但是,未来如果银行存贷利差减小,存款收益的稳定性下降,余额宝的投资策略和标的需要不断创新,否则收益率下滑的局面难以避免。

二、现金规划的融资工具

(一) 信用卡融资

信用卡又叫贷记卡,是由商业银行或信用卡公司对信用合格的消费者发行的由商业银行或者其他金融机构发行的具有消费支付、信用贷款、转账结算、存取现金等全部功能或者部分功能的电子支付卡。其形式是一张正面印有发卡银行名称、有效期、号码、持卡人姓名等内容,背面有磁条、签名条的卡片。持有信用卡的消费者可以到特约商业服务部门购物或消费,再由银行同商户和持卡人进行结算,持卡人可以在规定额度内透支。这种卡一般具有循环信用功能,并可享有一定时期的免息期。信用卡消费是一种非现金交易付款的方式,消费时无须支付现金,待账单日时再进行还款。一般分为贷记卡和准贷记卡,贷记卡是指持卡人拥有一定的信用额度、可在信用额度内先消费后还款的信用卡;准贷记卡是指持卡人按要求交存一定金额的备用金,当备用金账户余额不足支付时,可在规定的信用额度内透支的准贷记卡。所说的信用卡,一般单指贷记卡。

信用卡按照发卡对象可以分为商务卡和个人卡;按照卡片币种可以分为单币卡(人民币、单独外币)和双币卡(人民币+某种外币);按照信息载体可以分为磁条卡和芯片卡。

信用是发卡机构对申请人的基础审核条件,也是确定信用卡透支额度主要因素。根据持卡人的申请,银行会为持卡人的信用卡核定一定的信用额度,持卡人可在该额度内签账消费或提取现金。如果附属卡持卡人可与主卡持卡人共享信用总额,也可由主卡持卡人为附属卡设定额度,如果是双币国际卡,这一信用额度也可以由人民币和外币账户共享。此外,当持卡人遇到出国旅游、乔迁新居等特殊情况,在一定时间内消费需要超过信用额度并使用较高信用额度时,可以提前进行电话申请调高临时信用额度,到期后信用额度将自动恢复为原来的额度。用户所持信用卡还没有被使用的信用额度称作可用额度,其计算公式为:可用额度＝信用额度－已使用并记账金额－已使用但未记账金额,可用额度会随着每一次的消费而减少,随你每一次的还款而相应恢复。

1. 信用卡的特点

信用卡的特点一般包括几个方面:① 不必往卡里存钱,免担保、免抵押;② 可在银行核定额度内透支消费;③ 先消费、后还款;④ 有免息期;⑤ 可以按最低还款额方式还款;⑥ 提供账单服务;⑦ 卡面凸字。

2. 信用卡日期

在信用卡的使用过程中,有4个重要日期,分别是:

(1) 交易日:实际交易发生的日期。

(2) 记账日:交易金额及费用计入信用卡账户的日期,记账日是计算循环利息的起点。记账日不等同于交易日,一般实际刷卡交易时间到计入账单之间会有一个延迟,信用卡的消费记录不会在交易日当天计入账户中,正常情况下银行会在刷卡日的第二个工作日将刷卡的款项记入账户中。

(3) 账单日:指为持卡人生成账单的日期,账单上将列示上个账单日后的所有交易,包括利息、费用。一个持卡人名下的所有卡片,包括主卡、附属卡的所有交易反映在一张账单上。

(4) 到期还款日:指账户对账单所规定的该期账单应还款项的最后还款日期,至该日之前本行应收到持卡人对当期应缴款金额或最低还款额的付款。

3. 信用卡的免息还款计算

(1) 信用卡的免息期从记账日算起一直到最接近的一个最后还款日为止,这之间的时间段就是信用卡的免息期,一般为20~50天。一般的刷卡消费行为可以享受免息期,但持卡人未偿还最低还款额的行为,不仅无法透支免息,而且将收取滞纳金。滞纳金是持卡人于最后还款日未偿还最低还款额的罚金,为最低还款额未还部分的5%,最低10元人民币或1美元。滞纳金是在应还账款迟交后的第一个账单日收取。

(2) 循环信用是指持卡人偿还的金额等于或者高于当期账单的最低还款额,但低于本期应还金额时,剩余的延后还款金额就是循环信用余额。

(3) 持卡人在到期还款日(含)前偿还全部应付款项有困难的,可按发卡行规定的最低还款额进行还款。最低还款额是指持卡人使用循环信用时需要偿还的最低金额,最低还款额列示在当期账单上,一般为消费金额的10%。但部分还款不能享受免息还款期待遇,所有交易将自记账日起计收透支利息。

(4) 在免息还款期内偿还全部款项,无须支付非现金交易的利息;否则,便要支付消费利息由银行代垫给特约商店资金,起息日为记账日,日利率万分之五,直至清偿日止。

(5) 持卡人使用信用额度支取现金交易的,不享受免息还款期和最低还款额规定,持卡人支取现金自记账日起,按规定利率计付透支利息。

(6) 用户可以随时往信用卡内存款,尤其当信用卡可透支的额度不能满足需要时,可通过存款来提高可消费金额；但发卡机构对信用卡账户内的存款不计付利息。如果从信用卡提取现金时，即使提取自己的存款，也必须交纳取现手续费。

【分析案例】4.2

> 张先生的账单日是每月5日，到期还款日为每月23日。4月5日，银行为张先生打印的本期账单包括了他从3月6日至4月5日之间的所有交易账务；本月账单周期张先生仅有一笔消费——3月30日，消费金额为人民币1000元。
>
> 请问：① 张先生信用卡消费的免息期是多久？
> ② 若张先生全额还款，那么应付多少利息？
> ③ 若张先生仅偿还最低还款额，那么应付多少利息？
>
> 答：① 在4月23日最后还款日全额还款即享受了最长24天免息期（3月31日～4月23日）。
> ② 若张先生于4月23日前，全额还款1000元，则在5月5日的利息为0元。
> ③ 若张先生于4月23日前，只偿还最低还款额100元，则5月5日的对账单的利息计算方法为：$1000\times0.05\%\times24+(1000-100)\times0.05\%\times12=17.4$（元）。

（二）银行贷款间接融资

银行贷款是指个人或企业向银行根据该银行所在国家政策以一定的利率将资金贷放给资金需求的个人或企业，并约定期限归还的一种经济行为。对于贷款利率，由央行确定基数，在此基础上调动利率幅度，详情请参考法律附件《中华人民共和国商业银行法（2015年修正）》第三十八条。各银行推出的个人贷款服务里比较适合个人或家庭的通常有凭证式国债质押贷款、存单质押贷款等。

1. 凭证式国债质押贷款

凭证式国债质押贷款是指借款人以未到期的凭证式国债作质押，从商业银行取得人民币贷款，到期归还贷款本息的一种贷款业务。凡持有贷款行承销的凭证式国债、具有中华人民共和国国籍的具有完全民事行为能力的自然人，能够提供合法有效的身份证明资料和财政部发行、由银行承销的未到期的凭证式国债的，可以作为申请对象。国债质押贷款的金额起点为人民币5000元，每笔贷款金额不超过质押国债面额的90%。国债质押贷款的贷款期限原则上不超过一年，并且贷款期限不得超过质押国债的到期日，如用不同期限的多张凭证式国债作质押，以距离到期日最近者确定贷款期限。国债质押贷款利率，按照同期同档次法定贷款利率（含浮动）和有关规定执行。贷款期限不足6个月的，按6个月的法定贷款利率确定。如借款人提前还贷，贷款利息按合同利率和实际借款天数计算，并另外按合同规定收取补偿金。

2. 存单质押贷款

存单质押贷款的贷款期限不得超过存单的到期日且最长不超过一年；存单质押贷款额度起点一般为5000元，每笔贷款不超过存单质押价值的90%，最高可达质押价值的95%；贷款利率按照中国人民银行规定的同期同档次贷款利率执行，可视借款人情况最多下浮10%。贷款到期后，可用现金或在银行的存款偿还贷款本息。经银行同意，借款人可提前归还贷款本息，提前还款按原借贷双方签订的质押贷款合同约定利率和实际借款天数计息。

国有银行有国家信用做背书，资金安全性高。银行贷款是个人或家庭在短期内获得大额贷款最安全的一种方式。但贷款申请人需要提供贷款抵押物,操作过程繁琐,贷款利率高。

（三）保单质押融资

保单质押贷款是指投保人以保单的现金价值作担保,从保险公司或银行申请一定金额的贷款,到期按约归还贷款本息的一种信贷行为。它使保单持有人在续存保险合同权益的前提下实现保单投保资金的流动性,具有良好的个人理财价值。

保单本身必须具有现金价值。人身保险合同分为两类:一类是医疗费用保险和意外伤害保险合同,此类合同属于损失补偿性合同,与财产保险合同一样,不可以作为质押物;另一类是具有储蓄功能的养老保险、投资分红型保险及年金保险等人寿保险合同,此类合同只要投保人缴纳保费超过一年,人寿保险单就具有了一定的现金价值,保单持有人可以随时要求保险公司返还部分现金价值以实现债权,这类保单可以作为质押物。

保单贷款需收取利息。在我国,目前保单贷款的利率还是相对固定的,其利率按照中国保监会规定的预定利率与同期银行贷款利率较高者再加上20%计算,其结果高于计算保单现金价值的利率。

（四）典当融资

典当融资,指个人或家庭在短期资金需求中利用典当行救急的特点,以质押或抵押的方式,从典当行获得资金的一种快速、便捷的融资方式。典当行作为国家特许从事放款业务的特殊融资机构,与作为主流融资渠道的银行贷款相比,其市场定位在于:针对中小企业、家庭和个人,解决短期需要,发挥辅助作用。

典当是以实物为抵押,以实物所有权转移的形式取得临时性贷款的一种融资方式。与银行贷款相比,典当贷款成本高、贷款规模小,但典当也有银行贷款所无法相比的优势。

（五）互联网直接融资

互联网金融让用户融资过程更加便捷,省去了传统的信用卡和银行贷款在其前期繁琐复杂的申请、审批和将信用卡寄给用户的各个环节。互联网金融产品在服务客户时将这些流程极大地简化了,使用起来更加便捷。然而,这种服务模式之所以能够诞生,这需要有强大的技术支撑,正是因为当前技术层面有了很大的进步与革新,互联网直接融资才有产生的可能,并且可以很好地服务于用户。

互联网平台下的直接融资比起传统间接融资而言,在人性化、自主化和多样化上都有极大的提升,而这些正好是当前客户需求变化的一些主导趋势。互联网平台下的个人信贷产品基于这个平台的优势,能够给客户带来更多他们更加期待的服务,能够满足客户随时随地的消费需求,给客户在消费的同时提供社交平台,也省去了申请时的门槛和繁琐流程。这些改变明显更契合用户的使用要求。其具体融资产品包括蚂蚁花呗和互联网众筹。

1. 蚂蚁花呗

花呗全称是蚂蚁花呗,是蚂蚁金服推出的一款消费信贷产品,申请开通后,将获得500～50000元不等的消费额度。用户在消费时,可以预支蚂蚁花呗的额度,享受"先消费,后付款"的购物体验。蚂蚁花呗自2015年4月正式上线,主要用于在天猫、淘宝上购物,受到了广大消费者,尤其是80后、90后消费者的喜爱。

蚂蚁花呗根据消费者在平台上所积累的网购情况、支付习惯、信用风险等综合考虑,通过大数据运算,结合风控模型,授予用户不等的消费额度。用户在平台上的各种行为是动态和变化的,相应的额度也是动态的,当用户一段周期内的行为良好,且符合提额政策,其相应额度则可能提升,或者用户可以根据自身实际需求,使用"额度管理"功能自主调整自己的花呗额度。

用户在消费时,可以预支蚂蚁花呗的额度,在确认收货后的下个月的9号进行还款,免息期最长可达41天。除了"这月买,下月还,超长免息"的消费体验,蚂蚁花呗还推出了花呗分期的功能,消费者可以分3、6、9、12个月进行还款。每个月9号为花呗的还款日,用户需要将已经产生的花呗账单在还款日还清。到期还款日当天系统依次自动扣除支付宝账户余额、余额宝、借记卡快捷支付用于还款已出账单未还部分。也可以主动进行还款。为避免逾期,请确保支付宝账户金额充足。如果逾期不还每天将收取万分之五的逾期费。

2019年7月30日,支付宝开启花呗出账日与对应还款日调整预约:花呗签约满一年以上的用户,通过系统评估后,可进入花呗—我的—还款日设置,用户现可选择每月15日或20日进行还款,出账日期也会相应调整到每月5日或者10日。

互联网金融信贷产品之所以会迅速崛起且急剧发展,这和信贷产品的特点以及用户需求的变化有直接关联。随着移动互联网在人们日常生活中的应用越来越普遍,消费者在消费的模式、习惯上也在发生明显变化。大部分消费者都更倾向于更为人性化、个性化且能够随时随地覆盖的消费过程与体验。以蚂蚁花呗为代表的互联网信贷则能够完全满足与覆盖客户的这些需求。互联网个人信贷业务可以随时发生,不受任何时间、地域的限制,这是对于传统消费行为的一种很大的颠覆,也是这种新型信贷模式会迅速崛起的原因。

2. 互联网众筹

根据二八定律理论,在传统融资环境中,银行贷款的服务对象主要是优质的精英客户,而忽略了长尾部分,互联网金融正是抓住了这80%的蓝海市场。众筹融资是指项目发起人借助于网络众筹平台向大众投资者公开发出的融资申请并承诺在项目成功后,给投资者回报以产品、服务、股权或债券等。根据回报不同,众筹主要有四大类型:产品众筹、股权众筹、债券众筹以及公益众筹。在个人和家庭融资中,公益众筹是最主要的融资形式。例如:公益众筹项目"让光明照进井底",为井底人王秀青募得一年的房租共7800元。

公益众筹的操作要点是项目发起人需要在互联网众筹平台上发布项目,设定固定的筹资期限和募集金额,若项目能够在规定的期限内募集目标金额则众筹成功,可以获得该笔融资,反之则要退还全部已募集金额投资者。公益众筹期限一般设定在一到两个月之间最佳,时间太短还未受到公众关注便从平台上下线,会导致项目失败;而不吸引公众的项目即使时间再长也于事无补。

(六)互联网金融和传统金融形式的对比

1. 参与主体上的差异对比

和传统的以信用卡为代表的信贷服务模式相比,以互联网平台为依托的金融信贷产品有着更好的发展前景,也有很大的发展空间,这和两者间的一些显著差异有直接关联。首先,基于互联网平台的信贷产品在参与主体上和传统信贷模式间便有明显差异。以信用卡为主导的传统信贷模式中,银行是绝对的参与主体,这使得投融资过程在一定程度上受到限制,这也是造成信用卡在发放时会设定相应审核门槛的原因。互联网信贷金融在这一点上有非常明显的转变,银行不再是信贷过程的主体与霸主,以资本市场为向导的新型信贷模式以直接融资的方式取代了间接融资,参与者和投融资方能够直接进行资金对接,这种转变有着极大的实践意义。

2. 操作平台和模式上的差异对比

传统金融模式大多需要消费者到具体的金融机构或网点进行相应操作,需要客户亲自到银行办理相关业务,或者是进行买卖、存取的一些业务。互联网平台下的金融体系在服务方式和操作模式上有很大的改变。客户只需要一部智能手机或者是一个客户端便能够完成所有的操作类型,无论是借贷还是还款,都可以自行解决。这极大地提升了信贷服务的便利性,也提升了客户的体验。

3. 信息处理方式上的差异分析

信贷业务中很重要的一个环节就是对于用户的信息获取,信贷审核的依据正是来源于这些信息。传统的以信用卡为代表的信贷业务在信息获取和客户资质评判中要花去大量的时间和精力,需要很大的工作量,然而,有了互联网平台后,包括客户信息和信用情况等信息获取会便捷很多。以蚂蚁花呗为例,基于一段时期的用户使用后,支付宝中自然会形成客户的一些使用习惯、信贷情况等信息,这些都可以成为蚂蚁花呗给客户提供信贷的申请额度等的重要依托,这样的方式极大地节省了时间成本,也体现出了新型金融模式的便利性。

总之,随着互联网的普及,大数据和云计算的时代到来,客户消费行为模式的变化,技术层面的进步与革新,对于人性化、自主化和多样化信贷服务的需求等促进了互联网金融的崛起。互联网金融和传统金融形式的对比,在参与主体上、操作平台和模式上,以及信息处理方式上存在着显著的差异。

(七)编制现金规划方案

1. 现金规划的基本步骤

理财规划是在充分了解客户的家庭财务状况以及投资风险偏好后,就可以为客户制订详细具体的现金规划。

(1)选择现金规划一般工具。对于一般现金工具的选择主要考虑到客户家庭收入多少以及稳定性情况,一般情况下,如果家庭成员工作稳定,每月有固定的收入来源,考虑在保留适当数量现金及现金等价物的情况下扩大投资,增加未来收益。流动性比例可以偏低,保持在3~4之间即可。如果家庭资金来源不稳定,收入额不固定,则考虑保留更多的现金以及现金等价物,减少投资,扩大流动性比率。一般建议,现金及现金等价物与储蓄存款、货币市场基金之间的比值保持在1:2。

(2)选择融资工具。不同融资工具各有利弊,理财规划师在向客户详细解释各种融资工具后,需要充分考虑到客户的理财实际目标,权衡各种工具的特点,为客户建议最合适的融资产品。

(3)编制现金规划报告。在完成全部前期准备工作后,规划师可以为客户编制现金规划报告,以书面文字的方式呈现给客户。

本 章 小 结

◆ **内容摘要**

现金规划既能够使家庭或个人所拥有的资产保持一定的流动性,满足支付日常家庭生活费用的需要,又能够使流动性较强的资产保持一定的收益。理财规划师制订现金规划,首先需要约见面谈客户,收集客户财务信息并编制资产负债表和现金收支表进行现金流量分析,通过分析客户的资产负债表,不仅可以了解客户的资产和负债信息,而且能够掌握客户的资产和负债结构,为进行现金规划奠定财务基础。以月为周期进行编制的现金收支表反映出个人或家庭每月获取收入的能力、收支分布以及衡量在过去是否理性消费。两张表格提供了客户家庭真实、客观的财务状态。在根据客户收入稳定性的情况和投资偏好的基础上,配置一般工具建立紧急备用金,并配置融资工具解决超额现金需求,最后形成现金规划报告交付客户。

◆ **关键词**

现金 现金规划 机会成本 资产负债表 现金收支表 流动性比例

◆ **思考题**

1. 现金规划是什么?
2. 为什么要进行现金规划?
3. 家庭资产负债表和现金收支表有哪些区别?
4. 家庭资产、负债包括哪些?
5. 为什么现金流动性比率要保持在3~6之间?
6. 互联网对现金规划的影响是什么?

思考案例

张女士的信用卡每月3日是账单日,27日为最后还款日。国庆期间她在外旅游,使用信用卡消费。张女士这个月只在10月5日消费2000元。请问她的信用卡免息期是多久?不同还款方式下,利息是多少?

应用训练

王女士,29岁,在某知名外企工作,收入稳定,每月有6000元工资收入,绩效补贴约2000元,其名下有一套价值100万元的住房,每月要还房贷4000元,此外衣服、化妆品等月消费1000元。丈夫李先生30岁,在银行工作,每月7000元收入,分期付款购买了一辆私家车,每月车贷2000元,信用卡还款1000元。此外,家庭水电费月支出400元,通信费300元。夫妻二人有理财愿望。

训练一:请根据夫妻二人的财务状况,编制其家庭资产负债表和现金收支表,分析他们的财务状况。

训练二:请根据他们的现状,提出合理的现金规划建议。

第五章 消费支出规划

- 熟悉购房消费的财务决策及相关计算
- 熟悉消费支出的支付方式和贷款方式
- 理解等额本金还款法和等额本息还款法的计算
- 掌握客户的住房消费需求、汽车消费需求

第一节 分析客户消费需求

家庭理财的4321定律

在家庭资产配置方面,目前比较流行的是理财4321定律。即家庭资产合理配置比例是:家庭收入的40%用于住房及其他方面投资,30%用于家庭生活开支,20%用于银行存款以备应急之需,10%用于保险。

但是,4321定律只是一般规律,各人在制订家庭理财规划时,有三点必须考虑:

一是家庭的风险属性。大家需要根据个人及家庭的具体情况以及风险承受能力来选择资产种类,尤其需要考虑家庭资产积累状况、未来收入预期、家庭负担等,因为这些因素与个人及家庭的风险承受能力息息相关,在此基础上才能更好地选择适合自己的资产种类和相应的投资比例。

二是家庭理财目标,这决定了投资期限的长短。对于大多数人而言,需要对个人及家庭的财务资源进行分类,优先满足家庭的理财目标,构建核心资产组合;再将富余资金配置于具有一定风险的资产,构筑周边资产组合,在保障家庭财务安全的基础上通过投资来增加收入。

三是适合自己的投资方案。确定了理财目标、风险属性后,一个适合自己的投资方案就是随后需要决定的了,也就是需要制订一个可行性方案来操作,在投资上称之为投资组合,投资人的风险承受力是考虑所有投资问题的出发点,风险承受力高的,可以考虑较高风险、高收益的投资工具。

家庭消费支出规划是理财业务不可或缺的内容。

一、客户的消费需求

除了物质生活追求外，人们还有精神方面的需求和人生价值目标。西方心理学家马斯洛认为，人类具有一些先天需求，人的需求越是低级，需求就越基本，越与动物相似；越是高级的需求就越为人类所特有。同时这些需求都是按照先后顺序出现的，当一个人满足了较低的需求之后，才能出现较高级的需求，即需求层次。各种基本需要的出现一般是按照生理需求、安全需求、社交需求、尊重需求和自我实现需求的顺序，但并不一定全部都是按照这个顺序出现。

因此，准确地说客户的理财目标也相应分为经济目标和人生价值目标。经济目标即我们常说的买房、买车、教育、养老等具体理财目标；人生价值目标即精神追求。经济目标是客户实现人生价值目标或精神追求的基础，但是后者无法完全用金钱来衡量。在理财规划中，我们一般把客户的经济目标（即常说的理财目标）概括为以下几个方面：现金与债务管理、家庭财务保障、子女教育与养老投资规划、税务规划、投资规划和遗嘱遗产规划等。

不同年纪的客户和不同性别的客户，在理财目标上即在经济目标与人生价值目标之间的追求或在不同经济目标之间的选择上侧重点不一样。客户的理财需求往往是潜在的或不明确的，这需要专业理财规划师在与客户接触沟通中，询问启发和引导才能逐步了解、清晰和明确。

二、消费支出规划

消费规划，说得通俗一些，大到个人购房置业，小到吃饭穿衣，一切与花钱消费有关的事项都可以归为个人消费规划的范围。说得专业一些，消费规划是对个人、家庭的消费资源进行合理的、科学的、系统的管理，使个人、家庭在整个生活过程中保持消费资源的财务收支平衡，最终达到终身的财务安全、自主、自由的过程。消费支出规划主要是基于一定的财务资源下，对家庭消费水平和消费结构进行规划，以达到适度消费、稳步提高生活质量的目标。

家庭消费支出规划主要包括住房消费规划、汽车消费规划及个人信贷消费规划等。家庭消费支出规划的目的是要合理安排消费资金，树立正确的消费观念，节省成本，保持稳健的财务状况。家庭消费支出规划是理财业务不可或缺的内容，如果消费支出缺乏规划或者消费规划不得当，家庭很可能支付过高的消费成本，严重者甚至会导致家庭出现财务危机。影响家庭财富增长的重要原则是开源节流，在收入一定的情况下，如何做好消费支出规划对一个家庭整个财务状况具有重要的影响。

三、客户消费方案的制订步骤

(1) 跟客户进行交流，确定客户消费需求（如购房、购车、信贷消费等）和消费时机。
(2) 收集客户的信息，如财务状况信息。

(3) 对现状进行分析,列出家庭资产负债表、现金流量表,确定首付能力、还款能力。
(4) 帮助客户制订消费需求目标,按家庭需要明确消费目标。
(5) 帮助客户进行贷款规划,如贷款方式、还款方式及期限的确定。
(6) 消费需求规划的实施。
(7) 规划的调整。

 马斯洛的需求理论在哪些方面体现了家庭消费支出规划?

【资料链接】5.1

《中国居民消费升级报告(2019)》(以下简称"《报告》")显示,自1990年以来,城乡居民消费结构不断优化,食品烟酒占比逐年呈降低趋势;当前居住支出占比较高,均超过20%;交通通信支出已居于第三;但教育文化娱乐支出仍处于较低态势,具体而言,仅占城镇居民消费支出的11.29%,农村居民消费支出的10.74%,双双不及交通通信支出。改革开放至今,我国城镇与农村居民人均可支配收入持续增加,2018年分别达到39251元和14617元。可支配收入增加意味着居民敢于消费。因此,居民生活水平有了明显改善。数据显示,我国城乡恩格尔系数分别由1978年的57.5%和67.7%,降至2018年的27.7%和30.1%。

"这说明国人基本实现了从温饱到小康的转变,并且在消费上有了更加多元化的选择。"报告称,中国城乡居民从基本的吃穿消费,向发展和享受型消费倾斜。因此,中国城乡居民的食品烟酒、衣着支出占比下降,而以交通通信、医疗保健为代表的服务类消费支出占比不断提高。

由于中国房地产市场发展,近年居住支出占比整体呈上升趋势,尤其在城镇,居住支出自2012年后快速上升,而这背后与2012年中国城市房地产价格整体快速上涨有关。2018年,当城镇居民将近1/4的支出用于住房居住时,农村居民的居住支出占比已达21.94%,市场人士分析指出,这源于越来越多的农村年轻人倾向于在县城买房,而非此前在村中自建房屋。

近年,随着城乡居民的可支配收入提升及电商兴起,以及消费金融的出现助力消费便利,中国一直处于消费升级之中。

第二节 制订住房消费方案

 导入案例

孙小姐和男友的婚房梦

孙小姐和男朋友同时供职于一家装潢公司,两个人每月的收入加起来在5万元左右。他们打算在今年年底结婚,和父母商量后男朋友决定先买房再领结婚证。她与男友每个月都正常缴纳公积金,趁着"五一"劳动节放假,两个人准备先看看房,顺便咨询一下如何贷款。

因为孙小姐和男友都是普通的上班族,所以首先购房地点最好选择在紧邻地铁或者被地铁辐射的区域,现在各线路开通后,买房选择的范围也比较大,选择在单位附近的地铁沿线地段比较适宜,这样会省去很多上下班路上的通勤时间。因为是两个人居住,所以购买的住房应以小户型为主。如果孙小姐和男友购买的房屋是小户型,以他们目前的经济状况来看,建议他们每月的月供最好不要超过月工资总和的三分之一,而且两个人是首次置业买房,所以在现行的贷款政策下,如果是准新人首次贷款买房,使用公积金贷款或者组合贷款比较合适,还款的方式可以采用自由还款。另外,专家建议没有领结婚证的情况下,可以申请办理婚前财产公证或者共同签署一份协议避免日后的财产纠纷。

问题:影响买房的因素有哪些?贷款购房时要考虑的主要因素有哪些?公积金贷款与商业贷款有什么区别?如何选择?

一、住房规划概述

随着住房商品化政策的推行,住房支出在家庭消费支出结构中所占的比重越来越高。如何规划住房支出成为人们越来越关心的问题,对这方面的理财需求也正逐步增加。根据目的的不同,住房支出可分为住房消费和住房投资两类。住房消费,它是指居民为取得住房提供的庇护、休息、娱乐和生活空间的服务而进行的消费,这种消费的实现形式可以是租房也可以是买房。按照国际惯例,住房消费价格常常是用租金价格来衡量的。住房投资,它是指将住房看成投资工具,通过住房价格上升来应对通货膨胀、获得投资收益以希望资产保值或增值。我国大多数家庭都是投资于住房的同时也消费着所投资的住房,在购买住房时消费目的和投资目的并存。

对于住房消费的家庭来说,该种消费形式可以是租房也可以是买房。究竟是买房还是租房,对于家庭来说可是个大问题。因此,在个人或家庭购房之前,可以提前进行行之有效的财务规划,包括:根据负担能力、个人所处的生命周期阶段选择合适的住房;设定购房目标,提前准备;根据客户的财务状况在各种还款方式中选择最佳的还款方式;将住房消费规

划与其他规划如子女教育规划、保险规划、退休养老规划等相结合,综合考量,最终确定最佳的理财方案等。

二、购房与租房决策

在进行居住的决策时,面临着购房还是租房的选择问题,我们可以通过多种因素的比较来解决这一问题。选择购房还是租房,与个人的财务状况、对未来房产市场的预测以及喜好、购买途径等都息息相关,买房与租房的优劣势比较,如表5.1所示。

表5.1 购房与租房的比较

	优势	劣势	适宜人群
租房	1. 方便、灵活,迁徙自由度大; 2. 财务负担小,投资机会多; 3. 不必担心住房价格下跌,不必承担房屋方面的各种赋税与房屋维修费用	1. 没有自己的产业,不能根据自身意愿进行装修布置; 2. 存在房租价格上涨风险; 3. 存在非自愿搬离风险	1. 初入职场的年轻人; 2. 工作流动性较大的人群; 3. 收入不稳定的人群; 4. 不急需买房者
购房	1. 拥有自己的产业; 2. 可根据自身意愿进行装修布置; 3. 可保值增值,抵御通货膨胀	1. 财务负担大,可用来投资的资金少; 2. 需承担房屋方面的各种赋税、装修与支付房屋维修费用; 3. 迁徙自由度小; 4. 存在房价下跌的风险	1. 工作多年,经济实力雄厚的人群; 2. 追求居住环境的购房者

购房与租房各有优劣,分别适合于生命周期不同阶段的不同需求人群。购房与租房的基本决策方法主要包括年成本法和净现值法。

(一)年成本法

购房者的使用成本是首付款占用造成的机会成本,以及房屋贷款利息,而租房者的使用成本是房租。那么可以考虑这些因素来计算成本:房租是否会每年调整;房价涨升潜力;利率的高低等。在编制房屋选择方案时,首先就是要计算购房与租房成本,不能盲目地选择直接购房,从而造成客户巨大的财务压力。其计算公式为

购房年成本=首付款×机会成本率+贷款余额×贷款利率
+年维修及税收费用-房价每年涨幅

租房年成本=房屋押金×存款利率+年租金

例5.1 李小姐最近看上了一套某三线城市的二手房,面积80平方米。该房可租可售。如果租的话房租每月3000元,押金1万元。而购买的总价是70万元,李小姐可以支付30万元的首付款,剩余40万元拟采用5.51%的商业贷款利率向某商业银行贷款。另外,购买二手房需要较多的税费支出和装修费用,这些税费如果按年平摊,大约每年5000元。李小姐应该租房还是买房(投资回报率是4%)?

解析:李小姐租房年成本=10000×4%+3000×12=36400(元)

李小姐购房年成本=300000×4%+400000×5.51%+5000=37400(元)

租房年成本36400元<购房年成本37400元,因此租房更划算。

需要注意的是，购房总价固定，如果贷款利率不变，随着每年还款，贷款余额逐年减少，购房年资金成本逐年降低。当然，在购房或租房决策时还应当考虑租房的变化趋势、未来房价涨跌的预期、房贷利率走向等因素的影响。

（二）净现值法

净现值法考虑居住年数。它是指在既定的居住期间，将租房与购房的现金流量还原成现值，比较两者的净现值的一种决策方法。该方法较为科学，其计算公式为

$$NPV = \sum_{t=0}^{n} \frac{CF_t}{(1+i)^t}$$

其中，NPV 为净现值，t 为年份数，CF_t 为各期的净现金流，i 为折现率。

例5.2 甲某因工作调动需在某地工作多年，他看中了当地一套房产可租可售。若选择购房，该房产总价100万元，首付30万元，其余贷款，期限为20年，按等额本息还款，1年后可原价卖出。若选择租房，押金为5000元，房租每月5000元。假设贷款利率为7%，押金和首付的机会成本率均为4%，房屋的维护成本为每年8000元，不考虑其他费用。

(1) 根据年成本法比较年情况。

(2) 假定甲某工作调动为5年，5年后甲某预期房价涨至120万元，贴现率为4%，问甲某该如何抉择。

解析：(1) 租房年成本＝5000×4%＋5000×12＝60200（元）

购房年成本＝300000×4%＋70000×7%＋8000＝69000（元）

所以在本题中，因为租房年成本小于购房年成本，若甲某认为1年后房价维持不变，则其应该选择租房。

(2) 根据净现值公式可得：租房的净现值为－27.87万元；房贷每年还款6.61万元，第五年后房贷本金为60.18万元；购房净现值为－13.79万元。

所以在本题中，甲某若对未来房价持上涨态度，且认为5年后房价能涨到120万元，在贴现率为4%的情况下购房的净现值是大于租房的，故选择购房。

通过以上两种方法及案例的对比，我们可以发现下列因素会影响决策：居住时间的长短、房租的成长率、房价的成长率。除去这三点因素外，决策者的情绪导向实际上也至关重要。目前我国所处国际环境复杂多变，美联储正式进入量化宽松周期，加之中美贸易摩擦局势尚不明朗，房地产行业在此环境下前景未卜，对于决策者来说还是需要小心谨慎。建议在当前政府密集的宏观调控下，首先衡量个人买房或是租房的实际需要和承受能力，做好职业生涯或是家庭生涯规划；其次结合当前实际情况，考虑实际利率水平或是消费水平；最后针对一些房价前期涨幅过大，如今稳中略降的城市来说，决策者可以选择年成本法来进行买房与租房的决策。同样的，若决策者认为该城市未来房价有较大变动，则可以选择净现值法来进行决策。两种方法都能为决策者在租房与买房上提供真实有效的参考。

三、购房规划的步骤与方法

（一）以家庭储蓄及付息能力估算可承受的房屋总价

(1) 届时可负担的首付款＝目前的净资产×$(F/P,r,n)$＋目前年收入×$(F/A,r,n)$×

负担首付比率上限。其中,r 为投资报酬率,n 为拟购房年数。

(2) 届时可负担的房贷＝目前年收入×$(F/P,g,n)$×负担房贷的比率上限×$(P/A,i,m)$。其中,g 为预计收入成长率,n 为拟购房年数,m 为贷款年数,i 为房贷利率。

(3) 届时可负担的总房价＝可负担的首付款＋可负担的房贷额。

(二) 计算可负担的房屋单价

房屋面积大小主要取决于居住人数,但区位的单价相差很大,购房面积需求应把握以下原则:

(1) 不必盲目求大。如果房子买得太大,势必有一部分面积会闲置,并为其买单,这是不明智的。

(2) 无需一次到位。随着时代发展的步伐,人们对住房的需求也会随之改变。

(3) 量力而行。购房面积的大小,取决于客户的资金及还贷能力。

(4) 不同家庭购房面积不同,单身人群、夫妇两人、三代同堂等不同的购房人群对房屋面积的需求也不同。

根据以上原则决定房屋需求面积,计算可负担房屋单价:

可负担房屋单价＝可负担的房屋的总价÷需求面积

(三) 确定购房区位

不同区位的房子的单价相差很大,同样一笔钱,买较好地段的房子房价较高,面积也相应较小;而买地段差的房子房价较低,面积也会相应较大。影响购房区位的主要因素有:区位的升值的潜力、生活的环境、交通、学校和医院。在进行购房规划时,可根据客户的需求确定购房的区位。

例 5.3 李太太年收入 10 万元,预计年收入成长率 3%。目前家庭净资产为 15 万元,可承担的储蓄首付款与房贷款上限为 40%,打算 5 年后购房,投资报酬率为 10%,贷款年限为 20 年,房贷款利率为 6%。

问:李太太如何合理购房?

解析:李太太届时可负担的首付款＝15×$(F/P,10\%,5)$＋10×$(F/A,10\%,5)$×40%＝48.6(万元)

李太太届时可负担的房贷＝10×$(F/P,3\%,5)$×40%×$(P/A,6\%,20)$＝53.2(万元)

李太太届时可负担的总房价＝48.6＋53.2＝101.8(万元)

四、购房成本与贷款规划

(一) 购房的主要成本

不同类型的房产税费不同,购房者要根据自己的实际情况确定该缴纳的税费。如一手房缴纳的税费有契税、印花税、产权登记费和工本费等;二手房还需缴纳个人所得税、土地增值税;办理按揭需缴纳的费用有律师费和保险费;入住过程中需交费用包括住宅共用部分共有设备维修基金和物业管理费。其主要的税费包括:

1. 契税

个人购买 144 平方米及以上住房契税费率适用 4%；个人购买 90 平方米以上至 144 平方米之间的 2%；个人首次购买住房，且建筑面积在 90 平方米以下（含）适用契税税率 1%，优惠政策不变；个人购买住房虽然建筑面积在 90 平方米以下，但是属于二次购房的（包括变更房产姓名为配偶、未成年子女的）适用税率 2%；购买商用房（商铺）具体征收标准由各省、市、自治区、特别行政区自行收取，但税率不得低于 4%。

2. 房屋维修基金

按照房屋的面积征收，一般是 30～100 元/平方米不等。电梯房、楼梯房、高层和小高层，征收标准略有不同。

3. 物业费

物业费一般为 1～5 元/平方米每月，新房交房时，需要缴纳一年的物业费。另外，供暖的城市，还需要缴纳取暖费。

4. 印花税

税率为 0.05%，住宅免征印花税。

5. 增值税及附加税

购买二手房，需要缴纳增值税。增值税及其附加税的税率为 5.6%，满 2 年可以免征增值税，满 2 年是指房产证或契税完税证从出证时间开始计算，到房屋出售时，时间满 2 年或超过 2 年。

6. 中介费

在二手房交易过程中，中介为买方提供了服务，因此要收取一定的服务费。一般为房屋成交价格的 1%～3%。

7. 个人所得税

一般征收房屋价款的 1%，或者两次交易差额的 20%。满五年且唯一的房子，免征个税。即该房屋为出售人的唯一住房，且不动产证满了五年，则可以免征个税。

8. 其他费用

权证印花税 5 元/户；权证登记费 80 元/套，非住宅 550 元/套。

与购房相关的还有一些可能的开支，如购置家具电器和装修费用。加总上述购房款项、相关税费、装修费用，购置家具和电器等费用，就可以得到购房所需的规划资金需求。

（二）购房贷款的种类

目前我国各商业银行开办的个人住房消费信贷主要包括个人住房公积金贷款、个人住房商业贷款、个人住房组合贷款等。

1. 个人住房公积金贷款

住房公积金制度是为解决职工家庭住房问题的一种政策性融资渠道。住房公积金由国家机关、事业单位、各种类型企业、社会团体和民办非企业单位及其在职职工各按职工工资的一定比例逐月缴存，归职工个人所有。

与个人商业贷款相比，住房公积金贷款有以下几个特点：

第一，各地区住房公积金管理中心制订的贷款期限不同，一般最长不超过 30 年。

第二，住房公积金贷款利率比商业银行住房贷款利率低。公积金贷款按个人住房公积金贷款利率执行。

第三,个人住房公积金贷款的借款人须提供一种担保方式作为贷款的担保,没有担保的,不予贷款。担保方式有抵押加一般保证、抵押加购房综合险、质押担保和连带责任保证四种。

第四,对贷款对象有特殊要求,即要求借款人是在当地购买自住住房、同时在管理中心缴存住房公积金的住房公积金缴存人和汇缴单位的离退休职工。但是对贷款人年龄的限制不如商业银行个人住房贷款那么严格,没有年龄上的限制。

第五,公积金贷款的额度由于各地住房公积金管理中心规定的贷款最高限额不同而有差异。

第六,还款灵活度高。住房公积金管理中心根据客户的借款金额和期限,给出一个最低还款额,在每月还款数额不少于这一最低还款额的前提下,贷款人可以根据自身经济情况,自由安排每月还款额。

2. 个人住房商业性贷款

个人住房商业性贷款,又称"按揭",是银行用其信贷资金所发放的自营性贷款。具体指居民购买住房时,以其所购买的产权住房为抵押,作为偿还贷款的保证而向银行申请的住房商业性贷款,贷款期限最长不超过30年。

(1) 申请条件:

① 具有合法有效的身份证明。本市居民的身份证、户口簿;外省市居民除身份证、户口簿外,还需提供所在地户籍管理部门提供的户籍证明或暂住证;境外人士提供护照;未满18周岁需提供出生证或独生子女证。

② 必须有稳定合法的经济收入,能够提供相应的收入和资产证明。收入证明由借款人所在的工作单位出具,加盖公司人事章或公章并提供营业执照复印件;个体户、私营民营借款人可提供近3个月税票和营业执照复印件;所开具的月收入超过2000元人民币的,应提供税单或其他资产证明(银行存单、有价证券、投资证明、房产等)。

③ 具有完全民事行为能力的自然人,无不良信用记录。

④ 与卖方签订有效的购房合同或购房协议。

⑤ 支付了规定比例的首付款(一般是不低于所购房屋总价的30%)或在贷款银行存入了不低于首付款的存款。

⑥ 贷款人年龄在18~65周岁,不同年龄所贷款年限的限制有所不同。

⑦ 贷款银行规定的其他条件。

(2) 办理住房商业贷款需提供的证件:

① 贷款申请人、配偶、共同借款人、产权共有人的身份证(暂住证、护照、未成年人出生证或独生子女证)复印件。

② 贷款申请人、配偶、共同借款人、产权共有人的户口簿复印件。

③ 贷款人婚姻情况证明(已婚提供结婚证、未婚提供单身证明、离婚提供离婚证)。

④ 贷款人收入证明。

⑤ 房屋买卖合同原件一本。

⑥ 买卖合同上所述的出售方签字的首付款收据。

⑦ 所购买房屋的产权证复印件。

(3) 贷款成数。购房住宅贷款成数最高为购房总价与房屋评估价两者之间低值的70%,根据不同银行不同套数贷款额度有所浮动,具体以贷款银行的要求为准。贷款期限最长为30年,借款人到贷款期限年龄男不超过65岁,女不超过60岁。贷款利率按照中国人民银行有关贷款利率的规定执行。

（4）贷款流程。了解住房商业贷款的流程不仅有助于购房者提前准备好相关资料,而且可以根据房贷的时间安排买房的进度。办理商业贷款时,符合贷款条件并向银行提交贷款申请只是完成了买房贷款的第一步,住房商业贷款在银行审批并通过之后,还需要贷款申请人办理相关手续。

① 提交贷款申请。当客户签好房屋买卖合同后就可以向银行申办商业贷款了。无论是一手房贷还是二手房贷,都需要将银行认可的齐全材料递交给银行审核,这是商业贷款流程中最重要的一步。主要包括身份证、户口本、结婚证原件以及复印件；外地户籍需要提供暂住证或者居住证；工作单位出具的收入证明；买卖合同、首付款发票或者收据；近半年的工资流水或其他资产证明。除了以上五项资料外,不同银行对商业贷款要求有一定的差异,还要详细询问贷款银行要求的其他资料。

② 银行受理调查。银行收到贷款人的申请材料后,需对其材料进行审核,商业贷款一般审核时间是15个工作日,最长不超过1个月。

③ 银行核实审批。贷款银行会核实：房屋的情况、借款人的资质信用情况等。这是商业贷款流程中比较重要的环节,如果贷款人的信用不良,会直接导致贷款申请的失败,因此生活中积累良好的个人信用是很重要的。

④ 双方办理相关手续。银行通知贷款人,贷款审批通过后需要在该银行开户,领取借记卡并签订贷款合同。同时,办理抵押、保证、质押和保险等有关担保手续。在签订贷款合同、办理担保手续的时候,客户一定要详细了解合同中的细则,明确自己的权利和义务,以免发生不必要的误会。

⑤ 银行发放贷款。所有贷款手续办理完毕后,银行会将贷款资金打入到房产开发商的账户,借贷关系成立,贷款人按规定偿还贷款。

3. 个人住房组合性贷款

凡符合个人住房商业性贷款条件的借款人同时缴存个人住房公积金,在申请个人住房公积金贷款的同时,还可向银行申请个人住房商业贷款,构成组合贷款。主要特点有：总贷款的金额不超过所购房屋价款的70%；分别按各自的利率计算利息；申请组合贷款的借款人必须是同一人；贷款期限必须一致。

（三）购房贷款的偿还方式

1. 等额本息还款法

等额本息还款即每月归还同等的本息数额。这是目前最为普遍,也是大部分银行长期推荐的方式。适用于收入处于稳定状态的家庭,如公务员、教师、普通工薪族等。借款人等额支付月供,还款操作相对简单,方便每月收支安排。但这种方式前期占用银行资金较多,还款总利息较相同期限的等额本金还款法要高。等额本息还款是把按揭贷款的本金总额与利息总额相加,然后平均分摊到还款期限的每个月中。其计算公式是：

$$月支付利息 = 期初贷款余额 \times 月利率$$
$$月支付本金 = 月还款额 - 月支付利息$$
$$贷款余额 = 期初贷款余额 - 月支付本金$$

2. 等额本金还款法

等额本金还款,又称利随本清、等本不等息还款法,是指贷款人将本金分摊到每个月内,同时付清上一交易日至本次还款日之间的利息。适用于目前收入较高但预计将来收入会逐步减少的人群,如面临退休的人员。使用等额本金还款,开始时每月还款额比等额本息还款要高,随着时间推移,还款负担会逐渐减轻。其计算公式是:

每月(季)还本付息额=贷款本金/还本付息次数+(贷款本金-已偿还本金累计数)×月(季)利率

等额本金还款法每月归还本金数相等,同时根据期初贷款余额计算出本月应还利息,然后将两者相加得到月还款额。其月还款额计算公式为

月还款额=月支付本金+月支付利息

其中

月支付本金=贷款总额/总付款期数

月支付利息=期初贷款余额×月利率

期初贷款余额=贷款总额-月支付本金×已付款期数

例5.4 张先生购买了一套总价100万元的新房,首付20万元,贷款80万元利率为6%,期限为20年。

如果采用等额本息方式,根据上面的计算公式,可以得出以下结果:

每月还款额为5731.45元;

第一个月所还利息=800000×6%/12=4000(元);

第一个月所还本金=5731.45-4000=1731.45(元);

偿还完所有房贷后一共还的利息=5371.45×240-800000=575548(元)。

如果采取等额本金法,根据上面的计算公式,可以得出以下结果:

第一个月还的本金=800000/240=3333.33(元)

第一个月所还利息=800000×6%/12=4000(元)

偿还完所有房贷后一共还的利息=3333.33×0.005(240+239+…+1)

=3333.33×0.005×(240+1)×240÷2=482000(元)

通过计算后,我们发现采用等额本金法所还利息总额要比采用等额本息法所还利息总额要少,这时就可以得出结论:采用等额本金法比等额本息法合算。

3. 等额递增还款法

以等额还款为基础,每次间隔固定期数还款额增加一个固定金额的还款方式(如3年期贷款,每隔12个月增加还款100元,若第一年每月还款1000元,则第二年每月还款额为1100元,第三年为1200元)。此种还款方式适用于当前收入较低,但收入曲线呈上升趋势的年轻客户。

4. 等额递减还款法

以等额还款为基础,每次间隔固定期数还款额减少一个固定金额的还款方式(如3年期贷款,每隔12个月减少还款100元,若第一年每月还款1000元,则第二年每月还款额为900元,第三年为800元)。此种还款方式适用于当前收入较高,或有一定积蓄可用于还款的客户。主要的还款方式比较如表5.2。

表 5.2 四种主要还款方式的比较

还款方式	等额本息	等额本金	等额递增	等额递减
缴款方法	每月偿还固定的金额,含本金和利息	每月偿还金额不固定,含本金和利息。初期利息所占比率较高,然后逐月递减	每个时间段内还款金额相同,下一时间段的还款额按一个固定金额递增	在每个时间段内月还款额相同,下一个时间段的还款额按一个固定金额递减
缴费负担	每月相同	初期较重,逐月减轻	逐月递增	逐月递减
全期偿付利息总额	较多	较少	较多	较少
其他优缺点	每月付款金额相同,容易做资金规划,但全期支付总利息较多	每月付款金额不同,不易做规划,前期负担重,但有越还越轻松,所付利息少的优点	初期负担轻,但是全期所付利息较多	初期负担重,后期负担轻,全期所付利息少

5. 提前还款和延期还款

借款人具有一定偿还能力时,可提前 15 天持原借款合同等资料向贷款机构提出书面部分或全部提前还贷的申请。其中公积金贷款向住房公积金管理部门提出申请,银行商业住房贷款向贷款银行提出申请,经其审核同意方可提前还款。提前还款应视为借款人违约,未按合同规定期限还款,银行要收取罚金和手续费。

借款人出现财务紧张或其他原因不能按时还贷,应提前 20 个工作日向贷款银行提出延长贷款的申请。在提交延长贷款申请前,借款人必须先清偿其应付的贷款利息、本金及违约金。借款人申请延期只限一次,且原借款期限与延长期限之和最长不能超过 30 年。

五、住房消费方案的制订

理财规划师在为客户制订住房消费支出方案时可以遵守以下步骤:

(1) 与客户充分交流,确定客户有购房意愿,并了解客户购房目标。

(2) 收集客户的财务及非财务信息,包括家庭成员构成、家庭收入、支出情况以及家庭现有资产等信息。

(3) 分析客户信息,对其现状进行分析,编出家庭资产负债表和收入支出表。

(4) 帮助客户制订购房目标。具体化客户住房要求,明确购房目的。在保障客户一定财务弹性下,以储蓄及缴息能力估算负担得起的房屋总价,以及每月能承担的费用。由于购房开支除房款本身以外,还需要缴纳契税、印花税、房屋买卖手续费、公证费、律师费等各种费用,加上上述费用,就可以得出客户家庭在预期的购房时间上总的资金需求,这就是购房规划要实现的财务目标。

(5) 帮助客户进行贷款规划,如选择何种贷款方式、还款方式以及还款期限,并运用相关税收及法律知识,为客户提供必要的支持。

(6) 购房规划的实施。

(7) 根据客户未来情况的变动,对规划做出及时的调整。

比较分析目前商业银行提供的两种主要还款方式(等额本息和等额本金)的优劣?

【分析案例】5.1

王先生,23岁,计划与女友3年后买房结婚,当前两人薪金收入每月均为4000元,但两人属于月光族,且无积蓄,但双方父母为其结婚准备50万元。由于王先生是首次置业,购买不动产应以宜居,交通便利为首选,此外如果考虑日后二次置业的可能,升值潜力和易转让出租也要作为考虑要素,建议王先生考虑面积为60~80平方米的小户型,单价12000~15000元/平方米,总价100万元(含装修)以内。因王先生的收入状况不符合经济适用房购买标准。两限房及普通商品房或二手房均可作为考虑,结合不同房源应考虑契税、维修基金、营业税、个税、装修、折旧等其他因素。王先生目前资产状况与理财目标存在缺口。为完成购房目标,需要使用贷款。建议月供还款不宜超过家庭收入的30%,8000元×30%=2400元(公积金缴存可以用于还贷)。贷款规划尽量采用公积金贷款方式,如果条件允许,改变还款方式,适当减少还款年限,降低利息支出。

【资料链接】5.2

在世界各国,都面临购买住房、偿还贷款的问题。总体来说,国外在购房贷款以及房屋买卖等方面不但法规完善,而且市场操作也相当成熟,只要买卖双方一切按照规章办事,合同陷阱、买卖纠纷等现象就能最大限度地避免。各国买房基本靠贷款。不论在哪个国家,对于普通人来说,买房子都不是一件容易的事情。因此世界各国都出台有关政策,调节住房贷款的利息,鼓励私人购买住房。而在偿还贷款时,各国还贷时间为15~30年不等,部分国家还会利用退休金等多种形式进行补贴。

德国:工薪、白领、生意人贷款有差别。德国出台三种买房的贷款形式,分别针对不同的购房群体。第一种方式,借贷人每人每年向银行偿还同等数额的钱(包括贷款和利息),这种方式由于每年还贷的压力比较平均,适用于普通工薪家庭;第二种贷款方式是一开始还贷压力很大,之后逐渐减少,这一种方式适用于比较宽裕的家庭;第三种贷款方式,借贷者可以在还贷期限的最后一次付清贷款,中途只需支付利息,但是贷款者的人身保险以及养老保险等要交给这家银行。这种方式适合那些买房用于出租以及做房地产生意的人。

美国:购买一处房产可向多家银行"要钱"。目前美国的住房抵押贷款形式已有20多种,较为普遍实行的是循环住房抵押贷款,这是适应中低收入阶层住房需求的一种抵押贷款形式。对于偿还能力强、信誉可靠的购买者,在以住房为抵押品后,从一家金融机构取得一定数量(如房价的50%~70%)的贷款后,再以同一住房作抵押品,向第二家甚至第三家金融机构贷款。如此循环抵押贷款,购房者即使当时手头没有现款,也能达到购房的目的,但要有固定收入还本付息。

新加坡:对于每个新加坡公民政府都"给钱"买房。新加坡是一个基本上实现了"居者有其屋"的国家,约92%的成年人都有自己的住房。每个新加坡公民的家庭都可以享受一次性的以补贴价购买政府组屋的权利。政府组屋房契的有效期为99年。新加坡人首次购买的政府组屋都是新房。一般首期付款占房价的10%，其余的90%以预支公积金的贷款方式分期偿还。公积金贷款是有利息的，目前的利率为4%，分期付款最长为25年。购房者根据自己每月公积金数额的偿还能力来决定分期付款的年限。

第三节　制订汽车消费方案

 导入案例

家有汽车如何理财？

汽车作为一种现代交通工具，是家庭的纯粹消费品，如何省钱理所当然也就成为汽车理财的主要话题。

耗油是焦点。大家常说的"买车容易养车难"，所指的主要是汽车燃料消耗。在油价节节攀升的今天，汽车的耗油问题更加引人注目，成为汽车理财的焦点。

车价是关键。现在供应市场的车型林林总总，价格从几万元到数百万元不等，车辆价格是每个购车人所必须要考虑的。在选购车辆时，要注重性价比，在满足需要的情况下，要尽量选择小排量汽车。选购和使用小排量汽车，价格相对便宜，这是最直接的；在日常使用中，还能减少各种税费、燃料费用、保险费用、维护费用等方面的支出。

保险莫忽视。对于有车族而言，车辆保险也是必须要关注的。交强险是每车必须要缴纳的。除交强险外，各商业保险公司还开办了车辆损失险、第三者责任险、全车盗抢险、车上责任险、无过失责任险、车载货物掉落责任险、玻璃单独破碎险、车辆停驶损失险、自燃损失险、新增设备损失险、不计免赔特约险等，对于这些商业险不可不保，也没必要全部参加，要根据实际需要有选择地参保，做到花较少的钱，得到最大的保障。另外，在参保时还要避免"超额保险"和"不足额保险"，因为那样会得不偿失。

维护当认真。汽车作为一种高速运行的交通工具，具有易损易坏的特点，只有认真保养维护，安全操作，才能保证车辆经常处于完好状态，减少修理的频率，从而降低修理费用的支出，这就是有车族常说的"少修就是赚"。在现实生活中我们还发现，同样的车辆，同样的使用年限，行驶同样的里程，而在不同的人手里却是大不一样，有的车保持完好无损，有的车却是稀里哗啦，两者相比较，前者既可减少修理费用，又可延长车辆使用时间，自然就会节省不少的费用。另外，驾驶员不但要提高操作技能，还要学习一些车辆的修理技术，对那些小来小去的故障及时发现并进行排除，把不该发生的修理费用省下来。

一、汽车消费概述

虽然相对于房屋，汽车较为便宜，但是对于一般家庭而言，购买汽车仍然是一笔较大的

开支,需要合理筹划。汽车消费可以为购买者带来交通上的自由便捷,对一些人来说,拥有汽车也是成功和身份的象征,拥有一辆属于自己的汽车,已经不是什么奢望的事情。拥有自己的私家车,能给人们带来以下效益:扩大生活半径;提升出行效率;出行更舒适;办事效率提升;使生活更有品位等。

汽车为家庭带来消费效用的同时,家庭也需要为拥有汽车支付相应的费用,如汽车保险费、消费税、车船税、上牌费、汽油费、保养费用、过路费等。这些费用中的大部分都是按年收取的,这意味着购车之后每年将有一笔不小的现金流出,如果没有稳定充足的收入来源,这笔支出会给家庭带来一定的负担。

二、自筹经费购车与贷款购车的决策

银行大都规定,贷款买车人必须购买规定经销商的汽车,提供银行认可的财产抵押、质押或第三方保证。个人汽车消费贷款的年限是3~5年,汽车消费贷款的首期付款不得低于所购车辆的价格的20%。且贷款金额高、贷款期限短、每月偿还的本息太高也使得许多人觉得贷款买车心里不踏实,人们普遍认为贷款价格不能比一次性付款贵太多。而打算贷款买车的人也普遍感到手续比较繁琐,既要提供身份证明、户籍证明、职业和收入等证明,又要接受资信评估调查、提供担保所需的证明,不仅浪费时间,还要花费一笔额外的费用。

事实上,虽然贷款有不少冗繁的手续,但它的好处也确实很吸引人。汽车不同于房产,它没有增值功能,如果客户对投资较为擅长,也可以考虑通过贷款的方式将剩下资金另作投资而实现增值。如果客户的投资收益率要比银行贷款购车的利率要高,这时贷款买车是比较合算的。理财规划师应该根据客户自身的情况,帮助其决定是否进行贷款。

三、个人汽车消费信贷

个人汽车消费贷款是银行向申请购买汽车的借款人发放的人民币担保贷款,个人汽车消费贷款实行"部分自筹、有效担保、专款专用、按期偿还"的原则。具体来说,我们要注意以下的汽车消费贷款合同的一些条款:

1. 贷款对象和条件

有效身份证明,完全民事行为能力,正当职业,稳定而合法的收入或资产等。

2. 贷款期限、利率和金额

贷款期限一般为3~5年;利率为中国人民银行规定的同期贷款利率,按期限长短进行调整;贷款金额各家银行的要求有差异。

3. 贷款担保

权利质押担保,抵押担保和第三方保证。各家银行的规定大同小异,可以向银行详细咨询。

4. 贷款保险

各家银行规定不同,某些银行要求办理质押物保险,保险期不得短于借款期限,投保金额不得低于贷款本金和利息之和,保单以银行为第一受益人,保单不得有任何有损贷款人权益的限制条件。

5. 还款方式

个人汽车消费贷款的还款方式同个人住房贷款的大致相同。低于一年的则到期还本付息,超过一年的则可以选择等额本息还款法或等额本金还款法,可以按月还也可以按季度还。

(1)"等额本息"和"等额本金",主要侧重于本金和利息的组合。等额本息法每期还款额相等,但固定的还款额中本金逐期递增而利息则逐期递减;等额本金法本金每期平均分摊,利息则随本金的减少而递减,每期还款额也逐渐递减。

(2)"按月还款"和"按季还款",侧重点在于还款期间隔的长短。按月法是以月为单位分割还款期;按季法则是以每个季度为一个还款期。由这两"大件"可分别组成:按月等额本息、按月等额本金、按季等额本息和按季等额本金4种最基本的还款方式组合。在这4种"基本件"中,目前最常用的是"按月等额本息"还款方式和"按月等额本金"还款法。

(3)"递增法"和"递减法",指向的是每个还款年度的还款趋势。递增法表示在上述4种还款方式基础上逐年递增还款,递减法则相反。由此,又可组合出按月等额本息年度递增法、按月等额本息年度递减法、按月等额本金年度递增法、按月等额本金年度递减法、按季等额本息年度递增法、按季等额本息年度递减法等8种还款方式组合。

(4)"智慧型"还款,这是一种较新的还款方式。智慧型汽车信贷消费产品,无须找人担保,无须当地户籍就可直接贷款购车。每期的支出小于传统还款方式,而且最后期的支付有多重选择与灵活便捷性。

在上述的还款方式当中,根据借款人的不同需求,还可以作其他组合,比如,针对部分高端借款人的逐期还息按年还本和逐期按年还本两种还款方式组合,从本、息还贷非同步着眼,将利息与还本拆成两步走,使借款人平时的还款压力减少,而在年末分几次或在贷款期末一次偿还贷款本金。

四、制订购车规划方案

理财规划师在为客户制订汽车消费支出方案时可以遵守以下步骤:
(1)在购车前,确定购车需求。
(2)分析财务状况,做好详细的财务预算。
(3)收集购车消费信息。要了解一些汽车市场的形势。汽车是消费品,价格走势永远是下滑曲线,选择一个合理的节点进行购买是非常必要的。
(4)确定贷款方式、还款方式及还款期限。
(5)购车规划的实施。

汽车消费的还款方式有哪些?

【分析案例】5.2

晓毅今年28岁,就职于某市国企,月薪税后约4500元,有五险一金,年底有部分奖金。妻子今年26岁,在乡镇工作,月薪税后3500元左右,有五险一金。小两口利用结婚礼金在高枧乡按揭了房产一套,目前每月还贷2300元。由于自己的工作变动,去年入职位于城郊的某国企,没有直达交通工具,所以两人计划在一年内买车。目前,两人共有家庭存款5万元,如何能在一年的时间内按揭购买一辆10万元左右的小车?

案例分析:晓毅夫妇工作比较稳定,年收入在9万元左右,在所在城市来说属于中低等收入水平。目前两人没有孩子,只为买车的事烦恼。不过,两人目前每月需要还房贷是个不小压力,再加上每月3000元的基本生活支出,每月收入所剩无几。因此,想要在年底购买一辆10万元的车,至少需要5万元的资金。如果把10万元投入新车上,忽略新车贬值的前提下,两年以后原购车款10万元已经贬值为8.4万元(按一年CPI上升8%计算),但如果是贷款买车,这部分损失则由银行来承担。当然,银行会收取一定的利息,但是也可以用股票和理财等手段来对抗,如果遇到一些免息的车型,则比较划算,因此用未来只值的8.4万元的钱来买今天价值10万元的东西是很划得来的!晓毅家每月硬性房贷支出2300元是无法改变的,所以要在基本生活费上进行节流。结合当前收入情况,每月可将基本生活支出缩减至2500元。年底想要实现买车,可选择贷款买车的方式。晓毅夫妻需要对其家庭开销重新进行合理的规划。建议日常开销、娱乐活动等支出不要超过家庭收入的30%。要对自己的家庭收入、存款、负债、固定资产、流动现金做详细的梳理,并对不合理的配置进行重新规划。在现有的家庭结构基础上,尽可能多地考虑确定和不确定因素,对未来生活做策略性安排,保证理财目标的实现。

本 章 小 结

◆内容摘要

购房与租房各有优缺点,应结合每个人或每个家庭的具体情况而定;如果买房,应考虑信贷政策、住房交易政策、税费以及住房流动性、增值潜力等方面。

购房规划的贷款方式主要包括住房公积金贷款、住房商业贷款、住房组合贷款三种方式;还款方式主要包括等额本金法和等额本息法。

汽车消费信贷主要包括自筹经费购车与贷款购车的决策。

根据客户消费规划的步骤合理制订住房消费规划、汽车消费规划。

◆关键词

住房消费规划 等额本金还款法 等额本息还款法 汽车消费规划

◆思考题

1. 家庭消费需求分为哪些?
2. 购房或租房决策时从生活方式应考虑哪些因素?
3. 买房与租房相比较,各自有哪些优缺点?

4. 汽车消费贷款可以从哪些机构进行贷款？
5. 住房消费规划的步骤有哪些？

思考案例

1. 小马今年25岁,硕士毕业后进入一家外资企业担任职员,每月税后收入为6500元,由于家在外地,小马租房独自居住,每月房租需要1000元。除了日常开支需要1500元外,小马几乎把所有的余钱都用于消费和娱乐,是个典型的"月光族"。最近小马渐渐觉得他的消费习惯十分不好,需要加以调整,而且他准备3年后买一套住房,与女友结婚。小马的计划是先买一个面积较小的户型,预计市场价格在45万元左右。请结合小马的消费方式调整为其设计一个购房方案。

2. 小张是一位25岁的小伙子,单身无任何家庭负担,目前税后月薪5000元,预计未来10年平均每年会有10%上涨,单位已购买社保,公积金每月400元,并且同样以每年现额10%增长,支出主要有以下:房租500元,衣食费1000元,交通费300元,通信费200元,小张想为自己设计一份理财方案,帮助其35岁之前拥有一套住房。

应用训练

1. 训练一:

根据以下材料,回答1~4题:

高小姐准备在北京地区购买一套150平方米的住房,目前房价在1.2万元/平方米左右,高小姐准备在工商银行申请公积金贷款买房,自付首付54万元,贷款70%,分20年还清,贷款利率6.3%。

1. 高小姐要按(　　)缴纳契税。
   A. 1%　　　　B. 1.5%　　　　C. 2%　　　　D. 3%
2. 高小姐要缴纳契税(　　)万元。
   A. 1.8　　　　B. 2.7　　　　C. 3.6　　　　D. 5.4
3. 高小姐购买的住房类型属于(　　)。
   A. 普通住宅　　　　　　　　B. 非普通住宅
   C. 商品房　　　　　　　　　D. 经济适用房
4. 如果采用等额本息还款法,高小姐每月应还款(　　)元。
   A. 8302　　　　B. 8596　　　　C. 9246　　　　D. 9836

2. 训练二:

根据下列材料,回答5~8题:

曹女士计划购买一辆价值15万元的汽车。

5. 若曹女士向银行申请个人汽车消费贷款,则她可使用贷款的年限最高为(　　)年。
   A. 3　　　　　B. 4　　　　　C. 5　　　　　D. 6
6. 曹女士购车时申请的汽车消费贷款的首期付款不得低于(　　)万元。
   A. 1.5　　　　B. 3　　　　　C. 5　　　　　D. 7.5

7. 若曹女士通过汽车金融公司申请贷款,则( )。
   A. 申请汽车贷款资格的要求较严
   B. 在贷款比例的要求上显得较为宽松
   C. 利率通常要比银行现行利率低一些
   D. 虽然利率较低,但是有杂费
8. 曹女士计划以个人住房为抵押申请个人综合消费贷款来购买汽车,该房屋价值30万元,则曹女士的贷款金额不超过( )万元。
   A. 12   B. 15   C. 18   D. 21

第六章 教育规划

- 理解教育与教育规划的内涵
- 了解教育规划的分类
- 理解教育规划的原则与特点
- 掌握教育规划工具的选择以及教育费用的估算
- 了解教育规划的流程
- 掌握教育规划方案的制订

第一节 教育规划必要性

王先生和妻子拥有稳定的工作,两人的年收入共约20万元,双方都有五险一金,有一个8个月大的孩子,双方父母目前均不需要照顾且有收入。现有一套住房,每月贷款支出在8000元左右。其他资产包括3万元的活期存款,以及投资于股市的10万元资金(因市场行情不佳,目前被套牢)。王先生和妻子希望在两年内购买一辆30万元左右的轿车。最近王先生和妻子在是否为孩子未来教育进行投资规划而产生了矛盾。王太太认为由于学费特别是大学阶段的学费上涨迅速,现在就应当进行一些储蓄或购买保险,但王先生则认为孩子还小,进行教育投资为时过早,假如你是理财规划师,请给这对夫妇提供建议。

1. 究竟他们谁说得更有道理?你认为王先生和王太太目前有没有必要为孩子制订教育规划?

2. 假如有这个必要进行教育规划,那么准备多少教育金合适?应该考虑哪些方面的因素呢?如何计算子女教育金的需求以及如何准备教育金呢?

一、教育与教育规划

（一）教育的内涵

在东汉学者许慎先生编撰的《说文解字》中解释了教育的含义，"教者，上所施下所效也"；"育者，养子使作善也"。在《礼记·学记》中，"教也者，长善而救其失者也"，也就是说：教育，就是发扬学生的优点而纠正学生的过失。

（二）教育规划的内涵

在生命周期理论中指出，一个人一生大约经过6个阶段：婴幼儿时期、童年时期、少年时期、青年时期、中年时期和老年时期。理财规划的核心阶段是后面3个时期，但是进行教育规划的最佳时期则是前3个时期，即婴幼儿时期、童年时期和少年时期。人一生接受的教育有3种，即家庭教育、学校教育和社会教育。

那么广义的教育规划则是指给孩子或者家庭的后代进行全方位的家庭教育，乃至后期的学校教育和社会教育相结合的整个设计方案。作为进行教育规划的主导者，即家庭的创立者孩子的父母，需要高度重视孩子的教育问题。教育孩子最佳的时间，就是在婴幼儿时期、童年时期和少年时期。父母是孩子的第一任老师，所以为人父母者在家庭开展家庭教育，对孩子一生的成长至关重要。《易经》云："蒙以养正，圣功也。"也就是说，在孩子幼小的时期，教育孩子能够孝顺父母、尊敬师长、团结友爱同学、和睦乡邻、热爱祖国和人民，树立远大的理想和抱负，立志成为祖国的栋梁之材，这就是伟大的功绩！同时也说明为人父母者，教育责任之重大！教育者要先教育好自己，才能教育好孩子。

狭义的教育规划即教育投资规划，是指为实现预期教育目标所需要的费用而进行一系列的资金管理活动。从内容上看，既包括子女教育的财务安排，也包括为了提高自身职场竞争力继续深造的各种费用（包括考证费用、研究生教育费用或其他"充电"费用），自我完善和教育子女都是人生重要的内容。因此，以实现教育规划为目的的教育理财作为理财规划的组成部分，与理财规划的其他内容一样，有着同样重要的地位和作用。

本章主要讨论的是子女教育规划，即为子女将来的教育费用进行规划和投资，对子女的教育投资又可以分为基础教育投资和高等教育投资。大多数国家的高等教育都不是义务教育，因此给子女的高等教育投资通常是所有教育投资项目中花费较高的一项。

二、教育规划的必要性分析

（一）良好的教育对于个人意义重大

随着市场对优质人力资本的需求增大，接受良好的教育成为提高自身本领和适应市场变化的重要条件，在市场经济条件下，劳动者收入与受教育程度成正比例关系。有数据显示，文化程度越高的就业者，薪资水平越高，就业收入的增长也较快，教育在一定程度上具有社会分配与社会分层的功能。很多人希望通过接受更高水平的教育来获得政治、经济、文化与社会利益，改变、改善自己或子女现有的生活状态。较高的教育收益预期加上日渐增加的教育支出,使教育规划成为个人理财规划中的一项重要内容。

(二)教育费用逐年增长

随着人们对接受教育程度的要求越来越高,教育费用也在持续上升,这使得教育开支的比重占家庭总支出的比重越来越大。除此之外,有调查表明,国内有36%的家长有意愿送子女出国留学。对每一个家庭而言,除非公费,出国留学费用都是笔不小的负担。通常我们用"教育负担比"来衡量教育开支对家庭生活的影响:

教育负担比＝届时子女教育金费用/家庭届时税后收入

【分析案例】6.1

> 张先生有一个女儿,刚刚考入国内某著名大学。女儿正式入学之前,张先生计算了一下女儿读大学一年的费用,主要包括:全年学费12000元,住宿费3000元,日常各项开支预计每月1000元,以全年10个月计,共需10000元。预计张先生和太太全年税后收入80000元。则对于张先生家庭:
>
> 届时教育金费用＝学费＋住宿费＋日常开支
> 　　　　　　　＝12000＋3000＋10000＝25000(元)
> 教育负担比＝届时子女教育金费用/家庭届时税后收入
> 　　　　　＝25000/80000×100%＝31.25%
>
> 可见,女儿就读大学所需要的费用占家庭税后收入的31.25%,对张先生家庭来讲尽管可以承受,但显然会影响到家庭的其他财务安排。通常情况下,如果预计教育负担比高于30%,就应尽早进行准备。另外,在运用"教育负担比"这一指标时应注意,由于学费成长率可能会高于收入成长率,所以以现在水准估计的负担比可能偏低。

(三)高等教育金的特性

与其他规划相比,子女教育金是最没有时间弹性与费用弹性的理财目标,因此更要预先进行规划,才不会使父母有因财力不足阻碍子女前进的遗憾。

从时间弹性来看,一般子女到了18岁就要步入大学,届时父母就应该已经准备好至少一年的高等教育金。这一点与购房规划、退休养老规划不同,对于这两项规划,如果财务状况不允许,可以推迟理财目标的实现时间,如推迟购房时间、延后退休等,而教育规划则完全没有这样的时间弹性。

从费用弹性来看,高等教育费用相对固定,不管各家庭收入与资产状况如何,负担基本相同,不像购房规划、退休养老规划可以适当降低标准。

从高等教育金的准备时间来看,子女就读大学时年龄多为18岁左右,而家长的年龄届时通常为43岁左右,距离退休还有大概15年。子女高等教育金支付期与退休金准备期高度重叠,为了平衡两种需求,提早进行教育规划十分必要。

许多父母在子女出生不久就开始规划子女成长的教育基金,但由于无法花充足的时间去了解投资产品,也无法及时掌控投资产品的变化趋势,所以规划手段单一且收益不高。因此,他们需要听取专业理财规划师的建议,通过合理的财务规划,确保将来有能力合理支付自身及其子女的教育费用,充分达到个人(家庭)的教育期望。

【分析案例】6.2

孩子们花了多少钱?

很少有人算过养育一个孩子究竟需要花费多少,但如果仔细计算一下,本着实不小。下面我们来简单算一算养一个孩子大概需要花费多少钱。

表 6.1　养育一个孩子的费用表

单位:元

项　目	费用
怀孕时的营养费	15000
各种检查的费用	5000
住院生产的费用	20000
出生后每月生活费按 1000 元计,到 18 岁时	216000
幼儿园一年费用	20000
3 年幼儿园的费用	60000
小学赞助费	20000
6 年小学的费用(包括特长教育)	90000
3 年初中费用	60000
3 年高中费用	60000
大学 4 年费用	120000
出国 2 年费用	400000
合计	1286000

如表 6.1 所示,这个结果既没有计算物价上涨,也没有计算学费的增长,一般来说,如果考虑货币的时间价值,养育一个孩子直到出国留学硕士毕业大概共需要 180 万元。当然有人会有不同的意见,但以中国父母望子成龙的教育传统来说,这种估计还是相对保守的。

这样大概算下来,相信很多人都会大吃一惊,也会有很多年轻人对养孩子心怀畏惧。但无论如何养育子女仍是大多数人必经的人生阶段,我们需要的是寻找到更好的途径帮助我们实现对子女的抚养与教育。

三、国内高等教育现状

(一)高等教育概况

高等教育在我国具有重要的地位,一直是教育系统中发展最快的部分。我国的高等教育包括专科、本科、研究生教育三个层次。中国实施高等教育的机构为大学、学院和高等专科学校。高等学校承担教学、科研和社会服务三大任务。据《2019 年全国教育事业发展统计公报》数据,我国教育事业改革发展取得重大进展:全国各类高等教育总规模达到 4002 万人,高等教育毛入学率达到 51.6%。全国共有普通高等学校和成人高等学校 2956 所。其中,普通高等学校2688所(含独立学院257所);成人高等学校268所。普通高校中本科院校1265所;高职(专科)院校1423所。全国共有培养研究生单位828个,其中高等学校593个,科研机构235个。全国招收研究生91.65万人。其中,招收博士生10.52万人,招收硕士生81.13万人。普通高等教育本、专科共招生914.90万人;在校生3031.53万人,毕业生758.53万人。

中国的高等教育包括普通高等教育和成人高等教育。普通高等教育分为专科教育(学制2~3年)、本科教育(学制4年)和研究生教育(包括硕士和博士学位)三个阶段。我国现行的成人高等教育包括以下类型:① 广播电视大学;② 职工高等学校;③ 农民高等学校;④ 管理干部学院;⑤ 教育学院;⑥ 独立函授学院;⑦ 普通高校举办的函授部。夜大学、干部专修科、电大、函大、夜大、普通专科班。

从20世纪90年代初开始,按照"共建、调整、合作、合并"的八字方针,国家改革计划体制下形成的部门办学的管理体制,下放、调整、合并高等学校,将大多数高等学校的管理权下放到各省、市、自治区。自1999年以来,我国高等教育实现了跨越式发展。1998年底,全国高等教育在学总人数约643万人,高等教育毛入学率仅为9.8%。而到了2005年底,全国高等教育在学总人数超过2300多万人(其中普通本、专科在校生接近1500万人,在学研究生超过90万人),高等教育毛入学率达到21%,这标志着我国高等教育进入了国际公认的大众化发展阶段,在世纪之交取得了历史性的跨越式发展。此后,我国高等教育大众化水平不断提高,到2019年,全国各类高等教育总规模已达到4002万人,高等教育毛入学率已达到51.6%。

(二)高等教育费用

(1)学费。在1996年以前,我国大学教育基本上是不收学费或象征性地收取学费,1996年高等教育试行并轨招生,学费每年达到2000元左右;1997年全面并轨后学费一直维持在3000元左右;2000年的收费在1999年的基础上提高了近15%,大学生学费超过4000元。从近年的收费情况来看,各高校学费每年一般在5000元到30000元,总体呈上涨趋势。

(2)生活费。在校学习期间,大学生一般住在学校,因此,地域差别对消费的影响并不很大。大学生的生活费主要包括住宿费、伙食费、通信费、日用品费、交通费及其他。从目前情况来看,我国各高校住宿费每年通常为1000~1500元;伙食费每年大约10000元;通信费1000元左右;日用品花费根据地区和性别有所差异,且不断上升;每年往返探亲交通费因地域不同有所差异。

(三)奖学金制度及勤工俭学政策

我国各高校都制订了各自的奖学金制度,奖学金的发放办法、数额、发放对象各不相同。以浙江理工大学为例,学校设有综合素质奖和突出贡献奖,优秀学生奖学金、优秀新生奖学金、优秀毕业生奖学金、单项奖学金和专项奖学金,奖学金数额从10000元到几百元不等。为解决贫困大学生接受高等教育问题,各高校还采取了特殊的帮扶政策,如专项奖学金、国家助学贷款、勤工助学、困难补助和减免学费等。

四、教育规划的分类

(1) 个人教育投资规划,是指对自己本身的教育投资。
(2) 子女教育规划,是指自己为子女将来的教育费用进行规划,包括高中教育规划、大学教育规划、高层次教育规划。

由于子女接受高等教育的投资通常是一般家庭所有教育投资项目中花费最高的部分,所以,本章节主要讨论客户子女上大学以后的教育投资规划。

五、教育规划的原则与特点

(一)教育规划的原则

1. 目标合理原则

父母的期望与子女的兴趣能力可能有差距,在小学和初中阶段子女的兴趣和爱好转换极快时,应以较宽松的角度使准备的教育金能够应付子女不同的选择。在子女深造方面,更应与已经成年的子女沟通,因为子女可以参加工作几年后再以社会历练确定自己深造的意愿,也可以自筹部分深造经费来减轻父母的负担。

2. 及早规划原则

子女教育投资规划的金额与时间几乎没有弹性,对教育投资准备的时间越长,给家庭带来的财务压力越小,实现教育投资的目标也更加容易。学校开学就会要求缴纳学费,面对高学费的挑战,越早开始规划越容易成功。

教育投资准备时间不同的比较见表6.2。

表6.2 不同阶段的大学教育规划

客户	甲(孩子刚出生时进行大学教育投资规划)	乙(孩子上小学时进行大学教育投资规划)	丙(孩子上初中时进行大学教育投资规划)
每月投资金额(元)	150	225	450
投资年限(年)	18	12	6
投资收益率	5%	5%	5%
投资总额(元)	32400	32400	32400
孩子上学时的投资总价值(元)	52380	44272	37694

3. 资金充裕原则

充裕的经费是保障孩子接受良好教育的财务支持。教育投资规划与退休规划是同时的,多余的子女教育资金可以划入退休账户。

在筹集教育经费的时候,还是以宽松为好,就算是筹集多了教育资金,也可以将已经准备的钱当作自己未来的退休金,降低退休后对子女的依赖程度。因为对一般家庭而言,退休金与子女教育金规划很难兼顾,培养子女的独立性,才有可能以有限的投资与储蓄在父母的退休金与子女教育金之间取得平衡。

4. 稳健投资原则

任何投资都是有风险的,因此我们需要理智地进行子女教育规划,切忌孤注一掷地进行子女教育投资。

5. 定期定额原则

在生活中很多情况下都用了定期定额规划,正是这样的规划为子女教育打下坚实的基础。目前很多基金都推出了这样的产品,比如年金型保险、缴费期满一次领回的储蓄险、医疗险(日额型)及意外险等。

课堂讨论　如何对子女进行理财教育?

德国著名的教育学家斯普朗格认为:"教育之所以为教育,正在于它是一个人格心灵的唤醒过程,这是教育的核心所在。"对子女从小进行理财教育,唤醒的是作为一个独立的人,独立在经济社会中生存的能力。

长期以来,对中国孩子理财观念的教育一直处于缺失状态,这一方面使许多孩子进入了消费误区,他们高消费、盲目消费,甚至野蛮消费,滥用父母的钱,躺在父母的钱包上生存,直接造成他们的财商低下;另一方面使孩子缺乏生存能力、创业能力,很多人批评中国的学生只会花钱不会挣钱,只会做题考试不会创业,这其中的部分原因可归于没有及早接受理财教育。

作为家长应该让孩子明白,有钱并不代表会理财,存钱也不简单等于会理财,理财是一种人生规划,是需要丰富的知识才能进行的。提高孩子的理财能力不一定是为了把他们培养成金融家或投资大户,最主要的目的是让他们适应现代经济生活。父母是孩子最初的老师,理财素质教育首先要从父母做起。

让孩子了解你挣钱的方式,如果有机会,可以带孩子一起到你工作的地方参观一下,让他体验一下挣钱是多么的不容易;让孩子通过劳动,能体会到父母养家的辛劳,最重要是让他知道,劳动是赚取金钱的根本;让孩子学记账,并进行总结,能长久坚持下来的孩子,长大后会变得精细而有条理;让孩子设定自己的目标;和孩子一起筹划家庭的金钱规划,从中引导他们规范花钱的方向及适度使用钱财。

(二)教育规划的特点

子女教育规划与一般理财规划的区别在于:子女教育金理财规划必须是专款专用,不能将这一笔资金用于购房或购车;另外子女教育金的理财工具宜保守,而保本是最高指导原则。获利性较高的理财工具风险性也较高,因此教育投资规划一般开始积累的时间要早。具体而言,子女教育金的特点包括:

(1) 没有时间弹性,子女到了一定的年龄就要上学(如18岁左右上大学),不能因为没有足够的学费而延期。

(2) 没有费用弹性,各阶段的学费相对固定,这些费用对每一个学生都是相同的。

(3) 子女的资质无法事先掌握,自动自发的子女与漫不经心的子女在求学期间所花费的费用相距甚大。

(4) 教育基金必须自己来准备,对于在单位就职者,个人养老金账户用在退休方面,住房公积金户用在购房方面,但是没有为子女教育强制储蓄的账户。

(5) 教育的支出增长率较一般的物价增幅要高,以 2017 年为例,一般物价增长率为 1.1%,但教育费用增长率为 4.3%,因此,子女教育金的具体投资目标不能太保守,至少要高于学费增长率。

第二节 分析客户教育规划需求

导入案例

一对中年夫妻双方年龄均在 45 岁左右,有个孩子正在念高中,现年 17 岁。家庭现有存款 20 万元,夫妻双方月收入共 2 万元,每月可存 8000 元。这对夫妻想从现在开始做理财规划,使孩子可以到澳大利亚去念大学。为了达到这个目标,他们需在两年后储备至少 40 万元人民币,那么,怎么才能做得到呢?

一、子女教育规划工作流程

教育规划方案的最终确立是在理财规划师对客户家庭财产状况、收入能力、承受风险能力以及子女教育目标都已明确的前提下进行的,在进行规划时通常需要完成以下步骤:

(一)了解客户家庭成员结构及财务状况

在教育规划中,理财规划师在为客户提供理财规划服务之前,首先要对客户家庭的成员结构和收支水平进行全面的了解。收集完信息以后,理财规划师通过编制客户的家庭财务表将个人(家庭)信息整理归类到资产负债表、现金流量表当中去,并通过对这两张表进行分析以及对客户的问询,判断客户对待风险的态度及其风险承受能力,这是理财规划师针对不同客户制订理财规划方案的基础。

(二)确定客户对子女的教育目标

理财规划师首先应对客户教育需求进行分析,然后利用理财工具试算,依实际需求,试算出子女未来的教育经费预估金额,并针对目标金额挑选适宜的理财工具进行规划。在做客户教育需求分析时,理财规划师应明确客户希望子女上什么类型的大学,客户子女目前的年龄是多少。我国不同类型的大学收费不同,不同国家大学的收费更是存在巨大差异,就是同一个国家同一所大学收费也可能因所学专业不同而导致学费各异。除考虑学费情况外,理财规划师还有必要请客户综合考虑各类学校、各国学校的特点,如学校地理位置、师资力量、学费高低,以及子女的兴趣爱好、学习能力等。

(三)估算教育费用

确定大学教育费用时,理财规划师首先要充分考虑客户的家庭情况,确立教育消费规划时间和大学类型。如果客户经济实力较强,还要能够估算将来子女出国接受教育所需的费用。

在估算教育费用时,理财规划师一般要遵循以下步骤:

(1) 设定一个通货膨胀率。

(2) 按预计通货膨胀率计算所需要的最终的费用。

(3) 分别计算如果采用一次性投资规划所需的金额现值和如果采用分期投资规划每月所需支付的年金。

估算各种预期教育的费用,一方面是为了针对这个费用进行投资规划,另一方面是为了确定家庭究竟是不是有相应的支付能力。这些教育费用包括子女接受基本教育的费用、子女特长教育的费用、子女未来出国接受教育的费用。

有人估算,现在一个小孩在国内读到大学毕业不包括生活费,学费需要 15 万元左右,而留学费用在 30 万~60 万元不等。目前,主要留学国家的留学费用如表 6.3。然而这些仅仅是现在的数字,假设学费以每年 3%的速度增长,那么 10 年后在国内读到大学毕业的费用将近 20 万元,如果出国留学,总费用届时应在 60 万~90 万元。不少人会被这样的数字吓倒。其实我们换个角度来看,如果规划期限有 20 年时间,年回报率 4%左右,届时需要 90 万元,不考虑中间取用因素,每个月投资额需 2500 元;如果有 25 年时间,仅需每月投资 1700元即可。从中看出,我们设定投资期限及设定投资回报率,只要计算出子女的必要教育,投资支出或子女的最大教育投资支出,然后就求得他们与家庭的实际教育费用支出的差额,就可推算出教育储备金的数额,配合相应的报酬就能做好教育规划。

表 6.3 目前主要国家的留学费用一览表

留学国家	费用(万元人民币/年)
美国	14~31(学费:7~21;生活费:7~10)
加拿大	11~28(学费:6~20;生活费:5~8)
英国	18~33(学费:9~20;生活费:9~13)
澳大利亚	20~29(学费:9.5~19;生活费:9.5~10)
新西兰	9.4~16(学费:5.4~10;生活费:5.4~6)

数据来源:参照 http://www.sohu.com/a/234906224-231556 整理计算。

客户子女的入学年龄是教育费用筹集的重要变量。如果客户的子女现在只有 5 岁,则其教育消费规划时间为 13 年(假设子女入大学年龄为 18 岁);如果客户子女现在为 14 岁,则只有 4 年来实施教育消费规划。对于这两类客户而言,资金安排方式是截然不同的。确定了教育消费规划时间和大学类型后,理财规划师应收集有关大学的收费信息和未来相应的学费上涨率。理财规划师应注意收集大学的收费除学费、住宿费和膳食费(这类信息可通过学校招生办公室获得)等信息,此外,还应了解包括交通费、医疗保险费、通信费、其他生活费用等信息。根据大学收费信息和未来费用通货膨胀趋势,理财规划师就可以估算未来费用并决定客户每月必须储蓄投资的数额。

【分析案例】6.3

为了解释教育费用具体估算方法,这里举个简单的例子。

预计客户的子女将在 18 岁上大学,有两种类型的高校可供选择:专业型大学和综合型大学。其他条件如下:

(1) 客户选择的教育投资规划方式是储蓄。
(2) 客户每个月存入一笔固定存款用于教育投资规划。
(3) 该项投资的利息是每月支付的,并且和原投资本金一起用于下一期的投资。
(4) 每年大学教育费用的预计增长率约为 6%(包括通货膨胀率和大学学费的实际增长率),且保持不变。
(5) 如果现在入学,4 年大学需要的生活费与学费合计,以入学第一年的初值计,专业型大学为 30000 元,综合型大学为 40000 元。

根据以上条件,可以根据表 6.4 来估算有关费用(本例以查表法进行计算,为计算方便,费用取整数,资料仅供参考)。

表 6.4 大学成本教育计算表

单位:元

目前子女年龄	15 岁	12 岁	8 岁	4 岁	1 岁
距离上大学尚余年数	3 年	6 年	10 年	14 年	17 年
现在入学费用(专业型大学)	30000	30000	30000	30000	30000
现在入学费用(综合型大学)	40000	40000	40000	40000	40000
6%的复利终值系数	1.191	1.4185	1.7908	2.2609	2.6928
按预计增长率计算,在入学年所需的教育费用总额(专业型大学 3*5)	35730	42556	53725	67827	80783
就读专业型大学每月所需储蓄金额	868	448	278	203	169
按预计增长率计算,在入学年所需的教育费用总额(综合型大学 4*5)	47641	56741	71634	90436	107711
就读综合型大学每月所需储蓄金额	1157	597	370	270	225

表 6.5 是子女教育成本演示表,可供参考。

表 6.5 子女教育成本演示表

单位:元

项目	初中升高中	高中升大学	大专升本科	高中升本科	本科升硕士	硕士升博士
初中	13207					
高中	16003	16003		16003		
大专		23369	23369			
本科			36256	36256	36256	
硕士					57241	57241
博士						88400
差异	2796	7366	12887	20253	20985	31159
年数	3	2	2	4	2	3
机会成本	39621	32006	46738	64012	72512	171723

续表

项目	初中升高中	高中升大学	大专升本科	高中升本科	本科升硕士	硕士升博士
年学费	5000	10000	15000	15000	18000	20000
学费成本	15000	20000	30000	60000	36000	60000
总成本	54621	52006	76738	124012	108512	231723
可工作年数	37	35	33	33	31	28
总薪资差异	103452	257810	425271	668349	650535	872452
净效益	48831	205804	348533	544337	542023	640729
年报酬率	3.86%	14.02%	16.69%	16.22%	19.26%	13.01%

在估计出子女未来教育所需的费用后,就需估算相应的投资与资产配置,这是子女教育资金规划最重要的步骤,也是最难的地方,还是个人理财涉及子女教育资金规划最直接的地方。

二、教育资金的主要来源

教育支出最主要的资金来源是客户自身的收入和资产。稳定的收入和充足的资产是教育支出坚实的资金保证。除客户自身收入和资产外,理财规划师还应了解和利用其他学费来源,帮助客户节约成本。具体来说,其他教育资金来源主要有以下几种:

（一）政府教育资助

政府每年都会在财政预算中拨出一部分资金用以对符合条件的人提供教育资助。这类教育资助通常有着严格的资助限制,主要包括特殊困难补助及减免学费政策、"绿色通道"政策等。

（1）特殊困难补助及减免学费政策。特殊困难补助和减免学费政策是高校资助政策的辅助性措施。这两个政策共同的特点就是无偿性资助。特殊困难补助,是各级政府和高校对经济困难学生遇到些特殊性、突发性困难给予的临时性、一次性的无偿补助。减免学费政策是国家对部分确因经济条件所限,缴纳学费有困难的学生,特别是对孤残学生、少数民族学生及烈士子女、优抚家庭子女等实行减免学费政策。

（2）"绿色通道"政策。"绿色通道"是指让经济困难、无法交足学费的新生在不交学费的情况下顺利办理全部入学手续。理财规划师必须充分了解有关信息,包括资助条件、资助种类、资助期限等。由于政府拨款有限,即使是符合条件的申请人,也不一定能够获得资助。因此,理财规划师在为客户提供子女教育规划时应当注意以下几点:① 理财规划师应充分收集客户及其子女争取政府教育资助的相关信息;② 由于政府拨款有限,拨款数量具有很大的不确定性,子女教育规划方案应减少对这种筹资渠道的依赖,特别是在客户子女距离上大学时间长于5年,而客户本身有稳定收入时,规划方案应首先考虑以客户自有资源满足子女大学教育费用。

（二）奖学金

政府的教育资助有时以奖学金方式资助，但这类奖学金所占比例相对较小，各类民间机构和组织，例如企业、公司、基金、宗教慈善团体、服务机构、学术组织等都通过学校设立种类繁多的奖学金。无论是哪种奖学金都是有条件的，它们一般要求申请人在学业、社会活动或体育技能方面有所专长。虽然奖学金也是教育费用的一项来源，但客户子女能否获得奖学金具有很大的不确定性，所以理财规划师应对客户子女的相关信息有充分了解，在做理财规划时要从稳健性原则出发，给出合理建议。

根据我国现行的奖学金制度，目前国家设立的奖学金包括以下类型：

(1) 本、专科生奖学金分为三种：优秀学生奖学金、专业奖学金和定向奖学金。

(2) 研究生奖学金分为两种：研究生优秀奖学金、研究生普通奖学金。

(3) 国家奖学金。

（三）工读收入

高等学校组织学生参加勤工助学活动，是高等学校收费制度改革的一项重要配套措施。这项活动的目的不仅在于能够促进学生德、智、体、美全面发展，而且可以使学生通过参加劳动取得相应报酬，它强化了付出就有收获的概念，有利于大学生及早树立理财观念。但目前各高校勤工助学岗位普遍缺乏。

客户子女上学期间通过假期和课余打工获得的工读收入也可作为教育费用来源。但工读收入取得的时间、金额都不容易确定，所以在做教育规划时不应将工读收入计算在内。

（四）教育贷款

教育资金的来源除了客户自身拥有的资产收入和政府或民间机构的资助外，还包括政府为家庭贫困的学生提供的各种专门的低息贷款。教育贷款是教育费用重要的筹资渠道，我国的学生贷款政策主要包括三种贷款形式：一是学校学生贷款，指高校利用国家财政资金为学生提供的无息贷款；二是国家教育助学贷款；三是一般性商业助学贷款。

(1) 学生贷款。学生贷款是指学生所在学校为那些无力解决在校学习期间生活费的全日制本、专科在校学生提供的无息贷款。实行专业奖学金办法的高等院校或专业，不实行学生贷款制度。学生贷款审定机构应由学生管理部门、财务部门、教师和学生等方面代表组成。目前，在各高校的实际运作中，学生贷款的具体审定工作通常由学校学生处牵头负责。如果贷款的学生违约不能如期归还所借贷款，其担保人要承担全部还款责任，并缴纳一定数额的违约金。

(2) 国家教育助学贷款。国家教育助学贷款包括商业性银行助学贷款和财政贴息的国家助学贷款两种。商业性教育助学贷款是指贷款人向借款人发放的，用于借款人自己或其法定被监护人就读国内中学、普通高校及攻读硕士、博士等学位或已获批准在境外就读大学及攻读硕士、博士等学位所需学杂费用（包括出国的路费）的消费贷款。财政贴息的国家助学贷款是指贷款人向借款人发放的，由中央财政或地方财政贴息，用于借款人本人或其直系亲属、法定被监护人在国内高等学校就读全日制本、专科或研究生所需学杂费和生活费用的助学贷款。

(3) 一般性商业助学贷款。一般性商业助学贷款是指各金融机构以信贷原则为指导，对高校学生、学生家长或其监护人办理的,以支持学生完成学习为目的的一种商业性贷款形式。这种助学贷款近年来也得到快速发展,是对国家资助政策的有益补充。申请商业性助学贷款的条件是:必须有符合条件的信用担保,贷款人为当地居民。

(五) 留学贷款

除上述几种教育贷款方式外,对于想让子女出国接受高等教育的客户来说,银行还会为符合条件的留学人员提供留学贷款。留学贷款是指银行向出国留学人员或其直系亲属或其配偶发放的,用于支付出国留学人员学费、基本生活费等必需费用的个人贷款。但是,留学贷款比国内住房信贷、汽车信贷条件要苛刻得多,手续也比较复杂。

1. 借款人应具备的条件

(1) 借款人应具有完全民事行为能力,在贷款到期日时的实际年龄不得超过55周岁。

(2) 借款人无违法乱纪行为,身体健康,具备诚实守信的品德。

(3) 借款人为出国留学人员本人的,在出国留学前应具有贷款人所在地的常住户口或其他有效居住身份。

(4) 借款人为出国留学人员的直系亲属或配偶的,应具有贷款人可控制区域内的常住户口或其他有效居住身份,有固定的住所,有稳定的职业和收入来源,具备按期还本付息的能力。

(5) 借款人应持有拟留学人员的国外留学学校出具的入学通知书或其他有效入学证明;已办妥拟留学人员留学学校所在国入境签证的护照。

(6) 借款人须提供贷款人认可的财产抵押、质押或第三方保证。抵押财产目前仅限于可设定抵押权利的房产;质押品目前仅限于国债、存单、企业债券等有价证券;保证人应为具有代偿能力的法人或自然人,并愿意承担连带还款责任。

2. 留学贷款担保抵押方式

(1) 房产抵押:贷款最高额不超过经贷款人认可的抵押物价值的60%。

(2) 质押(国债、贷款行存单质押):贷款最高额不超过质押物价值的80%。

(3) 信用担保:以第三方提供连带责任保证的、若保证人为银行认可的法人,可全额发放;若是银行认可的自然人,贷款最高额不超过20万元人民币。

3. 留学贷款要求借款人应提供的主要材料

(1) 借款人及配偶的身份证、结婚证、户口簿或有权机构出具的有效居留证件原件及复印件。

(2) 拟留学学校出具的入学通知书、接受证明信及其他有效入学证明资料和有关必需费用证明,同时提供本人学历证明资料,包括已办妥拟留学学校所在国入境签证手续的中华人民共和国护照。

(3) 提供具有完全民事行为能力的中国公民作为借款人的国内代理人,并提供其国内代理人的身份证、有关居住证明及通讯地址。

(4) 以财产抵押或质押的,应提供抵押物权属证明或质押物正本、单据和有权处分人(包括财产共有人)同意抵押或质押的证明,必要时应提供有权部门出具的抵(质)押物估价证明;若担保人为法人,应出具保证人同意担保的书面文件(担保人为法人的分支机构的,应同时出具法人授权担保文件)、企业法人营业执照、经审计的上年度和近期财产报表及有关资信证明材料;如担保人为自然人,应提供保证人的身份证、户口簿、收入或财产证明等。

第三节 制订客户教育规划方案

导入案例

预计客户的子女将在18岁上大学,有两种类型的大学可供选择:一种是国家公办大学,由于受国家支持,学费较低;另一种是民办大学,学费相对较高。

客户选择的教育投资规划工具是基金产品,税后年收益率为8%,预计在通货膨胀和未来国家教育政策的共同影响下,大学学费会长期以3%的水平上升。

目前的大学教育费用如下:

公办大学:4年需要的生活费,住宿费与学费合计为8万元。

民办大学:4年需要的生活费住宿费与学费合计为16万元。

假定孩子目前年龄为6岁,请协助客户确定子女教育规划目标,并根据客户的情况为其制订教育投资方案。(目前学费、学费增长率、投资回报率均可根据实际情况进行假设。)

一、短期教育规划工具选择

如果教育规划开始得比较晚,在短期内就需要一笔资金来支付子女的教育费用,考虑通过贷款来实现目标。采用贷款这种方式很容易占用到退休规划资金,所以在做决定之前应该慎重考虑,并确保不会影响退休规划和其他安排。一般情况下,可以首先让子女就读学费较低的学校。其次,可以将债务归在子女的名下,自己作为债务的担保人或第三方,只有当子女的财务状况显示其无法偿还债务时,才需要为其承担此义务。短期教育规划工具具体分为教育金补助、政府贷款、资助性机构贷款、银行贷款等四种。

二、长期教育规划工具选择

客户如果尽早进行子女教育规划,其所承担的经济负担和风险相对较低,所以通常情况下,理财规划师会指导客户较早进行子女教育规划。与其他投资规划相比,教育规划更重视长期工具的运用和管理。

(一)教育储蓄

教育储蓄的主要优点是无风险,收益稳定,且较活期存款回报高。但是,教育储蓄也有很大的局限性。

(1)能办理教育储蓄的投资者范围比较小,只有小学4年级以上的学生才能办理教育储蓄。按银行规定,支取教育储蓄款必须开具非义务教育的入学证明,否则不能享受利率优惠和免税优待。这样就将长达9年的义务教育费用排除在外。

(2) 规模非常小。教育储蓄的存款最高为2万元,因此,单凭教育储蓄肯定无法满足孩子教育金的准备。以现在培养一个大学生的费用为例,每月生活费约为400元,每年的生活费少则五六千元,多则7000元,甚至上万元的也为数不少,普通高校4年下来总共的费用在2万～3.22万元之间,2万元远远不够。而一旦孩子有机会出国留学,这笔费用更提高到50万元至近百万元。

同时,家长在为孩子准备教育储蓄的时候,还必须考虑到存款利率变动带来的风险。由于教育储蓄按开户日利率计息,如在升息前存入,且选择的存期太长,储户不能分享到升息的利好。因此,教育储蓄只能成为家长为孩子准备教育资金的一种方式,而不能成为全部。

(二) 教育保险

与教育储蓄相比,教育保险具有范围广、可分红、强制储蓄以及特定情况下保费可豁免等优点。

(1) 客户范围广泛。一般孩子只要出生60天就能投保教育保险,有的保险公司还扩展到出生仅30天的婴儿。目前的教育保险有分红型和非分红型两种保险,具有储蓄、保障、分红和投资等多项功能。教育保险不设上限,除了提供教育资金,有的还将婚嫁资金纳入了保障范围。

(2) 分红功能。一般情况下,如果保额相同,具有分红功能的教育保险保费要稍高一些。分红型的教育保险可以从孩子上中学开始,分期从保险公司领取保险金,一定程度上规避了物价上涨带来的货币贬值风险。

(3) 强制储蓄功能。教育保险具有强制储蓄的作用,保障性强。家长可以根据自己的预期来为孩子选择险种。买了保险以后,保费每个月强制缴纳,因而能够起到强制储蓄的作用,并不可挪用。这点对于缺乏时间弹性、费用弹性的子女教育规划是非常合适的。另外,由于教育保险具备强制储蓄的功能,因而这类保险在保费缴纳超过一定时期后保单就会具备现金价值,如果出现不时之需,可以将保单进行质押救急,但要切记保单质押后应在规定期限内偿还,否则保单可能失效,从而影响到后期教育资金的支付。

(4) 豁免保费功能。所谓保费豁免,是指保单的投保人如果不幸身故或者因严重伤残而丧失缴纳保费的能力,保险公司将免去其以后要缴的保费,而领保险金的人却可以领到与正常缴费一样的保险金。这一条款对孩子来说非常重要。也正因如此,它与银行储蓄有了本质的区别。

虽然如此,教育保险也不宜多买,适合孩子的需要就够了。因为保险金额越高,每年需要缴付的保费也就越多。有的保险产品的回报率是参照购买时银行存款利率设定的,一旦银行升息,这些险种的现金回报率将低于银行存款。因此,投保人在选择教育保险产品的同时,还要考查产品收益是不是受银行储蓄存款利率变动的影响。

总体来讲,保险产品的特点在于其保障功能,并非最有效率的资金增值手段。此外,一旦加入了保险计划,中途退出往往只能拿到较低的现金价值,相对而言变现能力较低。

(三) 政府债券

政府债券具有安全性高、流动性强,容易变现和可以免税的优点。政府债券由政府发行,其信用程度高,风险较小;而且政府债券特别是国债的发行额十分庞大,发行相对容易;

其二级市场十分发达,流通和转让极其方便,容易变现。此外,大多数国家都规定购买国家债券者可享受利息收入的减免税费优惠。我国现行政策也规定国债利息可免征所得税,而股票红利要征收20%的所得税。政府债券因其收益的安全性与稳定性成为子女教育规划可供选择的主要投资工具之一。

（四）股票和公司债券

股票和公司债券收益高,风险也随之增大。由于子女教育时间弹性很小,基于稳健性原则,理财规划师制订子女教育规划时并不鼓励客户投资于风险过高的品种。如果教育规划时间长（一般要在7年以上）,客户承受风险能力强,且对这两种投资工具有很好的驾驭能力,那么,也可以适当选用这两种投资工具。但是,在整个投资组合中,这种类型投资所占的比重不应过大。

（五）大额存单

大额存单有以下几个特点:固定面额、固定期限、可以转让,并且利率相比一般定期存款要高。大额存单可以转让,对存单所有者来说,购买存单既可得到定期存款的利息收入,又使资金保持了一定的流动性。

（六）子女教育信托

设立子女教育信托具有多方面的积极意义：

(1) 鼓励子女努力奋斗。家长在设立教育信托时,可以给孩子制订相应的预定目标,只有孩子实现预定目标才能取得相应的资金,这样就能给孩子一定的激励,促使其努力学习。家长仅给孩子提供必要的生活、学习开支,其他费用由子女通过自己的努力而获得,这样还能培养孩子勤俭节约,靠自己辛勤工作实现愿望的价值观念。

(2) 防止子女养成不良嗜好。受托人对教育资金的直接管理还可以防止受益人对资金的滥用。对于人数不少的海外留学青少年而言,这一信托品种具有突出的意义。青少年往往还不具备足够自控能力,如果他们直接拥有大量资金将是一种巨大的风险,将教育资金置于信托之中则可以解决此类问题。设立信托后,通过受托人来定期支付孩子在国外的各种相关费用,基本满足孩子的学习、生活方面的开支即可,这样既可以免去家长对孩子的担忧,也使孩子无法肆意挥霍父母的血汗钱。

(3) 从小培养理财观念。设立信托后,孩子在大学的生活、学习方面的开支都将与银行、信托机构等紧密联系,这样就能从小培养孩子节俭、合理规划的理财意识。同时,受托人也会对孩子的学习、生活起到一定的监督作用,无形中增加了一个监护人。

(4) 规避家庭财务危机。设立子女教育信托后,可以避免因家庭财务危机而给孩子的学习生活造成不良影响,实现风险隔离,这是设立信托的最大优势。有些家长为孩子的教育奋斗了十几年,甚至大半生,一旦发生意外,孩子的教育经费可能就会得不到保障。设立信托后,信托财产不会因为父母企业经营状况的变化而发生变动,更不用担心遭到债权人追偿清算,这样就能保证子女将来的学业和工作,父母也就没有后顾之忧了。

(5) 专业理财管理。受托人一般都是具有雄厚实力的资深机构或者来自投资理财领域的专业理财规划师,其成熟丰富的理财投资经验可以使信托财产得到最好的规划与配置,以保证子女将来的学业和生活,可谓一举两得。

【分析案例】6.4

张先生(33岁)和太太(30岁)是双薪家庭,只有一个女儿荣荣,今年8岁,张先生夫妻俩希望未来可以送荣荣出国留学,为了能保证到时支付荣荣的留学费用,两人计划拿出50万元委托给海外某信托机构,办理"子女教育信托"。

理财建议:

预计荣荣留学的费用大约每年需要20万元人民币,在国外念大学4年的费用是80万元。张先生可以把50万元作为信托财产委托给某信托机构,约定10年后,当荣荣18岁时才将信托资金交给她,并约定在未来10年,每年追加3万元的信托资金,到荣荣18岁时恰好达到80万元,可以满足荣荣未来留学的费用。

双方还可以在信托合同中约定,信托期间如果荣荣出国深造则由该信托机构每年支付20万元作为留学资金,如果荣荣以后没有出国,那这部分钱将用来支付荣荣购买房子的费用。此外,由该信托机构代为管理、运用及投资这笔信托资金,产生的收益每年定期支付给张先生。

在这个案例中,张先生设立信托的目的是为女儿荣荣积攒未来出国留学的费用,受益人是女儿荣荣。通过规定信托财产的管理方式,可以使荣荣的教育费用得到保证。

(七) 投资基金

由于客户所掌握的投资知识及精力有限,为达到获利的目的,将资金交由专人或专业机构投资于各种投资标的或工具,由专家或专业机构管理操作,比个人投资更加专业。投资所需资金少,弹性极大,随时可以买卖,资金流动性佳,变现性好。这种投资方式的最大优点就是投资多样化和灵活性好,可以在需要时将资金在不同的基金之间转换。

在选择投资基金的时候要注意风险的组合。货币型基金通常没有风险,适合短期投资,因为它不收申购和赎回的费用,但缺点是收益相对较低。债券型基金通常收益居中,但受到债券市场价格波动的影响,有一定的风险,但不是很大。同时,债券型基金有申购和赎回费用,所以要尽量延长投资周期,降低费用。偏股型基金风险相对较大,直接受证券市场的影响,收益也最高,有申购和赎回费用,适合长期投资,可以降低赎回费用。

三、制订教育规划方案

为了更好地理解教育规划,本章给出一个综合案例,使理财规划师能够全面掌握教育规划相关知识和具体方法。

【分析案例】6.5

李先生夫妇收入中等,李先生月收入11000元,李太太5000元,存款10万元。夫妻两人没有理财经验,也没有进行任何风险投资。除了给12岁的儿子买了一份月保费为2000元的保险外,夫妻二人都没有购买保险。关于孩子的教育问题,李先生夫妇有以下设想:18岁时在国内上大学;本科毕业后到美国继续攻读硕士研究生。为此,他们想了解如何进行孩子的教育规划。

(一) 客户需求分析

1. 收入支出分析见表6.6。

表6.6 李先生家庭收入支出分析表

单位:元

收入		支出	
月工资基本收入	16000	保险费	2000
		日用开支	2000
		小孩费用	1200
合计	16000	合计	5200
每月节余	10800		

从家庭收支情况来看,夫妻两人都有收入,不是过分集中在某个人身上。整个家庭的收入来源是工资性收入(主动性收入),理财收入(被动性收入)很少,距离财务自由还有很大的距离。

2. 其他财务情况分析。保障缺失:由于没有保险,作为家庭经济支柱的先生和太太的保障缺失,这将会严重威胁到整个家庭的财务安全,一旦发生意外,该家庭将会出现较为严重的经济问题,所以在理财规划中首先增加两人的保障需求。风险特征:从客户金融资产全部为银行存款没有做过任何投资来看,客户的投资经验和投资知识匮乏,风险承受能力较低。

(二)教育费用需求分析

1. 教育费用估算。

(1)本科国内教育费用估算(如表6.7)。

表6.7 李先生孩子本科国内教育费用估算

单位:元

	学杂费	生活费	其他	合计
费用	40000	32000	8000	72000
增长率	5%	3%	3%	
6年后终值	53603	38210	9552	101365

假定:通货膨胀率=生活支出增长率=3%,大学学费增长率=5%。表6.7中列出的数字为大学4年的总费用估计数。

估计:现在每年一个大学生的学杂费一般在10000元左右,生活费每年8000元,其他费用4年合计8000元。

(2)国外研究生教育费用估算。

假定:通货膨胀率=生活支出增长率=3%,表6.8中列出的数字为研究生两年的总费用估计数。大学学费增长率=5%,汇率为6.1。

表6.8 李先生孩子国外研究生两年的总费用估计数

单位:元

	学杂费	生活费	探亲费	其他	合计
费用	183000	122000	18300	30500	353800
增长率	5%	3%	3%	3%	——
10年后终值	298088	163958	24594	40989	527629

2. 计算所需教育费用总额及每月应准备金额。

假定:投资的平均实际报酬率为8%。

(1) 费用总额:6年后需要的本科教育费用为101365元;6年后需要的国外研究生教育费用总额的现值为387807元;6年后需要的教育费用总额为489172元。

(2) 每年储备金额:$FV=489172, N=6, I/YR=8$,计算得出,每年应准备的费用总额约为66682元。

补充说明:同上例,在计算之前应先将计算器的P/YR设置为1。

(三) 教育资金规划

由于大学教育在时间上没有弹性,所需费用总额又非常高,所以李先生夫妇要马上对这笔教育资金的来源进行规划。从教育规划工具上来看,教育储蓄只能享受最高2万元的额度,这笔钱相比所需的巨额教育费用来说实在太低;投资于债券或股票,风险偏大,不太适合李先生夫妇的风险偏好。因此,根据投资组合理论,理财规划师认为,结合李先生家庭的基本情况,应该采取组合产品方案实现其子女的成长教育资金储备规划,这个组合方案为:

(1) 进行定期定投,投资于一个投资组合,建议这个投资组合中1/3是债券型开放式基金,1/3是指数型基金,1/3是股票型基金,这样一个稳健型的组合投资方案既可有效规避风险,又可以获得相对较高的收益。如果这个投资组合在未来的6年内可以获得年均8%的综合回报,则客户每个月须投入约5557元,这笔钱约占目前客户家庭月收入的35%,虽然比重有些大,但基本上不会影响李先生的家庭收支状况与现金流。

(2) 为预防夫妇身故或残疾致使小孩教育费用可能无从着落的情况发生,李先生夫妇应该买一份每年6000元左右,保障30年,赔偿金额在30万元左右的人寿或健康保险。再购买一份每年1000元左右,保额在50万元左右的意外伤害保险。

注意问题:

(1) 该理财方案是基于目前的市场情况做出的一些假设基础上制订出来的,这些假设会随着国家经济的变化而发生变化,比如物价水平的变动、证券市场的波动、经济增长率的变化、汇率的变动和政策变化等。

(2) 生活支出除了受到物价水平的因素影响之外,还要考虑未来生活品质的提高以及医疗、保健等方面的支出。这些支出的需求将会不断增加,影响到其他目标的实现。

(3) 李先生现在每月子女教育花费较高,也是其不善理财及理财规划时间较晚的一个结果。如果能提前10年进行规划,教育目标不变,每月花费在储备子女接受高等教育上的费用要低得多。

教育规划注意事项:

(1) 选择规划工具时应注意的问题。教育理财产品是家庭理财组合的一部分,对于大多数工薪阶层来说,在选择教育理财产品的时候,应该全面权衡,不能仅从收益率方面考虑。首先应该考虑安全性,教育基金作为孩子将来得到良好教育的经济基础,不能大量投资风险过高的理财产品,例如股票投资等。如果为了博取较高的收益,投资高风险产品,运气好还行,运气不好则很可能致使本金受到极大损失,从而耽误了孩子的教育大事。即使投资,也只能少量参与,最好不投资股票。其次应该考虑收益性。作为长期投资,在相对安全的前提下,能够有一个稳定的高收益,孩子将来的教育将会得到有力的经济支持。在谈到长期投资的时候,我们通常忽视了复利的概念,就是本金部分在增长,而收益部分实际上也在增长,长期投资之后,将会出现比预期更好的收益,但前提是维持稳定的高收益。再次应该考虑利率变动的风险。我国目前还处于利率相对较低的水平,如果大量买入教育保险或者进行长期银行存款,一旦银行存款利率上调,就会出现不可避免的利息损失。所以,在选择受利率影响较大的理财产品时,不要全部投资在教育保险或者长期银行存款方面,可以扩大投资范围,例如国债、信托、基金等方面。

(2) 选择教育贷款应注意的问题。教育贷款的归还依赖于客户或其子女工作后的现金流,可能会影响客户的其他生活规划,例如退休规划。客户可能为了归还贷款推迟退休甚至将用于退休储蓄挪用以致影响其退休后的生活。理财规划师的作用就在于为其安排贷款规划,使教育消费和其他支出之间不产生冲突。

(3) 汇率问题。如果客户有意让其子女去国外留学,汇率问题就必须考虑。因为在国外留学,除了测算以当地货币计算的留学成本外,还要充分考虑汇率的波动风险,汇率波动因素不容忽视。

本 章 小 结

◆ **内容摘要**

教育规划的内涵有广义和狭义之分,狭义教育规划即教育投资规划,是指为实现预期教育目标所需要的费用而进行一系列资金管理活动。从内容上看包括本人教育规划和子女教育规划两种,自我完善和教育子女都是人生重要的内容。教育规划的分类包括:个人教育投资规划和子女教育规划。

教育规划的特点具体而言,子女教育金的特点包括:① 没有时间弹性,子女到了一定的年龄就要上学,不能因为没有足够的学费而延期。② 没有费用弹性,各阶段的学费相对固定,这些费用对每一个学生都是相同的。③ 子女的资质无法事先掌握,自动自发的子女与漫不经心的子女在求学期间所花费的费用相距甚大。④ 教育资金必须自己来准备,对于在单位就职者,个人养老金账户用在退休方面,住房公积金账户用在购房方面,但是没有为子女教育强制储蓄的账户。⑤ 教育的支出增长率较一般的物价增幅要高,子女教育金的具体投资目标不能太保守,至少要高于学费增长率。

教育规划的原则包括目标合理原则、及早规划原则、资金充裕原则、稳健投资原则、定期定额原则。

客户子女教育目标确定:① 确定并预期子女接受基本教育的的程度;② 确定并预期子女的特长及程度;③ 确定并预期子女未来出国接受教育的可能性;④ 估算各种预期教育的费用;⑤ 估算投资及资产配置。

教育资金的来源:① 客户自身的收入和资产(主要考虑);② 政府教育资助(不应过多考虑);③ 奖学金(具有较多不确定性,不应过多考虑);④ 工读收入(具有较多不确定性,不应过多考虑);⑤ 教育贷款;⑥ 留学贷款。

在预算教育费用时,需分为以下几步:① 估算假定通货膨胀率;② 按照假定的通货膨胀率预算出所需的总体教育金额;③ 分别测算一次性投资规划所需要的金额现值和分期投资规划每期所需支付的年金。

教育规划的流程包括:了解客户家庭成员结构及财务状况;确定客户对子女的教育目标;教育费用需求分析;制订教育规划方案;选择教育投资工具;反馈与调整教育规划。一般情况下,教育规划的短期工具以短期贷款为主。客户可以选择的贷款类别主要包括:国家教育助学贷款、学校贷款、商业银行贷款、留学贷款、其他商业性贷款等信贷工具。

◆ 关键词

教育 教育规划 子女教育规划的特点 教育规划原则 教育规划流程 教育资金来源国家教育助学贷款 学校贷款 商业银行贷款 留学贷款 其他商业性贷款

◆ 思考题

1. 解释教育与教育规划的内涵。
2. 教育规划的分类是什么?
3. 教育规划的原则和特点是什么?
4. 子女教育规划的特征是什么?
5. 子女教育规划的重要性体现在哪些方面?
6. 出国留学费用有哪些?
7. 短期教育规划工具有哪些?
8. 简述长期教育规划工具有哪些。
9. 国家助学贷款的申请条件有哪些?

吴女士家庭的教育规划

吴女士40岁,离异,女儿17岁,再过一年就要上大学了。家庭资产状况(表6.9、表6.10)是:一套价值30万元的自住房产;积蓄3万元;股票投资5000元。目前收支状况是:吴女士本人月收入2000元,孩子的父亲每月支付抚养费400元;吴女士及女儿每月生活费为1500元,每月给吴女士父母赡养费200元。

表6.9 家庭资产分析

单位:万元

收入		支出	
本人工资	0.2	生活费	0.15
子女扶养费	0.04	父母赡养	0.02
收入合计	0.24	支出合计	0.17
每月结余 0.07			

表 6.10 资产负债状况

单位:万元

资产		负债	
房产	30		
储蓄	3		
股票	0.5		
资产合计	33.5	负债合计	0

净资产 33.5

1. 认真分析给定案例材料。
2. 掌握教育资金的估算以及教育规划方案的制订。

第七章 保险规划

- 了解保险的意义
- 了解保险产品的类型及各险种的区别
- 掌握各险种可提供的风险保障
- 理解保险规划的步骤

国学大师论保险

一代国学大师胡适先生谈起保险时曾说过,"保险的意义只是今天作明天的准备;生时作死时的准备;父母作儿女的准备;儿女幼时作儿女长大的准备;如此而已。今天预备明天,这是真稳健;生时预备死时,这是真豁达;父母预备儿女,这是真慈爱。能做到这三步的人,才能算作是现代人。"

胡适先生关于保险的这段论述可谓精辟之至,把关于保险的内涵阐释得非常透彻。

首先,保险是用今天的钱筹划明天的生活。我们都知道,未来充满着变数,没有人能准确预知自己将来会发生什么,一些意外就能使一个原本幸福的家庭或一个原本兴旺的企业陷入困顿之中。中国有句古话:"人无远虑必有近忧",而保险就是一种未雨绸缪的智慧,是化解未来可能发生的风险的有力手段,能使人们明天的生活免受剧烈波动的困扰。

其次,保险是用小钱保大钱。保险就像一个蓄水池,在平时投保人一起进行点滴积累,一旦谁需要时就可以直接去用,并且取用的量是其投入量的数百倍、数千倍,甚至数万倍。当然,在保险集合体中的每个保险人虽然都只付了一定的保险费,但只有遭遇保险事故的被保险人才有可能获得保险赔偿。这恰恰说明了保险的互助性质。

最后,保险是"仁爱"的化身,是"责任"的体现,是"尊严"的延伸。保险不仅仅能提供一种物质补偿,更重要的是,它还能折射出人与人之间的和谐关系。为家人购置保险是对亲人的爱,为员工购置保险是对社会的责任,为自己购置保险则是自我尊严的延伸。

第一节 风险与可保风险

一、风险的概念

所谓风险,是指由于不确定性因素的存在而使经济主体遭受损失的可能性。在保险学界风险被定义为是在自然社会中普遍客观存在的,不以人的意志为转移,且未来发生不可确定的损失。

二、风险的构成要素

风险由风险因素、风险事故、损失三个基本要素构成。

(1) 风险因素。风险因素是指足以引起风险事故发生的可能性条件,也包括风险事故发生时,促使损失增加或扩大的条件。它包括三种类型:第一,实质风险因素,又称为物理风险因素,是指足以引起或增加风险事故发生机会或损失的严重程度的物质性条件,如刹车系统、发动机的功能,建筑材料、结构、消防系统等。第二,心理风险因素,是指由于人们思想上的麻痹大意、漠不关心的心理活动,以致增加风险事故发生的机会和损失的严重性,如人的疏忽,投保后疏于防范等。第三,道德风险因素,是指少数人出于恶意或不良企图,故意制造某些风险事故,以致造成损失结果或扩大损失程度的风险因素,如纵火,谋杀被保险人等。

(2) 风险事故。风险事故是指造成人员伤亡或财产损失的直接原因,即风险通过风险事故的发生才导致损失。风险因素是损失的间接原因,因为风险因素要通过风险事故的发生才能导致损失。风险事故是损失的媒介物。

(3) 损失。保险学意义上的损失是指经济价值意外的减少或灭失。这里的"损失"包括两层含义:一是指损失的发生是意外的,即非故意、非计划的和非预期的;二是指损失是经济价值的减少或灭失,即损失能用货币衡量;两者缺一不可,否则就不构成保险学意义上的损失。

三、风险的分类

(一) 按照风险损害的对象分类

(1) 财产风险。财产风险是指导致一切有形财产毁损、灭失或贬值的风险。

(2) 人身风险。人身风险是指可能导致人的伤残、死亡或丧失劳动能力的风险,如疾病、意外事故等。

(3) 责任风险。责任风险是指个人或团体因行为上的疏忽或过失,造成他人的财产损失或人身伤亡,依照法律、合同或道义应负的经济赔偿责任的风险。

(4) 信用风险。信用风险是指在经济交往中,权利人与义务人之间,由于一方的违约或违法行为给对方造成经济损失的风险。

(二) 按照风险的性质分类

(1) 纯粹风险。纯粹风险是指事件的发生只有损失机会而无获利的可能性。

(2) 投机风险。投机风险是指事件的发生既有损失的机会又有获利的可能性。投机风险发生后所导致的可能结果有三种:获利、无损失和损失。

四、风险管理

生活中人们总会面临各种各样的风险,为了躲避这些风险,降低风险发生的可能性,或者减少风险可能带来的损失,必须对风险进行管理。风险管理是指社会经济单位通过对风险的识别、估算和分析,选择最佳的风险管理技术,以最小的经济代价达到最大安全效果的经济管理手段。这一概念包含三层含义:首先,风险管理的主体是社会经济单位,包括个人、家庭、政府、企业及其他单位;其次,风险管理的程序主要包括风险的识别、估算和分析、选择和实施风险管理技术等;最后,风险管理的最终目的是以最小的经济成本达到最大的安全效果的经济管理手段。风险管理活动是一个从制订计划到实施风险识别、风险衡量与评价、选择和实施风险管理的方法以及风险管理效果评价等基本程序组成的过程。

(一) 制订风险管理计划

制订合理的风险管理计划是风险管理的第一步。风险管理计划的主要内容包括:明确风险管理目标、确定风险管理部门的内部组织结构及各部门人员的职责、编制风险管理方针书、明确风险管理计划控制的方法与措施等。

(二) 风险识别

风险识别是指对个人、家庭或企业面临的和潜在的风险加以判断、归类和鉴定风险性质的过程。对尚未发生的、潜在的和客观存在的各种风险,系统地、连续地进行识别和归类,并分析产生风险事故的原因。识别风险主要包括两方面内容:一是调查风险;二是分析风险,掌握产生风险的原因。

(三) 风险衡量

风险衡量是指在对过去资料分析的基础上,运用概率论和数理统计的方法对损失频率和损失程度做出估计,以作为选择应对风险方法的依据,风险管理人员必须保存适当的损失资料,这些资料是衡量风险的根据,在已有损失资料的基础上衡量风险主要应该做好两方面的工作:一是估计损失频率;二是估计损失程度。

(四) 风险评价

风险评价是指在风险识别和风险衡量的基础上,把损失频率、损失程度以及其他因素综合起来考虑,分析该风险的影响,寻求风险对策并分析该对策的影响,为风险决策创造条件的过程,风险评价首先是从保险业发展起来的。保险在进行承保时必须对标的进行风险评价才能确定是否承保,并根据评价结果确定费率。风险评价也是保险为客户提供风险管理服务的主要内容。在风险评价的过程中,要注意考虑五个基本要素,即人为因素、机械设备因素、物的因素、环境因素、管理因素。风险评价的方法也有许多种,如检查表式综合评价法、优良可劣评价法、权衡风险法、可靠性风险评价法等。

（五）风险管理方法的选择

根据风险评价结果,为实现风险管理目标,选择最佳风险管理技术是风险管理中最为重要的环节。风险管理技术分为控制型和财务型两类。前者的目的是降低损失频率和缩小损失范围,重点在于改变引起意外事故和扩大损失的各种条件;后者的目的是以提供资金的方式,对无法控制的风险做财务上的安排。保险是最常用、也是最重要的财务型风险管理方式,一般对于那些损失频率不是太高、一旦发生风险事故损失程度比较大的风险,适合使用保险转移。

（六）风险管理效果评价

风险管理效果评价是指对风险管理技术的科学性、适用性和收益性情况进行分析、检查、修正和评估。由于风险管理的过程是动态的,风险是在不断变化的,原有的处理风险方法是否适用以及风险管理决策是否存在失误或偏差等,都需要进行总结。因此,对风险管理的效果进行评价是一项有意义的工作,风险管理人员应当对风险识别、衡量、评价与管理方法进行定期检查和修正,以保证风险管理方法适应变化了的新情况。

五、可保风险

可保风险是指可以用保险的方式来分散或转移的风险,亦即符合保险公司承保条件、保险公司愿意承保的风险。事实上,并非所有的风险都可以通过保险方式转嫁给保险公司,可保风险必须具备以下条件:

(1) 风险必须是纯粹的。
(2) 风险必须是偶然的。
(3) 风险必须是意外的。
(4) 风险必须是同质的、大量的。
(5) 风险应有发生重大损失的可能性。
(6) 风险所致的损失必须能用货币衡量。

第二节 保险的功能与种类

一、保险的功能

保险是集合具有同类风险的众多单位或个人，以合理计算分担金的形式，实现对少数成员因约定风险事故所致经济损失或由此而引起的经济需要进行补偿或给付的行为。从另外一个角度讲，保险也是指投保人根据合同的约定，向保险人支付保险费，保险人对于合同约定的事故因其发生所造成的财产损失承担赔偿保险金责任，或当被保险人死亡、伤残、疾病或达到合同约定的年龄、期限时承担给付保险金责任的商业保险行为。

（一）保险的基本功能

分散风险和进行损失补偿是保险的最基本的职能，体现了保险制度的本质特征，反映了保险活动的基本内容。

1. 分散风险功能

从本质上来说，保险是一种分散风险的机制。这种分散风险的机制建立在灾害事故的偶然性和必然性这种矛盾对立统一的基础上。对个别投保人和单位来说，灾害事故的发生是偶然的和不确定的，但对所有投保单位和个人来说，灾害事故的发生却是必然的和确定的。分散风险是将处在同类风险中的多数单位和个人，通过直接或间接的方式集合为一个整体，根据风险发生的频率、损失的额度及保险金额，在风险发生之前，以收取保费的方式平均分摊给所有被保险人，形成保险基金；当风险事故发生后，以此赔偿少数单位或个人所遭受的损失，从而实现风险分散。保险只有均摊损失的功能、而没有减少损失的功能。

2. 补偿损失功能

补偿损失是在集合多数人分散风险，共同建立保险基金的基础上，对因风险事故发生而遭受损失的少数成员予以经济上的补偿。保险通过将参加保险的全体成员所缴保费建立起的保险基金，用于对少数成员因遭遇自然灾害或意外事故所受到的损失给予经济补偿，从而有助于人们抵抗灾害、保障经济活动的顺利进行，以及帮助人们在受难时获取经济援助。保险损失补偿功能作用的发挥是基于人们对风险保障的需要和对安全感的追求。因此，这一功能是保险最为本质的功能，也是保险的最终目的。

（二）保险的派生功能

1. 融通资金功能

现代金融最基本的功能就是对储蓄资源进行时间上和空间上的配置，实现储蓄向现实投资的转化。作为金融产业中的重要组成部分，保险也同样表现出资金融通的功能。保险资金的融通功能主要体现在两个方面：一方面，保险公司通过开展承保业务，将社会中的闲散资金汇集起来，形成规模庞大的保险基金，即将各经济主体和个人的可支配收入中的一部分以保费的形式汇集起来,能够起到分流部分社会储蓄的作用,有利于促进储蓄向投资的转化;另一方面,保险公司通过投资将积累的保险资金运用出去,以满足未来偿付和保险基金保值增值的需要。保险基金的资金来源稳定、期限较长、规模庞大,通过持股或者相互参股的形式,成为资本市场上重要的机构投资者和资金供应方,是金融市场中最活跃的成员之一,同时由于其要考虑到未来对被保险人的偿付,投机程度不强,也是资本市场上重要的稳定力量。

2. 防灾防损功能

保险的这一职能是指保险人参与了防灾防损活动,提高了社会的防灾防损能力。保险公司作为以营利为目的的商业机构,也参与到防灾防损活动中是有其客观必然性的。首先,保险公司从自身利益出发,愿意主动参与防灾防损工作。防灾防损做得好,风险事故就发生得少,保险公司的经济赔偿就会减少,其利润就会增加。其次,从自身条件来看,保险公司有能力参与防灾防损工作。

3. 社会管理功能

保险的社会管理功能主要是指保险公司在提供商业保险产品的过程中,能够客观上起到对社会生产、人民生活提供必要保障的作用,从而解除社会生产者后顾之忧,缓解国家财政支出、企业生产成本增长、社会矛盾激化等压力,从而对整个社会产生积极的作用。保险社会管理功能的内涵是随着保险实践的发展而不断发展和丰富的,从现阶段来说,保险社会管理功能主要包括四个方面的内容,即社会保障管理、社会风险管理、社会关系管理和社会信用管理。

4. 分配功能

分配功能是指保险实际上参与了对国民收入的再分配。保险通过向多数投保人收取保费建立保险基金,并在保险事故发生后向少数被保险人进行经济补偿,就像财政中的转移支付一样,这一部分资金实现了再分配。

5. 风险监督功能

分散风险的对价是分摊保险费,被保险一方必然要求以尽可能低的保费获取同样的保险保障。因此,被保险人之间,被保险人与保险人之间必然会对风险加强相互监督,以期尽量减小乃至消除不利的风险因素,达到减少损失和减轻负担的目的,这就是保险的风险监督功能。

(三)保险的作用

保险的作用是保险职能的发挥而产生的影响和效果。主要表现在宏观经济和微观经济两方面。

1. 保险在微观经济中的作用

保险在微观经济中的作用是指保险作为经济单位或个人风险管理的财务处理手段所产生的经济效应。从一般意义上说表现在以下几方面:① 有助于受灾企业及时恢复生产经营;② 有利于企业加强经济核算;③ 有助于促进企业加强风险管理;④ 有利于安定人民生活;⑤ 能够提高企业和个人信用;⑥ 有利于均衡个人财务收支;⑦ 有助于民事赔偿责任的履行。

2. 保险在宏观经济中的作用

保险的宏观经济作用是保险对全社会和整个国民经济总体所产生的影响和效果。其作用为：① 有利于社会再生产的顺利进行；② 有利于国民经济持续稳定的发展；③ 有利于科学技术的推广应用；④ 有利于社会的安定；⑤ 有利于推动社会经济交往；⑥ 有利于增加外汇收入，增强国际支付能力；⑦ 有利于实现社会公平，推动社会进步。

二、保险的种类

（一）按保险性质分类

以保险的性质为标准进行分类，保险可以分为商业保险、社会保险和政策保险。商业保险体现的是保险经济领域中的商品性保险关系，社会保险和政策保险则体现的是保险经济领域中的非商品性保险关系。

1. 商业保险

商业保险是指投保人根据合同约定，向保险人支付保险费，保险人对于合同约定的可能发生的事故因其所造成的财产损失承担赔偿保险金的责任，或者当被保险人死亡、伤残、疾病或者达到合同约定的年龄、期限时承担给付保险金责任的行为。

2. 社会保险

社会保险是国家通过立法建立的一种社会保障制度。其目的在于使劳动者因为年老、患病、生育、伤残、失业、死亡等原因而暂时中断劳动或者永久丧失劳动能力，不能获得劳动报酬，本人和供养的家属失去生活来源时，能够从社会（国家）获得物质帮助。社会保险具有强制性、低水平、广覆盖的特点，主要险种有社会养老保险、失业保险和医疗保险三种。社会保险是社会保障制度的一个最重要的组成部分。

3. 政策保险

政策保险是政府为了一定的政策目的，运用一般保险技术而开办的一种保险。政策保险的种类包括社会政策保险和经济政策保险两大类，具体项目有：① 为实现国民生活安定的政策目的而开办的国民生活保险，如劳动者财产损失保险、汽车赔偿责任保险、地震保险、住宅融资保险等；② 为实现农业增产增收政策目的而开办的农业保险，如种植业保险、养殖业保险等；③ 为实现扶持中小企业发展政策目的而开办的信用保险，如无担保保险、能源对策保险、预防公害保险、特别小额保险等；④ 为实现促进国际贸易目的而开办的输出保险，如出口信用保险、外汇变动保险、出口票据保险、海外投资保险、存款保险等。

在个人理财的保险规划中可操作性最强的是商业保险，因此，本章所讲的保险规划主要是针对商业保险展开讨论的，以下几种对于保险的分类方式，也主要是建立在商业保险的基础之上的。

（二）按保险标的分类

以保险标的作为分类标准，保险可以分为财产保险、人身保险、责任保险和信用保证保险。

1. 财产保险

财产保险是指以财产及其有关利益为保险标的，保险人对因保险事故的发生导致的财产损失给予补偿的一种保险。财产保险有广义和狭义之分。广义的财产保险是指人身保险之外的一切保险业务的统称；狭义的财产保险也可称为财产损失保险，是指以有形的财产物资及其有关利益为保险标的的一种保险。此处的财产保险是指狭义的财产保险,通常根据保险标的来划分,按照属性相同或相近归属成火灾保险、运输保险、工程保险、农业保险,每一业务种类又由若干具体的保险险种构成。

2. 人身保险

人身保险是以人的寿命和身体作为保险标的的一种保险。根据保障范围的不同,人身保险可以区分为人寿保险、意外伤害保险和健康保险。人寿保险是以人的生命为保险标的,以人的生死为保险事件,当保险事故发生时,保险人履行给付保险金责任的一种保险。传统的人寿保险包括定期寿险、终身寿险、两全保险、年金保险;创新型人寿保险包括万能寿险、变额万能寿险以及分红保险。意外伤害保险是以被保险人因遭受意外伤害造成死亡或残废为给付保险金条件的一种人身保险。健康保险是以人的身体为保险标的,保证被保险人在疾病或意外事故所致伤害时的费用或损失获得补偿的一种保险。

3. 责任保险

责任保险是以被保险人依法应负的民事损害赔偿责任或经过特别约定的合同责任作为保险标的的一类保险,它属于广义的财产保险范畴。责任保险承保的范围主要包括侵权责任和违约责任两种。企业、团体、家庭和个人在各种生产活动或日常生活中由于疏忽、过失等行为对他人造成人身伤亡或财产损害而依法应承担的经济赔偿责任,可以通过投保有关责任保险转移给保险人。

4. 信用与保证保险

信用与保证保险属于广义的财产保险范畴,其保险标的是合同的权利人和义务人约定的经济信用,以义务人的信用风险为保险事故,对义务人(被保证人)的信用风险致使权利人遭受的经济损失,保险人按合同约定,在被保证人不能履约偿付的情况下负责提供损失补偿,属于一种担保性质的保险,按照投保人的不同,信用保证保险又可分为信用保险和保证保险两类。

信用保险是指保险人对债权人在信用借贷或商业赊销中因债务人不如约履行债务而使债权人蒙受的损失予以经济补偿的一种保险,它的投保人是权利人,以义务人为被保险人;信用保险的主要险别包括一般商业信用保险、投资保险(也称政治风险保险)和出口信用保险。

保证保险是被保证人(债务人)根据权利人(债权人)的要求,请求保险人担保自己信用的保险。保证保险的保险人代被保证人向权利人提供担保,如果由于被保证人不履行合同义务或者有犯罪行为,致使权利人受到经济损失,由其负赔偿责任;保证保险主要包括合同保证保险、产品质量保证保险和忠诚保证保险。保证保险一般由商业保险公司经营,但有些国家规定必须是政府批准的具有可靠偿付能力的专门保险公司经营。

(三)按照实施方式分类

按照实施方式分类,保险可以分为自愿保险和强制保险两种形式。

1. 自愿保险

自愿保险也称为合同保险或任意保险,是指保险双方当事人通过签订保险合同,或是需要保险保障的人自愿组合、实施的一种保险。如商业保险、盈利性保险等就是保险双方通过签订保险合同而实施的。自愿保险的保险关系是当事人之间自由决定、彼此合意后所成立的合同关系。投保人可以自由决定是否投保、向谁投保等,也可以选择所需保障的类型、保障范围、保障程度和保障期限等。保险人也可以根据情况自愿决定是否承保、以怎样的费率承保以及以怎样的方式承保等。

2. 强制保险

强制保险也称法定保险,是指国家对一定的对象以法律、法令或条例规定其必须投保的一种保险。法定保险的保险关系不是产生于投保人与保险人之间的合同行为,而是产生于国家或政府的法律效力。法定保险的范围可以是全国性的,也可以是地方性的。法定保险的实施方式有两种选择,或是保险对象与保险人均由法律限定;或是保险对象由法律限定,但投保人可以自由选择保险人。

不论何种形式的法定保险大都具有下列特征:一是全面性。法定保险的实施以国家法律形式为依据,只要属于法律规定的保险对象,不论是否愿意都必须参加该保险。二是统一性。法定保险的保险金额和保险费率不是由投保人和保险人自行决定的,而是由国家法律统一规定。

三、人身保险

(一) 人身保险的特征

1. 人身保险的保险标的是生命或身体,具有不可估价性

人身保险的保险标的是人的生命或身体,人的生命作为保险保障对象是以生存或死亡两种状态存在着;人的身体作为保险保障的对象则是以人的健康和生理机能、劳动能力等状态存在着,其保险金额不像财产保险标的那样具有客观衡量标准。由于人的生命或身体是无价的,不能以货币度量,从理论上讲,人身保险的保险利益和保险金额在量上是无限的。但是在实践中,它是依据投保人缴纳保险费的能力和被保险人的实际保障需求,由保险双方当事人协商确定。

2. 人身风险具有必然性、不可预测性、均衡性、分散性等多重性质

财产保险承保的风险具有不规则性、偶然性,且风险较为集中。人身保险承保的风险责任包括生、老、病、死、伤、残等方面。其中,人身意外伤害保险、健康保险所承保的意外、疾病等风险的产生及所造成的损失具有不可测定性。而人寿保险承保的死亡、生存风险,其发生具有必然性,可以通过大量的观察、统计、测算来计算保险费。人身保险所承保的风险比较分散,按照人的生命规律,一般不会集中发生。同时,保险金额较为均衡,一般无需再保险和共同保险分散风险。

3. 人身保险合同大部分是给付性合同,不适用损失补偿原则

正是因为大部分人身保险的保险标的不可估价,故保险人履行责任一般称为给付保险金,通过生存保险金和死亡保险金等保险金额的给付,以满足被保险人医疗救治、恢复健康、生存和养老以及死亡丧葬等资金需要。因此,除医疗费用报销型保险合同外,人身保险合同一般不存在损失补偿原则中的重复保险、定值保险、超额赔付等概念。代位求偿、重复保险分摊等规定也不适合人身保险业务。

4. 人身保险的保险利益规定较为特殊

人身保险的保险利益在认定依据和时间要求两个方面与财产保险也不同。财产保险的保险利益认定主要依据投保人与保险标的的关系,并要求投保人投保时,特别在出险时必须存在保险利益;而人身保险的保险利益确认主要取决于投保人与被保险人之间的关系,依据投保人的缴费能力和被保险人的实际保障需求确定保险利益和保险金额,通常只要求投保人投保时对被保险人具有保险利益即可。

5. 人身保险产品具有多重功能

短期性意外伤害保险和健康保险产品与财产保险一样属于保障型产品。传统人寿保险具有保障兼储蓄性、分红性,新型人寿保险产品具有保障兼投资型功能。同时,人寿保险合同具有现金价值,可办理抵押贷款。

6. 人身保险合同期限长,保险费采取均衡保险费

人身保险多为长期性合同,尤其是人寿保险、重大疾病保险合同长达十几年、几十年,死亡率随着年龄的增长而变动。为降低被保险人年老时的保费负担,现代人寿保险都采用均衡保险费。保险资金规模大,较为稳定,可用于长期投资。由于人寿保险具有储蓄性和投资性,厘定保险费率时,不仅要考虑死亡率、费用率,还要考虑利息因素。

(二)按保险责任分类

按照保险责任的不同,人身保险可以分为人寿保险、健康保险和意外伤害保险。

1. 人寿保险

人寿保险是以人的生命为保险标的,以被保险人的生存或死亡为保险事件;当发生保险事故时,由保险人履行给付责任的一种人身保险。寿险兼具保障和储蓄双重功能,是一种先进且科学的理财手段。

总的来看,人寿保险又分为传统人寿保险与创新型人寿保险两大类。其中,传统人寿保险包括定期寿险、终身寿险、两全保险和年金保险。创新型人寿保险包括万能寿险、变额万能寿险以及分红保险等。这类创新产品都是在传统寿险基础上设计的新寿险。尽管名称、特点各异,但都以基础的寿险保障功能为前提。

(1)定期寿险。定期寿险是指保险合同中规定一个保险有效期,被保险人在约定期限内死亡,保险人即给付受益人约定的保险金;如果被保险人在保险期限届满时仍然生存,合同即行终止,保险人既不承担给付保险金义务,也不退还已收取的保险费。

定期寿险的保险期限较为灵活,长短皆可,如5年、10年、15年、20年,或保到50岁、60岁、70岁等约定年龄。定期寿险大多具备续保选择权,也就是说保险期满后,被保险人可通过续保选择权延长保险期限。由于定期寿险属于消费型保险,不具备储蓄因素,没有现金价值,因此保费较低。

由于定期寿险只提供某一特定期间的保险保障,保费低廉,属于消费型保险产品,适合收入较低但保障需求较高者。具体适合人群包括:第一,收入不高而保障需求较高的人,或是事业刚刚起步的年轻人。定期寿险可以让他们在家庭责任最重大时期,以较低的保费获得最大的保障。第二,新兴企业的员工。新兴企业因为尚处于形成阶段,那些对企业的成功起关键作用的员工一旦出现意外,将会给企业带来沉重打击。在这种情况下,定期寿险是一种十分有用的避险工具。第三,私人企业的合伙人。不少私人企业的合伙人将企业资产和个人资产合二为一,一旦企业运作发生障碍,将直接导致家庭生活水准的大幅下降。因而,私人企业的合伙人为保证家庭现金流量的持续和稳定,投保定期寿险也是一个不错的选择。

【资料链接】7.1　某公司爱相随定期寿险条款

2.3 保险期间　本合同的保险期间自本合同生效日零时开始,至电子保险单上载明的保险期间期满日的24时止。

2.4 保险责任　在本合同保险期间内,我们承担下列保险责任:① 被保险人自本合同生效(若曾复效,则自本合同最后复效)之日起1年内非因意外伤害导致身故,我们按您累计所交的本合同的保险费的数额向身故保险金受益人给付身故保险金,本合同终止。② 被保险人自本合同生效(若曾复效,则自本合同最后复效)之日起1年后非因意外伤害导致身故,我们按本合同的保险金额向身故保险金受益人给付身故保险金,本合同终止。③ 被保险人因意外伤害导致身故,我们按本合同的保险金额的150%向身故保险金受益人给付身故保险金,本合同终止。

(2) 终身寿险。终身寿险是一种不定期的死亡保险,即保险合同中并不规定期限,自合同生效日起,至被保险人死亡为止。由于人死亡的必然性,保险人最终必然要支付给受益人保险金,因此终身寿险具有一定的储蓄性质。

【分析案例】7.1

【投保示例】

30岁的王女士是一名白领,刚刚组建了自己的小家庭,贷款买了房和车。她为自己买了一份保20年,保额50万元,20年缴费的小安定期寿险,年缴保费360元。王女士在保险期内因意外身故,或合同生效180天后因疾病身故,保险公司将赔付50万元保险金给指定受益人。王女士在合同生效180天内因疾病身故,保险公司将返还所缴保费至法定继承人。

终身寿险的特点包括以下几方面:第一,给付的必然性。由于终身寿险以被保险人死亡为保险金给付条件,因此被保险人死亡的必然性造成保险金给付的必然性。第二,保单具有现金价值。既然终身寿险中保险人必须承担给付保险金的责任,那么其合同必定具有储蓄性,也就是说,终身寿险保单具有现金价值。这就保证了投保持有人既可以中途退保领取退保金,也可以在保单的现金限额内进行贷款。第三,缴费方式灵活。终身寿险的缴费方式包括趸缴(一次性付清所有保费)和分期缴付,其中分期缴付的期限分为5年、10年、15年和20年等。

同定期寿险一样,终身寿险以被保险人死亡为给付保险金条件,保险金由受益人领取,其主要目的是保障被保险人死亡后受益人的基本生活。因此,终身寿险同样适合于经济负担较重的家庭。但是,由于具有储蓄性质的终身寿险的保险费率相对高于定期寿险,所以,终身寿险更适合于中高收入家庭。

【分析案例】7.2

【投保示例】

王女士,30周岁。考虑到金融市场的长期不确定性以及自己未来对子女教育、养老等需求的确定性,她选择投保了"美好金生终身寿险":缴费10年,保障终身,基本保额约84.6万元,年缴保费10万元。她可获得的主要利益包括:

1. 保额复利递增,价值终身成长。复利增值:从第二个保单年度起,有效保额每年按基本保额以复利3.3%保证递增。终身成长:随时间累积,保单有效保额越来越大,现金价值持续增长。

2. 现价递增，攻守兼备。保障期内各年龄的保单价值为：

60周岁时，保单价值约222.6万元；

70周岁时，保单价值约313.6万元；

80周岁时，保单价值约440.1万元；

90周岁时，保单价值约610.6万元；

105周岁时，保单价值约949.1万元。

注：保单价值为年末现金价值。

3. 身故保险金。终身身故保障，85周岁时身故保险金约519.5万元。

4. 保单贷款。享有保单贷款权益，最高可达现金价值净额的80%，方便快捷，让您在关键时刻确保资金之需。贷款期间仍享受相关保障利益（合同中止期间除外）。

结合寿险产品的功能和特点，试比较缴费期限为30年的定期寿险与终身寿险有何异同？

(3) 两全保险。两全保险又称为生死合险，它不仅允诺当被保险人在保险期限内死亡时给付死亡保险金，还允诺当被保险人生存至保险期满时给付满期保险金。由此可见两全保险是死亡保险和生存保险的混合险种，可分为定期寿险和储蓄两部分，保单中的定期寿险保费逐年递减，至保险期满降为零，而储蓄部分逐年递增，至保险期满达到投保金额。

当被保险人在保险期间内死亡时，保险人按合同约定将死亡保险金支付给受益人，保险合同终止；若被保险人生存至保险期满，保险人将生存保险金支付给被保险人。因此，两全保险不仅包含了约定期限的死亡保障，还具有储蓄功能。两全保险做出了定期寿险和生存保险两项允诺，其保险费是两者之和，所以保险费较高。

【分析案例】7.3

【投保示例】

王先生，40周岁，公司职员，选择"安行宝两全保险"作为自己的意外保障。王先生投保1份，20年缴，保障40年，每年缴保费1500元。保单利益包括：满期保险金4.5万元，意外身故/全残保险金10万元，自驾或乘坐机动车意外身故/全残保险金100万元，水陆公共交通意外身故/全残保险金100万元，民航交通意外身故/全残保险金100万元，步行及骑行交通意外身故/全残保险金100万元，8种重大自然灾害意外身故/全残保险金100万元，电梯意外身故/全残保险金100万元，法定节假日意外身故/全残保险金100万元，非意外身故/全残保险金41~60周岁为140%已交保费，61周岁及以上为3.6万元。任意两项或数项不可兼得。王先生20年累计缴纳保险费：30000元，保险期限40年，平均每年分摊保险费750元。

(4) 年金保险。年金保险是指在被保险人生存期间，保险人按照合同约定的金额、方式，在约定的时间内开始有规则、定期地向被保险人给付保险金的保险。

按照年金保险的购买方式不同分类，可分为趸缴年金和分期缴年金；按照年金保险给付频率的不同分类，可以分为按年给付年金、按季给付年金、按月给付年金等。

【分析案例】7.4

【投保示例】

王先生,35周岁,他选择投保"太平福满金生年金保险",10年缴,月缴保费1161.3元,基本保额1.5万元,同时决定在66周岁领取祝寿金。

王先生享有的保障利益如下:

1. 稳健的现金流:

生存保险金:自第5个保单周年日起至合同终止,每年按基本保险金额的10%,固定领取1500元。至88周岁,累计领取7.35万元。

养老金:年满61周岁的保险单周年日起至合同终止,每年按基本保险金额的20%额外给付养老金3000元。至88周岁,累计领取8.4万元。

祝寿金:66周岁后的首个保险单周年日,将领取全部已缴保费,即领取约13.9万元。

2. 身故保障:享有身故保障。

3. 保单贷款:享有保单贷款权益,方便快捷,让您在关键时刻确保资金之需。与此同时,贷款期间仍享受相关保障利益(合同中止期间除外)。

2. 健康保险

健康保险是以被保险人的身体为保险标的,使被保险人在疾病或意外事故所致伤害时发生的费用或损失获得补偿的一种保险。依据保险责任的不同,健康保险可分为医疗保险、疾病保险、护理保险和失能收入损失保险。

(1) 医疗保险。医疗保险是指以保险合同约定的医疗行为的发生为给付保险金条件,按约定对被保险人接受诊疗期间的医疗费用支出提供保障的健康保险。医疗费用是病人为了治病而发生的各种费用,不仅包括医生的医疗费和手术费用,还包括住院、护理、医院设备等的费用。医疗保险就是医疗费用保险的简称。医疗保险的范围很广,医疗费用则一般依照其医疗服务的特性来区分,主要包含医生的门诊费用、药费、住院费用、护理费用、医院杂费、手术费用、各种检查费用等。各种不同的健康保险保单所保障的费用一般是其中的一项或若干项的组合。

【分析案例】7.5

【投保案例】

王先生30岁,某公司中层管理人员,有医保,投保医保通(普惠版),并搭配附加质子重离子医疗保险,首年保费314.6元。在第一年保险期间,王先生去当地三甲医院检查,被确诊肝癌早期,并做了一系列治疗,总共支出医疗费用35万元,经医保报销10万元。因肝癌属于重大疾病中的恶性肿瘤,0元免赔额,因此王先生可以获得赔付金额=35万元—10万元=25万元。即使王先生身体健康状况发生变化,又发生过理赔,王先生依旧可续保医保通(普惠版)医疗保险,继续享受百万医疗保障。

医疗保险是否支持重复投保?为什么?

(2) 疾病保险。疾病保险指以保险合同约定的疾病的发生为给付保险金条件的健康保险。某些特殊的疾病往往给病人带来的是灾难性的费用支付。例如癌症、心脏疾病等，这些疾病一经确诊，必然会产生大额的医疗费用支出。因此，通常要求这种保单的保险金额比较大，以足够支付其产生的各种费用。疾病保险的给付方式一般是在确诊为特种疾病后，立即一次性支付保险金额。在我国比较有代表性的疾病保险是重大疾病保险。重大疾病保险保障的疾病一般有心肌梗死、冠状动脉旁路（搭桥）手术、癌症、脑中风、慢性肾衰竭和重大器官移植手术等。

【分析案例】7.6

> **【投保示例】**
> 王先生，35岁，收入稳定，是家庭的经济支柱。他投保了健康随e保重疾险，50万元基本保额，保终身，30年缴费。每年的保费为8560元（相当于每天23.45元）。王先生在第5年确诊患原位癌，获得轻症重疾保险金10万元，合同继续有效。王先生不用再缴剩余25年的保费。王先生在65岁时，被确诊患轻微脑中风，获得轻症重疾保险金10万元，合同继续有效。王先生在80岁时，被确诊患急性心肌梗死，获得重大疾病保险金50万元，保险合同终止。

(3) 护理保险。护理保险是指以因保险合同约定的日常生活能力障碍引发护理需要为给付保险金条件，按约定对被保险人的护理支出提供保障的保险，也可称为长期护理保险。长期护理保险的保险范围分为医护人员看护、中级看护、照顾式看护和家中看护四个等级，但早期的长期护理保险产品不包括家中看护。

典型长期看护保单要求被保险人不能完成下述五项活动之两项即可：① 吃；② 沐浴；③ 穿衣；④ 如厕；⑤ 移动。除此之外，患有老年痴呆等认知能力障碍的人通常需要长期护理，但他们却能执行某些日常活动。为解决这一矛盾，目前所有长期护理保险已将老年痴呆和阿基米得病及其他精神疾病患者包括在内。

(4) 失能收入损失保险。失能收入损失保险是指以因保险合同约定的疾病或者意外伤害导致工作能力丧失为给付保险金条件，按约定对被保险人在一定时期内收入减少或者中断提供保障的健康保险。具体是指当被保险人由于疾病或意外伤害导致残疾，丧失劳动能力不能工作以致失去收入或减少收入时，由保险人在一定期限内分期给付保险金的一种健康保险。其主要目的是为被保险人因丧失工作能力导致收入的丧失或减少提供经济上的保障，但不承担被保险人因疾病或意外伤害所发生的医疗费用。

3. 意外伤害保险

意外伤害保险是指被保险人在保险有效期内，因受非本意的、外来的、突然发生的意外事故，致使身体蒙受伤害而残疾或死亡时，由保险公司按照保险合同的规定给付保险金的保险。意外伤害保险可分为个人意外伤害保险和团体意外伤害险两类。

意外伤害保险具有以下特点：第一，保险期限较短。意外伤害保险是短期险，一般都不超过一年，最多三年或五年。例如，各种旅客意外伤害保险，保险期限为一次旅程；出差人员的平安保险，保险期限为一个周期；游泳者的平安保险期限更短，其保险期限只有一个场次。第二，投保方式灵活。在意外伤害保险中，很多情况是经当事人双方签订协议书，保险金额也是经双方协商议定的（不超过最高限额），保险责任范围也相对灵活。投保手续也十分简便，当场付费签名即生效，无须被保险人参加体检，只要有付费能力，一般的人均可参加保险。第三,保费低廉。意外伤害保险一般不具备储蓄功能,在保险期终止后,即使没有发生保险事故,保险公司也不退还保险费,所以一般保费较低,保障较高。

【分析案例】7.7

> **【投保示例】**
> 王先生25岁,在××工作,2019年12月15日为自己投保了10份"一元任我行交通工具意外险"产品,保险期间30天,保险费10元,保险金额:飞机交通工具意外伤害身故、伤残50万元,火车交通工具意外伤害身故、伤残50万元,汽车交通工具意外伤害身故、伤残50万元,轮船交通工具意外伤害身故、伤残50万元。2020年1月1日乘坐有轨电车发生意外事故,当场身故。按照保险责任,保险公司赔偿王先生的家人50万元意外身故赔偿金。

(三)按保险期间分类

按照保险期间分类,人身保险可分为保险期间在1年以上的长期业务和保险期间在1年以下(含1年)的短期业务。

其中,人身保险中的寿险和年金险大多数为长期业务,如定期寿险、终身寿险等,其保险期限长达十几年、几十年,甚至终身。同时,这类保险储蓄性也较强。而人身保险中的意外伤害保险和健康保险大多为短期业务,其保险期间为1年或几个月。同时,这类业务储蓄性较低,保单通常没有现金价值。

(四)按承保方式分类

按照承保方式分类,人身保险可分为团体保险和个人保险。

团体保险是指一张保单为某一单位的所有员工或其中的大多数员工(银保监会规定至少75%以上的员工,且绝对人数不少于8人),提供保险保障的团体保险又可分为团体人寿保险、团体年金保险、团体健康保险等。个人保险是指一张保单只为一个人或为一个家庭提供保障的保险。

四、财产保险

(一)财产保险的特征

1. 对象范围上的广泛性

财产保险的保险标的是法人和自然人拥有的物质财产及与之有关的经济利益的损害赔偿责任。其既包括有形财产,同时还包括物质财产产生的经济利益(如租金、运费、预期利润)和由物质财产引起的可能影响被保险人经济利益的损害赔偿责任。

2. 财产保险合同的损失补偿性

由于财产保险的标的一般具有明确的价值或可估计其价值,财产损失的数额也是可以确定的,所以财产保险合同具有损失补偿的性质,即以被保险人的投保金额和利益损失作为赔偿的依据。

3. 保险期限相对较短

与人身保险比较,财产保险的期限相对较短,通常在1年或1年以内,在经营中往往以年度来计算损益。这使得财产保险在资金融通方面的作用通常要低于人身保险。

4. 经营内容具有复杂性

由于财产保险的承保与理赔,涉及多种多样的财产标的以及相关的利益与责任,其经营内容具有复杂性。这主要体现在承保过程与承保技术复杂性和风险管理技术的复杂性上。

5. 财产保险适用保险代位求偿原则

在财产保险中,保险事故的发生是由第三方造成并负有赔偿责任的,则被保险人既向第三者要求赔偿损失,也可以根据保险合同要求保险人支付赔款。如果被保险人首先要求保险人给予赔偿,则保险人在支付赔款以后,保险人有权在保险赔偿范围内向第三者追偿,而被保险人应把向第三者要求赔偿的权利转让给保险人,并协助其向第三者要求赔偿。反之,如果被保险人首先向第三者请求赔偿并获得损失赔偿,被保险人就不能再向保险人索赔。

6. 财产保险适用重复保险分摊原则

这与财产保险业务中发生的重复保险密切相关。重复保险分摊原则是指投保人向多个保险人重复保险时,投保人的索赔只能在保险人之间分摊,赔偿金额不得超过损失金额。在重复保险的情况下,当发生保险事故,对于保险标的所受损失,由各保险人分摊。如果保险金额总和超过保险价值的,各保险人承担的赔偿金额总和不得超过保险价值。这是补偿原则在重复保险中的运用,以防止被保险人因重复保险而获得额外利益。

(二)家庭财产保险

家庭财产保险是以城乡居民为保险对象的一种火灾保险。在了解家庭财产保险之前,首先要了解火灾保险及其历史发展。

火灾保险,简称火险,是指以存放在固定场所并处于相对静止状态的财产物资为保险标的的一种财产保险。作为财产保险中最常见的一种业务来源,火灾保险的产生要晚于海上保险,早于工业保险与汽车保险等。需要指出的是,火灾保险是历史遗留下来的一种险别名称,它在产生之初因只承保陆上财产的火灾危险而得名,但后来却发展到了承保各种自然灾害与意外事故。因此,就保险责任而言,早已超出了当初火灾保险的范围,不过,保险界仍然保留着对此类业务的传统叫法。

家庭财产保险作为与企业财产保险相对应的另一类火灾保险业务,实际上是由若干具体的险种构成,并在经营实践中呈现出如下特点:

第一,业务分散,额小量大。城乡居民均是以家庭或个人为单位的,不仅居住分散,而且物质财产的积累有限。每一户城乡居民家庭都是保险人的一个展业对象和潜在的保险客户来源。因此,家庭财产保险业务是一种分散性业务,其单个保单的承保额不高,但业务量却很大。

第二,危险结构有特色。家庭财产面临的主要是火灾、盗窃等危险,这种危险结构与团体火灾保险有着巨大的差异。因此,保险人需要有针对性地做好危险选择与防损工作。

第三,保险赔偿有特色。一方面,家庭财产保险的赔案大多表现为小额、零星赔案,需要投保人投入较多的人力来处理;另一方面,保险人对家庭财产保险的理赔一般采取有利于被保险人的第一危险赔偿方式。这种方式将被保险人的财产价值视为两个部分:第一部分为保险金额部分,也是保险人应当负责的部分;超过保险金额的即为第二部分,它由被保险人自己负责;凡保险金额内的损失全部由保险人负责赔偿,而不需要像团体火灾保险那样按照保险金额与投保财产实际价值的比例分摊损失。

第四,险种设计更具灵活性。家庭财产保险业务面向普通的城乡居民,为满足他们的不同需要并使险种真正具有吸引力,保险人不仅提供普通家庭财产保险,往往还推出具有还本性质的家庭财产两全保险和家庭财产长效还本保险,以及综合承保财产损失与有关责任的保险等。因此,城乡居民的投保选择机会较多。

1. 普通家庭财产保险

该险种对属于被保险人所有的相对静止状态下的财产物资进行承保,但不包括一些贵重物品、有价证券、技术资料等资产。保险责任也比较宽泛,基本上包括了火灾、爆炸、冰石、地震等各种自然灾害,但不包括战争、军事行动或暴力行为等带来的损害。普通家庭财产保险是采取交纳保险费的方式,保险期限为一年,从保险人签发保单零时起,到保险期满24时止。没有特殊原因,中途不得退保,保险期满,所交纳的保险费不退还,继续保险需要重新办理保险手续。

普通家庭财产保险的保险费各省、自治区有差别,一般每千元财产交1元,附加盗窃险为每千元财产2元。年年都要续保,保户感到麻烦,同时也时常担心到期未及时办理续保而遭灾得不到经济保障。

2. 家庭财产两全保险

它的承保范围和保险责任与普通家庭财险相同,家庭财产两全保险具有灾害补偿和储蓄的双重性质。投保时,投保人交纳固定的保险储金,储金的利息转作保费,保险期满时,无论在保险期内是否发生赔付,保险储金均返还投保人,这样家庭财产和保险储金即获得两全。

家庭财产两全保险的赔付情况与普通家庭财产保险不同。首先,在一个年度内赔款数额没有达到保险金额,本年度保险公司仍然承担余下保额的保险责任;其次,在同一保险年度内,不论一次或多次出险,只要保险公司累计赔付达到保险金额,该保险年度的保险责任即告终止。

3. 长效还本家庭财产保险

长效还本家庭财产保险结合了普通家庭财产保险和家庭财产两全保险二者的特点。投保此类保险时,保户交给保险公司的保费作为"储蓄金",当保险期满时,只要不申请退保,上一期的"储金"可以作为下一期的"储金",保险责任继续有效,如此一直延续下去,直到发生保险事故或者保户要求退保为止。由于这种保险的实际有效期较长,不可预测的经营风险较大,所以保险公司往往在保险合同中保留保险公司终止合同的权利。

4. 附加盗窃险

盗窃是城乡居民面临的一项主要危险,但因其性质特殊,保险人一般不在基本险中承保,而是列为附加责任,由保险客户选择投保。不过,多数城乡居民投保家庭财产保险时均会选择附加盗窃保险。因此,盗窃保险虽然是一项附加责任,却又是家庭财产保险中的重要内容。只要加保了附加盗窃险,保险人就对存放于保险地址室内的保险财产因遭受外来的、有明显痕迹的盗窃损失负赔偿责任,但对被保险人及其家庭成员、服务人员、寄居人员的盗窃或纵容他人盗窃所致保险财产的损失不负责任。同时,还有两条规定:一是被保险人在保险财产遭受保险责任范围内的盗窃损失后应当保护现场,向当地公安部门如实报案,并及时通知保险人,否则,保险人有权不予赔偿;二是对赔款后破案追回的保险财产,应当归保险人所有,如果被保险人愿意收回该项财产,就需退还赔款,保险人则对被追回财产的损毁部分按实际损失给予赔偿。

（三）汽车保险

汽车保险已成为我国财产保险业务中最大的险种。随着经济的发展,我国汽车数量不断增加,汽车保险的保额也在不断提高。由于道路交通情况复杂、车辆行驶速度快或受自然灾害影响等,车辆极易发生意外事故,从而导致车辆损坏、财产损失或人员伤亡。

1. 汽车保险概述

(1) 汽车保险的内涵。汽车保险在我国又称为机动车辆保险,是以汽车车辆本身及其第三者责任为保险标的,保险人负责赔偿被保险人因自然灾害或意外事故所造成的汽车车辆损失及对第三者经济责任的一种运输工具保险。其保险标的不仅包括各类型的汽车,而且包括电车、电瓶车、摩托车、拖拉机、专用机械车、特种车等。

(2) 汽车保险的险种和特点:

① 汽车保险的险种。我国机动车辆保险分为基本险和附加险。基本险包括第三者责任险(简称"三责险")和车辆损失险(简称"车损险")。投保人可以选择两者一起投保,也可以只投保第三者责任险。第三者责任险属于法定保险,一般采用强制投保的方式。

② 汽车保险的特点。我国机动车辆保险的主要特点有:属于不定值保险,赔偿方式主要采用修复,赔偿中采用绝对免赔额(率)方式,采用无赔款优待方式,适用代位追偿原则。

2. 机动车辆保险基本险

(1) 车辆损失险。车辆损失险是指保险人对因自然灾害或意外事故造成的车辆自身的损失进行赔付。这是汽车保险中最主要的险种,也是用途最广泛的险种,花钱不多,却能获得最大的保障。一般来说,对于进口车、国产车,如果购车年份不长,或者驾驶者驾驶技术或驾驶习惯对车辆安全不能提供较高的保障,最好购买此类保险。否则,一旦车辆发生意外碰撞,修理费得自己掏腰包,这是一笔不小的支出。

(2) 第三者责任险。

① 保险责任。第三者责任险是承保被保险人或其允许的合格驾驶员在使用被保险车辆时,因发生意外事故导致第三者遭受人身伤亡或财产的直接损毁,依法应当由被保险人支付的赔偿金额,保险人依照《道路交通事故处理办法》及保险合同的规定给予赔偿。

② 除外责任。除外责任,又称责任免除,是指保险人依照法律规定或合同约定,不承担保险责任的范围,是对保险责任的限制。第三者责任险的除外责任包括车辆损失保险原因除外的全部原因所引起的对第三者的赔偿责任,此外还包括:被保险人或其允许的驾驶员所有或代管的财产的损失,本车上的一切人员伤亡和财产损失,车辆所载货物掉落、泄漏造成的人员伤亡和财产的损失等。

③ 保险金额。根据车辆种类选择保险金额。我国机动车辆一般分为几个档次:5万元、10万元、20万元、50万元、100万元和100万元以上,最高不超过1000万元。但在实际保险合同的签订过程中,赔偿限额超过一定的金额,要与保险公司协商,经双方同意后投保。

3. 机动车辆保险附加险

机动车辆保险附加险是机动车辆保险的重要组成部分,它是针对车辆损失险和第三者责任险的部分免除责任设计的。第一,全车盗抢险、玻璃单独破碎险、自燃损失险、新增加设备损失险,是车辆损失险的附加险,必须先投保车辆损失险后才能投保这几个附加险。第二,车上责任险、无过错责任险、车载货物掉落责任险,是第三者责任险的附加险,必须先投保第三者责任险后才能投保这几个附加险。第三,必须先同时投保车辆损失险和第三者责任险后才能投保不计免赔特约险。

（四）责任保险

责任保险是保险人以被保险人的民事损害赔偿责任为保险标的的保险。不论企事业单位、团体或个人，在进行各种生产经营活动或日常生活中，由于疏忽、过失等行为造成他人的损害、依法由致害人承担经济赔偿责任。法人或自然人可以根据自己的需求，投保有关的责任风险，把自己应承担的责任风险，转嫁给保险人，由保险人负责经济赔偿责任。责任保险主要应包括公众责任保险、产品责任保险、雇主责任保险、职业责任保险、环境责任保险。

1. 公众责任保险

公众责任保险又称普通责任保险或综合责任保险，它以被保险人的公众责任为承保对象，是责任保险中独立的，使用范围最广的保险类别。从最早的1885年英国铁路乘客保险公司开办铁路承运人责任保险到现在，西方发达国家的公众责任保险已经发展了百年之久，这项保险制度不仅早已深入民心，并且许多国家和地区已经把公众责任保险列为法定的保险项目之中。

2. 产品责任保险

产品责任保险承保的产品责任是以产品为具体指向物，以产品可能造成的对他人的财产损失或人身伤害为具体承保危险，以制造或能够影响产品责任事故发生的有关各方为被保险人的一种责任保险。产品责任保险最早始于1910年前后的英、美等国保险市场上的毒品责任保险。起初，产品责任保险主要承保与人体健康直接有关的产品，如食品饮料、药品等。其后逐渐扩展到轻纺、机械、石油、化工、电子等各个行业的产品均可投产品责任保险。

3. 雇主责任保险

雇主责任险是以被保险人的雇员在受雇过程中遭受意外而致受伤、死亡或患职业性疾病，被保险人根据法律或雇用合同所应承担的经济赔偿责任为保险标的的责任保险。

4. 职业责任保险

职业责任保险又称为职业赔偿保险或业务过失责任保险，它是由提供各种专业技术服务的单位（如医院，会计师事务所等）投保的团体业务，个体的职业技术工作的职业责任保险通常由专门的个人责任保险来承保。由于医生、会计师、律师、设计师、工程师、代理人等专业技术工作者都存在着职业责任风险，所以目前的西方国家，职业责任保险已成为普及性的保险项目，为上百种职业技术工作提供保险保障。但最主要的职业责任保险，不外乎以下四种：医疗职业责任保险；律师责任保险；建筑工程设计责任保险；会计师责任保险。

5. 环境责任保险

环境责任保险是由公众责任保险发展而来的，它是以被保险人因污染环境而依法应承担的赔偿责任作为保险对象的保险，且保险对象通常仅限于因自然灾害或意外事故等突发性事件所造成的人身伤亡、财产损害等经济性损失。

6. 个人责任保险

个人责任，即自然人或其家庭成员因其作为或不作为而对他人的身体及财物造成损害并依法应负的经济赔偿责任。个人责任保险主要承保私人住宅及个人在日常生活中所造成的损害赔偿责任。任何个人或家庭都可以将自己或自己的所有物（动物或静物）或能造成损害他人利益的责任风险通过投保个人责任险而转移给保险人。主要的个人责任保险有住宅责任保险、综合个人保险和个人职业保险等。

第三节 制订保险规划方案

保险规划是理财规划的一部分,它针对人生中的风险进行定量分析,做出适当的财务安排,避免风险发生时给生活带来的冲击。保险规划的目的在于通过对个人或家庭经济状况和保险需求的全面分析,帮助自己在人生的各个阶段选择合适的保险产品,保障财务稳定性,减少财务上的较大损失。具体而言,保险规划有两层意思:第一就是利用保险产品的保障功能,来管理理财过程中的人身风险;第二就是保险本身附带的理财功能。

一、基本原则

保险规划应遵守以下几项基本原则:

(一) 保费支出量力而行

保费的支出要根据个人家庭收入的支出和保险需求的多少等因素来确定,不能一概而论。通常来说,一个家庭每年的保费支出应以家庭年收入的10%为宜。保费太少,可能购买不到足够的保险;保费支出过多,则会影响家庭的生活质量。

(二) 保险金额恰到好处

与保费支出一样,保险金额(主要指保障型保险的保险金额)也要根据家庭的具体情况而定。通常,确定保险金额有如下几种方法,生命价值法、家庭需求法、倍数法等。这几种方法各有特点和利弊,有的考虑了一般投保经验,有的则需要在进行科学分析后确定。

1. 生命价值法

生命价值法是以一个人的生命价值做依据,来考虑应购买多少保险金额。可以分成3个步骤:估计被保险人以后的年均收入;确定退休年龄;从年收入中扣除各种税收、保费、生活费等支出,剩余的钱假设贡献给他人,这些钱就是被保险人的生命价值。

2. 家庭需求法

人身保险以所缴付的保险费占年收入的比例、人寿保险金额、意外保险金额、住院医疗保险这4项指标作为规划的依据。

3. 倍数法

所谓倍数法,其实是一种经验总结,是以家庭年收入的数额来计算家庭所需保障划金额,其优势是简单明了,操作方便。根据家庭状况的不同,方法不同。

(1) 双十定律。"双十定律"是目前最为常用的简易确定保险保额的参考原则。所谓"双十定律",指的是"保险金额确定为家庭年收入的10倍"及"总保费支出为家庭年收入的10%为宜"。

(2) 7-7法。7-7法指一个标准家庭大约需要某个主要家庭成员(家主)7年薪水的70%,才能缓解由于他或她身故所带来的经济压力,因此用此经验方法来估计家庭的人寿保险需求,即

$$\text{保险金额} = \text{被保险人当前年收入} \times 7 \times 70\%$$

(三) 保险对象"先大人后孩子"

有些人在投保时认为,孩子的抗风险能力弱,应该先给孩子投保。但是,"皮之不存,毛将焉附",父母作为家庭的经济支柱,往往比孩子更需要保障。因为只有父母健康,才能保障家庭有持续的收入,孩子才能正常地生活和成长。因此,为了能够在金融危机中保障家庭安全,先给大人投保是最有必要的。

(四) 保险类型"先保障后投资"

从功能上分,保险分为两类:保障型和投资型。前者一般可以较低的保费投入取得较高的保额保障,而后者的主要功能是投资,其保障功能一般较为简单,且保额较低,不能很好地体现保险的"保障"功能。所以,在购买保险时,应根据自己的需要进行选择。在全球金融震荡的形势下,各种不可预测的情况较多,因此应将保障功能作为购买保险产品的主要目标,在满足了最基本的保障型保险需求后,再根据自身和家庭情况适当进行投资型保险的配置;另一方面,一些投资型保险的风险较大,因此投保这类保险前应慎重考虑。

(五) 有效利用附加险提高综合保障

在主险保障不能完全满足被保险人需求时,可添加附加险以实现保障程度的提高。如在重疾险中可附加投保人保费豁免,当投保人不幸身故或全残,无力继续缴纳保费时,保险公司将豁免所有未缴保费,被保险人还可以继续享有保障。

二、需求分析

保险规划就是从个人的实际需求出发,分析个人在人生的不同发展阶段所面临的风险,来制订个性化的保险规划。人生的每一个阶段,由于其收入水平、所负责任、身体状况的不同,其所需保险的种类和保额也不相同。掌握了客户在不同的生命周期的不同需要,可以帮助理财规划师尽可能快地捕捉客户的保险需求。

对保险的需求最为迫切的人群,主要有以下5类:

(1) 中年人。主要是指40岁以上的工薪人员,他们要考虑退休后的生活保障,就必须考虑给自己设定足够的"保险系数",使自己的晚年生活获得充裕的物质保障。

(2) 身体欠佳者。目前,我国在原有的职工负担一部分医疗费、住院费的基础上,要适当加大职工负担的比例。这对于身体不好的职工来说,与公费医疗时相比,无疑是天壤之别,因而他们迫切需要购买保险。

(3) 高薪阶层。由于这部分职工本身收入可观,又有一定量的个人资产,加之自然和不可抗力的破坏因素的存在,他们也急于寻找一种稳妥的保障方式,使自己的财产更安全。

(4) 岗位竞争激烈的职工。主要指外资企业、民营企业的高级雇员,他们面临着比一般人更大的工作量,且工作富于挑战性,所以,他们比一般人更有危机感,更需要购买保险,以

给自己找到一种安全感。

（5）少数单职工家庭。单职工家庭经济状况一般都不富裕，家庭都无法承受太大的经济压力，因而，单职工家庭也迫切需要购买保险。

三、规划步骤

保险规划主要有以下几个步骤：

（一）确定保险需求

进行保险规划制订的第一步就是要分析自身面临的潜在风险及相应的损失类型，有的放矢地确定自己的保险需求。保险需求的确定应该从以下三个方面入手：

首先，明确自己现有的、可利用的保障方式。如现在个人和家庭的经济收入和未来收入的预计、其他储蓄及财产、现有福利或保单，分析自己面临的潜在风险，并考虑是否可用控制型的风险管理方式进行处理。

其次，明确需要投保的风险。对个人或家庭的日常开销、债务负担等做出估算，进行投保预算，确定投保目的。

最后，确定保险标的和保险利益。明确具体的投保对象，是人的生命、身体，还是具体的物质财产、责任、信用，并确认是否对保险标的具有法律上承认的经济利害关系，即保险利益。

（二）选择保险产品

人们在生活中面临的风险主要可以归纳为人身风险、财产风险和责任风险。而同一个保险标的，会面临多种风险。所以，在确定保险需求和保险标的之后，就应该在众多的保险产品中进行价格和功能的比较和判断，选择准备投保的具体险种，还可以在保险项目上进行适当组合，从而得到全面的保障。要注意的是，财产保险和医疗费用保险应避免重复投保。

（三）确定保险金额

保险金额是当保险事故发生时，保险公司赔偿或给付的最高金额，也是保险公司收取保险费的计算基础。一般来说，保险金额的确定应该以财产的实际价值和投保人的缴费能力为依据。财产保险中保险价值等于保险金额是足额保险，保险金额低于保险价值是不足额保险。保险标的发生部分损失时，保险公司按保险金额与保险价值的比例赔偿。保险金额超过保险价值是超额保险，超过保险价值的保险金额无效。因此，在进行保险规划时要结合保险标的的特性，来确定合理的保险金额。

（1）财产保险的保险金额。对于一般财产，如家用电器、交通工具等财产保险的保险金额由投保人根据可保财产实际价值自行确定，也可按照重置价值来确定；对于特殊财产，如古董、珍藏等，则要请专家评估。购买财产保险时可以选择足额投保，也可以选择不足额投保。

（2）人身保险的保险金额。生命无价，人的价值很难估量，可以从实际需求和缴费能力来确定保险金额。根据性别、年龄、配偶的年龄、月收入、月消费、银行存款或其他投资项目、银行的年利率等，计算虚拟的"人的价值"。目前，对"人的价值"的评估方法主要有生命价值法、财务需求法、财产保存法等。但是,通过这些方法计算出来的"人的价值"并非一成不变的,每年都需要运用这些方法对"人的价值"进行重新计算,以便调整保额。

(四)确定保险期限

在确定保险金额后,就可以根据自身的实际情况来选择合适的保险期限。对于财产保险、意外伤害保险、健康保险等保险品种而言,一般多为中短期保险合同,如半年或者一年,但是在保险期满后可以选择续保或者停止投保。对于人寿保险而言,保险期限一般较长,如15年、20年、30年,甚至是终身。在制订保险规划时应该将长短期险种结合起来考虑,此外,也要选择合适的缴费时间,与投保人的经济收支状况、承受能力,以及投保人所追求的付出与保障的需求相匹配。

(五)确定保险公司

购买保险不同于购买一般商品。保险真正发挥作用是在未来发生保险事故造成损失的时候,所以需要认真阅读保险条款,尤其关注保险公司的售后服务和理赔声誉,这是及时获得保险赔偿的基础。一般可以从资产结构、偿付能力、信用等级、管理效率、服务质量、从业人员的专业化程度等几个方面来评价保险公司的好坏。

(六)保险规划的动态调整

随着时间的流逝,家庭会发生变化,财务状况也会改变,面临的风险也会不同。相应地,家庭保险的组合就需要进行调整。如果变化比较大,需重新评估,以确保保险计划跟上实际的需要。每个人的财务收支、财产结构、身体状况、家庭责任、家庭结构以及外部经济环境等因素都在不断变化,都会影响保险需求和已有保险的效率,所以我们需要对保险规划做出实时调整,并保持保险合同的安全性、有效性、合理性。

本 章 小 结

◆内容摘要

传统观念认为,所谓风险是指由于不确定性因素的存在而使经济主体遭受损失的可能性。在保险学界风险被定义为,风险是客观存在的未来损失发生的不确定性。

风险的构成要素包括风险因素、风险事故、风险损失、风险载体四个方面。风险因素导致风险事故的发生,引起风险损失,并由风险载体承受风险损失。

在日常生活中客户个人及其家庭面临的主要风险包括人身风险、财产损失风险、责任风险和信用风险。

风险管理是指通过对风险识别和衡量,采用必要且可行的经济手段和技术措施对风险加以处理,从而以一定的成本实现最大的安全保障的一种管理活动。风险识别和风险评估是风险管理的基础,合理利用风险管理手段是风险管理成败的关键。

关于保险的概念,至今国内外学者见解不一,但对保险的解释一致的观点是从经济的角度和法律的角度进行解释。

国际上,保险的基本原则有:保险利益原则、最大诚信原则、近因原则、损失补偿原则以及由补偿原则派生出来的代位原则和分摊原则。这些原则是保险活动的基本准则,贯穿于保险业务全过程,是保险双方均要遵守的。

保险规划是个人理财规划的一部分,它主要在个人保险领域,通过定量分析客户保险需求的额度,帮助客户选择合适的保险品种、期限及保险金额,以避免风险发生时给个人及家庭生活带来冲击,从而提高客户的生活质量。

在为客户进行保险规划的时候,会面临一些风险,这些风险包括未充分保险的风险、过分保险的风险、不必要保险的风险等。

◆**关键词**

风险　可保风险　保险金额　人身保险　财产保险

◆**思考题**

1. 什么是保险?
2. 个人合理的保险金额如何确定?
3. 人寿保险有哪些类型?各类型分别有什么特点?
4. 结合自己所处的人身阶段,分析自身保险需求。
5. 相较于其他金融理财方式,保险理财有何优势?
6. 保险规划如何进行动态调整?

暑假时张先生开车带着家人去郊外野餐,午餐时突然发生爆胎。张先生考虑应该是由于轮胎气充的太足,在太阳暴晒后才会发生爆胎。张先生给车买的是全险,于是他立刻向保险公司报案,想让保险公司进行赔偿。没想到保险公司的查勘员告诉他轮胎是除外责任,不能理赔。张先生很不解,全险难道不是全车都提供保障意思?

请问:全险的保险责任到底是什么?

训练一:45岁的陈先生是家里的顶梁柱,儿子刚刚上高中,妻子内退回家后做了全职家庭主妇,他们住在陈先生父母给予的房子。家庭年收入约25万元,家庭月开销5000元,家庭有现金3万元,存款85万元,基金及股票20万元,拥有一套还未还完贷款的住房。由于陈先生从事的是建筑工作,经常出入建筑工地风险较大,陈先生希望能和妻子拥有充足的养老与医疗保障,希望当自己万一发生意外后,孩子能顺利完成学业,同时为小孩3年后上大学准备学费,有可能的话,想10年内为孩子买一套价值100万元左右的房子。请为陈先生制订保险规划。

训练二:23岁的王小姐在某私营企业从事行政工作,每月税后收入5000元左右,公司除工资奖金外每月还帮她缴纳"四金"。工资每年可涨8%,年终有2万元年终奖。目前王小姐有2万元的活期存款和1万元左右的股票。王小姐目前在外租房,每月生活费需花费3000元,王小姐希望拿一部分钱来购买与养老和医疗费相关的保险产品。请为王小姐制订保险规划。

第八章　投资规划

- 理解投资的概念,了解各类金融投资市场参与者的行为
- 了解常见金融投资产品的基本特点
- 掌握有关金融投资规划的基本常识
- 熟悉正确的投资理念及其基本投资策略
- 掌握金融投资过程中常见金融投资工具的应用
- 掌握比较常见的金融投资根据的投资技巧
- 掌握创业投资规划的方法

第一节　投资规划概述

购买彩票算不算投资

判断购买彩票是不是投资,关键看这种活动能否在未来增值或者获得收益。通过分析购买彩票的支出和收益,可以很容易地回答这个问题。如某期双色球彩票投注者获奖合计为 98981125 元,而当期投注额累计达到 245484314 元。也就是说,投资者每投注 1 元钱,预期只能收回 0.40 元,亏损 60%。因此,彩票投注者作为总体是亏损的。事实上,彩票销售收入大部分要用于相关的公益事业,剩下部分才作为奖金返还给彩民。因此,购买彩票的行为是种公益行为,可视为捐赠,而不是我们这里所说的投资。当然,对于单个人而言,可能因为中大奖而获得较高的回报率,但是这种概率极低,投资者切不可因为某个中奖者的高额回报而忽略了购买者整体的回报率问题。

一、投资概述

（一）投资的含义

从经济学的角度看，投资是指牺牲或放弃现在可用于消费的价值以获取未来更大价值的一种经济活动。消费与投资是一个相对的概念。消费是现在享受、放弃未来的收益；投资是放弃现在的享受，获得未来更大的收益。因此，简单来讲，本金在未来能增值或获得收益的所有活动都可称为投资。至于投资的资本来源，它既可以是通过节俭的手段增加，如每个月工资收入中除去日常消费等支出后的节余，也可以是通过负债的方式获得，如借入贷款等方式，还可以采用保证金的交易方式以小搏大，放大自己的投资额度。

（二）投资的分类

按照投资投入行为的直接程度，投资可分为直接投资和间接投资。

1. 直接投资

直接投资是指投资者将货币资金直接投入投资项目，形成实物资产或者购买现有企业的投资。通过直接投资，投资者便可以拥有全部或一定数量的企业资产及经营的所有权，直接进行或参与投资的经营管理。

直接投资包括对现金、厂房、机械设备、交通工具、通信、土地或土地使用权等各种有形资产的投资和对专利、商标、咨询服务等无形资产的投资。其主要形式有：① 投资者开办独资企业，直接开店等，并独自经营；② 与当地企业合作开办合资企业或合作企业，从而取得各种直接经营企业的权利，并派人员进行管理或参与管理；③ 投资者投入资本，不参与经营管理，必要时可指派人员担任顾问予以指导；④ 投资者在股票市场上买入现有企业一定数量的股票，通过股权获得全部或相当部分的经营权，从而达到收购该企业的目的。

2. 间接投资

间接投资是指投资者以其资本购买公司债券、金融债券或公司股票等各种有价证券，以预期获取一定收益的投资。由于其投资形式主要是购买各种各样的有价证券，所以也被称为证券投资。

直接投资与间接投资同属于投资者对预期能带来收益的资产的购买行为，但两者有着实质性的区别，主要体现在投资者是否参与投资项目的经营管理。直接投资的投资者拥有全部或部分企业资产及经营的所有权，可以直接参与投资项目的经营管理；间接投资的投资者除股票投资外，一般只享有定期获得一定收益的权利，而无权干预被投资对象对这部分投资的具体运用及其经营管理决策。

直接投资和间接投资还有着非常密切的联系。通过间接投资，可以为直接投资筹集创业所需资本，并监督、促进直接投资的管理。可以说，直接投资的进行必须依赖间接投资的发展；而直接投资对间接投资也有重大影响，这主要是企业的生产能力的变化会影响到投资者对该企业发行的证券前景的预期，从而使间接投资水平发生波动。

通过分析我们也可以看出，由于直接投资的性质、特征和要求，对于个体投资者而言，大多数投资还是通过金融中介进行的间接投资。当然不排除部分直接投资行为。

(三) 金融体系中的投资部门

客户个人的投资行为往往是通过金融体系中的投资部门实现的。我们有必要对金融体系以及金融体系中的投资部门有一个基本认识。

按照全球通行的划分方法,通常将金融业务分为四大部门:

(1) 商业银行业务。主要提供传统的金融服务,如存贷款业务,包括面向个人的零售业务和针对机构的公司业务。按照目前的发展态势,商业银行正日益发展成为综合性的营销平台。

(2) 保险业务。提供寿险和非寿险产品,用于客户的风险管理需求。

(3) 证券业务。既涉及一级市场上的投资银行业务,也涉及二级市场上的经纪业务,与个人投资有关的主要是经纪业务。

(4) 资产管理业务。狭义上就是指投资管理业务,如证券投资基金的管理广义上包括全面的资产管理服务。目前,世界上的资产管理业务主要包括基金管理、养老金管理、保险资产管理和私人客户资产管理等。

这四大业务部门并不孤立存在,而是紧密联系的。在混业经营的大背景下,往往是一家金融机构或者一家金融控股集团同时经营多种业务。就证券投资而言,目前我国向公众客户专门提供投资管理服务的机构主要是基金管理公司和信托公司。

二、投资规划

(一) 投资规划的概念

投资规划是根据客户的投资目标和风险承受能力,通过为客户制订合理的资产配置方案和构建投资组合,来帮助客户实现理财目标的过程。投资规划不完全等同于投资。投资更强调创造收益,而投资规划更强调实现目标。因此,投资的技术性更强,要对经济环境、行业、具体的投资产品等进行细致分析,进而构建投资组合以分散风险、获取收益。投资规划的程序性更强,要利用投资过程创造收益来满足客户的财务目标。

单就一个特定投资行为来说,我们考查的往往就是该投资的投入、收益、风险等要素,在这一过程中,往往要运用特定的投资技术,如股票估值方法。投资规划往往假定已经有其他专业人士提供了投资技术或者全面的投资管理服务之后,如何在合理假定(最重要的是收益率的假定)下,使用这种服务来完成客户的投资目标。如果一名理财规划师具备足够丰富的投资分析能力,他当然也可以自己提供投资管理服务,并全面进行投资规划。在实际工作中,往往并不要求理财规划师做到这一点,只需对投资工具和投资分析技术有基本了解就可以,工作的中心在于"规划"。

既然投资规划强调目标性,我们就要对客户的目标进行分析,这里同样要强调投资目标与投资规划目标的差异。投资目标主要有两个,追求当期收入,或者追求资产增值,也可能是两者的结合。只是实现的当期收入或者资产的增值用在何处,并无明确的目标。而投资规划往往是在既定的目标约束下实施投资行为,这些目标具体而言就是资金需求,如子女高等教育费用、购房款、重大旅游计划费用、退休养老生活费等,是对应于生活需要的,有一定时间和金额的特定要求。投资规划通常针对不同的客户以及不同的投资目标单独设计,因而具有较为明显的个体性特征,要量身定制。

（二）投资规划与理财规划

理财规划一般涉及现金规划、消费支出规划、子女教育规划、风险管理规划与保险规划、投资规划、税收筹划、退休养老规划、财产分配与传承规划等内容制订具体投资规划。首先，投资规划是理财规划的一个组成部分，理财规划师需要为客户制订具体投资规划方案。每个单项规则可以解决某方面的具体问题，但仅仅依靠单项规划并不能全面实现客户的理财目标，因此，理财规划方案必须是一个全面综合的整体性方案。如果把整个理财规划看作一个拼图，各具体的规划就是构成整个拼图的分块，那么要完整地完成这个拼图，其中任何一块都是必不可少的，并且各部分要很好地结合才能成为一幅完美的图画。其次，也更为重要的是，投资是实现其他财务目标的重要手段。如果没有通过投资实现资产增值，客户可能没有足够的财力资源来完成诸如购房、养老等生活目标。因而，投资规划对于整个理财规划都有重要的基础性作用。

三、投资规划的流程

理财规划师要从整体上掌握整个投资规划的流程，对于各个阶段要做的工作和要实现的目标有清晰的认识，以便开展具体的投资规划活动。从理财规划师的工作步骤来看，整个投资规划可以分为五步，即客户分析、资产配置、证券选择、投资实施和投资评价。

（一）客户分析

在这个阶段，理财规划师要通过对客户各方面信息的分析，协助客户确定投资目标。为此，理财规划师要全面掌握客户的信息，尤其要对与投资规划相关的信息进行详细分析，准确地判断客户的风险承受度和投资偏好，分析客户可用于投资资金的性质以协助客户确定一个可行的合理目标。

（二）资产配置

资产配置主要根据客户的投资目标和对风险收益的要求，将客户的资金在各种类型资产上进行配置，确定用于各种类型资产的资金比例。首先是战略资产配置：主要是指在较长的投资期限内，根据各资产类别的风险和收益特征以及投资者的投资目标，确定资产在证券投资、产业投资、风险投资、房地产投资、艺术品投资等方面应该分配的比例，即确定最能满足投资者风险——回报率目标的长期资产混合。其次是战术资产配置，即根据市场具体情况，对资产类别混合作短期的调整。这是一种更短期的安排，它存在增加长期价值的潜在机会，但同时表现出很大的风险。战略资产配置和战术资产配置的时间期限长短是相对而言的，通常认为战术资产配置短于2年。实际操作中，主要根据客户的投资目标来配置资产。

（三）证券选择

顾名思义，理财规划师要对市场上可以选择的证券类投资工具进行分析，综合运用各种投资组合技术，确定各种证券的投资比例，为客户确定出合适的投资组合。具体来说，目前中国市场上可用的证券投资工具主要有：股票、债券、基金、金融衍生产品、外汇、黄金等。理财规划师要根据资产配置阶段所确定的投资比例,综合运用各种投资技术,对具体的股票、债券、基金等做出选择,形成符合要求的股票组合、债券组合、基金组合等,最终形成一个完整的投资组合。这部分对于理财规划师的技术性要求较高,理财规划师不仅要全面了解金融市场上存在的各种投资工具,掌握他们的风险收益状况,而且要对相应的分析技术有所了解。

四、树立正确的投资观念

正确的投资观念是任何投资规划的起点。如果没有正确的投资观念,任何投资技巧都难以发挥作用。理财规划师自己首先要树立正确的投资观念,并且将这种观念贯彻于整个投资规划制订过程中。

投资的基本考量因素是收益和风险,通常认为高收益是对高风险的一种补偿,而为了追求高收益,我们通常要承受高风险。不仅如此,我们还需要关注另外两个重要的因素:投资成本和投资期限(时间)。良好的投资习惯应该尽量降低交易成本,避免情绪化的交易、高频率的买卖,以及频繁追涨杀跌等非理性行为。

投资的期限对于投资规划是一项重要的约束。一个正常的资本市场应该是短期波动、长期创造收益的市场,即资本市场应该只有短期风险,而不应有长期风险。如果投资期限较短,应以固定收益投资为主,如果投资期限较长,应增大股票投资比例,获得良好的预期收益。所以,投资的本质不是单纯追求收益,不能仅仅考虑收益和风险,投资追求的是成本、收益、风险、时间这四个维度的完美结合。

（一）收益和风险均衡的观念

收益与风险是对孪生兄弟。从理论上来说,收益的放大是以风险程度提高为代价的,遵循"风险与收益平衡"的原则,即收益越高的投资风险也越大。但是,我们要明确的是,任何投资都是有风险的,只是大小程度不同而已。分散化投资只能减小非系统性风险,投资的系统性风险是不可能通过分散化投资而消除的。在一个有效的市场上,投资者能做到最好的就是取得和市场一致的"收益-风险"平衡。对于一般投资者来说,投资的安全性更为重要。因而,理财规划师在为客户制订投资规划的时候,一定要考虑客户的风险偏好、风险承受能力,根据客户具体情况为其"量身定做"投资规划方案。

（二）长期的观念

长期投资的观念是理财致富的重要条件。投资是对未来的一种信念,任何投资决策的制订都是基于对该投资项目未来收益的良好预期。例如,我们之所以进行股票和债券投资是因为我们相信经济会长期繁荣,金融市场会健康发展。任何投资都会有一定的投资期限,一般认为只有在较长的时间内才可以剔除由于投机引起的市场波动。因此,只有长期的投资才最有可能获得预期的投资回报,才最有可能避免证券市场短期波动引起的额外风险,长期投资的风险与收益才最接近市场的风险和收益。

【分析案例】8.1

> 美国某名人死于1790年,他在自己的遗嘱中写道,他将分别向波士顿和费城捐赠1000美元,捐款将于他死后200年再付出。1990年时,付给费城的捐款已经变成200万美元,而给波士顿的已达到450万美元,分别为最初捐款的2000倍和4500倍。然而,如果计算这两笔投资的复利收益率,结果与我们的估计可能相差甚大。费城捐款在这200年间的年收益率仅为3.87%,而波士顿捐款的年收益率仅为4.30%。这样的收益率也许仅仅相当于美国国债的收益率水平,但就是如此微小的收益率水平,持续200年的时间,也能积累起巨额的财富。只有时间足够长,才能够体现时间价值的力量。

有些投资者比较乐于短线频繁操作,以此获取投机差价,特别是在股票投资时,更是喜欢追涨杀跌。事实上,短线进出往往由于支付了大量手续费而得不偿失。投资者应当把握住市场大的发展趋势,顺势而为,将部分资金进行中长期投资,关注长远收益。正如投资大师彼得·林奇所言:"选股不如选时,选时不如选势"。这里的势,其实就是趋势。说的就是不要在乎短期股票价格的波动,要看长期趋势,做好投资,也有长期投资观念。因此,投资是一项长期的、需要耐心的工作。

(三)价值投资的观念

投资者应当把注意力放在投资对象的经济价值方面,而不应寄希望于从短期价格波动中获得价差。以股票投资为例,股票市场的长期上涨应当基于公司的业绩和利润,正是由于有了公司的利润,才有投资者的投资收益。虽然由于市场供求关系的变动会造成价格的短期波动,也有些投资者能够从股票价格的日常波动中发现获利机会,但是对大部分投资者而言,这种机会很难把握,而且风险很大。

(四)成本的观念

任何投资都存在成本。一项投资最基本的成本大体可以分为以下几类:购买成本、交易成本、间接成本、税收成本。此外,还有些无形成本,如机会成本等。任何资产都不是免费的,要获得资产就必须等价交换,这就形成了购买成本。这种成本是一般投资者都会关注的最直接的成本。除了直接的交易成本,进行某些具体投资产品的投资时,还会有些间接的成本费用也需要引起我们足够的关注。比较常见的就是基金投资中的管理费、托管费等。最后还需要考虑的是税收成本,有些投资产品如国债、地方政府债券和金融债券是免税的,但大多数投资都会涉及税收的问题。

投资者进行一项投资的时候,必然会放弃其他的投资机会,此时其他投资机会所能给投资者带来的最大收益就构成了此项投资的机会成本。虽然这种成本在实际投资中较难度量,也容易被忽视,但是有时投资者在投资过程中不得不权衡。以上分析可以看出,投资成本的构成是很复杂的,并不仅仅是购买成本这么简单、直接。所有的投资成本都会影响到投资者的真实投资回报率。投资者要树立全面的成本观念,在进行投资决策的时候需要综合考虑,而不能仅仅根据部分显见成本做出决定。

（五）尊重市场的观念

经济学家凯恩斯有一句名言，投资市场就好比选美赛事。在选美比赛中，人们并不是去选择自己认为最漂亮的那个人，而是去揣测谁最可能被大家认为是最漂亮的。凯恩斯认为，在金融投资中，情况也是如此，人们不应该购买那些自己认为能够赚钱的品种，而应该购买那些大家认为能够赚钱的品种。凯恩斯所推崇的投资理念非常贴切地体现了其尊重市场的良好心态。

虽然一般投资者对于投资品种的选择远没有股票那么复杂，但是，这种观念同样是适用的。投资者对于市场的判断往往只是自己对市场的一厢情愿的看法，忽略了大家对市场的看法。他们钟情于自己的观点，对于市场表现持怀疑态度，等发现市场走向与自己的判断相背离时，已经付出了资金损失的代价。

"市场永远是对的。"那是因为市场走向最终决定于市场中的所有公开信息，市场向某个方向运行总有一定的理由。如果我们分析的因素被市场忽略，那我们发掘的市场机会只能算是潜在机会。而被市场所广泛关注的因素，即使理智分析起来觉得非常不可靠，可它已经成为主导市场的影响因素，就必须引起我们足够的重视。许多著名的投资家如鲍格尔、索罗斯等从不轻言打败市场，他们的秘诀恰恰是尊重市场，及时修正自己的投资策略，通过对投资成本的控制使得投资收益尽量接近市场收益的100%，而不是企图超越市场。

理财规划师不仅仅自己应当树立正确的投资观念，更重要的是要协助客户建立正确的投资观念，使得客户对于投资有一个更加清醒的认识。理财规划师应该与客户进行交流，了解客户已有的投资观念和想法，并且告知相关信息。例如，理财规划师应该帮助客户纠正两种错误的观念：一种是把结余全部放在银行，甚至错误地把存款视为投资，而实际上存款却在不断缩水；另一种是投资某个领域（如股票市场）获益后就不再考虑其他投资工具，最后有可能因无法抵御风险而亏损。个人理财倡导合理分配资产，分散投资，最大化地规避风险，让资金在有价值的投资品种间适当流动，从而保证稳定较高的收益。

第二节　宏观经济分析基础理论

国民经济发展的状况以及对国民经济发展有重要影响的一些因素都将对证券市场发生显著作用。对这些作用，股票投资者和分析者必须做到了然于胸，否则他们就无法做出正确的投资决策。因此，分析宏观经济面的影响，其意义十分重大。宏观经济分析需要重点关注经济周期、宏观经济指标、宏观经济政策等因素对证券市场的影响。

一、经济周期与证券市场的关系

(一)经济周期的含义

也称商业周期、商业循环、景气循环,它是指经济运行中周期性出现的经济扩张与经济紧缩交替更迭、循环往复的一种现象。在影响股价变动的市场因素中,宏观经济周期的变动是最重要的因素之一,它对企业股价走势的影响极大,是股市的大行情。因此,经济周期与股价的关系是投资者不能忽视的。

(二)经济周期的特征

(1) 经济周期不可避免。
(2) 经济周期是经济活动总体性、全局性的波动。
(3) 一个周期由繁荣、衰退、萧条、复苏四个阶段组成,并且是周而复始的一个过程。
(4) 周期的长短由周期的具体性质所决定,近70多年(除了二战)的历史经验表明:通常的经济周期7~9年,也会遇到8~11年。

(三)经济周期的四个阶段

经济周期表现为萧条—复苏—繁荣—衰退—萧条的循环往复的过程,在各个阶段,股市的表现也有很大的差异。

(1) 在经济萧条阶段,信用收缩、消费萎缩、投资减少、生产下降、失业严重、收入减少,悲观情绪笼罩着整个经济领域。在股市中,利空消息满天乱飞,市场人气极度低迷,成交萎缩频创低量,股指不断探新低,一片熊市景象。当萧条到一定时期,人们压抑的需求开始显露,企业开始积极筹划未来,政府为了刺激经济增长,出台放松银根及其他有利于经济增长的政策。由于对经济复苏的预期,一些有远见的投资者开始默默吸纳股票,股价开始缓缓复苏,这一阶段是萧条与繁荣的过渡阶段。各项经济指标显示,经济已开始回升,公司的经营转好,盈利水平提高,因经济的复苏使居民的收入增加,加之良好的预期,流入股市的资金开始增多,对股票的需求增大,从而推动股价上扬。股市的获利效应使投资者对股市的信心增强,更多的居民投资股市,形成股价上扬的良性循环。

(2) 在繁荣阶段,信用扩张、消费旺盛、生产回升、就业充分、国民收入增长,乐观情绪笼罩着整个经济领域。在股市中,投资者信心十足,交易活跃,成交剧增,股价指数屡创新高,当经济繁荣达到过热阶段时,政府为调控经济会提高利率实行紧缩银根的政策,公司业绩会因成本上升收益减少而下降,股价上升动力衰竭。此时股价所形成的峰位往往成为牛市与熊市的转折点。

(3) 繁荣过后就是衰退阶段,国民生产总值开始下降,股价由繁荣末期的缓慢下跌变成急速下跌。由于股市的总体收益率降低甚至低于利率,加之对经济的预期看淡,人们纷纷离开股市,股市进入漫长的熊市。

(4) 根据经济循环周期的判断,衰退期的投资策略以保本为主,投资者在此阶段多采取持有现金(储蓄存款)和短期存款证券等形式,避免衰退期的投资损失,以待经济复苏时再适时进入股市;而在经济繁荣期,大部分产业及公司经营状况改善和盈利增加时,即使是不懂股市分析而盲目跟进的散户,往往也能从股票投资中赚钱。

【资料链接】8.1

表 8.1 二战后美国股市循环与经济循环的时差

股市高峰	经济高峰	时间差距(月)	股市低谷	经济低谷	时间差距(月)
1948.06	1948.07	1	1949.06	1949.10	4
1953.01	1953.03	2	1953.09	1954.08	11
1956.07	1957.01	6	1957.12	1958.05	5
1959.07	1960.01	6	1960.10	1961.02	4
1968.10	1969.01	3	1970.06	1970.11	5
1973.01	1973.03	2	1974.10	1975.04	6
1979.10	1980.1	3	1980.03	1980.07	4
1981.02	1981.07	5	1982.08	1982.11	3

二、宏观经济指标与证券市场的关系

反映宏观经济运行动态的指标主要有国内生产总值及其增长率、通货膨胀、利率水平、汇率水平等。

(一)国内生产总值及其增长率

国内生产总值是指一定时期内在一国领土内生产的全部最终产品和劳务的价值总和,是衡量一国经济发展形势的最中意指标。

国内生产总值增长率应该适度:过高预示经济过热,在某些领域可能造成资源浪费,经济发展难以持续;经济增长率过低则说明经济不景气,可能引起失业率上升,社会不稳定。不同国家所处的经济发展阶段有较大差别,所以经济增长速度差异会很大。中国经济经历长期高增长后正处于向高质量发展的转型之中,但是相对于世界主要经济体,中国经济在未来相当长的时间内仍会维持较高的增长速度。

(二)通货膨胀

通货膨胀就是流通中的货币过多,通货膨胀一般表现为物价水平的持续普遍上涨。按照形成原因划分,通货膨胀主要有需求拉上型和成本推进型两种,另外在实行开放经济的"小国"还存在结构型通货膨胀。

1. 通货膨胀的不同阶段对股票市场的影响

在通货膨胀初期,企业销售收入会增加,同时因为以低价原材料生产的库存产品成本较低,公司利润会有较大幅度的增长。在通货膨胀初期商品价格全面上涨时,生产资料价格一般领涨于其他商品价格,而这些生产资料(如建材、钢铁等)、生活必需品的上市公司的股票上涨领先于其他公司的股票。

在通货膨胀后期,通货膨胀的持续会导致生产要素价格大幅上扬,企业成本急剧增加,上市公司盈利减少,这直接导致市场人气低落。同时因通货膨胀加剧了各种社会经济矛盾,政府为抑制严重的通货膨胀将采取紧缩性的货币政策,大幅度提高利率。由于股票投资收益率的相对下降,投资者纷纷撤资退出股市,对股票的需求减少,从而股价下跌。

2. 不同成因的通货膨胀对股价的影响

需求拉上型通货膨胀会使以生产投资品为主的上市公司,如钢铁、石化、建材、机械等公司的账面盈利因产品价格上涨而增多,消费类如家电、轻工、商业等上市公司的利润会有大幅提高,对应的公司股价将会上涨。

成本推进型通货膨胀往往会使企业生产的产品因成本的增加而涨价,使消费者购买欲望下降,从而造成销售减少,公司成本增加,利润减少,股价出现下跌。

(三) 利率水平

在影响股市的金融因素中,利率水平的变动对股市行情的影响最为直接和迅速。一般来说,利率下降时,股票的价格就上涨;利率上升时,股票的价格就会下跌。因此,利率的高低以及利率同股票市场的关系,也成为股票投资者据以买进和卖出股票的重要依据。但是,股市与利率之间的负相关并不是绝对的。在股市发展的历史上,也有一些相对特殊的情形。当形势看好,股票行情暴涨的时候,利率的调整对股价的控制作用就不会很大。同样,当股市处于暴跌的时候,即使出现利率下降的调整政策,也可能会使股价回升乏力。

【分析案例】8.2

> 美国在1978年就曾出现过利率和股票价格同时上升的情形。当时出现这种异常现象主要有两个原因:一是许多金融机构对美国政府当时维持美元在世界上的地位和控制通货膨胀的能力没有信心;二是当时股票价格已经下降到极低点,远远偏离了股票的实际价格,从而使大量的外国资金流向了美国股市,引起了股票价格上涨。1981年在我国香港曾出现过同样的情形;2007年,中国人民银行连续提高基准利率,但股票市场依然不断创出新高。当然,这种利率和股票价格同时上升和同时回落的现象至今为止也还是比较少见的。

(四) 汇率水平

外汇行情与股票价格有着密切的联系。一般来说,如果一个国家的货币实行的是升值的基本方针,股价就会上涨,一旦其货币贬值,股价会随之下跌。例如在1987年10月全球股价暴跌风潮来临之前,美国突然公布预算赤字和外贸赤字,并声称要继续调整美元汇率,从而导致了人们普遍对美国经济和世界经济前景产生了恐慌心理。可以说,对美元贬值的预期,是导致此次股灾的原因之一。在国际经济日益一体化的当代,任何一国的经济都在不同的程度上受汇率变动的影响,汇率变动对一国经济的影响程度取决于该国的对外开放度,随着各国开放度的不断提高,股市受汇率的影响也日益扩大。但最直接的是进出口贸易,本国货币升值受益的多半是进口企业,亦即依赖海外供给原料的企业;相反,出口业由于竞争力降低,而导致亏损。可是当本国货币贬值时,情形恰恰相反。但不论是升值或贬值,对公司业绩以及经济局势的影响都各有利弊。所以,就不能单凭汇率的升降,升值就买股票,贬值则卖出,这样做就会过于简单化。

三、宏观经济政策与证券市场的关系

（一）货币政策对投资市场的影响

1. 货币政策的含义

货币政策是政府调控宏观经济的基本手段之一。由于社会总供给、总需求的平衡和货币供给总量、需求总量的平衡相辅相成，宏观经济调控的重点必然立足于货币供给量。货币政策主要针对货币供给量的调节和控制展开，进而实现诸如稳定物价、增加就业、平衡国际收支、发展经济等宏观经济目标。

2. 货币政策工具

货币政策工具主要分为常规的工具：法定存款准备金率，再贴现率，公开市场操作；选择性工具：中央银行贷款，中央银行外汇操作，贷款限额，货币投放量，中央银行存贷款利率，直接信用控制、间接信用指导等。

3. 货币政策对与股市的影响

一般情况下，宽松的货币政策将使股价上扬，紧缩的货币政策将使股价下跌。

（1）法定存款准备金率。法定存款准备金是指金融机构为保证客户提取存款和资金清算需要而准备的在中央银行的存款，中央银行要求的存款准备金占其存款总额的比例就是存款准备金率。中央银行通过调整存款准备金率，可以影响金融机构的信贷扩张能力，从而间接调控货币供应量。

（2）再贴现率与存贷款利率。利率除了宣传和示范效应外，其对社会经济的实质影响主要有两方面：影响公司负债经营成本和利润率；利率的调整，会打破货币储蓄收益率与货币投资收益率的格局，促使社会资金在储蓄和投资领域间流动。

（3）公开市场操作。公开市场操作影响证券市场的路径：央行向各商业银行发出购买（卖出）国债的指令→国债需求（供给）增加，货币供应量增加（减少），商行超额准备金增加（减少），国债价格上涨（下跌）→国债收益率降低（上升）→市场利率水平降低（上升）→股价指数上涨（下跌）。

（二）财政政策对投资市场的影响

1. 财政政策的含义

财政政策是指为促进就业水平提高，减轻经济波动，防止通货膨胀，实现稳定增长而对政府财政支出、税收和借债水平所进行的选择，或对政府财政收入和支出水平所做的决策。或者说，财政政策是指政府变动税收和支出以便影响总需求进而影响就业和国民收入的政策。变动税收是指改变税率和税率结构。变动政府支出指改变政府对商品与劳务的购买支出以及转移支付。它是国家干预经济的主要政策之一。

2. 财政政策的工具

（1）政府支出。是指整个国家中各级政府支出的总和，由具体的支出项目构成，主要可以分为政府购买和政府转移支付两类。政府购买是指政府对商品和劳务的购买，如购买军需品、机关公用品、政府雇员报酬、公共项目工程所需的支出等都属于政府购买。政府购买支出是决定国民收入大小的主要因素之一，其规模直接关系到社会总需求的增减。购买支出对整个社会总支出水平具有十分重要的调节作用。政府转移支付是指政府在社会福利保险、贫困救济和补助等方面的支出。转移支付不能算作国民收入的组成部分，它所做的仅仅是通过政府将收入在不同社会成员之间进行转移和重新分配。

(2) 政府收入。税收是政府收入中最主要的部分，它是国家为了实现其职能按照法律预先规定的标准，强制地、无偿地取得财政收入的一种手段。与政府购买支出、转移支付一样，税收同样具有乘数效应，即税收的变动对国民收入的变动具有倍增作用。当政府税收不足以弥补政府支出时，就会发行公债，使公债成为政府财政收入的又一组成部分。公债是政府对公众的债务，或公众对政府的债权。它不同于税收，是政府运用信用形式筹集财政资金的特殊形式，包括中央政府的债务和地方政府的债务。

3. 财政政策对股市有影响

增加各主体收入水平，同时增加了他们的投资需求和消费支出。居民手中持有货币增加，加大了其购买力度，同时社会总需求的增加反过来刺激企业扩大生产规模，公司利润增加，经济景气的趋势更增强居民投资信心，买气增强，证券市场需求活跃，促进股价上扬。

(三) 产业政策及其对股市的影响

1. 产业政策的含义

产业政策是指政府为弥补"市场失灵"，或为了在某些领域赶超国际先进水平，增强国内产业竞争力，而采取的有限的干预政策的总称。

2. 产业政策对股市的影响

中央政府或地方政府出于对经济建设及国计民生的考虑，在政策上会给予某些产业优惠，以扶持该产业发展。目前，受扶持的产业偏重于基础性产业，农业、生物制药、精细化工、5G通信、高科技等均是扶持对象。政府给予受扶持产业的优惠政策最为重要的是优惠的税收政策（如减免税）和优惠的贷款支持（如低息或无息贷款）。在优惠政策扶持下，受益行业的上市公司业绩改善自然就有了保证。

第三节　股票投资规划

导入案例

当前市场具备"弱经济强市场"的特征

当前市场具备"弱经济、强股市"特征。在弱经济背景下，逆周期政策值得期待。2020年是决胜全面小康之年和"十三五"收官之年，实现年度经济增长目标意义重大，因此政策总基调肯定是偏宽松的，肯定是支持经济发展的，根据疫情变化，政策导向逐渐从结构性政策主导到总量政策主导。中共中央政治局会议，对于总量政策，"两个更加"及"两个积极"的表述，意味着后续总量政策仍会出台，货币关注降准、结构性降息、存款基准利率变化等，财政关注赤字率、地方政府专项债额度变化、政策性金融作用、特别国债等,产业层面关注汽车、5G、新能源汽车等政策应对。2020年强劲股市的驱动力源于三点:一是对冲政策加力,总量政策、产业政策等都仍值得期待;二是经济趋势前低后高,有利于中期股票市场演绎;三是2020年是资本市场改革和开放大年,再融资新政拉开了资本市场改革开放的序幕。

一、股票及其相关概念

(一) 股票的定义

股票是一种有价证券,是股份有限公司在筹集资本时向出资人公开发行的,代表持有人(即股东)对公司的所有权,并根据所持有的股份依法享有权益和承担义务的可转让的书面凭证。

我国《公司法》规定,股票采用纸面形式或国务院证券管理部门规定的其他形式。股票应载明的事项主要有:公司名称、公司登记成立的日期、股票种类、票面金额及代表的股份数、股票的编号。股票由董事长签名,公司盖章。发起人的股票,应当标明"发起人股票"字样。由于电子技术的发展与应用,我国深沪股市股票的发行和交易都借助于电子计算机及电子通信系统进行,上市股票的日常交易已实现了无纸化,所以,现在的股票仅仅是由电子计算机系统管理的一组二进制数字而已。但从法律上来说,上市交易的股票都必须具备上述内容。

(二) 股票的性质

股票以法律形式确定了股份有限公司的自有资本以及公司与股东之间的经济关系,具有特定的法律意义。股票的法律性质主要表现在以下几个方面:

1. 股票是反映财产权的有价证券

有价证券是用以证明持券人有权按期取得一定收益的证券,它体现的是持券人的财产权。行使证券所反映的财产权必须以持有该证券为条件。股票正是具有这一法律性质的有价证券,它代表着股东获取股份有限公司按规定分配股息和红利的请求权。虽然股票本身没有价值,但股票代表的请求权却可以用财产价值来衡量,因而可以在证券市场上买卖和转让。股票所代表的财产权与股票是合为一体的,与股东的人身不可分离。持有股票的人就是股东,出示股票才能行使财产请求权。股票转让,其包含的财产请求权也一并随之转移。在股份有限公司正常经营的状态下,股东行使股票的财产请求权所获得的收益是一种相对稳定的、长期的、资本化的收入。

2. 股票是证明股东权的法律凭证

股票持有者作为股份有限公司的股东,相对于公司及公司财产,享有独立的股东权。股东权是一种综合权利,包括出席股东大会、投票表决、任免公司管理人员等"共益权",以及分配股息红利、认购新股、分配公司剩余财产等"自益权"。股票便是证明这些权利的法律凭证。法律确认并保护持有股票的投资者以股东身份参与公司的经营管理决策,或者凭借手持的多数股票控制股份有限公司。公司必须依法服从股东意志,执行股东大会决策。股票将股东与公司联结起来,形成相应的权利义务关系,这种关系不同于一般的所有权或债权关系。股东只是基于股票享有股东权,却丧失了对其出资的直接支配权,股票虽能代表股东的地位和权利,但由于股票的可流通性,也就只能根据股票的股东权证明作用,通过在股票上署名或股票的持有来认定股东身份,承认其股东权。

3. 股票是投资行为的法律凭证

对发行者来说,股票是筹措自身资本的手段;对认购者来说,购买股票则是一种投资行为。股票就是用来证明这种筹资和投资行为的法律凭证。随着经济的发展,企业的资金需求不断扩大。在自身积累和银行贷款都难以满足需要的情况下,便可组建股份有限公司,通过发行股票筹措自有资金。社会成员要向公司投资,就可以购买其发行的股票,所投资金成为公司的法人财产,不能再要求公司返还或退股。投资者购买股票后即成为公司股东,有权获取股息和红利,有权参与公司的经营管理决策。股票便是进行这种投资和吸引投资的法律依据。股票是投入股份有限公司的资本份额的证券化,属于资本证券。一般来说,它依股份有限公司的存续而存在。但是,股票又不同于投资本身。通过发行股票筹措的资金,是股份有限公司用于生产和流通的实际资本,而股票则是进行股票投资的媒介,它独立于实际资本之外,凭借它所代表的资本额和股东权益在股市上从事独立的价值运动。可见,股票并不是现实的财富,但它可以促使现实财富的集中。

(三) 股票的特征

1. 收益性

收益性是指持有股票可以为持有人带来收益的特性。持有股票的目的在于获取收益。股票的收益包括两部分:一是股息或红利收益,二是资本利得。前者是指投资者认购股票后,对发行公司享有收益权,也即从公司领取股息和分享公司的红利,股息和红利的多少取决于股份公司的经营和盈利水平。后者来源于股票流通转让,即投资者可以获得价差收入或实现资产的保值增值。通过低价买入高价卖出投资者可以赚取价差利润。在通货膨胀时,股票价格会随着公司原有资产重置价格的上升而上涨,从而避免了资产贬值,因而,股票被视为在高通货膨胀时期优先选择的投资工具。

2. 风险性

风险性是指购买持有股票可能产生经济损失或额外收益的特性。任何一种投资都是有风险的,股票投资也不例外。股票投资者能否获得预期的回报,首先,取决于企业的盈利情况,利大多分,利小少分,公司破产时则可能血本无归;其次,股票作为交易对象,就如同商品一样,有着自己的价格。而股票的价格除了受制于企业的经营状况之外,还受经济的、政治的、社会的甚至人为等诸多因素的影响,处于不断变化的状态中,大起大落的现象也时有发生。股票市场上股票价格的波动虽然不会影响上市公司的经营业绩,从而影响股息与红利,但股票价格的下跌还是会使投资者蒙受部分损失。

3. 流动性

流动性是指股票可以依法自由地进行交易的特性。股票持有人虽然不能直接从股份公司退股,但可以在股票市场上随时转让、买卖,也可以继承、赠与、抵押,所以,股票亦是一种具有很强流动性的资产。无记名股票的转让只要把股票交付给受让人,即可达到转让的法律效果;记名股票转让则要在卖出人签章背书后才可转让。正是由于股票具有很强的流动性,才使股票成为一种重要的融资工具而不断发展。

4. 不可偿还性

股票是一种无偿还期限的有价证券,投资者购买了股票以后就不能再要求再退股,只能拿到二级市场上去出售。股票的转让只意味着公司股东的改变，并不减少公司资本。股票的有效期与公司存续期是一样的。

5. 参与性

股票持有人有权参与公司的重大决策。股票持有人作为股份公司的股东，有权出席股东大会，通过选举公司董事会来实现其参与权。不过，股东参与公司重大决策的权利大小，取决于其持有股票数额的多少。如果某股东持有的股票数额达到左右决策结果所需的实际多数时，就能掌握公司的决策控制权。

（四）股票的分类

股份有限公司为了满足自身经营的需要，根据投资者的投资心理，发行多种多样的股票，这些股票所代表的股东地位和股东权利各不相同。按照不同的标准，股票主要有以下几个基本类别：

1. 按照股东权利分为普通股和优先股

（1）普通股。普通股是随着企业利润变动而变动的一种股份，是股份公司资本构成中最普遍、最基本的股份，是股份企业资金的基础部分。普通股的基本特点是其投资收益（股息和分红）不是在购买时约定，而是事后根据股票发行公司的经营业绩来确定。公司经营业绩好，普通股收益就高；反之，若经营业绩差，普通股收益就低。普通股是股份公司资本构成中最重要、最基本的股份，亦是风险最大的一种股份，但又是股票中最基本、最常见的一种股份形式。

（2）优先股。优先股是"普通股"的对称，是股份公司发行的在分配红利和剩余财产时比普通股具有优先权的股份。优先股股东一般不能在中途向公司要求退股（少数可赎回的优先股例外）。优先股的主要特征有两个：一是优先股通常预先定明股息收益率。由于优先股股息率事先固定，所以，优先股的股息一般不会根据公司经营情况而增减，而且一般也不能参与公司的分红。但优先股可以先于普通股获得股息，对公司来说，由于股息固定，它不影响公司的利润分配。二是优先股的权利范围小。优先股股东一般没有选举权和被选举权，对股份公司的重大经营无投票权，但在某些情况下可以享有投票权。

2. 按是否记载股东姓名分为记名股票和不记名股票

（1）记名股票。所谓记名股票是指将股东姓名记载于股票票面和股东名册的股票。一般来说，如果股票是归某人单独所有，则应记载持有人的姓名；如果股票是由国家授权投资的机构或者法人所持有，则应记载国家授权投资的机构或者法人的名称；持有者变更姓名或名称的，应办理变更手续。我国《公司法》规定，股份有限公司向发起人、法人、国家授权投资的机构发行的股票，为记名股票；并应当记载该发起人、机构或者法人的名称，不得另立户名或者以代表人姓名记名。对社会公众发行的股票，可以为记名股票，也可以为无记名股票。发行记名股票的，应当置备股东名册，记载以下事项：股东的姓名或者名称及住所、各股东所持股份数、各股东所持股票的编号、各股东取得股份的日期。

（2）无记名股票。所谓无记名股票是指在股票票面和股份公司股东名册上不记载股东姓名的股票，又称不记名股票。不记名股票发行时一般留有存根联，其内容由两部分组成：一部分是股票的主体，记载了有关公司的事项，如公司名称、股票所代表的股数等；另一部分是股息，用于进行股息结算和行使增资权利。我国《公司法》在这方面的规定是：股份有限公司对社会公众发行的股票，可以为记名股票，也可以为无记名股票。发行无记名股票的，公司应当记载其股票数量、编号及发行日期。

3. 按是否在股票票面上标明金额分为有面额股票和无面额股票

(1) 有面额股票。所谓有面额股票是指票面上记载一定金额的股票,这一金额又称作票面金额、票面价值或股票面值。股票票面金额的计算方法是用资本总额除以股份数,而实际上很多国家是通过法规予以直接规定,且一般限定这类股票的最低票面金额。另外,同次发行的股票,每股票面金额是相等的。票面金额一般是以国家的主币为单位。大多数国家的股票都是有面额的。

(2) 无面额股票。所谓无面额股票是指在股票票面上不记载股票面额,只注明它在公司总股本中所占比例的股票,也称为比例股票或份额股票。其价值是不确定的,随着公司资产的变化而相应变化:公司资产增加,每股价值上升;反之,价值下降。目前,世界上很多国家(包括中国)的公司法规定不允许发行这种股票。无面额股票有如下特点:①发行或转让价格较灵活。由于没有票面金额,发行新股时不存在最低限额的制约;在转让时,投资者更注重每股所代表的实际价值。②股票便于分割。由于无面额股票不受票面金额的约束,分割时无需办理面额变更等复杂的手续,就能比较容易地进行股票分割,便于转让和流通。

4. 按发行地及其交易币种的不同分为 A 股、B 股、H 股、N 股、S 股等

(1) A 股。A 股即人民币普通股,是由我国境内公司发行,供境内机构、组织或个人(不含台、港、澳投资者)以人民币认购和交易的普通股股票。

(2) B 股。B 股也称为人民币特种股票,是以人民币标明面值,以外币认购和买卖,在上海和深圳两个证券交易所上市交易的股票。它的早期投资人为境外投资者及港、澳、台投资者。其中,上海证券交易所以美元结算,而深圳证券交易所以港币结算。自 2001 年 6 月 1 日以后,沪深 B 股市场已经向境内投资者开放。

(3) H 股。H 股是指在内地注册,在香港上市的外资股。比如中国建设银行在中国内地注册,但是在香港上市,因此称为 H 股。

(4) N 股。N 股是指在内地注册,在纽约上市的外资股。比如中国人寿股份有限公司在中国内地注册,在纽约证券交易所上市,因此称为 N 股。

(5) S 股。S 股是指在内地注册,在新加坡上市的外资股。比如广州越秀、中国航油、亚洲创建、中远期投资等都是在内地注册,在新加坡上市,因此称为 S 股。

5. 按照风险和收益标准分为蓝筹股、绩优股和垃圾股

(1) 蓝筹股。在国外股票市场上,投资者把那些在其所属行业内占支配性地位、业绩优良、成交活跃、股利优厚的大公司股票称为蓝筹股。

(2) 绩优股。在我国,衡量绩优股的指标是每股税后利润和净资产收益率。一般而言,每股税后利润在全体上市公司中处于中上水平,公司上市后净资产收益率连续 3 年显著超过 10% 的股票就是绩优股。

(3) 垃圾股。这类股票或者由于行业前景不好,或者由于经营管理不善,出现困难,甚至亏损,其股价走低,交投不活跃。但是,如果垃圾股公司经过成功的资产重组或提高经营管理水平,股价则可能大幅度上升。垃圾股具有很高的风险,也有可能带来高额回报。

6. 按照受经济周期的影响不同分为周期型股票和防守型股票

(1) 周期型股票。这类股票的回报率与经济周期具有很强的正相关关系,当经济繁荣时,这类股票的表现将超过市场平均水平;当经济处于萧条时期,这类股票的表现则逊于市场平均水平,典型的周期型股票如航空、港口、房地产行业股票。

(2) 防守型股票。这类股票与经济周期的相关性很弱,股票的风险要小于周期型股票,其预期回报率也较低,容易受到稳健型投资者的青睐,典型的防守型股票如饮料食品等生活必需品生产行业股票。

(3) 成长型股票。成长型股票与经济周期的相关性也很弱,这类股票多出现在高科技或新型商业模式等创造新需求的领域,股票的业绩和股价的高增长可以长期保持,比如计算机行业、基因工程等相关股票。这类股票是很多追求高风险、高回报投资者喜爱的品种。

二、股票的发行与交易

(一) 股票发行与交易市场分类

1. 按市场的功能划分,股票市场可以分为一级市场和二级市场

一级市场又称股票的初级市场,即发行市场。在一级市场中,资金筹集者按照一定的法律规定和发行程序通过发行股票来筹集资金,投资者通过认购股票成为公司的股东。

二级市场也称流通市场,是进行股票买卖交易的场所。已发行的股票在投资者之间进行转让,必须通过二级市场交易,以维持股票的流动性。交易价格由市场竞价形成。上海证券交易所和深圳证券交易所作为投资者之间交易的市场,属于二级市场。

2. 按市场的组织形式分,股票市场可以分为场内市场和场外市场

场内市场又称有形市场,是各类股票集中交易的场所,有固定的组织场所、交易制度和交易时间。如我国的上海证券交易所和深圳证券交易所。场外交易市场是在证券交易所以外的证券交易市场的总称。由于在证券市场发展的初期,许多有价证券的买卖都是在柜台上进行的,因此也称之为柜台市场或店头市场。

(二) 股票发行

股票发行是指股份有限公司以筹集设立或增资扩股为直接目的,依照法律规定的程序向社会投资者出售股票的行为。

1. 股票发行的目的

企业发行股票的直接目的是筹集资金。但由于各个企业的实际情况千差万别,它们发行股票的主要原因和目的也不尽相同。具体来说,其主要包括:

(1) 筹集资本,成立新公司。新的股份公司成立时,需要通过发行股票来筹集股东资本,达到预定的资本规模,从而为公司开展经营活动提供资金来源。

(2) 追加投资,扩大经营。现有股份公司为了扩大经营规模、增加投资或筹措周转资金,可以通过发行股票筹措所需资金。这类股票发行称为增资发行。

(3) 提高自有资本比率,改善财务结构。自有资本在资金来源中所占比率的高低是衡量一个公司财务结构和实力的重要指标。企业为了保证自有资本与负债的合理比率,提高企业的经营安全程度和竞争力,可以通过增发新股来提高自有资本比率,改善企业的财务结构。

(4) 其他目的。如为了扩大产品销路,引进其他公司的先进生产技术,将新股发售给某些流通企业或战略合作者。又如用发放股票股利的方式代替现金分红,或通过增发定向股票用来换取其他公司的股票,实现换股兼并等。

2. 股票发行的基本条件

发行股票虽然对许多企业具有吸引力，但并不是所有的企业都可以发行股票。为使社会资金得到合理高效的运用，防止股票发行过程中的欺诈行为，保护投资者的合法权益和社会公众利益，有些国家对股票发行人的资格做出了严格的限制。股票发行人必须是已经成立的股份有限公司，或者经批准拟成立的股份有限公司，并且根据不同情况满足所规定的条件：

（1）新设立股份有限公司。新设立股份有限公司申请公开发行股票，应当符合下列条件：

① 产业政策。为了使社会资金得到合理高效的运用，同时贯彻国有企业"抓大放小"的改革战略，公司的生产经营必须符合国家产业政策。在选择发行人时，将重点支持能源、交通、农业、通信、原材料等基础产业和高新技术产业，从严控制一般加工工业及商业流通性企业，暂时限制金融、房地产等行业。

② 股本结构。申请公开发行股票的股份有限公司，其股本结构必须满足如下一些条件：a. 为保护社会公众投资者的利益，公司发行的普通股应限于一种，且同股同权；b. 为了加强发起人设立、经营新公司的责任感，达到保护中小投资者利益的目的，发起人认购的股本数额不少于公司拟发行的股本总额的35%，并且认购的总数不少于人民币3000万元，国家另有规定的除外；c. 为保障公司股票的流通性，吸引公众广泛参与并有效地利用社会闲散资金，同时加强对公司经营管理行为的严格监督，发起人向社会公众发行的股票应不少于公司拟发行的股本总额的25%，公司发行的股本总额超过人民币4亿元的，中国证监会可以酌情降低向社会公众发行部分的比例，但是最低不少于公司拟发行的股本总额的15%；公司职工认购的股本数额不得超过拟向社会公众发行的股本总额的10%。

③ 经营及财务状况。发起人在近3年内无重大违法行为，并且近3年连续盈利。

（2）原有企业改组设立股份有限公司。通过"原有企业改组"这一形式设立股份有限公司，并且申请公开发行股票，发行人除了应符合上述对公司质量的要求外，还必须具备下列两个实质性条件：① 公司在发行前一年末，净资产在总资产中所占比例不低于30%，无形资产在净资产中所占比例不高于20%；② 公司具备良好的经营业绩，近3年连续盈利。

（三）股票交易基本规则

1. 股票交易时间

目前，A股市场交易时间为非法定节假日的周一到周五，9:30～11:30，13:00～15:00。所有节假日或者周末，A股都会休市。

2. 开盘价和收盘价的形成

股票买卖按照价格有限、时间优先的原则排序。9:15～9:25进行集合竞价，这个时间段可以开始报价，9:20前的报价可以撤销，9:20后的报价不能撤销，系统收集所有人的买卖报价后，统一按照价格和时间原则集中撮合，成交额最大的交易，对应价格即为开盘价。深交所14:57～15:00进入收盘集合竞价时间。15:00收盘时，上海以最后3分钟成交均价为收盘价，深圳以最后3分钟集合竞价结果为收盘价。9:30～11:30，13:00～15:00为连续竞价时间，系统对有效委托进行逐笔处理，遵循价格优先和时间优先原则。

3. 股票交易单位

股票交易单位为"股"，平时看到的股价就是每股价格，买股票至少要买1手或其整数倍,1 手＝100 股。如果申购新股,至少要申购 1000 股。卖出股票则没有太多限制,最低 1 股也能卖出。

4. 股价每日波动

每个交易日,单只普通股票(除上市首日、复牌等特殊情况)的股价较上一交易日收盘价的涨跌幅度不得超过 10％;ST 开头的股票,涨跌幅不得超过 5％;新股上市首日,最高涨幅限制为 44％。

(四)股票的基本流程

1. 开设账户

顾客要买卖股票,应首先找经纪人公司开设账户。

2. 传递指令

开设账户后,顾客就可以通过他的经纪人买卖股票。每次买卖股票,顾客都要给经纪人公司买卖指令,该公司将顾客指令迅速传递给它在交易所里的经纪人,由经纪人执行。

3. 成交过程

交易所里的经纪人一接到指令,就迅速到买卖这种股票的交易站(在交易厅内),去执行命令。

4. 交割

买卖股票成交后,买主付出现金取得股票,卖主交出股票取得现金。交割手续有的是成交后进行,有的则在一定时间内,如几天至几十天完成,通过清算公司办理。

5. 过户

交割完毕后,新股东应到他持有股票的发行公司办理过户手续,即在该公司股东名册上登记他自己的名字及持有股份数等。完成这个步骤,股票交易即算最终完成。

三、股票的收益与风险

(一)股票投资的收益

投资者投资股票获得盈利的主要途径就是股息红利的分派和低吸高抛所获得的资本利得。投资者对股票价值的评估就是对公司未来盈利的一种预期,如果其高于企业未来真实的盈利水平,那么投资者就有亏损的危险;如果相反,那么该股票价格处于被低估的状态,投资者未来会有丰厚的回报。因此对企业未来盈利能力的预期是造成投资者盈亏的根本原因。出于对上市公司价值判断的不同,以及对于其未来可能实现的现金流的预期不同,股票价格存在着波动,这种波动有可能在众多的操作行为的推动下,演变成一种趋势。把握趋势高抛低吸,则成了投资者实现买卖差价,获得盈利的直接来源,同时,一旦判断失误,也会形成最直观的投资风险。

(二)股票投资的风险

股市永远风云变幻,有涨就有跌,有赢家也有输家。自古至今,收益与风险就是一对"孪生兄弟",高收益必然伴随着高风险。在我们进入股市,准备享受投资收益的时候,我们有必要问问自己,有没有考虑到风险因素,有没有做好股海泛舟、激浪搏杀的物质和精神等准备。

任何一个准备或已经参与证券市场的投资者,在具体的投资品种面前,在将做出操作选择之际,都应认清、正视收益与风险的辩证关系,从而树立风险意识。根据风险产生的原因及应对措施的不同,证券投资风险可分为市场风险(又称系统性风险)和非市场风险(又称非系统风险)两种。

1. 系统性风险

成熟的股市是"国民经济的晴雨表"。宏观经济形势的好坏,财政政策货币政策的调整,政局的变化,汇率的波动,资金供求关系的变动等,都会引起股票市场的波动。对于证券投资者来说,这种风险是无法消除的,投资者无法通过多样化的投资组合进行证券保值,这就是系统风险的原因所在。

系统性风险的构成主要包括以下四类:

(1) 政策风险。政府的经济政策和管理措施可能会造成证券收益的损失,这在新兴股市表现得尤为突出。经济、产业政策的变化、税率的改变,可以影响到公司利润、债券收益的变化;证券交易政策的变化,可以直接影响到证券的价格。因此,每一项经济政策、法规出台或调整,对证券市场都会有一定的影响,从而引起市场整体的波动。

(2) 利率风险。一方面,上市公司经营运作的资金也有利率成本,利率变化意味着成本的变化,加息则代表着企业利润的削减,相关证券的价值反映内在价值,必然会伴随着下跌;另一方面流入证券市场的资金,在收益率方面往往有一定的标准和预期,一般而言,资金是有成本的,同期利率往往是参照标准,当利率提升时,在证券市场中寻求回报的资金要求获得高过利率的收益率水平。如果难以达到,资金将会流出市场转向收益率高的领域,这种反向变动的趋势在债券市场上尤为突出。

(3) 购买力风险。在现实生活中,由于物价上涨,同样金额的资金未必能买到过去同样的商品。这种物价的变化导致了资金实际购买力的不确定性,称为购买力风险,或通货膨胀风险。同样,在证券市场上,由于投资证券的回报是以货币的形式来支付的,在通货膨胀时期,货币的购买力下降,也就是投资的实际收益下降,将有给投资者带来损失的可能。

(4) 市场风险。市场风险是证券投资活动中最普遍、最常见的风险,当整个证券市场连续过度地上涨,股价已远离合理价值区域之后,股价上涨主要依靠资金简单流入堆砌,即所谓的"投机搏杀",趋势投机代替了价值投资,但泡沫总有破灭的一天,当后继投资者不再认同没有价值支撑的股价,市场由高位回落便成为自然,这种转折趋势一旦形成,往往形成单边没有承接力的连续下跌,这在过去世界各国的股灾中已被证明,这也是市场参与者无法回避和必然接受的风险。

2. 非系统性风险

单只股票价格同上市公司的经营业绩和重大事件密切相关。公司的经营管理、财务状况、市场销售、重大投资等因素的变化都会影响公司的股价走势。这种风险主要影响某一种证券,与市场的其他证券没有直接联系,投资者可以通过分散投资的方法,来抵消该种风险。这就是非系统风险,主要包括以下四类:

(1) 经营风险。证券市场交易股票的价格,从根本上说是反映上市公司内在价值的,其价值的大小由上市公司的经营业绩决定。然而,上市公司本身的经营是有风险的,经营上潜藏着不景气,甚至失败、倒闭的风险,从而造成投资者收益、本金的损失。

(2) 财务风险。财务风险是指公司因筹措资金而产生的风险,即公司可能丧失偿债能力的风险。公司财务结构的不合理,往往会给公司造成财务风险。形成财务风险的因素主要有资产负债比率、资产与负债的期限、债务结构等因素。投资者在投资股票时，应注意对公司财务报表的分析。

（3）信用风险。信用风险也称违约风险，指不能按时向证券持有人支付本息而给投资者造成损失的可能性。主要针对债券投资品种，对于股票只有在公司破产的情况下才会出现。

（4）道德风险。道德风险主要指上市公司管理者的道德风险。上市公司的股东和管理者是一种委托-代理关系。由于管理者和股东追求的目标不同，尤其在双方信息不对称的情况下，管理者的行为可能会造成对股东利益的损害。

3. 其他交易过程风险

证券市场投资运作的复杂性，使投资者面临交易过程中的种种风险，包括由于自己不慎或券商失责而招致股票被盗卖、资金被提、保证金被挪用，以及信用交易不受法律保护、买卖操作失误、接受不合规证券咨询导致损失等风险。必须提醒投资者注意交易过程中的有关事项，学会自我保护，尽可能地降低交易过程风险。因结算运作过程中的电脑或人为操作处理不当而导致的风险，大致可分成两类：① 由于电脑自身软、硬件故障在市场火爆时可能导致行情数据、委托交易延误，从而使投资者错过时机，造成投资损失。这类风险分为不可抗力风险和可以向券商追索赔偿两种，投资者可以根据是否为不可抗力造成，通过法律途径申请自己的正当主张，以降低风险损害程度。② 要从投资者自身的知识层面去寻找问题所在。目前市场中金融创新不断增多，不同交易品种的交易方式存在着不同，比如债券的面值及如何正确报价、权证价格涨跌停幅度如何计算、新股上市及股改实施后首日复牌价格涨跌幅限制等，相应的知识需要投资者积极主动地去学习。

随着参与股市的投资者的增加，对咨询及资讯的需求也在上升，证券投资咨询业务受到了空前的重视，证券咨询机构鱼龙混杂，既有正规券商研究机构对相应开户投资者的日常咨询，也存在着非法证券咨询机构利用投资者急于找到"牛"股的心态，以加入会员、缴纳会费、推荐个股的方式吸引投资者。由于法律责任的不明确，投资者可能在其误导下进行了误操作，从而导致不必要的损失和难以明确责任的纠纷。

四、股票投资的基本原则

（一）顺势投资原则

在准备买入股票之前，首先应该对当时大盘的运行趋势有个明确的判断。一般情况下，大多数股票都随股市大盘趋势运行。大盘处于上升趋势时买入股票比较容易获利，在顶部买入股票就好比与虎谋皮，风险特别大，很可能被深度套住。切忌下跌过程中抄底，因为在这个过程中很小的反弹，接下来可能下跌更多，很难抓住机会。

（二）分批建仓原则

在没有十足把握的情况下，投资者可以采取分批买入同一只股票，分散买入不同的股票，这样可以大大降低买入股票的风险。但是分散建仓的股票种类不要太多，一般以3只股票为宜，正所谓人的一生要有："一个老婆，两个孩子，三只股票。"

（三）风险意识原则

众所周知，股票投资风险很大，股市中的风险无处不在，无时不有，而且也没有任何方法完全规避投资风险。作为投资者，要有敬畏市场的心。在买入股票时，除了考虑大盘趋势外，还应该重点分析所要买入的股票是上升空间大还是下跌空间大，上涨的阻力位与回调的支撑位在哪里、买入的理由是什么、买入后不但没有上涨反而下跌怎么办。这些问题在买入股票时都应该有清楚的分析，从而针对市场发生变化时有的放矢。

（四）强势原则

"强者恒强，弱者恒弱"，这一现象在股市中表现得淋漓尽致。基于这点认识，我们在参与股票市场时，应该尽可能地把资金投入到一段时间内强势的行业中的龙头股，正所谓："射人先射马，擒贼先擒王"。一般不要幻想弱势股将来有补涨的机会，即使有那样的机会，也很难把握，往往是风险大于收益，性价比不高。

（五）合理止损原则

投资者在买入股票时，都期望股价会上涨才买入。但是有时候市场形势发生变化或者上市公司的经营管理发生根本性的改变，这时候应该怎么办呢？如果只是持股等待解套是非常被动的，不仅占用资金错失更好的投资机会，更重要的是被套牢的心情可能会影响以后的操作心态，而且何时能够解套也是不确定的事情。与其被动等待解套，不如主动断尾求生，及时止损，尤其是对于短线操作来说更是这样。规避股票投资风险最直接的办法就是及时止损。因此，我们在买入股票的时候就应该设立好止损位并坚决执行。短线操作的止损位可以设在5%左右，中线投资者的止损位可以设在10%左右。

（六）题材原则

要想在股票市场中特别是较短的时间内获得更多的收益，关注市场题材的炒作和题材的转换是非常重要的。虽然各种题材层出不穷、转换较快，但是仍然具有相对的稳定性和一定的规律性，只要能够把握得当就会有比较丰厚的回报。在买入股票时，在选定的股票中应该买入有题材概念的股票而放弃无题材的股票，并且分清是主流题材还是短线题材。另外，有些题材是经常炒作的，而有些题材则是过眼云烟，来也匆匆，去也匆匆。

【资料链接】8.2　　20世纪最伟大操盘手的十大投资心法

约翰·邓普顿爵士，1912年11月29日生于美国田纳西州小镇温契斯特。1937年，25岁的约翰·邓普顿开始自己在华尔街的投资生涯，在随后的45年中，约翰·邓普顿每年平均的回报率高达15.2%！在长期的投资生涯中，约翰·邓普顿形成了自己特有的投资思想和投资风格。《福布斯》杂志称其为"全球投资之父"及"历史上最成功的基金经理"，而美国的《钱杂志》则在1999年尊称其为"20世纪最伟大的操盘手"。

其实，约翰·邓普顿爵士的许多投资理念与股神巴菲特不谋而合，两人都是靠投资致富，都视本杰明·格雷厄姆为师，都以"价值投资"为核心投资理念。不同的是，邓普顿后来投身基金理财界，于1954年创立富兰克林邓普顿基金集团，并成立第一档全球股票基金——邓普顿成长基金，更进一步推广到全世界。他独具慧眼的前瞻视野，以及严谨的研究精神,将其终生成就臻至巅峰。邓普顿的名言是:"投资人要避免焦虑,财富自然滚滚而来。"

十大投资心法如下:

1. 千万不要追随群众,懂得逆势操作

如果你买的证券跟别人相同,绩效会跟别人一样,除非你跟大多数人不同,否则不可能创造优异绩效。要在别人失望卖出时买进,在别人贪婪时卖出,需要最大的毅力,但可以得到最大的报酬。这也意味着,如果能够有一个逆向思维,不去追涨杀跌,而是把握时机,在别人恐惧时,找准时机大胆买入,等待市场恢复。在1939年,美国经济复苏受到质疑,大家觉得二战将会影响到美国和欧洲的经济,随即股市跌去了一半。这时候邓普顿冷静地观察到了这一切,他得出了相反的结论。所以,他开始跟所有的投资者背道而驰,不但没有远离市场,他还开始买进,他甚至大胆地借债买股票。但是他也不是瞎买,他是买入了一揽子股票的组合,多达104只,很不幸37只最后破产了,但其他的股票却让他发了大财。他在随后的4年里,赚了4倍,从1万美元资金炒到了4万美元,这也是他的另一个习惯,也就是说他持有一组股票的时间,平均为4年。在这次操作中,邓普顿买了一家濒临破产的密苏里太平洋铁路公司,结果让他赚了39倍,之所以要买这家公司,是因为他看好铁路的发展。

2. 价值投资慎选个股

投资应该以个股的价值为考虑,而非市场前景或经济趋势。因为个股的表现将决定大盘的涨跌幅,而非大盘的走势决定个股的价格,纵使空头市场也仍有逆势上扬的个股。选择价值被市场低估的股票长期投资,静待市场回升至合理价值,才能让我们赚取超额的利润。邓普顿曾说过一句名言:"投资股票就像购物!"这种投资操作策略是承袭老师本杰明·格雷厄姆的价值投资法,他们都在市场寻找价廉物美的股票。那么什么东西在邓普顿眼里算是价值低估的便宜货呢?100元钱的东西,只卖20元,这就是邓普顿找的便宜货了。邓普顿认为不论买楼买车、买衣服鞋袜,我们都会四处比价,用心发掘最好的商品,因为这样可以省下可观的金钱,而投资者更应该运用相同的概念,在投资过程中慎选个股。

3. 世事多变化

空头市场总是相当短暂,多头市场也一样。股价通常会在景气循环走到谷底前1个月到前1年上涨,会在景气循环走到最高峰前1个月到前1年反转下跌。如果一种产业或一种证券类型受投资人欢迎,受欢迎的时间总是相当短暂,失去投资人的欢心后,可能很多年内都不会翻身。因此,邓普顿表示,投资者应经常把50%资金投资于环球股市,例如环球基金,至于其余50%的资金,则可因应市况投资于股市或债券。例如当你觉得股市偏高时,便把这50%资金全数投资债券;当估计股市已到谷底时,便可把这50%的资金投资于股市。这个策略的好处在于,即使预测错误,投资者以为股市下跌却原来是升,仍有50%资金投资股市,不会错失获利机会。

4. 避免流行

当任何选股方法变得流行后,投资人要转换至较不流行的选股方法。投资人要用自己的方式去思考,价值投资不仅是一种可以长期追求盈利的方法,更像是一种思考方式。优秀的投资者有很多相似之处,他们总在不厌其烦地学习、寻找成功的经验,并不断实践之。投资的知行合一,知易行难,知道邓普顿逆向投资要诀的投资者不在少数,但能够真正践行这种理念的人并不多。为了不受群体意识的影响,邓普顿搬离了纽约,他来到巴哈马之后,发现他的共同基金的业绩越来越好了。从此之后,他尝到了甜头,于是他就再也不跟华尔街接触了,在这里他必须独立思考。而巴菲特也是一样,他宁可把办公室常年设在奥马哈市,也不愿意去纽约凑热闹。

5. 无人知晓天下事

在当前这个金融商品推陈出新、信息爆炸的时代,没有人能够掌握所有的理财信息,也没有人能够永远精准判断市场前景。我们应该以谦卑的态度不断学习新知,并且多方征询专家意见,而非听信单一名嘴或分析师的建言。因为成功的投资人总是不断为新的问题寻找新的答案。

邓普顿说,有些投资者被错误的投资理念洗脑了,他们总是去找市场中的强势股,以获得市场优势,短期看你的投资也许能够获得较好的收益,但长期一定会失败的。换句话说,成功只是暂时的,失败却是永恒的,那这就悲剧了。他自己选股票,都是从低市盈率、市销率、市净率的排行榜里面选,这些被市场抛弃的"倒霉蛋",才是他的狩猎对象。当然他的意思也不是说,股票价格越低越好,而是在这些倒霉蛋里面看看,哪些是真倒霉的,哪些是被错杀的。

6. 全球化投资

避免将所有的鸡蛋放在同一个篮子里,最好的方式就是全球化投资,不仅可以寻找更多更佳的获利机会,也可以分散投资单一市场的波动风险。邓普顿他可以过很朴素的生活,并且乐于与别人分享自己的投资才华,他从牛津毕业后,就开始了周游世界。在旅行中,邓普顿了解了全球的经济状况,这也为他日后的全球化投资奠定了基础。现在来看,这一切很容易,但当时全球化投资是一个伪命题,大家认为只有美国的股票叫作投资,而其他国家的股票是不能碰的。

7. 投资要看"实质"报酬率

进行长期投资计划时,应该要着眼于"实质报酬率"。因为将投资利得扣除"通货膨胀"与"税赋"后才是真正的报酬率,如果投资人忽略通货膨胀与税赋的影响,长期投资的路途将会步履维艰。他经历过大萧条,也经历过存钱的银行倒闭,所以他十分清楚不论你有多少钱的市值,最终能拿得出来才是关键。否则所谓那些市值,最后很可能会化为乌有。这就要求每个投资人必须要有很好的判断力,任何时候你都要镇定自若。

8. 投资策略应随时保持弹性

投资人应该随时保持开阔且充满弹性的心胸,勇于吸收各种投资新知,眼观六路,耳听八方,多接受不同的投资工具。对不同类型和地区的投资项目、蓝筹股、可换股债券,都应保持弹性且开放的态度。有时则需持有现金,因为某些时候,现金能让你善用投资机会,不会错失良机。保持弹性,因为没有哪类投资永远是最好的。

9. 从自己的错误中学习

"这次不一样"是历史上代价最高的一句话。有些人认为:"避免犯下投资错误唯一的方法,就是永远不再投资!"其实,这种悲观的想法才是最大的错误!投资人不妨从错误中吸取教训,成为未来投资理财致胜的关键。

10. 在市场悲观时买进

多头市场总是在悲观中诞生,在怀疑中成长,在乐观中成熟,在陶醉中死亡。最悲观时是最好的买进时机,最乐观时是最好的卖出时机。

资料来源:根据长盛基金相关资料整理。

第四节 债券投资规划

2020年2月24日,财政部部长助理、党组成员欧文汉在国新办新闻发布会上表示,要扩大地方政府专项债券发行规模。对此,专家预计,今年全年地方专项债发行规模将达3万亿元。此前,财政部分两批共提前下达2020年新增地方政府债务限额18480亿元,其中专项债共计1.29万亿元。截至2月24日,全国发行地方债9651.54亿元,其中专项债8119.6亿元,一般债1531.94亿元。"预计今年全年地方政府专项债发行规模应该在3万亿元左右,这是一个既积极又适中的规模,并可以根据疫情和经济恢复状况来决定是否在下半年做进一步增发。"中国财政预算绩效专委会副主任委员张依群说,当前增发地方政府专项债首先要解决项目问题,应该紧紧抓住此次疫情暴露出来的卫生防疫、社区服务、科普教育、应急体系建设等短板进行投资项目安排。

一、债券的概念和特点

(一)债券的概念

债券是一种要求借款人按预先规定的时间和方式向投资者支付利息和偿还本金的债务合同。在所有的金融工具中,债券属于债务类工具,其性质、交易和定价与其他的金融工具有很大不同。同时,债券市场是资本市场中极为重要的组成部分,债券交易在资本市场交易活动中占有很大的比重。

(二)债券的特点

债券作为一种债权债务凭证,与其他有价证券一样,也是一种虚拟资本,而非真实资本,它是经济运行中实际运用的真实资本的证书。从投资者的角度看,债券具有以下四个特征:

1. 偿还性

债券一般都规定有偿还期限,发行人必须按约定条件偿还本金并支付利息。但是在历史上,英法等国家在战争期间为了筹措经费发行过的无期公债或者统一公债是例外,这种公债不规定到期时间,债权人也不能要求清偿,只能按期获得利息支付。

2. 流动性

债券一般都可以在流通市场上自由转让,具有较强的流动性,但是债券的流动性一般与发行者的信誉和债券的期限紧密相关。

3. 安全性

债券通常规定有固定的利率,与企业绩效没有直接联系,收益比较稳定;同时,在企业破产时,债券持有者享有优先于股票持有者的企业剩余资产索取权。因此,与股票相比,债券的风险较小。但这种安全性是相对的,并不是说债券绝对安全、没有风险。事实上,债券的价格也会因各种因素(如债券信用等级下降、市场利率上升等)的影响而下跌。

4. 收益性

收益性是指债券能为投资者带来一定的收入。这种收入主要表现在两个方面:一是投资债券可以给投资者定期或不定期地带来利息收入;二是投资者可以利用债券价格的变动,买卖债券赚取差价。

债券的偿还性、流动性、安全性与收益性之间存在着一定的矛盾。一般来讲,如果债券的流动性强,安全性就强,人们便会争相购买,于是该种债券的价格就上升,收益率就会下降;反之,如果某种债券的流动性差,安全性低,那么购买的人就少,债券的价格就低,其收益率就高。对于投资者来说,可以根据自己的财务状况和投资目的来对债券进行合理的选择与组合。

二、债券的票面要素

债券作为证明债权债务关系的凭证,一般以有一定格式的票面形式来表现。通常债券票面上有四个基本要素:债券的票面价值、到期期限、票面利率和发行者名称。

(一)债券的票面价值

债券的票面价值简称面值,是指债券发行时所设定的票面金额,它代表着发行人承诺未来某一特定日期(如债券到期日),偿付给债券持有人的金额。目前,我国发行的债券一般是每张面值为100元人民币。

(二)到期期限

债券的到期期限经常简称为期限。在到期日,债券代表的债权债务关系终止,债券的发行者偿还所有的本息。一些债券,如可赎回债券或可返售债券,其发行者或持有者在债券发行以后可以改变货券最初的到期期限。但是,对于债券投资者而言,更重要的是从债券购买日起至债券到期日为止的期限长度,即债券的剩余期限。

(三)票面利率

债券的票面利率也称名义利率,是债券年利息与债券面值的比率,通常年利率用百分数来表示。在实际经济生活中,债券利率有多种形式,如单利、复利和贴现利率等。债券利率受很多因素影响,主要有借贷资金市场利率水平、筹资者的资信、债券期限长短等。

（四）发行者名称

这一要素指明了该债券的债务主体,既明确了债券发行人应履行对债权人偿还本息的义务,也为债权人到期追索本金和利息提供了依据。

需要说明的是,以上四个要素虽然是债券票面的基本要素,但它们并非一定在债券票面上印制出来。在许多情况下,债券发行者是以公布条例或公告形式向社会公开宣布某债券的期限与利率,只要发行人具备良好的信誉,投资者也会认可接受。

三、债券的类型

债券种类很多,可以依据不同的标准对其进行分类:

（一）按照发行主体不同,分为政府债券、金融债券、公司债券和国际债券

1. 政府债券

政府债券的发行主体是政府。政府债券又可以进一步划分为中央政府债券、地方政府债券和政府机构债券。中央政府债券在我国又被称为国债,国债利息收入在我国免税。

（1）国债。国债按债券形态分类可分为实物国债、凭证式国债和记账式国债,这是我国国债的特定分类方法。

① 实物国债(无记名国债)是一种具有标准格式的纸制印刷债券。在票面上印有面值、票面利率、到期期限、发行人全称、还本付息方式等内容。此类债券不记名、不挂失,可上市流通。发行人定期见票支付利息或本金。目前实物国债已经暂停发行。

② 凭证式国债没有统一格式,而是由发行机构向投资者出具收款凭证的国债。例如,某投资者从中国工商银行柜台认购财政部发行的7年期凭证式国债,取得"凭证式国债收款凭证"。凭证式国债可提前兑付,但不能上市流通,从购买之日起计息。这类债券是一种储蓄债券,发行对象主要是个人投资者,其票面利率非常接近于同期限银行定期存款利率。

③ 记账式国债是在凭证式国债的基础上进一步取消收款凭证,交易更为灵活的国债。发行或交易机构在投资者的账户中记录债权,如招商银行在投资者的一卡通储蓄卡、中国工商银行在投资者的灵通卡储蓄卡、中国建设银行在投资者的龙卡证券卡中做出相应的记录。记账式国债通过无纸化方式发行和交易,记名,可挂失,投资者可以在购买后随时买入或卖出,其变现更为灵活,但交易价格由市场决定,投资者可能遭受价格损失。

（2）地方政府债券。地方政府债券的发行主体是地方政府及地方政府所属的机构。地方政府债券可分为一般责任债券和收益债券。

① 一般责任债券是由地方政府及其管理部门,以发行者的信用和政府的征税能力作为保证。

② 收益债券的发行目的是给地方政府所属企业或某个特定项目融资。债券发行者只能以经营该项目本身的收益来偿还债务,而不以地方政府的征税能力作为保证。

【资料链接】8.3

早在1950年,东北人民政府发行过东北生产建设折实公债。但1981年恢复国债发行以来,却未发行地方政府债券。1995年实施的《中华人民共和国预算法》规定,地方政府不得发行地方政府债券(香港、澳门特别行政区除外)。

为建立规范的地方政府举债融资机制,2011年10月,财政部发布《2011年地方政府自行发债试点办法》。自行发债是指试点省(市)在国务院批准的发债规模限额内,自行组织发行本省(市)政府债券的发债机制。

经国务院批准,2011年上海市、浙江省、广东省、深圳市开展地方政府自行发债试点,分别核准发行71亿元、80亿元、69亿元、22亿元的地方债。但此后,2012年6月26日,十一届全国人大常委会第二十七次会议重申现行《预算法》中的"除法律和国务院另有规定外,地方政府不得发行地方政府债券"。

2. 金融债券

金融债券是指银行及其分支机构或非银行金融机构依照法定程序发行并约定在一定期限内还本付息的有价证券,金融债券的利息在我国免税。

3. 公司债券

公司债券是指公司依照法定程序发行的,约定在定期限还本付息的有价证券。公司债券由于具有较大风险,其收益率通常也高于政府债券和金融债券。一般而言,公司债券的利息收入和资本利得要缴纳个人所得税。

4. 国际债券

国际债券是一国政府、金融机构、工商企业或国际组织为筹措和融通资金,在国外金融市场上发行的,以外国货币为计价货币的债券。一般来说,国际债券主要包括两类:一是外国债券;二是欧洲债券。

外国债券是指某一国借款人在本国以外的某一国家发行的以该国货币为计价货币的债券。外国债券通常以发行所在国具有象征意义的事物为名称,比如在英国发行的外国债券称为猛犬债券,在日本发行的外国债券称为武士债券,在美国发行的外国债券称为扬基债券,外国机构在中国发行的外国债券称为熊猫债券。

欧洲债券是指借款人在本国境外市场发行的,不以发行市场所在国的货币为计价货币的国际债券。

(二)按债券生命周期长短,分为短期债券、中期债券和长期债券

1. 短期债券

短期债券是政府或企业为获得短期融资而发行的还本期限在1年以下的债券。

2. 中期债券

中期债券是指发行人为获得较长时期的融资而发行的债券。中期债券的时间划分标准各国并不相同。我国规定期限在1年以上5年以下为中期;美国则习惯把1年以上10年以下的债券叫作中期债券。

3. 长期债券

长期债券指发行人为满足长期的融资需求而发行的债券。这类债券期限的划分标准在我国一般为5年以上;在美国习惯上把10以上30年以下的债券叫作长期债券。

（三）按是否有抵押，分为信用债券和抵押债券

1. 信用债券

信用债券是全凭发行者的信用而发行的债券，它不需要特定的财产作为发债抵押。政府债券一般是信用债券。信用好的大企业发行的企业债券很多也是信用债券。

2. 抵押债券

抵押债券是指以特定财产为抵押而发行的债券。在发债人不能按期还本付息的情况下，债券持有人对抵押财产有留置权，即拥有出售抵押财产来获得其尚未偿还债务的权利。一部分公司债券属于抵押债券。

（四）按是否记名，分为记名债券和无记名债券

1. 记名债券

记名债券是指债券上记有债权人姓名的债券。这种债券在领取本息时除了要持有债券外，还需要债权人的身份证和印鉴。在转让时，一般要进行重新登记。记名债券安全性好，但流动性差。

2. 无记名债券

无记名债券是指不记载债权人姓名，债券持有人仅凭债券本身就可取得债券的权利的债券。这类债券的流动性好，安全性差些。

（五）按照利息支付方式，债券可分为零息债券和附息债券

1. 零息债券

零息债券也称零息票债券，指债券合约未规定利息支付的债券。通常这类债券以低于面值的价格发行和交易，债券持有人实际上是以买卖（到期赎回）价差的方式取得债券利息。

2. 附息债券

附息债券的合约中明确规定，在债券存续期内，对持有人定期支付利息（通常每半年或每年支付一次）。

按照计息方式的不同，这类债券还可细分为固定利率债券和浮动利率债券两大类。

固定利率债券是在债券存续期内票面利率不变的债券。由于其利息水平不发生变动，可能在偿还期内，通货膨胀比较严重时，会有市场利率上升导致债券价格大幅度下降的风险。

浮动利率债券是在票面利率的基础上参照预先确定的某一基准利率予以定期调整的债券。因此，债券持有人每期获得的利息支付是不固定的。此类债券通常以一些基准利率如伦敦银行同业拆借利率（LIBOR）作为参照。采用浮动利率形式，有利于减少持有者的利率风险，也有利于债券发行人按照短期利率筹集中长期资金。

有些附息债券可以根据合约条款推迟支付定期利率，故称为缓息债券。附息债券中还有一种息票累积债券，也规定了票面利率，但是债券持有人必须在债券到期时一次性获得本息，存续期间没有利息支付。

四、债券的收益和风险

（一）债券的收益

债券投资的收益来自以下几个部分：

1. 债券的利息收入

利息收入是债券投资收入最基本的组成部分，对于固定利率债券来说，这部分收入是事先确定的，是稳定可靠的。

2. 利息的再投资收入

再投资收入是指债券持有者将持有期间收到的利息收入用于再投资所能实现的报酬。假设利息收入不进行再投资（即再投资收益率为0），那么投资者投资债券的收益将受到很大影响。假设投资者在20岁时存入银行100元，以8%的年利率存45年。如果按复利计息，那么45年之后，也就是投资者65岁时，能够从银行取出大约3192元。而如果45年中投资者不进行再投资，或者每年取出利息的再投资收益率为0，那么在65岁时，投资者只能累积460元的财富。两种情况下相差的2732元就是再投资收入。

3. 债券的资本损益

资本损益即债券买卖价差带来的收益或损失。在债券市场上，利率的变动会导致债券价格发生波动，只要投资者不是持有债券一直到期，就有可能因为债券价格的波动而发生投资损益。

（二）债券的风险

1. 利率风险

利率的变化有可能使债券的投资者面临两种风险：价格风险和再投资风险。价格风险是指债券的价格与利率变化呈反向变动，当利率上升（下降）时，债券的价格便会下跌（上涨）。利率变动导致的价格风险是债券投资者面临的最主要风险。

债券投资者在获得利息收入时，需要进行再投资，而利息再投资收入的多少主要取决于再投资发生时的市场利率水平。如果利率水平下降，获得的利息只能按照更低的收益率水平进行再投资，这种风险就是再投资风险。值得注意的是，价格风险和再投资风险对于债券价格的影响是相反的，当利率下降时，债券的价格会上升，投资者的资本利得收入会增加，但是利息的再投资收益会下降；当利率上升时，债券的价格会下降，投资者的资本利得收入下降，但是利息的再投资收益会上升。

2. 信用风险

信用风险是有关债券发行人信用的风险，主要有违约风险和降级风险。违约风险是指固定收益证券的发行者不能按照契约如期定额地偿还本金和支付利息的风险。在债券市场上，可根据评级公司所评定的信用等级来估计债券发行者的违约风险。当评级机构将固定收益证券的等级调低时，就会影响投资者对于该债券信用风险的评估，进而反映到债券的价格上去。这种由于信用等级下降带来的风险称为降级风险。

3. 提前偿还风险

如前所述，某些债券赋予发行者提前偿还的选择权。可赎回债券的发行者有权在债券到期前"提前偿还"全部或部分债券。从投资者的角度看,提前偿还条款有三个不利之处:首先,可赎回债券的未来现金流是不确定的,风险也相应增加。其次,当利率下降时发行者要提前赎回债券,投资者则面临再投资风险。再次,降低了持有债券可获得的资本利得的潜力。当利率下降时,债券的价格将上升。由于债券可能被提前偿还,这种债券的价格就不可能大大超过发行者所支付的价格。

4. 通货膨胀风险

通货膨胀风险也称购买力风险,是指由于存在通货膨胀,对债券名义收益的实际购买力所造成的损失。

5. 流动性风险

流动性是金融资产的一个重要特性,是指一种金融资产迅速地转换为交易媒介(货币)而不致遭受损失的能力。

6. 汇率风险

如果债券的计价货币是外国货币,则债券支付的利息和偿还的本金能换算成多少本国货币还取决于当时的汇率。如果未来本国货币升值,按本国货币计算的债券投资收益将会降低,这就是债券的汇率风险,又称货币风险。

五、债券投资技巧

(一)梯子型投资法

这种方法的出发点是确保一定的流动性,并使各年的收效基本稳定。其操作方法是均等地持有从长期到短期的各种债券,使债券不断保持一种梯子型的期限结构。假定有从1年期到5年期的债券5种,投资者可将资金分为均等的5份,使得每种债券均占投资总额的20%。当1年期债券到期收回本金后,再按20%的比例买进一种5年期的债券。如此反复,这个投资者每年都有20%的债券到期。

(二)等级投资计划法

等级投资计划法适用于债券价格不断上下波动的短期过程。当投资者选定一种债券作为投资对象时,每当债券价格下降一个幅度时就买进一定数量的债券,每当债券价格上升一个幅度时就卖出一定数量的债券,这个幅度可以是一个确定的百分比,也可以是一个确定的常数。只要债券价格处于上下不断的波动中,投资者就可以按照事先拟订好的计划进行债券投资。

(三)逐次等额买进摊平法

如果债券行情波动较大,而投资者不具备进行投资的充实时间或没有能力准确地预测价格波动的各个转折点,在这种情况下可采用逐次等额买进摊平法。当投资者确定投资于某种债券后,可以先选择一个合适的投资时机,然后在该段时期内定量定期购买债券而不考虑行情波动。运用这种方法,投资者每次投资都要严格控制购买的数量,保证投资计划逐次等额进行。

（四）杠铃型投资法

这种投资方法是将资金集中投资于债券的两个极端：为了保证债券的流动性而投资于短期债券，为确保债券的收益性而持有长期债券，不买入中期债券。投资者可根据自己的流动性要求确定长期和短期债券的持有比例。对流动性的要求提高，可增加短期债券的持有比例；对流动性的要求降低，则减少短期债券的持有比例。

（五）金字塔法

与逐次等额买进摊平法不同，金字塔法实际上是一种倍数买进摊平法。运用金字塔法在债券价格上扬买进债券时，需每次减少买进的数量，以保证最初按较低价买入的债券在购入的债券总数中占有较大比重。

（六）固定比例投资法

固定比例投资法是由固定金额投资法演变而来的，两者的区别仅在于一个是固定比例，一个是固定金额。具体而言，在固定金额法下股票市值被限制在一个固定金额左右波动，而在固定比例法下股票与债券市值则总是维持着一个固定比例，只要股份变动使固定比例发生变动，就应买进、卖出股票或债券，使两者总市值之比还原至固定比例。

第五节　证券投资基金

导入案例

尘封 12 年的基金销售纪录，2020 年一开年就被打破。单只基金超过 1200 亿元资金的疯狂追捧、不到 5% 的超低配售比例，再次让公募基金成为了理财市场的绝对焦点。实际上，不到 2 个月的时间里，即便是配售之后，整个新发公募基金规模已经达到惊人的 2681 亿元。一边是疯狂的基金销售，一边是 A 股市场春节之后的绝地反弹，成交量站稳万亿元且不断放大，市场人气似乎一时无两。但就在这个群情激昂的时刻，我们不得不想起了一句投资老话——"风险总在人声鼎沸处"，3000 点之上资金疯狂的背后，是否会再次敲响警钟？究竟谁是爆款基金的幕后推手？眼下的基金投资究竟该如何进行？

一、证券投资基金的概念和特点

（一）证券投资基金的概述

证券投资基金是指一种利益共享、风险共担的集合证券投资方式，即通过公开发行基金单位,集中投资者的资金,由基金托管人托管,由基金管理人管理和运用资金,从事股票、债券等金融工具的投资,并将投资收益按基金投资者的投资比例进行分配的一种间接投资方式。证券投资基金的投资对象可以是资本市场上的上市股票和债券,货币市场上的短期票据和银行同业拆借,以及金融期货、黄金、期权交易等。

世界各国(地区)对证券投资基金的称谓各不相同,美国称之为"共同基金"或"互惠基金",也称为"投资公司";英国及我国香港地区称之为"单位信托基金";日本、韩国及我国台湾省则称之为"证券投资信托基金"。

证券投资基金是随着证券市场的发展而产生,它起源于英国,盛行于美国,经过一百多年的发展,已成为国际资本市场和货币市场最重要的投资工具之一。自20世纪80年代中期特别是90年代以来,证券投资基金在我国得到迅速发展。作为资本市场上重要的机构投资者,证券投资基金不仅有利于克服个人分散投资的种种不足,而且成为个人投资者分散投资风险的最佳选择,从而极大地推动了资本市场的发展。尤其是对于中国这样的新兴资本市场,机构投资者的规范与壮大有利于推动证券市场向着理性、成熟的方向发展。

(二)证券投资基金当事人

从证券投资基金的运行框架可以发现,证券投资基金涉及的当事人主要有基金投资人、基金管理人、基金托管人。

1. **基金投资人**

基金投资人同时是受益人、委托人和基金份额持有人,是证券投资基金资产的最终所有人。证券投资基金的持有人包括中小投资者和各种机构投资者,可以是自然人,也可以是法人。

2. **基金管理人**

基金管理公司即管理人,是负责基金发起设立和经营管理的专业机构。它的主要职责是根据信托契约或委托管理协议,负责拟订基金投资计划,指示托管机构按照其投资决策处理基金资产,监督托管机构不得违反有关规定。基金管理人按基金净资产价值的一定比率提取管理费,基金管理人不实际接触基金资产,自有资产与基金资产实行分账管理,以确保基金资产的独立性和安全性。

3. **基金托管人**

基金托管人是证券投资基金资产的名义持有人和保管人。一般是由具有一定资产信用的商业银行、投资银行或保险公司来担任,以保证证券投资基金运作贯彻经营与托管分开的原则。目前我国的证券投资基金托管人均为商业银行。我国现行的证券投资基金管理办法规定,经批准设立的契约型基金,应当委托商业银行作为证券投资基金托管人托管证券投资基金资产。

(三)证券投资基金的特点

虽然各国对证券投资基金的称谓有所不同,但特点却无本质区别,这些特点可以概括为如下五个方面:

1. **小额投资,费用低廉**

证券投资基金最低投资额一般较低。由于基金集中了大量的资金进行证券交易,通常也能在手续费方面得到券商的优惠;同时,很多国家和地区还对基金的税收给予优惠,以支持基金业的发展,这使得投资者通过基金投资证券所承担的税赋不高于直接投资于证券须承担的税赋。

【资料链接】8.4

> 在我国,每份基金单位面值为人民币1元。投资者可以根据自己的财力,多买或少买基金单位,从而解决了中小投资者"钱不多、入市难"的问题。此外,投资基金市场上的激烈竞争亦使投资基金所收取的各项费用非常低廉。根据国际市场上的一般惯例,基金管理公司就提供基金管理服务而向基金收取的管理费一般为基金资产净值的1‰~2.5‰,而投资者购买基金需缴纳的费用通常为认购总额的0.25%,低于购买股票的费用。

2. 组合投资,分散风险

根据投资组合的基本原理,分散化投资可以起到分散投资风险的作用,但是要做到起码的风险分散,需要持有多种相关性较弱的证券,这对于中小投资者来说较为困难。而证券投资基金一般实力较雄厚,可以把投资者的资金分散投资于各种不同的有价证券,建立合理的证券组合,从而把风险降到最低限度。

3. 专业管理,专家操作

证券投资基金由专家进行专业化管理。基金资产由专业的基金管理公司负责管理。基金管理公司配备了大量的投资专家,他们不仅掌握了广博的投资分析和投资组合理论知识,而且在投资领域也积累了相当丰富的经验,从而克服了业余人士在信息、时间、精力及专业知识等方面的不足,提高了资产的运作效率。此外,证券投资基金从发行、收益分配、交易到赎回的整个过程都有专门的机构负责,能够为投资者提供专业化服务,大大简化了投资过程。

4. **流动性强,变现性高**

证券投资基金流动性强,基金的买卖程序非常简便。对开放式基金而言,投资者既可以向基金管理公司直接购买或赎回基金,也可以通过证券公司等代理销售机构购买或赎回,或委托投资顾问机构代为购买或赎回。国外的基金大多是开放式基金,每天都会进行公开报价,投资者可随时据以购买或赎回。对于封闭式基金,投资者可以通过证券交易市场买卖基金单位,交易过程与股票类似,一般只需四五天时间,完成整个转让或交易过程。

二、证券投资基金的分类

证券投资基金具有多方面的属性,因此可以按照不同标准进行分类。从不同的角度将投资基金划分为不同的类型,对投资基金的设立和投资者的选择都具有重要意义。

(一)按照组织形态分类

1. **公司型基金**

公司型基金是依照《公司法》设立的证券投资基金。发起人发起设立以投资为目的的基金公司,并发行投资基金股份,投资通过购买基金股份,依法成为基金公司的所有者,享有相应的权利和承担相应的义务。同时,基金公司通过委托管理协议委托专业的投资管理公司和托管机构管理公司资产。公司型基金的特点如下:

(1) 基金公司的设立程序类似于一般股份公司,基金公司本身依法注册为法人。但不同于一般股份公司的是,它委托基金管理公司作为专业的财务顾问或管理公司来经营与管理。

(2) 基金公司的组织结构与一般股份公司类似,设有董事会和持有人大会,基金资产由公司所有,投资者则是这家公司的股东,承担风险并通过股东大会行使权利。

2. 契约型基金

契约型基金是一种信托投资基金,通过投资者、基金管理公司和基金托管机构三方订立信托投资协议而建立起来。其中,基金管理公司是基金的发起人,通过发行受益凭证将资金筹集起来组成信托财产,根据信托协议进行基金的投资决策和管理。而基金托管机构一般由专门的银行来承担,负责管理信托资产和监督基金的运行情况。

(二) 按照是否可以赎回与赎回方式分类

1. 开放式基金

开放式基金是指证券投资基金发起人在设立基金时,证券投资基金资本总额或股份总数是不固定的。开放式基金的价格以净资产价值为计算依据。其特点是:

(1) 开放式基金一般不通过证券交易所进行买卖,而是委托商业银行等金融机构开设内部交易柜台,投资者可随时到此缴款认购,或将手中的基金单位卖给基金(即赎回)。

(2) 开放式基金的交易价格由基金管理者依据基金单位资产净值确定,每个交易日公布一次。投资者不论申购还是购回基金单位,都以当日公布的基金单位资产净值成交。

(3) 开放式基金为了应付投资者随时可能提出的赎回要求,一般投资于开放程度高、规模大的市场,不能将全部资金用于长线投资。

2. 封闭式基金

封闭式基金是指基金发起人在设立基金时,限定了基金发行的总额和存续期。基金单位的流通采取在交易所上市的办法,投资者以后要买卖基金单位都必须经过证券经纪商,在二级市场上进行竞价交易。封闭式基金的基金价格在基金净资产价值的基础上,还要考虑市场的供求变化。封闭式基金的特点是:

(1) 封闭式基金一般均有明确的封闭期限,在此期间投资者不能将受益凭证卖给基金,只能在二级市场竞价买卖。当规定期限届满时,投资者可直接申请赎回。

(2) 封闭式基金首次发行价同开放型基金一样,也是按单位资产净值加 3%~5% 的首次购买费。此后在证券二级市场交易时,其买卖价都由市场供求关系决定。

(3) 封闭式基金的基金总额是固定的,不会时而增加时而减少,所以可将全部资金用于长线投资,即投资于封闭型市场或开放程度较低的市场。

(三) 按照基金的投资风格分类

1. 成长型基金

成长型基金主要投资于信誉度高、有长期成长前景或长期盈余的公司股票。这类股票通常具有较高的市值、账面(P/B)比。它是以基金资产的长期增值为目的,适合于风险承受能力强、追求高回报的投资者。证券市场的波动对基金资产的影响较大。

2. 收入型基金

收入型基金主要投资于可带来现金收入的股票,以获取当期的最大收入为目的。这类股票通常具有较高、较稳定的分红能力,所以也称为价值型股票。收入型基金资产成长的潜力较小,损失本金的风险相对也较低。

3. 平衡型基金

平衡型基金以平衡型股票(在财务指标上介于成长型和收入型股票之间的可称为平衡型股票)为主要投资对象,或者投资于成长型股票和收入型股票的比例无明显差异。平衡型基金的投资目标既要获得当期收入,又要追求基金资产的长期增值,适合同时兼顾价值增长和获得收入两种目标的投资者。

(四)按照基金的投资对象分类

1. 股票型基金

股票型基金目前在基金中占大多数。这类基金以股票为主要投资对象。一般而言,股票型基金的获利性是最高的,但相对来说,投资的风险也较大。因此,较适合稳健或是积极型的投资人。

2. 债券型基金

债券型基金是以债券为主要投资标的,包括国债、企业债、可转债等。债券型基金属于收入型基金,预期收益较低,风险也较低。因此,较适合保守型的投资人。

3. 混合型基金

同时投资于股票和债券的基金称混合型基金。目前国内市场上大部分证券投资基金均为混合型基金。混合型基金的一个特点是股票和债券的相对比例可以不断调整,基金经理通过这种方式进行市场时机选择。

4. 货币市场基金

指以短期国债、短期金融债券、央行票据、回购等货币市场短期有价证券为投资对象的投资基金。货币型基金的获利性一般,但相对来说本金安全性高,流动性强。因此,货币市场基金较适合作为现金管理工具。

5. 其他基金

按投资标的分,还有期货基金、期权基金、房地产基金、贵金属基金等。

三、证券投资基金的发行

(一)投资基金的发行方式

1. 按发行对象不同,基金的发行方式可分为私募发行和公开发行

(1)私募发行是指基金受益凭证只能由特定的投资者认购,而不向全社会公众公开发售。

(2)公开发行则是指基金受益凭证向全社会公众公开发售,由投资者自由认购。一般投资基金的发行多采取公开发行的方式。

2. 按发行渠道不同,基金发行方式可分为

(1)直接销售,这是最简单的发行方式,基金的股份按净资产值出售,一般不收取销售费用。

(2)包销,基金大部分通过经纪人包销发行。经纪人相当于批发商,他们先按基金单位

净资产值购买基金的股份,再以公开销售价格卖给投资者。

（3）销售集团方式,在基金总规模很大时,可由包销人牵头组成一个或数个销售集团,而每个销售集团又由一定数量的经纪人组成,各个经纪人分别代理包销人销售基金的一部分。

（4）由银行参与基金的分销业务,利用银行较高的信誉和广泛的客户基础来推销基金。

（二）投资基金的发行定价

基金发行价格是指基金受益凭证在发行市场出售的价格。基金受益凭证的发行与债券发行相似,一般按面值发行。股票发行可以按公司的盈利状况及每股税后利润来确定发行价格,一般为溢价发行。而基金受益凭证不能溢价发行,其发行价格通常是按基金单位金额和发行手续费来确定。

发行价格＝基金单位金额＋发行手续费

发行手续费＝基金单位金额×发行手续费率

其中手续费是在采取非直接销售的发行方式时,支付给承销机构的费用,其高低依据发行总金额、发行者的信誉、基金种类的不同而变化。

四、投资基金的交易

（一）基金交易的方式

1. 封闭式基金的公开交易

封闭式基金在首次发行结束后就封闭起来,投资者在基金存续期内不能将持有的基金受益凭证赎回基金,而只能在上市后竞价买卖。其交易方式与债券、股票有着相通之处,但也具有自己的特点。

2. 开放式基金的交易

开放式基金的交易实际上是在投资者和基金之间进行的。所以投资者转让开放式基金的受益凭证,只需在基金首次发行结束的一段时间后,在开设的专门柜台,随时申购或赎回该基金。

对于开放式基金来说,投资人除了可以申购赎回证券投资基金单位外,还可以申请证券投资基金转换、非交易过户、红利再投资。

【资料链接】8.5

证券投资基金转换是指当一家基金管理公司同时管理多只开放式基金时,基金投资人可以将持有的一只证券投资基金转换为另一只证券投资基金,即投资人卖出一只证券投资基金的同时,买入该基金管理公司管理的另一只证券投资基金。通常证券投资基金转换费用非常低,甚至不收。

证券投资基金的非交易过户是指在继承、赠与、破产支付等非交易原因情况下发生的证券投资基金单位所有权转移的行为。非交易过户也需到证券投资基金的销售机构办理。

红利再投资是指证券投资基金进行现金分红时,证券投资基金持有人将分红所得的现金直接用于购买该证券投资基金,将分红转为持有证券投资基金单位。对管理人来说,红利再投资没有发生现金流出,因此,红利再投资通常是不收申购费用的。

（二）基金交易的场所

封闭式基金的交易场所可能是全国性证券交易所，也可能是区域性证券交易中心。开放式基金不能像封闭式基金那样上市交易，所以其交易不是在证券交易所和证券交易中心指定的场所进行，而是在各基金专门开设的柜台进行。

（三）基金交易价格

封闭式基金的单位买卖价格以基金的净资产为基础，但主要由市场供求来确定。由于封闭式基金发行的单位数是固定的，而市场需求却不断变化，所以封闭式基金单位在交易过程中经常出现相对于基金净资产的溢价或折价现象，但更多时候表现为折价。开放式基金的单位价格并非随行就市的，一般是每天报价，并且每天只有一个买入价和卖出价。基金单位的买入价（即赎回价）不受市场供求关系的影响，不会出现溢价或折价现象。一般认购价即为基金单位净资产值加上首次认购费用，赎回价则为基金单位净资产值减去赎回费用。

五、不同类型投资者的基金投资策略选择

（一）单身贵族基金投资策略

这部分投资者没有家庭负担，没有经济压力，比较偏向追求高风险高收益类基金组合。增加股票型基金配置，配以债券型基金、配置型基金等其他基金类型。充分分享股票市场伴随中国经济高速发展而获得的收益，积极谋求资本市场的增值机会。

（二）白领精英族基金投资策略

这类人群收入稳定、工作繁忙、短期内没有大额消费支出，计划稳步提升个人财富数量，可以选择白领精英型投资组合，以股票型基金和配置型基金为主，债券型基金为辅，在兼顾风险控制条件下，谋求资产长期稳定增值。

（三）家庭形成期基金投资策略

家庭刚刚形成，短期内有生育孩子计划的年轻人资金实力不强，但是有明确的财富增长目标和风险承受能力，这个时候适合以配置型基金为主，兼有股票型基金和债券型基金，有利于基金资产稳定增值，以备近期增添人口支出和资产增值需求。

（四）家庭成长期的基金投资策略

夫妻双方年龄大概在35岁之后，孩子的教育将是未来几年的主要支出，往往在做基金投资时要考虑依靠投资部分来实现这一资金需求。这个时候可以选择家庭成长型组合，以配置型基金为主，债券型基金为辅，少量配置股票型基金，兼顾资产的中长期保值增值和收益的稳定性。

（五）退休养老型的基金投资策略

如果客户的年龄在55岁之后，一般都会追求低风险水平的资产保值增值，既不愿意承

担较高的风险,又期望资产能够达到保值增值的目标,同时还要保证随时应急。资产的配置以低风险的债券基金为主,少量组合配置型基金,可以取得资产平稳增值。

六、证券投资基金的优势与劣势

(一)证券投资基金的优势

证券投资风险与其他金融投资工具相比,具有一些特殊的优势:

1. 组合投资,分散风险

基金通过向投资者发售基金份额,将众多投资者的闲散资金聚集起来,形成数量可观的金融资产。这些资金可以同时投资几十种甚至几百种有价证券,甚至还可以投资于国外的金融市场,形成全球范围内的投资基金。这样可以达到由不同的投资工具、不同的市场和不同的投资者共同分担投资风险的目的,同时还可以拓宽投资者的投资渠道,使得投资者的有限资金尽可能地分散风险、组合投资。

2. 流动性强,变现方便

对于封闭式基金的持有者来说,虽然在经营期限未到期时,持有者不能要求赎回现金,但是可以在成熟的二级市场上进行转让;开放式基金则赋予投资者随时申购和赎回的机会,流动性可以和银行的活期存款相媲美,这种较好的流动性,进一步增强了证券投资基金的吸引力。

3. 专业投资,科学决策

中小投资者受制于专业知识匮乏、投资经验不足,在证券投资过程中,收益率常常会受到较大影响。但是基金公司在运作和管理过程中,始终由专业的投资者操作,他们具有较高的学历和丰富的投资经历,对国内外经济、金融形势、产业发展、公司经营状况等方面都有深入的调查和研究,并在证券投资、基金管理等方面有比较丰富的经验。从理论上来说由他们制订出最佳的投资策略,理性分析市场,能够避免投资者个人的盲目决策。

(二)证券投资基金的劣势

虽然证券投资基金有上述的优势,但是也有其自身的一些不足之处:

1. 基金收益相对稳定,但并不一定高于市场整体收益

由于基金通常是先制订投资规划和策略,然后据以实施。这样的安排往往会降低投资的灵活性,如果基金经理想保护基金资产,只能通过改变策略才能实现,但是更改策略需要一定的程序。在出现多头行情时,基金因为持股分散,不能分享股价上涨的好处,在股市弱势的时候,基金的跌幅可能比股市整体还要大。

2. 基金比较适合中长期投资者

一般情况下基金的价格波动范围较小,所以不适合频繁进出;同时频繁进出会支付较高的申购费和赎回费,加大投资成本,也影响到投资者的总体投资收益,基金适合中长期投资者。

3. 基金经理可能存在道德风险

基金经理在实际的操作中,有可能从事不利于基金投资人的交易活动,如拉抬基金重仓股票以操纵基金资产净值,与基金管理公司控股股东进行关联交易等。

【分析案例】8.3

"老鼠仓"一直是基金经理不能触碰的合规底线。此前"老鼠仓"多发生在公募基金及券商资管领域,最近几年,私募"老鼠仓"也有所浮现,近日证监会就处罚了一名私募投资总监的"老鼠仓"行为。

厦门盛世汇金投资管理有限公司是一家私募证券投资基金管理人,下设盛世汇金一期私募证券投资基金、盛世汇金二期私募证券投资基金、盛世汇金南强一号私募证券投资基金、盛世汇金量化一期私募证券投资基金4只产品。"案发主角"陈湖平则是盛世汇金投资总监,负责上述产品的交易事项。

2016年年底,股市走出熔断阴霾,个股开始活跃,A股市场迎来久违的结构性行情,陈湖平也在这时候动起了"老鼠仓"的心思。据证监会通报,2016年11月17日至2018年11月16日期间,陈湖平与其父陈某发共同操作"陈某发"和"傅某城"两个账户与盛世汇金产品账户趋同交易"福田汽车""盛屯矿业""华能水电""特变电工""建发股份""华胜天成""西部矿业""金诚信"8只上海证券交易所上市的股票,趋同交易成交金额5531.39万元,趋同交易获利19.60万元。

不过,陈湖平在深市的交易就没有那么幸运了,2016年11月15日至2018年11月15日期间,"陈某发"和"傅某城"账户与盛世汇金产品账户趋同交易"罗平锌电""盾安环境""康芝药业""桂林三金""郑州银行"5只深圳证券交易所上市的股票,趋同交易成交金额29632.85万元,趋同交易亏损713.49万元。

相关股票行情软件也可以看出,在陈湖平"老鼠仓"两年时间里,桂林三金曾在2016年11月22日冲至20.77元阶段性高点,而后震荡走低,2018年10月中旬一度跌至12.12元。康芝药业也从最高点的15.14元一度滑落至5.84元阶段性低点,罗平锌电及盾安环境的区间跌幅均超过50%。陈湖平还交易了当时的次新股郑州银行。郑州银行在2018年9月19日上市,首日大涨44.09%,上市第4个交易日打开涨停板,2018年11月16日报收5.7元,仅比发行价4.59元上涨了24%。

证监会认为,陈湖平作为基金从业人员,知悉盛世汇金交易的未公开信息,其利用未公开信息与其父陈某发共商交易,操作"陈某发"和"傅某城"账户,稍早于、同步于或稍晚于盛世汇金产品账户交易相关股票,趋同成交金额合计35164.24万元,趋同交易合计亏损693.89万元。其行为违反《基金法》以及《私募投资基金监督管理暂行办法》的相关规定,构成利用未公开信息交易股票违法行为。

证监会决定:对陈湖平责令改正,并处以10万元罚款。

从上述案例中,你认为基金投资行业为什么会出现所谓"老鼠仓"现象,从基金投资参与者的角度看,如何避免这一现象的发生。

第六节 黄金投资规划

 导入案例

近期,由于围绕新冠病毒肺炎疫情的消息不断,引发外界对疫情可能在全国甚至全球多个国家范围内扩散的担忧,市场避险情绪不断升温,刺激投资资金对黄金的避险买盘,黄金价格水涨船高。2020年2月24日,现货黄金价格一度暴涨近40美元,突破1680美元/盎司,再次刷新7年新高。

对于黄金的未来走势,几乎所有的分析师和机构都非常看好。道明证券大宗商品策略师丹尼尔·加利对黄金的发展前景非常乐观,他认为,后市黄金市场任何回落和盘整都将被视为买入机会,因为推动金价上涨的不仅仅是避险需求,黄金还有更多上涨空间,这个牛市才刚刚开始。

美国高盛集团也表示,如果全球卫生风险在2020年第一季度得到控制,黄金有可能升至1750美元/盎司。此前高盛报告称,美股出现10%幅度的修正变得可能。作为避险资产的黄金,在这种情况下将大为受益。

一、认识黄金

(一)黄金的特点

黄金具有耐腐蚀、色泽光亮、延展性好、稀有性等特点。对于普通的家庭投资者来说,黄金是一种重要的避险工具。同时黄金具有永恒的价值,是财产保值增值的主要方式。黄金极其稀有,开采成本很高,自身的物理特性非常好,具有极好的稳定性,便于长期保存。这些特点使得黄金成为不同地域、不同时期的共同追求,都把黄金作为最终物质财富的象征。

(二)黄金的用途

当今黄金可以分为商品性黄金和金融性黄金。黄金除了上面的金融用途外,当前黄金商品用途主要是首饰业、佛像装饰、建筑装饰、黄金器具、电子工业、牙医、金章及其他工业用金。黄金长期作为货币金属而受到严格控制,导致目前黄金的商品用途仍是十分狭小的。黄金的重要作用仍然体现在金融货币功能上,后随着国际金融体制改革的推进,国际货币体制黄金非货币化的条件下,黄金日益从宫廷、庙宇走向了民间,由达官贵人的特权拥有变成了大众所拥有。

经济学家凯恩斯曾经这样评价黄金的作用:"黄金在我们的制度中具有重要的作用。它

作为最后的卫兵和紧急需要时的储备金,还没有任何其他的东西可以取代它。"

二、世界主要黄金市场

黄金市场是指集中公开地进行买卖黄金的有组织管理机构,有的是有形的交易场所,有的是无形的交易网络,包括作为黄金批发市场的一级市场和黄金零售市场的二级市场。黄金市场是国际金融市场的重要组成部分,也是世界各地黄金买卖的交易中心。下面介绍一下世界主要黄金市场。

(一)伦敦黄金市场

伦敦黄金市场历史悠久,其发展历史可追溯到 300 多年前。1804 年,伦敦取代荷兰阿姆斯特丹成为世界黄金交易的中心,1919 年伦敦金市正式成立,每天进行上午和下午的两次黄金定价。由五大金行定出当日的黄金市场价格,该价格一直影响纽约和香港的交易。市场黄金的供应者主要是南非。1982 年以前,伦敦黄金市场主要经营黄金现货交易,1982 年 4 月,伦敦期货黄金市场开业。目前,伦敦仍是世界上最大的黄金市场。

(二)苏黎世黄金市场

苏黎世黄金市场,是二战后发展起来的国际黄金市场。由于瑞士特殊的银行体系和辅助性的黄金交易服务体系,为黄金买卖提供了一个既自由又保密的环境,加上瑞士与南非也有优惠协议,获得了 80% 的南非金,以及前苏联的黄金也聚集于此,使得瑞士不仅是世界上新增黄金的最大中转站,也是世界上最大的私人黄金的存储中心。苏黎世黄金市场在国际黄金市场上的地位仅次于伦敦。

(三)美国黄金市场

纽约和芝加哥黄金市场是 20 世纪 70 年代中期发展起来的,主要原因是 1977 年后,美元贬值,美国人为了套期保值和投资增值获利,使得黄金期货迅速发展起来。目前纽约商品交易所和芝加哥商品交易所是世界最大的黄金期货交易中心。两大交易所对黄金现货市场的金价影响很大。以纽约商品交易所为例,该交易所本身不参加期货的买卖,仅提供一个场所和设施,并制订一些法规,保证交易双方在公平和合理的前提下进行交易。该所对进行现货和期货交易的黄金的重量、成色、形状、价格波动的上下限、交易日期、交易时间等都有极为详尽和复杂的描述。

(四)香港黄金市场

香港黄金市场已有 90 多年的历史。其形成是以香港金银贸易场的成立为标志。1974 年,香港地区当局撤销了对黄金进出口的管制,此后香港金市发展极快。由于香港黄金市场在时差上刚好填补了纽约、芝加哥市场收市和伦敦开市前的空当,可以连贯亚、欧、美,形成完整的世界黄金市场。其优越的地理条件引起了欧洲金商的注意,伦敦五大金商、瑞士三大银行等纷纷来港设立分公司。他们将在伦敦交收的黄金买卖活动带到香港,逐渐形成了一个无形的当地"伦敦金市场",促使香港成为世界主要的黄金市场之一。

三、影响黄金价格的因素

黄金价格的变动,绝大部分原因是受到黄金本身供求关系的影响。因此,作为一个具有自己投资原则的投资者,就应该尽可能地了解任何影响黄金供给的因素,从而进一步明了场内其他投资者的动态,对黄金价格的走势进行预测,以达到合理进行投资的目的。其主要的因素包括以下几个方面:

(一) 美元走势

美元虽然没有黄金那样的稳定,但是它比黄金的流动性要好得多。因此,美元被认为是第一类的钱,黄金是第二类。当国际政局紧张不明朗时,人们都会因预期金价上涨而购入黄金。但是最多的人保留在自己手中的货币其实是美元。假如国家在战乱时期需要从他国购买武器或者其他用品,也会沽空手中的黄金,来换取美元。因此,在政局不稳定时期美元未必会升,还要看美元的走势。简单地说,美元强黄金就弱;黄金强美元就弱。

(二) 战乱及政局震荡时期

俗话说:大炮一响,黄金万两。战争和政局震荡时期,经济的发展会受到很大的限制。任何当地的货币,都可能会由于通货膨胀而贬值。这时,黄金的重要性就淋漓尽致地发挥出来了。由于黄金具有公认的特性,为国际公认的交易媒介,在这种时刻,人们都会把目标投向黄金。对黄金的抢购,也必然会造成金价的上升,但是也有其他因素共同制约。比如,在20世纪80年代末至90年代初,世界上出现了许多的政治动荡和零星战乱,但金价却没有因此而上升。原因就是当时人人持有美元,舍弃黄金。故投资者不可机械地套用战乱因素来预测金价,还要考虑美元等其他因素。

(三) 通货膨胀

我们知道,一个国家货币的购买能力,是基于物价指数而决定的。当一国的物价稳定时,其货币的购买能力就越稳定。相反,通胀率越高,货币的购买力就越弱,这种货币就愈缺乏吸引力。如果美国和世界主要地区的物价指数保持平稳,持有现金也不会贬值,又有利息收入,必然成为投资者的首选。相反,如果通胀剧烈,持有现金根本没有保障,收取利息也赶不上物价的暴升。人们就会采购黄金,因为此时黄金的理论价格会随通胀而上升。西方主要国家的通胀越高,以黄金作保值的要求也就越大,世界金价亦会越高。其中,美国的通胀率最容易左右黄金价格的变动。而一些较小国家,如智利、乌拉圭等,每年的通胀最高能达到400倍,却对金价毫无影响。

(四) 本地利率

投资黄金不会获得利息,其投资的获利全凭价格上升。在利率偏低时,衡量之下,投资黄金会有一定的益处;但是利率升高时,收取利息会更加吸引人,无利息黄金的投资价值就会下降,既然黄金投资的机会成本较大,那就不如放在银行收取利息更加稳定可靠。特别是美国的利息升高时,美元会被大量吸纳,金价势必受挫。利率与黄金有着密切的联系,如果本国利息较高,就要考虑一下丧失利息收入去买黄金是否值得。

（五）黄金供需关系

金价是基于供求关系的基础之上的。如果黄金的产量大幅增加，金价会受到影响而回落。但如果出现矿工长时间的罢工等原因使产量停止增加，金价就会在求过于供的情况下升值。此外，新采金技术的应用、新矿的发现，均令黄金的供给增加，表现在价格上当然会令金价下跌。一个地方也可能出现投资黄金的风习，例如在日本出现的黄金投资热潮，需求大为增加，同时也导致了价格的节节攀升。

四、黄金投资技巧

（一）理解黄金投资产品的特点

首先，应该了解各种黄金投资产品的特点，理解不同黄金投资产品的优点和缺点。其次，应该知道通常情况下，黄金价格与股市走势是背离的，即股市行情大幅上扬时，黄金价格往往是下跌的；反之上涨。最后，黄金实物交易没有类似股票那样的分红，投资者还需要缴纳一定的保管费用。

（二）把握在家庭投资支出中的比例

在发达国家理财专家推荐的投资组合中，黄金投资占家庭金融投资支出的比例通常在5%～20%。不同国家的政治、经济、社会习惯有较大区别，投资比例也有很大不同，但是一般情况下，黄金投资占整个家庭资产的比例最好不要超过20%，只有在预期黄金价格大幅上涨的前提下，才可以适当提高这一比例。

（三）避免短线交易

一般来讲，投资黄金最好是做中长期投资准备。黄金被比喻为家庭理财的稳定器，在通货膨胀和社会动荡面前，黄金是一种重要的避险手段。黄金投资和股票投资不一样，个人很难判断金价短期价格走势。

（四）熟悉黄金投资的规则

各种黄金投资产品的交易的时间、电话委托买卖、网上委托买卖等都有相关的规则，投资者在进入市场投资之前要搞清楚，以免造成操作风险。

第七节 银行理财产品投资规划

导入案例

根据普益标准数据,2019 年,全国 360 家银行业金融机构共发行理财产品 81152 款,较 2018 年减少 12714 款。其中预期收益型理财产品 65722 款,较 2018 年减少 23368 款;净值型理财产品 15430 款,较 2018 年增加 10654 款。随着《资管新规》过渡期的临近,银行理财净值化转型将进一步加速,预计净值型产品发行节奏还会有所加快。2018 年 12 月 2 日《商业银行理财子公司管理办法》正式发布,银行理财业务正式步入子公司制发展时代,各商业银行纷纷开始了理财子公司的筹备建设。自 2019 年 6 月 3 日,首家银行理财子公司建信理财开业以来,年内获批开业的理财子公司已达到 10 家,并陆续还有理财子公司获批筹建。截至 2019 年 12 月 20 日,已开业的理财子公司共新发产品 196 款。

一、银行理财产品的基本概念

理财产品是商业银行将客户关系管理、资金管理与投资组合管理等结合在一起,向客户提供的综合化、个性化服务产品。理财产品是资本市场的晴雨表,开展理财业务是商业银行从传统运行模式转向现代全能型银行的第一步。

二、银行理财产品的发展历程

我国银行理财业务起步相对较晚,在国外理财业务发展了近 60 年之后,直至 20 世纪 90 年代,西方的理财观念才被逐渐引入国内。随着我国经济的高速发展,居民财富迅速积累,居民理财意识亦不断增强,国内财富管理市场呈现蓬勃发展趋势。银行凭借其在客户、网点、资产管理等领域的优势,逐渐成为我国财富管理市场的主要主导者。

整体来说,我国银行理财业务的发展主要经历了以下四个阶段:

起步期(2003~2005 年)。2003 年银行理财以外资银行产品、结构化产品、外币理财产品为主。2004 年银行理财产品数量仅有 123 只,超过 50%产品为中资商业银行发行,随着 2005 年五大国有银行开始全面开展理财业务,理财产品数量增加至 631 只,接近 90%的产品是利率类理财产品,平均委托期限较 2003 年下降 1.42 年。

探索期(2006~2008 年)。人民币理财产品占比迅速提升,资产配置更为灵活。受资本市场繁荣影响,银行推出的投资于新股申购和类基金理财产品深受市场欢迎。理财产品数量也由 2006 年的 1283 只大幅增加至 2008 年的 4399 只,平均委托期限进一步下降至 0.49年。

快速发展期(2009~2012年)。人民币产品成为主流,银行顺应客户需求推出期限短、收益稳定、资金门槛不高的固定收益类产品。截至2012年末,全国有超过233家商业银行开办了理财业务,年募集资金规模接近50万亿元,存续的银行理财产品约3.2万只,存续规模超过了7.1万亿元。

规范转型期(2013年至今)。2013年至2015年银行理财规模由10万亿元增加至23.5万亿元,两年内,增加1.35倍。从2016年起,银行理财规模同比增速放缓至2017年的1.69%,理财规模增至29.54万亿元。截至2018年末,银行理财规模约31万亿元,约占资管行业总规模25%,在各类资管机构中占比最高。

为促进银行理财业务健康有序发展,中国人民银行、原银监会等部门陆续出台了一系列具有重大改革意义和前瞻指导作用的政策性文件,促使商业银行提高理财业务服务标准化水平和业务规范性,推动理财业务发展,并向资产管理业务转型,资产管理业务逐步走向专营化、规范化、国际化道路,独立性和透明度大大提高。

三、银行理财产品构成要素

1. 银行理财产品发行者

银行理财产品的发行者就是理财产品的卖家,一般就是开发理财产品的金融机构。投资人一般应该注意发行者的研发、投资管理的实力。在我国能够发行理财产品的都必须经过当地银行监管部门的审核。

2. 银行理财产品认购者

银行理财产品的认购者就是银行理财产品的投资人。有些理财产品并不是面向所有公众的,而是针对特殊的认购群体推出的。

3. 银行理财产品期限

银行发行的理财产品大部分期限都比较短,一般在1年以内,期限为三个月的占比较大。但是也有外资银行推出了期限为5~6年的理财产品。所以投资人应该明确自己资金的充裕程度以及投资期内可能的流动性需求,以避免由此引起的不便。当投资长期理财产品时,投资人还需要关注宏观经济趋势,对利率等指标有一个大体的判断,避免利率等波动造成损失或者资金流动性困难。

4. 银行理财产品价格和收益

收益率表示的是该产品给投资人带来的收入占投资额的百分比。它是在投资管理期结束之后,按照该产品的原定条款计算所得的收益率。一般情况下银行理财产品的收益率高于银行一年期定期存款利率,当然具体的收益率也和该产品的期限有关,期限越长收益率就越高。

5. 银行理财产品风险

在有效的金融市场上,风险和收益永远是对等的,只有承担了相应的风险才有可能获得相应的收益。由于有信息不对称等因素的存在,市场上就可能存在低风险高收益、高风险低收益的可能。所以投资人应该详细了解理财产品的风险结构状况,从而对其做出判断和评估,看其是否与所得的收益相匹配。

四、银行理财产品的分类

(一)根据币种不同分类

1. 人民币理财产品

银行人民币理财是指银行以高信用等级人民币债券(含国债、金融债、央行票据、其他债券等)的投资收益为保障,面向个人客户发行,到期向客户支付本金和收益的低风险理财产品。收益率高、安全性强是人民币理财的主要特点。

2. 外币理财产品

2008年,股票市场大幅波动,"保本增值"已逐渐成为理财新风向。在此背景下,各大银行纷纷推出外币理财产品回避短期股票市场风险。从银行外币理财产品来看,"多国货币"、"高息""短期"成为最热门的宣传词汇。

(二)根据客户获取收益方式分类

1. 保证收益理财产品

保证收益理财产品是指商业银行按照约定条件向客户承诺支付固定收益,银行承担由此产生的投资风险或者银行按照约定条件向客户承诺支付最低收益并承担相关风险,其他投资收益由银行和客户按照合同约定分配,并共同承担相关投资风险的理财产品。

2. 非保证收益理财

非保证收益理财又可以分为保本浮动收益理财产品和非保本浮动收益理财产品。

(1) 保本浮动收益理财产品是指商业银行按照约定条件向客户保证本金支付,本金以外的投资风险由客户承担,并依据实际投资收益情况确定客户实际收益的理财产品。

(2) 非保本浮动收益理财产品是指商业银行根据约定条件和实际投资收益情况向客户支付收益,并不保证客户本金安全的理财产品。

(三)根据投资领域不同分类

1. 债券型理财产品

指银行将资金主要投资于货币市场,一般投资于央行票据和企业短期融资券。因为央行票据与企业短期融资券个人无法直接投资,这类人民币理财产品实际上为客户提供了分享货币市场投资收益的机会。在这类产品中,个人投资人与银行之间要签署一份到期还本付息的理财合同,并以存款的形式将资金交由银行经营,之后银行将募集的资金集中起来开展投资活动。在付息日,银行将收益返还给投资人;在本金偿还日,银行足额偿付个人投资人的本金。

2. 信托型理财产品

信托公司通过与银行合作,由银行发行人民币理财产品,募集资金后由信托公司负责投资,主要是投资于商业银行或其他信用等级较高的金融机构担保或回购的信托产品,也有投资于商业银行优良信贷资产受益权信托的产品。如新股申购,甚至房地产投资都可以纳入理财产品的投资标的,这意味着普通投资者投资信托的机会很多。

3. 挂钩型理财产品

挂钩型理财产品也称为结构性产品,其本金用于传统债券投资,而产品最终收益与相关市场或产品的表现挂钩。有的产品与利率区间挂钩,有的与美元或者其他可自由兑换货币汇率挂钩,有的与商品价格主要是以国际商品价格挂钩,还有的与股票指数挂钩。为了满足投资人的需要,这类产品大多设计成保本产品,特别适合风险承受能力强,对金融市场判断力比较强的投资者。尤其是股票挂钩产品,已经从挂钩汇率产品逐渐过渡到挂钩恒生国企指数,继而成为各种概念下的挂钩产品,种类十分丰富。

4. QDⅡ型理财产品

简单地说就是投资人将手中的人民币资金委托给被监管部门认证的商业银行,由银行将人民币资金兑换成美元,直接在境外投资,到期后将美元收益及本金结汇成人民币后分配给投资人的理财产品。虽然银行理财都会预期最高收益率,但不可否认收益率的实现存在着不确定性。同时,不同产品有不同的投资方向,不同的金融市场也决定了产品本身风险的大小。所以,投资人在选择一款银行理财产品时,一定要对其进行全面了解,然后再做出自己的判断。

(四) 根据风险等级不同分类

1. 基本无风险的理财产品

银行存款和国债由于有银行信用和国家信用作保证,具有最低的风险水平,同时收益率也较低。投资人保持一定比例的银行存款的主要目的是保持适度的流动性,满足生活日常需要和等待时机购买高收益的理财产品。

2. 较低风险的理财产品

主要是各种货币市场基金或偏债型基金,这类产品投资于同业拆借市场和债券市场,这两个市场本身就具有低风险和低收益率的特征,再加上由基金公司进行的专业化、分散性投资,使其风险进一步降低。

3. 中等风险的理财产品

(1) 信托类理财产品。由信托公司面向投资人募集资金,提供专家理财、独立管理,投资人自担风险的理财产品。投资这类产品投资人要注意分析募集资金的投向,还款来源是否可靠,担保措施是否充分,信托公司自身的信誉。

(2) 外汇结构性存款。作为金融工程的创新产品,通常是几个金融产品的组合,如外汇存款附加期权的组合,这类产品通常是有一个收益率区间,投资人要承担收益率变动的风险。

(3) 结构性理财产品。这类产品与一些股票指数或某几只股票挂钩,但是银行有保本条款。另外,也有机会获得高于定期存款的收益。

4. 高风险的理财产品

QDⅡ等理财产品即属于此类。由于市场本身的高风险特征,投资人需要有专业的理论知识,这样才能对外汇、国外的资本市场有较深的认识,去选择适合自己的理财产品,而不是造成了损失才后悔莫及。

五、如何选择合适的银行理财产品

1. 了解理财产品的预期收益和风险状况

银行理财产品的预期收益率只是一个估计值,不是最终收益率。而且银行的口头宣传不代表合同内容,合同才是对理财产品最规范的约定。理财专家说,在当前弱市环境,投资者购买银行理财产品需要认真阅读产品说明书,不要对理财产品的收益预期过高。

2. 分析理财产品结构和赎回条件

"对于银行理财产品,投资者需要了解产品的挂钩标的;对于那些自己不熟悉、没把握的挂钩标的的理财产品,投资者需要谨慎对待。"理财专家说,有的理财产品不允许提前赎回,有的理财产品虽然能够提前赎回,但只能在特定时间赎回,且需要支付赎回费用;有的理财产品有保本条款,但其前提是产品必须到期,投资者提前赎回就有可能亏损本金。

3. 认真查看理财产品的期限

有理财专家认为,银行理财产品的期限有长有短,一些半年期或一年期的理财产品可能是在股市高位发行的,现在股指已经"腰斩",这类理财产品如果出现亏损,要想在短期实现"翻本",难度较大。有的理财产品期限较长,设计的结构又比较好,即使现在亏损,但今后两三年内如果市场向好,这类理财产品完全有可能扭亏为盈。

银行会把资金投向哪些方面,因为资金投入方向与理财产品收益率直接相关。另外,银行并非专业的资产管理机构,许多银行理财产品特别是股票类理财产品实际上是由银行聘请的投资顾问负责管理,投资顾问一般由基金公司、证券公司担任,其投资研究能力的高低在很大程度上决定了产品的收益和风险控制能力。因此投资者在购买银行理财产品时应了解投资顾问的投资研究能力。

第八节 创新创业投资规划

导入案例

人生的四种象限

人的生活分为工薪族象限、自由职业者象限、生意拥有人象限、投资者象限四个部门。人要想创业也离不开这四个象限,你赚的每一分钱都是从这里面来的。

左上角的象限叫作 E 象限,也就是工薪族象限。出租自己的劳动力,被别人雇佣来换取生活费用的人群,就叫工薪族。左下角叫自由职业者象限,简称 S 象限,自己雇佣自己进行个人创业的人群,就是自由职业者。右上角第三象限 B 称为生意拥有人象限,简称 B 象限,创业成功人士属于这一类。右下角的象限叫作投资者象限,简称 I 象限。这类人通过货币运作方式让自己的财富保值增值,简单来说是"以钱生钱"的方式创造价值,最终实现财务安全和财务自由的人。

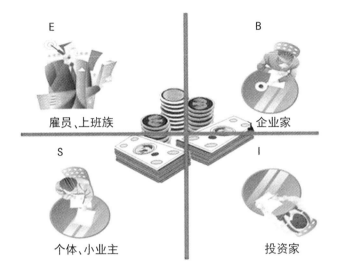

现实生活中属于E象限的人占到人群的六成多数,自由职业者象限的人占到人群的三成左右,创业成功人士象限和投资者人士象限占到人群的一成左右。人人都在为自己的生活目标而努力工作,不断地实现自己一个又一个的小目标,逐渐实现个人的终极目标,但是能够真正实现自由人生目标唯有开始创业。改变人生就要从创新创业开始,把自己从被雇佣者改变成自雇者,先成为小业主,然后继续努力由小业主成长为企业家,进入B象限和I象限,最终实现财物安全和财务自由。

一、创业与创业投资的内涵

(一) 创业的内涵

从范围上讲,创业有广义和狭义之分。广义的创业是指人类的创举活动,或者有开拓、创新并有积极意义的社会活动,涉及政治、经济、军事、文化、科学、教育等各方面。只要是人们以前没有做过的,对社会产生积极影响的事业,都可以说成是创业。

就狭义的创业来讲,不同的学者给出了不同的定义。全球创业研究和创业教育的开拓者杰弗里·A.蒂蒙斯教授认为:"创业是一种思考、推理和行为方式,这种行为方式是机会驱动、注重方法和与领导相平衡。创业导致价值的产生、增加、实现和更新,不只是为所有者,也为所有参与者和利益相关者。"当代管理大师德鲁克认为:"任何敢于面对决策的人,创业是一种行为,都可能通过学习成为一个创业者,并且具有创业精神。创业是一种行为,而不是个人性格特征。"创业是"一种可以组织,并且是需要组织的系统性工作"。

进一步说,创业就是创办企业,是结合当前经济社会建设现状,根据国家有关创新创业政策的要求,通过所学理论和技能,发现和捕捉商机、创造出新产品、新服务或实现其潜在价值的过程。通俗来说,创业即是自谋职业,将知识产品推向市场,开办企业,开创事业的活动。

(二) 创业的特征

1. 创业是一个创造价值的过程

开创新事业必须是有价值的,不仅对创业者本身要有价值,而且对社会要有价值。价值属性是创业的重要社会属性,同时也是创业活动的积极价值。

2. 创业必须付出极大的努力

要完成整个创业过程,要创造新的有价值的事物,就需要大量的时间、充沛的精力和足够的体力;而要获得成功,不付出极大的努力是不可能的,而且很多创业活动在初期都处于非常艰苦的环境中,唯有不断努力才能一步步前进。

3. 创业要承担必然存在的风险

风险是创业过程中必然要面临的问题,创业的风险可能有各种不同的形式,这取决于创业的领域和创业团队的资源。但通常情况下创业的风险主要有人力资源风险、市场风险、财务风险、技术风险、外部环境风险等几个方面。创业者应具备超人的胆识,敢冒风险,勇于承担多数人望而却步的事业风险。

4. 创业将给创业者带来回报

在通常情况下,风险与回报成正相关关系。创业带来的回报,既包括物质的回报,也包括精神的回报,它是创业者进行创业的动机和动力。

(三) 创业投资的概念

创业投资(venture capital),亦称为"风险投资",是指向创业企业进行股权投资,以期所投资创业企业发育成熟或相对成熟后主要通过转让股权获得资本增值收益的投资方式。其中,"创业企业"包括处于种子期、起步期、扩张期、成熟前的过渡期等创建过程中和处于重建过程中的成长性企业,但主要是成长性的中小企业,特别是科技型中小企业。

我们在这里需要将创业投资的概念外延至创业者本身,即创业者为了实现自己进行的伟大创举,将自己的有形资产(动产和不动产)以及无形资产(智力成果、专有技术、家传配方等)投入到创立的企业,形成资产创造新产品或提供新服务,以满足市场需求的一种投资方式。这种方式有别于前述定义的股权投资,这是创业者自身的实际实务投资。创业者的新产品、新技术、新工艺、新服务将会吸引到强大的社会资金投资加盟,从而创业者与投资者共同形成股权联盟,达到共同出资、共享收益、共担风险的经济组织。

【分析案例】8.4

三次创业融资

郑海涛:1992年清华大学计算机控制专业硕士毕业后,在中兴通讯公司工作了7年。从搞研发到做市场,从普通员工到中层管理人员。但是具有强烈事业心的他并不满足于平稳安逸的工作。在经过一番市场调查后,2000年他带着自筹的100万元资金,在中关村创办以生产数字电视设备为主的北京数码视讯科技有限公司。

100万元的资金很快用光。郑海涛只得捧着周密的商业计划书,四处寻找投资商,一连找了20家,都吃了闭门羹——投资商的理由是:互联网泡沫刚刚破灭,选择投资要谨慎;况且数码视讯产品还没有研发出来,投资种子期风险太大,因此风险投资商们宁愿做中后期投资或短期投资,甚至希望跟在别人的后面投资。2001年4月,公司研制的新产品终于问世,第一笔风险投资也因此有了着落。清华创业园、上海运时投资和一些个人投资者共投260万元。2001年7月,国家广电总局为四家公司颁发了入网证,允许它们生产数字电视设备的编码、解码器,其中包括北京数码视讯有限公司。在当时参加测试的所有公司中,数码视讯的测试结果是最好的。也正是因为这个原因,随后的投资者蜂拥而至。在2001年7月份清华科技园、中国信托投资公司、宁夏金蚨创业投资公司又对数码视讯投了450万元。

在公司取得快速发展之后,郑海涛现在已经开始筹划第三次融资,按计划这次融资的金额将达2000万元人民币。郑海涛认为,一个企业要想得到快速发展,产品和资金同样重要,产品市场和资本市场都不能放弃,必须两条腿走路,而产品与资本是相互促进、相互影响的。郑海涛下一步的计划是通过第三次大的融资,对公司进行股份制改造,使公司走向更加规范的管理与运作。此后,公司还计划在国内或者国外上市,通过上市进一步优化股权结构,为公司进军国际市场做好必要的准备。

请思考:
1. 该公司获得资金的渠道有哪些?
2. 试分析郑海涛为什么三次融资都能成功?
3. 你从上述故事中学到了什么?

二、创业融资分析

创业融资是创业者根据创业规划,通过不同的融资渠道,并运用一定的融资方式,经济有效地筹集所需资金的财务活动,也称为新创企业融资。它既包括创业者为了创建企业进行的融资,也包括创业持续经营和成长过程中的融资,这两个方面的融资都非常重要。一方面,创业者要创建企业并能够走向正常经营,必须要获取足够的资金,否则企业不能成立;另一方面,为使新创企业获得成长,也需要持续的资金注入,如为了购买设备、引进技术、开发新技术和新产品等。

(一)创业融资面临诸多困难

对于创业者来说,融资问题始终是一个不可回避的首要问题。广州青年企业家协会某年的一项专题调查显示:45%的被调查者认为创业遇到的最大问题是"缺乏资金",32%的人认为"缺乏项目"。可见创业融资问题是创业者面临的最大的问题,而大体上,创业融资困难的主要影响因素包括:

(1)创业企业缺少甚至没有资产,无法进行抵押。

(2)创业企业没有可参考的经营情况。可口可乐公司即使在一夜之间倒闭,也能让公司在一夜之间再建立起来。

(3)创业企业的融资规模相对较小。从贷款规模比较,对中小企业贷款的管理成本平均为大型企业的5倍左右。

(4)不确定性。从创业活动本身来看,面临非常大的不确定性。创业企业的不确定性比既有企业的不确定性要高得多,创业企业缺少既有企业所具备的应付环境不确定性的经验,尚未发展出以组织形式显现出来的组织竞争能力。

(5) 信息不对称。与创业者相比,投资者则处于相对信息劣势的地位,投资前的信息不对称可能导致逆向选择;投资后的不对称则与道德风险有关。

一个真正的创业者首先要具备克服困难的信心,创业者也应该感谢融资的困难,因为它使很多有创业想法的人在一开始就退出了创业的赛场,那些不畏惧困难的创业者已经获得了首个回合较量的胜利。

【资料链接】8.6　　　　　世上无难事,只怕有心人

> 美国火车旅行家保罗·泰鲁在《游历中国》一书中写道:"有昆仑山脉在,铁路就永远到不了拉萨。"20世纪90年代,瑞士的一位权威铁路工程师来西藏考察地形时,更是断言在西藏修铁路"根本不可能"。因为它有着4000米以上的平均海拔高度,稀薄的空气,冬天晚上可达零下40摄氏度的气温,550千米夏天融沉、冬天冻胀的冻土区,折磨得人头痛欲裂甚至失去生命的高原反应,但是被预言"不可能"修成的铁路,在2006年7月1日变成了现实,它就是青藏铁路。

(二) 创业融资的原则

1. 自备一定的创业资金

鉴于创业的风险,完全依靠外部筹资来准备启动资金不太现实,尤其是初次创业者。因此,你应当尽量自备创业所需的全部或部分资金。自有资金如果占创业所需资金50%以上,比较有利于你向外筹集不足的资金,也有助于你创业成功。

2. 向外借款量力而行

尽量将外部筹借的资金额控制在资金将来可偿还的范围内,估算好自己通过打工或其他方式可具备的还款能力,以便万一创业失败后,还能保持有尊严的生活。

3. 给自己和家庭留足必要的生活费用

不要把所有的资金都投入创业。在规划创业成功后的美好前景时,也应为万一创业失败预留生活退路。毕竟创业有风险,而且创业不是你人生的全部。

三、创业所需资金的测算

创业一开始,各种资金支出将会连续不断,新创企业到底需要多少资金方能保证开业并正常运营,这是每一个新创企业必须解决的首要问题,也就是说对启动资金的预测不可避免。

启动资金,即开办企业必须购买的物资和其他必要支出的资金量。按照资金的用途,启动资金可以分为两大类:一类是固定资产和开办费,通常称为资本性支出;第二类是营运资金支出,即流动资金的支出。

(一) 固定资产投资

固定资产投资主要包括建筑和设备投资。对新创企业来说,买房需要一次性投入较高的金额;租房的投资金额相对较少,而且可以灵活选择地点。设备主要包括企业生产经营所需的机器、工具、设施、办公家具等,创业企业进行设备投资的重要原则之一就是仅对那些创业必需的、关键的设备进行投资,而且要恰当选择设备的类型。

（二）营运资金（流动资金）

营运资金是企业开始营业后，为进行正常生产运营，及其他经营费用等所必不可少的周转资金。创业初一般需预测并准备创业开始3个月所需的流动资金，主要包括购买原材料费用、库存占用的资金、支付给员工的工资、保险费、租金、广告宣传、税金、维修、水电费等。所以要准确估算流动资金持续投入期，即没有获得销售收入的时期。在合理估算流动资金占用量后，还需额外保留储备性流动资金，以备不时之需。

创业需要的资金只能根据一些基本部分进行大致的估算，准确的资金是比较难以计算出的。因为在经营的过程中，还会有一些不可预料的情况出现。因此，创业者在运行项目前，在考虑自身经营能力的情况下，也需要考虑创业所需要的资金。只有这样，项目经营成功的机会才会增多。

四、创业投融资渠道

目前创业融资的渠道总的来说分为两大类，一是向私人融资，即私人资本融资，其主要包括创业者自筹资金、向亲朋好友融资、天使资金等；二是向机构融资，即机构资本融资，其主要包括银行贷款、企业间的信用贷款、中小企业间的互助机构的贷款、创业投资资金、政府的扶持资金等。

（一）私人资本融资

因为创业企业具有的融资劣势，使他们难以通过传统的融资方式如银行借款、发行债券等获得资金，所以私人资本成为创业融资的主要组成部分。世界银行所属的国际金融公司（1FC）对北京、成都、顺德、温州4个地区的私营企业的调查表明：我国的私营中小企业在初始创业阶段几乎完全依靠自筹资金，90%以上的初始资金都是由主要的业主、创业团队成员及家庭提供的，而银行、其他金融机构贷款所占的比重很小。

1. 个人资金

创业者的自有资金是成功创业的基础。创业者应将自有资金的大部分投入到新创的企业中。一方面，创办新企业捕捉商业机会实现价值的过程，将尽可能多的自有资金投入其中，可以在新创企业中持有较多的股份。创业成功后，将获得较大的创业回报。另一方面，自我融资是一种有效的承诺。如果在投身创业过程中投入自己的资金，这本身就是一种信号，它告诉其他投资者，创业者对自己认定的商业机会十分有信心，对自己新创企业充满信心。这种信号会给其他资金所有者投资新创企业一种积极的影响，增加其对新创企业投资的可能性。当然，对很多创业者来说，自有资金虽然是新创企业的一个重要资金来源，但它不是根本性的解决方案。一般来说，创业者个人的资金对于新创企业而言，总是十分有限的。

2. 向亲朋好友融资

家庭成员和亲朋好友是创业融资的重要来源。家庭是市场经济的主体之一，在创业中起到重要的支持作用。特别是在我国，以家庭为中心形成的社会网络关系，对包括创业融资在内的许多创业活动产生重要的影响。家庭成员和亲朋好友由于创业者的个人关系而愿意给予投资，这有助于克服非个人投资者面临的一种不确定性——缺乏对创业者的了解。在创业初期，创业者往往缺乏正规融资的抵押资产，缺乏社会筹资的信誉和业绩。因此，非正规金融的借贷——从创业者的家人、亲戚、朋友处获得创业所需资金是非常有效且常见的融资方法。

3. 天使投资

"天使"最早是对19世纪早期美国纽约百老汇里面进行风险性投资以支持歌剧创作的投资人的一种美称。天使投资主要是指自由投资者或非正式机构对有创意的创业项目或小型初创企业进行的一次性的前期投资,是一种非组织化的创业投资形式。其主要特征有:直接向企业进行权益投资;不仅提供现金,还提供专业知识和社会资源方面的支持;程序简单,短时期内资金就可到位。

(二) 机构资本融资

1. 商业银行贷款

一般而言,银行并不从事向创业企业提供贷款的服务,除非是以下3种情形:创业者拥有个人资产抵押;创业者拥有银行信用额度(备用资金);政府担保(低息、还款周期长)。当然近几年银行创新了一些对创业者比较适合的新的业务类型,主要包括个人生产经营贷款、个人创业贷款、个人助业贷款、个人小型设备贷款、个人周转性流动资金贷款、下岗失业人员小额担保贷款和个人临时贷款等类型。

2. 创业投资

创业投资特指向科技型高成长新创企业提供股权投资,并为其提供经营管理和咨询服务,以期在被投资企业实现较大发展后,通过股权转让获取资本增值收益的投资行为。创业投资作为一类投资机制,指由创业投资者、创业投资管理机构、创业者或新创企业、撤出渠道、中介服务机构、监管系统六因素构成的投资机制。我们经常说的"要争取创业投资支持",与其说是争取这类资金的支持,倒不如说是争取这类投资机制的支持。

3. 风险资本

风险资本是指由专业投资人提供的快速成长并且具有很大升值潜力的新兴公司的一种资本。风险资本通过购买股权、提供贷款或既购买股权又提供贷款的方式进入这些企业。

投资目的:风险投资虽然是一种股权投资,但投资的目的并不是为了获得企业的所有权,不是为了控股,更不是为了经营企业,而是通过投资和提供增值服务把投资企业做大,然后通过公开上市(IPO)、兼并收购或其他方式退出,在产权流动中实现投资回报。

风险投资的投资方式主要包括:直接投资;提供贷款或贷款担保;提供一部分贷款或担保资金同时投入一部分风险资本购买被投资企业的股权。但不管是哪种投资方式,风险投资人一般都附带提供增值服务。风险资本家一般不会向风险企业一次投入全部所需资金,而是根据项目的具体情况,分阶段投入资金。每阶段都定有一个阶段性目标,上一阶段目标的完成,是下一阶段融资的前提。但是,每一阶段的投入资金应当保证足够支撑企业家完成该阶段的目标,这样做既有利于投资者降低投资风险,又可对企业家构成一定的压力与动力。

要想获得风险投资资本,必须首先得了解风险资本家对投资项目的考察方式。风险投资对投资项目有一套完整且严格的考察方式,主要包括:

(1) 阅读投资建议书。看项目是否符合风险投资家的企业特殊标准,并初步考察项目的管理、产品、市场与商业模型等内容。

(2) 与企业家交流。重点考察项目的管理因素。

（3）咨询有关人士与参观风险企业。从侧面了解企业的客观情况，侧重检验企业家提供的信息的准确性。

（4）技术、市场与竞争分析。主要凭借风险投资企业自己的知识与经验，对项目进行非正规的市场技术与竞争分析。

（5）商业模型与融资分析。根据企业家提供的和自己掌握的有关信息，对企业的成长模型、资金需求量以及融资结构等进行分析。

（6）检查风险企业。主要考察企业以往的财务与法律事务。

【资料链接】8.7　　　　　　　　软银中国创业投资有限公司

现在国内比较著名的一些风险投资公司，其中最有影响的当属软银中国创业投资有限公司（日本孙正义资本，投资过阿里巴巴、盛大、雅虎等公司），其投资领域包括IT服务软件产业、半导体芯片、电信通信、硬件产业、网络产业，相比软银的8000万美元初始投资，则软银在阿里巴巴集团上的投资回报率逾24倍。1995年11月，软银公司向雅虎投入了200万美元。第二年3月，在雅虎刚刚搬出蜗居，条件稍稍改善时，软银公司又注资1亿美元，从而拥有了雅虎33%的股份。两个月后，雅虎上市，仅卖掉所持雅虎5%的股份，软银公司便赚了4.5亿美元，现在，它在雅虎所持的28%股权价值84亿美元。孙正义是韩裔日本人，毕业于加利福尼亚大学伯克利分校，1981年创办软件银行。2000年成为日本首富，孙正义总资产约人民币437.7亿元。

下面是软银中国的合作步骤：

我们一直都在寻找那些最好的新兴公司、团队、有创意的思想和盈利商务模式。我们会首选那些基于IT和通信产品、技术和服务的公司，并重点投资那些刚处于种子、成长和扩张期的企业。

我们投资的大小取决于公司成长的阶段以及公司的评估价值，但我们通常希望成为最大的投资方，并且希望持有较多的股份（通常为20%～30%）。我们的投资，少至50万美元，多至1000万美元以上。

如果您的公司符合我们的标准，我们鼓励您提交商务计划概要供我们讨论，以下是我们的合作之步骤：

第一步：拟写一份简略的商务计划概要，一份简略的商务计划概要通常只有1至2页，主要回答以下11个问题：

（1）您的业务是什么？

（2）您的商业模型是什么（主要的收入来源）？

（3）您的业务是满足什么需要或解决什么问题？

（4）您的竞争对手有哪些？详细情况如何？

（5）您的客户是哪些？

（6）您的业务目前的发展状况：主意构想的阶段、业务开发阶段、已有产品或服务、已有收入、已经有了可观的收入，并且寻求业务的扩张。

（7）您希望融资的金额？

（8）您的目标评估价值是多少？

（9）谁是您目前的投资者？

（10）您的总部设在何处？

(11) 主要管理人员简介。

第二步：商务计划的提交。请将您的商务计划发 e-mail 至×××邮箱，我们会有专人接收邮件。

第三步：审核过程。收到您的商务计划后，我们会进行讨论并浏览您的公司网站（如已建立），如果您的计划或网站非常具有潜力，我们会请您来和我们进行面谈。投资决定是由投资委员会投票决定。

第四步：完成协议书及投资。当我们决定投资您的公司之后，我们将给您一份协议书，双方对协议书达成一致之后，我们需要3~4周来完成法律文件及法律调查，并完成融资。

（三）政府资助

1. 创业基金

从2002年起，国家教育部、人力资源与社会保障部、财政部等部委以及许多地方政府就相继出台了有关政策，政府有关部门和社会各界有识之士纷纷出资，设立基金。

第一，天使基金。北京青年科技创业投资基金由北京科技风险投资股份有限公司出资设立，与共青团北京市委、北京市青年联合会和北京市工商局共同管理，它是针对个人创业者的一种投资形式。北京青年科技创业投资基金的一个特点是以个人为投资主体，孵化科技项目的快速成长，凡在电子信息创业、新材料、生物医药及生命科学等领域拥有新科技成果，45岁以下的自然人均可申请创投基金，资金投资区域为北京地区。

第二，创新基金。复旦实业和复旦大学签约共同设立复旦复华科技创业基金，同时投资5000万元组建上海复旦复华科技创业投资有限公司，专业从事该基金的运作。该基金初期规模计划为2亿元，这是迄今为止规模最大的高校科技创业投资基金，基金充分发挥高新技术企业孵化功能，为复旦大学等高校、科研机构的科技成果产业化提供资金及资本运作支持，目前已有两个比较成熟的项目推出，分别属于生物医药和IT创业。

2. 创业扶持资金

人力资源和社会保障部等11部门起草了《关于促进创业带动就业的若干意见》，通过为新创企业提供良好的政策环境来鼓励公民创业，并以此带动社会就业。在此背景下，各地政府积极配合，出台配套创业扶持措施，设立创业扶持资金。各地创业扶持资金的设立，为新创企业提供另一个政府扶持资金来源。

（四）其他资金来源

1. 典当

典当是指当户将其动产、财产权利作为当物质押或者将其房地产作为当物抵押给典当行，交付一定比例费用，取得当金，并在约定期限内支付当金利息、偿还当金、赎回当物的行为。对于新创企业来说，典当融资方式也具有一定的现实性。

2. 融资租赁

融资租赁是指出租人根据承租人对租赁物件的特定要求和对供货人的选择，出资向供货人购买租赁物件，并租给承租人使用，承租人则分期向出租人支付租金。在租赁期内租赁物件的所有权属于出租人所有，承租人拥有租赁物件的使用权。租期届满，租金支付完毕并且承租人根据融资租赁合同的规定履行完全部义务后,对租赁物的归属没有约定的或者约定不明的,可以协议补充;不能达成补充协议的,按照合同有关条款或者交易习惯确定,仍然不能确定的,租赁物件所有权归出租人所有。

伴随金融业创新与发展,融资方式日趋多样化,新创企业的融资渠道也越来越宽,但创业者应根据自身的实际情况,在保证融资额度的前提下,应尽量控制融资成本。

五、创业投融资策略分析

(一)创业投融资的选择策略

新创企业应结合自身的实际情况,选择合适的融资方式。一般来说,首先应积极争取政府创业基金或扶持基金的支持。长期资本方面,可优先考虑股权性融资,如天使投资、风险投资。因为新创企业一般面临较大风险,为了保持竞争地位需要不断地进行后续的投资,市场竞争带来的价格波动可能导致资金流的减少或波动,如果企业有大量的债务性融资,可能诱发不能偿债的财务危机。虽然相比债务性融资,股权性融资的成本相对较高,但对新创企业来说,特别是在初创期,融资决策应首要考虑与企业的经营现金流相匹配,保持良好的财务灵活性,避免财务危机。此外新创企业也应重视内源性融资,降低分红比例甚至不分红,以使企业保持良好的财务弹性,实现持续发展。

(二)创业投资资金的获取策略

1. 新创企业获得创业投资所应具备的条件

新创企业要想融资成功,尤其是获取政府扶持投资基金、风险投资基金等创业投资基金的资金,必须要具备相关的条件:首先,创业者要具备较高素质,新创企业的创业者要有献身精神、有决策能力、有信心、有勇气、有很强的领导力和人格魅力,使得创业团队为组织的目标奋斗,同时要拥有各方面人才较为齐全、配备合理且高效运转的创业团队。其次,要有富有创意且较为符合实际的创业项目,并能做一个准确和完整的创业计划书。创业计划书要阐明新创企业的价值,明确企业目标和发展趋势、企业产品服务的市场和顾客、企业的优劣势,同时要指明新创企业的资金需求量和融资方式。再次,创业者必须要有一定数量的自有资金。

2. 新创企业获得创业投资的基本策略

新创企业应在创业过程中积极创造条件吸引创业投资,若有多个创业投资机构可供选择时,可以在众多的创业资本中获取最符合企业的经营理念、发展目标的创业投资。新创企业获得创业投资的基本策略包括:第一,明确创业投资机构的范围。寻找创业投资的新创企业,必须明确自身的初步意向目标,即通过了解创业投资市场的行情,了解不同创业投资机构的偏好及能力,然后根据创业企业的特点和资金需要来筛选若干个可能对创业企业的创业项目感兴趣及有此能力的投资机构。筛选时必须要考虑的因素有:企业所需投资的规模、企业的地理位置、所处的发展阶段和发展状况、经营范围等。第二,充分准备谈判文件。在访问创业投资者之前,新创企业应准备好所有的必要文件。如业务简介、创业计划书、审慎的调查分析报告、营销资料等。其中最为重要的文件当属创业计划书,该计划书除了简明扼要、表达准确、突出财务状况并附有数据外,还应表现出创业者的能力和远见。第三,融资谈判准备要充分。创业投资者接到新创企业提供的文件,一般会进行严格审查,如有必要,融资谈判环节必不可少。一般来说,谈判主要围绕创业计划书进行,但无论创业计划书写的有多好,在与资金提供者谈判时表现糟糕的创业者很难完成交易。因此要做好充分准备,事先想想对方可能提到的问题,要表现出信心,同时陈述时抓住重点,条理清楚,记住资金提供者关心的是让他们投资有什么好处,这些原则对融资至关重要。

【资料链接】8.8　　　　　　　　江南春的创业故事

　　大学时代,江南春是华东师大颇有名气的"夏雨诗社"社长,还出过一本诗集《抒情时代》。江南春对当时生活状态的经典描述是,"我会用整个下午留心前桌的女生,并郑重地为她写下评语,在傍晚,我通常都会鼓足勇气到学校舞厅涉足一场爱情或者被轻易地拒绝,无论怎样,待到月黑风高之时,我一定独自回到寝室,轻轻松松写起小诗。"

　　江南春的人生转折点出现在华东师大学生会主席的竞选中。在该校历史上,竞选学生会主席的一般都是大三学生,江则提前了一年。据说,江南春最终取得胜利主要得益于他的口才和事先准备工作充分。后来出任分众传媒副总裁的师兄嵇海荣是当时在任的学生会主席,主持了整个竞选过程,他透露,在最后竞选的6个候选人中,第一个上台的江南春也是唯一一个脱稿演讲的,这给其他人造成了很大压力。

　　江南春上任不久,上海电影制片厂下属一家广告公司到学生会招聘兼职,每个月300元,为了还债,近水楼台的他便前往应聘。第一个客户是汇联商厦,给了1500元让他策划影视广告。江南春连夜写了脚本,随后客户痛快地投入了十几万元拍广告。第一单的成功,让原本准备只干一个月的江南春打消了回校过惬意生活的念头,把学生会的工作放下,全身心干广告,沿着淮海路"扫"商厦。1993年,江南春所在的广告公司一年收入400万元,其中150万元由他贡献。

　　江南春很快决定自己创业。1994年,还在念大三的他与几个合作伙伴成立了永怡广告公司,自任总经理。大学还没毕业,江南春就已经成为学生中少见的百万富翁了。到1998年,永怡占据了95%以上的上海IT领域广告代理市场,营业额达到6000万元以上。之后到2003年成立分众传媒,则是江南春真正开创一个全新领域的开始。

六、创业资源的内涵与种类

(一)创业资源的内涵

创业是经济持续繁荣的基础,是社会高速发展的支撑。在学习创业基础这门课程的时候,有必要弄清楚什么是创业资源?创业资源是新创立的企业创办和运营中必不可少的重要条件,是企业不可或缺的重要资源,没有创业资源就无法谈及创业基础和创业管理。创业者必须时刻掂量创业资源的重要性,把创业资源始终放在最重要的位置来对待。

创业资源是新创立的企业组织在创造价值的过程中所需要的特定资产,包括新创立的企业中所有有形资产和无形资产,例如创业资金、场地资源、创业人才、工作时间、信息资源、创业机会、创业技术和创业管理等。简单地说,"创业资源"就是创业者需要具备的一些创业条件。

(二)创业资源的种类

1. 人力资源

(1) 人力资源的内涵。现代社会普遍达成一种共识:"人力资源已经成为企业的第一资源!"人力资源是创业中的一种资源,而且是所有创业资源中最为重要和最为关键的一种资源。创业者及其创业团队的知识、技能、经验、洞察力、社会关系等都将影响整个创业过程。人力资源属于资源的范畴,是资源在组织中的一种具体表现形式。一般认为,智力正常的人员都是人力资源。管理学大师德鲁克在1954年出版的《管理实践》著作中指出,人力资源是一种特殊的资源,它必须通过有效的激励机制才能开发利用,并为企业带来可观的经济价值。

我们认为,人力资源是能够推动社会进步和经济发展的、能够为社会创造物质财富和精神财富的体力劳动者和脑力劳动者的总称,不仅要求劳动者具有劳动能力,还需要在劳动中推动社会进步和经济发展双重作用,势必成为经济发展的主导力量和财富形成的关键要素。

【资料链接】8.9　　　　　　马云的成长经历与创业历程

马云,浙江杭州人,阿里巴巴集团主要创始人之一。原阿里巴巴集团董事局主席和首席执行官,他是《福布斯》杂志创办50多年来成为封面人物的首位大陆企业家,曾获选为未来全球领袖。另外,马云还曾担任中国雅虎董事局主席、杭州师范大学阿里巴巴商学院院长、华谊兄弟传媒集团董事等职务。2012年11月,阿里巴巴在网上的交易额突破一万亿元大关,马云由此被扣以"万亿侯"的称号。2013年5月10日,马云正式卸任阿里巴巴CEO。2013年5月28日,马云联合阿里巴巴集团、银泰集团、复星集团、富春集团、顺丰集团、中通、圆通、申通、韵达等多家民营快递企业,组建物流网络平台"菜鸟网络科技有限公司"。

马云是当代创业者心中的偶像,是我国一位创业奇才。创业初很多人都会抱怨没有钱,没有经验。马云有过三次创业经历,创业开始时都没什么钱,但最终他的成功是我们有目共睹的。

第一次创业:办杭州首家翻译社。马云之所以要办翻译社,主要是基于三个方面的考虑:① 当时杭州很多的外贸公司,需要大量专职或兼职的外语翻译人才;② 他自己这方面的订单太多,实在忙不过来;③ 当时杭州还没有一家专业的翻译机构。很多人总是有想法却很少会有行动,但是马云一有想法马上就会行动。当时是1992年,28岁的马云是杭州电子工业学院的教师,每个月的工资还不到100元。但没钱不是问题,他找了几个合作伙伴一起创业,风风火火地把杭州第一家专业的翻译机构成立起来了。

第二次创业:靠卖杂货维持生存。创业开始,也是举步维艰。第一个月,翻译社的全部收入才700元,而房租就要2400元。好心的朋友劝马云别瞎折腾了,合作伙伴的信心也动摇了,但马云却没有想过放弃。为了维持生存,马云开始贩卖内衣、礼品、医药等小商品,自己四处跑推销,吃了很多苦头。整整3年,翻译社就靠着马云推销这些杂货来维持生存。1995年,翻译社开始实现赢利。现在,海博翻译社已经成为杭州最大的专业翻译机构。

第三次创业：办网站。1995年初，马云参观了美国西雅图一个朋友的网络公司，亲眼见识了互联网的神奇，于是决定回国做互联网。这次创业，马云掏空了口袋也只有6000元。于是，他变卖海博翻译社的办公家具，跟亲戚朋友四处借钱，好歹凑够了80000元。再加上两个朋友的投资，一共才10万元。中国黄页创办初期，由于开支大，业务又少，最凄惨的时候，公司银行账户上只有200元现金。但是马云以他不屈不挠的精神，克服了种种困难，把营业额从0做到了几百万元。1999年，阿里巴巴创业之初只有50万元，还是18个人东拼西凑凑起来的。然而，拿着这50万元，马云却喊出了这样的宣言："我们要建成世界上最大的电子商务公司，要进入全球网站排名前十位！"当年，国外风投疯狂给中国网络公司砸钱，网络公司也疯狂地烧钱。50万元，只不过是大型门户网站一笔小小的广告费而已。阿里巴巴创业开始时相当艰难，每个人工资只有500元。公司的开支也精打细算，一分钱恨不得掰成两半来用。员工外出办事，发扬"出门基本靠走"的精神，很少打车。据说有一次，大伙出去买东西，东西很多，实在没办法了，只好打的。大家在马路上向的士招手，来了一辆桑塔纳，他们就摆手不上，一直等到来了一辆夏利才坐上去。原因嘛，因为夏利每公里的费用比桑塔纳便宜2元钱。8年后的2007年11月6日，阿里巴巴在香港联交所上市，市值200亿美元，成为中国市值最大的互联网公司。马云和他的创业团队，由此缔造了中国互联网史上最大的奇迹。

资料来源：根据百度百科相关资料整理。

知识经济时代，招聘人才是新创企业最主要的资源，招聘到合适的人才变得极其困难。松下幸之助说过："企业即人。企业的兴衰，关键在人，企业能否发展，在很大程度上取决于是否具备一支高素质的员工队伍。"新创企业首先要获取合格的人力资源，才能在竞争中居于优势地位。新创企业的成功离不开优秀的创业团队、创业资金、市场机遇、创新管理。创建企业没有任何神奇的公式，它类似于把拼板玩具的每一块拼凑起来，团队是其中最重要的那块。

（2）创业团队的组建。创业团队通常需要三类管理经验：顾客经验、产品经验和创业经验。假如你是一位创业者，你准备向一家酒店餐厅开展网络服务，那么你不仅需要拥有开展网络服务的相关经验，还要拥有经营酒店餐厅的相关经验。这些经验非常重要，你要了解你的顾客（目标消费者）、了解你的产品（满意的服务），这样才能在创业中获胜，也能不断积累你的创业经验。

2. 知识资源

（1）知识资源的范畴。创业者不能只陶醉于自己的创业理想中，还要丰富相关的行业知识和相关知识；不仅需要具备高智商，还要善于把握商机并且能够迅速决策。① 无形资产是指新创企业的企业文化、品牌、商誉、专利、版权、商业秘密等。② 新创企业在人力资源团队中利用的各种知识都将成为智力资源。

（2）知识资源的整合。知识资源的整合是新创企业新陈代谢的过程，通过知识的整合不断接受新知识，逐渐淘汰更新陈旧知识。①新创企业内部知识达到一定数量后存储会变得越来越困难，最好的解决办法就是创建知识资源库，用于存储企业需要的各类知识。创建知识资源库的模式包括建立网站、文件管理系统、文件服务器、数据库服务器以及群件服务器等。②知识地图可以帮助新创企业员工找到知识的存储地点，是对知识资源管理的一种新型浏览方式，已经成为企业知识资源的导航系统。知识地图描绘出企业各类知识资源及其间的联络,帮助员工收集、整理、组织、存储、转移、分散与共享知识。

3. 资金资源

(1) 资金资源的作用。初创企业,特别是风险和潜在收益都很高的创新型企业,所需资本通常远远高于创始人自身拥有的资金,这意味着创业者必须寻求其他投资者。企业在制订商业计划时对投资者的需求加以考虑,对于创业的成功起到重要作用。

(2) 资金来源的方式。资金来源的方式包括自筹资金(包括自己的储蓄或者向亲属朋友借贷所得的资金)和社会筹资(通过提供高价值的固定抵押物、向银行等金融机构贷款,或者通过熟人或网络向非正式金融机构借贷)。① 以家人朋友为中心的自筹资金。大学生没有经济来源,主要依靠家人朋友帮助支持,这种自筹资金的方式成为大学生创业筹资的主要渠道。② 申请小额创业贷款。大学生需要经常关注就业网的创业扶持信息,由于我国现阶段大学生就业形势异常严峻,目前国家对于大学生创业出台很多小额贷款扶持政策,从而鼓励高校大学生自主创业。③ 参加创业比赛。在以"公开、公平、公正"为基础的创业比赛中,大学生不仅能够收获创业知识,还能够获得创业大赛奖金。

(3) 资金的风险控制。创业都有风险,创业说到底就是资金的运作与控制,因而对于创业资金的风险管理尤为必要。① 健全资金管理机制。新创企业内部设置资金管理的权力机构,例如项目投资管理委员会、资金预算管理委员会,这些权力机构必须严格资金的审批制度,做到资金的合理使用。② 强化资金约束计划。新创企业必须立足会计稳健原则,合理编制资金约束计划、建立资金的动态约束体系,强化资金的计划管理,使得资金的使用得到最优化。③ 完善资金核算工作。新创企业资金核算工作中需要如实地反映企业财务状况和经营成果,在企业经营、理财、投资、信贷中选出最佳方案。

4. 信息资源

(1) 信息资源的内涵。信息资源是新创企业生产及管理过程中所涉及的所有文件、资料、图表和数据等信息的总称,主要包括新创企业生产和经营活动过程中所产生、获取、处理、存储、传输和使用的一切信息资源,贯穿于新创企业管理的全过程。

(2) 信息资源的管理。信息资源是无限的、可获取的和可共享的,是新创企业组织中一种重要的战略资源。新创企业要在竞争市场中占据一席之地,离不开准确、真实和便捷的信息资源。

创业者在创业初探究创业商机时需要管理好企业的技术信息,避免陷入技术风险之中,从而阻碍新创企业的发展。新创企业的核心要求企业必须创新,包括观念创新、制度创新、技术创新、市场创新、产品创新以及管理创新,创新信息资源的管理已经成为创业的基础管理。尤其对于高科技新创企业来说,由于竞争十分剧烈,获取丰富、准确、及时的信息资源则显得非常重要。

5. 市场资源

与快速发展的初创企业的其他组成要素不同,市场不是发明出来的,市场是靠发现的。一件创新产品、一个业务团队——这些创新、团队和融资策略是我们设计的发明。市场则一直存在着,不管我们是否为其效力。

市场存在于买家与卖家的交汇处。传统上,市场是进行商品与服务买卖的交易所,但用今天的话来说,"市场"已从场所转到了人身上:即某一特定产品或服务的潜在购买者群体。

成功的新兴企业之所以脱颖而出,一个不变的因素就是它们都极为重视早期阶段的重要决策。如能正确设计市场路线,业务增长就会带动企业自身加速发展。如果根本不去设计市场路线,企业就会遭遇发展障碍。一个真正的创业者,必须充分挖掘市场资源,在客户市场中摸爬滚打才能在竞争风雨中锤炼长大。

6. 人脉资源

古话"一个好汉三个帮,一个篱笆三个桩",讲的道理就是创业需要广阔的人脉资源,人脉资源是一种潜在的无形资产,是一家永不破产的增值银行。人脉资源的竞争日益激烈,一位创业者的成功,不在于你知道什么,而在于你认识谁!猪八戒威客网易客联盟专家强调:"人脉是一个营销人通往财富、成功的入门票!"美国钢铁大王及成功学大师卡耐基经过长期研究得出结论说:"专业知识在一个人成功中的作用只占15%,而其余的85%则取决于人际关系。"

斯坦福研究中心曾在一份调查报告中指出:一个人赚的钱,12.5%来自自身的知识,87.5%则是来自人脉关系。创业企业拼的不单单是智力、体力、专业、勇气,更是人脉资源的拼搏。俞敏洪说过:"你要想知道你今天究竟值多少钱,你就找出你身边最要好的三个朋友,他们收入的平均值,就是你应该获得的收入。"

伴随着城市化进程和全球化步伐的加速,我们今天生存的社会正在由熟悉人向陌生人转变,越来越多的经验告诫创业者必须高度重视人脉资源。正因为人脉资源的重要性,也因此催生了一些新的行业,例如各类SNS网站,成功创业的典范——"若邻""联络家"等。

七、影响创业资源获取的因素

对于投身商海的人来说,创业是一个美好的梦想,梦想的实现离不开学习影响创业资源获取的因素,综上所述,影响创业资源获取的因素大多涉及个人、关系和风险三大方面。具体影响创业资源获取的因素可以概括为:

(1)资源的多寡。包括人力资源和资金资源,创业者需要具备充分的经验、学历、流动资金、时间、精神和毅力。这些都影响到创业者对各种资源的获取能力。

(2)创意的新旧。创业就是做生意,生意概念不怕旧,最重要的是可行,有长久性、可以继续开发和不断扩展。有的创意绝妙,可能不需要多少资源,创业就能成功。

(3)基本技能是否具备。并非行业中的一般技能,而是常用的企业管理技能,创业者基本技能的掌握程度,直接影响资源的获取。

(4)专业知识掌握的程度。创业者不能只陶醉于自己的理想,理想只是一种美丽的泡沫,需要专业知识的武装。

(5)智商的高低。创业者不一定要有高智商,但要能够善于把握时机去做出明确的决定。

(6)人际关系网络的大小。创业者必须有人帮助和支持,不断扩大朋友网络和做好人际关系会给创业之路减少很多障碍,创业资源也会获取更多。

(7)目标是否确定。创业者的创业目标必须明确,创业管理才能确保有的放矢,创业成功的概率才可以大大提高。目标不明确,对创业资源的获取动力也不足。

八、创业计划

创业计划是创业构想的文字表现形式,也是创业者及其团队经过实际市场调查反复思考、推理并论证的过程,更是创业者叩响投资者大门的"敲门砖",一份优秀的创业计划往往会使创业者达到事半功倍的效果。当然,选择合适的创业计划推介与展示方式更能起到画龙点睛的作用。

（一）研讨创业构想

在开展创业计划撰写之前,需要对我们的创业构想进行思考。一个成功的企业始于正确的理念或好的构想。周密的企业构思可以避免日后的失望和损失。

企业有很多经营类型,主要归纳如下四种类型:

（1）商贸企业——从批发商或制造商处购买商品,卖给顾客和其他企业。零售商从批发商或制造商处购买商品,卖给顾客,所有的百货商店都是零售商。批发商则从制造企业购买商品,卖给零售企业,如蔬菜、水产、瓜果批发中心。

（2）制造企业——生产实物产品。如果你打算开一家企业生产销售砖瓦、家具、化妆品、或野菜罐头,那么你拥有的就是一家制造企业。

（3）服务企业——不出售任何有形产品,也不制造产品。服务企业提供服务,或提供劳务。例如,房屋装修、邮件快递、家庭服务、法律咨询、技术培训等。

（4）农、林、牧、渔类——利用土地或水域进行生产,种植或饲养的产品多种多样。可能是种果树,也可能是养珍珠。

当然,不同的企业类型对创业者的要求也有所不同。如商贸企业对产品范围、经营地点、价格及促销等方面的要求就比较高;制造企业对生产组织、生产效率、质量管理等方面的要求就比较高;服务企业对服务方式、服务满意度、服务可靠性、服务的有型展示等方面要求就比较高。另外,不同的企业类型对创业者的资金规模要求也不同。

（二）分析创业可能遇到的问题和困难

研讨创业构思的过程也是一个分析问题和困难的过程。在创业构思的初期,创业者一般更多地思考创业过程的优势或者好的一方面,往往会犯主观"自大"的错误,这与创业者不具备创业实践经验有关。而实际创业的过程是一个复杂艰辛的过程,在创业的过程中,可能会遇到各种各样的问题和困难,甚至还会遇到一些看似简单但创业者却无法回避,而对创业过程产生重要影响的问题和困难。

创业者要把创业过程中可能会遇到的种种问题事先理清楚,并尽可能想好对策,这些问题包括资金问题、行业问题、团队问题、管理问题、产品问题、销售问题等困难。尽可能地把创业过程中的所有事情想得全面些。想得越全面,就越有思想准备。

分析创业时可能遇到的问题和困难,要把握好以下几点:

一是市场竞争格局是否了解透彻。主要的几个竞争对手是否已详尽研究过,有关竞争对手信息的获得是道听途说,还是亲自调查获得的。信息一定要准确,才能制订正确的市场竞争策略。

二是相关行业的政策支持是否了解透彻。要了解最新的政策扶持内容,要主动到政府相关部门去咨询,或者上相关部门的网站查找。对政策的透彻了解和把握,能使企业发展更快、更容易,也许企业实际操作中遇到的困难就在政策扶持的范围内,就很容易解决。

三是当地的城市发展规划是否了解透彻。当地政府的城市发展规划,可能直接影响到你的企业选址,如果企业刚运转,就因为道路拓宽被拆迁,这种问题的出现,就因为对当地城市发展规划不关注。

四是对这个行业的上下游企业要充分了解。了解整个行业的产业链,能把握自己企业所处的位置,有利于在经营中出现困难时从整个产业链来审视,才能发现是企业经营不善导致的问题,还是大环境造成的问题。

(三)凝练创业计划的执行概要

执行概要是创业者为了吸引创业战略伙伴或投资者的注意,把创业计划书的核心内容加以提炼,放在计划书的最前面,它是创业计划书的精华。执行概要涵盖了计划的要点,简明扼要,条理清晰。创业者的创业背景、创业思路、发展目标及竞争优势等内容在这部分都应一一体现,以便读者能在最短的时间内评审计划并做出判断。因此,创业者应该拿出专门的时间和精力对创业计划书的执行概要进行凝练。在撰写执行概要时要注意以下关键元素:

(1)问题和解决方案。这些是创业者用来吸引投资者的"钩子",最好在第一段就描述清楚。陈述项目的价值定位及要给市场提供什么特别的东西,尤其是项目在今后正常经营中可能会遇到的问题及其解决对策。这样不仅表明创业者的创业理性程度,更能打动投资者。

(2)市场大小和增长机会。投资者们都在寻找巨大的、处在增长期的市场。简单说明一下基本的细分市场、市场规模、增长情况和市场动态。

(3)项目竞争优势。准确阐明项目的竞争优势,主要是对竞争对手进行过有效市场调查以后,所进行的比较竞争优势。

(4)商业模式。谁是你的客户、产品如何定价、一件产品的成本是多少?目前是否有真实客户,是否正在发展阶段?概括你的销售和营销策略(直接营销、销售渠道、病毒营销、潜在客户开发等)。列出一些关键数字,如客户量、授权量、产品数量和利润等。

(5)执行团队。要记住投资者投资的是人而不是创意。为什么你的团队有能力成功?他们以前做过什么?解释一下每个人的背景、角色、工作过的公司。如果企业的创业导师或顾问有相关的行业经验,也可以在团队介绍里提出来。

(6)财务预测和融资。企业需要展示3~5年的收入和花费预测。投资者要知道企业现在想融多少钱,企业能给他们什么样的回报。这样的融资需求通常是为了实现企业的商业计划书中下一个重要里程碑所需要的最小金额。

以上这些概括要点并不是商业计划书概要的硬性要求,或是教条。没有能涵盖所有创业项目的执行概要,但是企业要确保每一条关键问题都要提到。要想想在企业的创业项目中哪些是关键点,要特别强调企业的优势。如果关键点被忽略了,就会是一个危险信号。投资者对企业的第一印象会转向负面。

(四)把创业构想变成文字方案

创业构想毕竟是脑海里的东西,要想把构想变成实际,还要认真地坐下来整理思路、理清思路,把要做的事每一样按步骤具体地写在纸上,要把创业构想变成文字方案。这是理智的创业者必须要做的工作,也是为了保证创业成功必须要做的工作。

把创业者的创业构思通过文字方式呈现出来,其实就是创业计划书的撰写问题。当然,创业计划书的撰写过程也是对上述构思的一种理性论证过程,不仅仅是对创业构想的简单描述过程。很多创业者通过对创业计划书的撰写，不断否定原有的创业构思。有关创业计划书的撰写问题在后面的内容中将有更详细的探讨。

要想写出一份出色的创业计划书，特别要强调如下几方面的工作：

(1) 让计划短小体面。有可能阅读创业计划书人的都是拒绝浪费时间的人，因此创业者对新创企业的描述不但要清晰明确还要简洁。

(2) 恰当组织和包装计划书。目录、摘要、附录、例证、图表、正确的语法、各部分的合理安排、整体整洁是非常必要的。

(3) 让计划面向未来。创业者在计划中要结合当地的经济发展情况来分析企业的发展空间，描绘企业的发展趋势和前景，描述企业未来的打算。

(4) 避免夸张。计划书中的预测的成本和利润要理性，不要随意夸大，不要想当然地填写。要做到合情合理。最好要到类似的企业去走访或调研。

(5) 对风险的分析不可忽视。计划书中，要对从事的行业进行风险分析，它体现了创业者分析问题的能力。

(6) 创业团队要清晰。计划书中要让人看到你的创业团队人员组成、人员分工。

(7) 识别目标市场。我们创办的企业不可能满足全世界人们的需要，要冷静地分析，识别我们的目标市场，并在计划书中说明。

(8) 满足创业计划书的基本要求。主题明确、结构合理；内容充实、重点突出；论据充分、论证严谨；方法科学、分析规范；文字通畅、表述准确；排版规范、装帧整齐。

（五）创业计划的撰写

1. 创业计划的基本特征

(1) 客观性。客观性是创业计划书的重要特点。不论在论证哪一个关键要素时，创业者都必须依据充分的市场调研数据和客观的分析结果，而非创业者的主观判断。这些依据使得创业计划书具有真实性，可信程度非常高，也使得创业计划书的调整和改进立足于一个真实可信的基础之上。创业计划书的客观性来自实践，来自一线的大量信息和素材，这是创业计划书具有实战性和可操作性的基础，也是创业计划书能够吸引投资者的基本前提。

(2) 条理性。商业计划书的条理性同样是一个非常重要的特征，创业计划书本质上是一份提交给投资者的投资指南地图，不同于一般的商业文件。为了展现企业的优势和发展机会，创业者需要把严密的逻辑思维融汇在客观事实中体现和表达出来。应当在创业计划书中展现创业者如何通过项目的市场调研，市场分析，市场开发，生产的安排、组织、运作等管理活动把所提出的战略规划付诸实施，把预想的企业成长变成切实的商业利润。论证过程应条理得当，切忌华而不实，不要为了追求华丽的效果而失去内在的逻辑。

(3) 实践性。创业计划书的实践性是指创业计划书具有可操作性。从上文可以知道，创业计划书不仅是对各方面创业准备的综合归纳整理，更是对未来创业成长的预期和规划。因此，创业计划书的分析结果必须是实实在在能够在实践中运用的。因为只有在实践运作中，创业计划书的企业成长预期价值才能实现，如果只是为了获取资源炮制了一份"看起来很美"的创业计划书，这一创业计划书是毫无价值的。当然，在创业之初，对未来实践经营的细节进行设想也是不尽现实，但是项目运作的整体思路和战略设想应是清晰的。实战的过程中尽管可能做出若干调整，但项目的鲜明商业特点和可操作性是不会变化的。

（4）创新性。创业计划书最鲜明的特点是它的创新性。这种创新性是通过其开拓性表现出来的。对现有经营模式亦步亦趋的简单模仿，是难以吸引投资者的眼光的。对于创业者来说，创业计划书应当从创新项目、创新技术、创新材料、创新营销渠道等方面进行开拓，如果能够从整体上提出一个全新的商业模式会具备很强的吸引力。这种新项目、新内容、新的营销思路和运作思路的整合，才是创业计划书的最本质的特征，也是创业计划书不同于一般的项目建议书的根本之处。

2. 创业计划的撰写原则

（1）目标清晰。这一原则跟创业计划书的阅读对象密不可分。不同的阅读对象有不同的关注重点，应当充分考虑这些关注点如何在创业计划书中得以体现。切忌拿着一个依据通用模板写出的商业计划书来应对各种需求。

（2）要素俱全。创业计划书首先是对新创企业的全面总结，因此，全面性是商业计划书的一个重要的要求。企业的基本情况、市场分析、产品情况、创业团队等方面内容都必须涉及。对任何一个关键要素的回避都将使得创业计划书不完整，同时也会让投资者觉得创业者的准备不够充分或者可能在隐瞒什么情况，这些都会降低投资者的评价。

（3）语言精练。创业计划书是一份商业报告，而不是文学作品。撰写者所需要完成的是如何用直观朴实的语言把所要传递的信息准确地传递出去。在这一过程中，切忌语言夸张或者含糊。语言夸张的弊端是显而易见的，即使是在某个细节部分撰写者过于夸大自身，一旦受到投资者的质疑，他就会对整个创业计划书的真实性产生怀疑。语言精确也是一个必要的要求，创业计划书中尽可能地不要采用"可能""好像"这类的词汇，每一个论据、每一项判断是怎样的状态，应当据实说明。如果撰写者没有把握，也应当实实在在地写出来，这种态度反而会获得阅读者的赞赏。

（4）形式新颖。创业计划书不仅要内在美，还要追求外表美。虽然在很多情况下，我们都知道实质重于形式这一道理，但是显而易见，一份重点突出、编排得当、清晰整洁的创业计划书对于阅读者来说，无疑在心理亲近程度上要更胜一筹。那些不愿意在完善创业计划书的细节上花费时间的人，也难以让投资者相信他会更加专注地投入到企业管理工作中。

3. 创业计划的评价

创业计划评价要素一般包括6个方面的内容：① 创业计划报告完整、全面；② 方案可行；③ 技术含量高或具备创新性；④ 经济效益好；⑤ 资金筹措方案合理；⑥ 市场前景广阔。

本 章 小 结

◆ **内容摘要**

从经济学的角度看，投资是指牺牲或放弃现在可用于消费的价值以获取未来更大价值的一种经济活动。

投资规划是根据客户的投资目标和风险承受能力，通过为客户制订合理的资产配置方案和构建投资组合，来帮助客户实现理财目标的过程。

宏观经济周期、投资者对宏观经济指标的预期、政府实施宏观经济政策都会不同程度地影响着金融市场，从而决定着投资者的收益率和风险。

股票是一种有价证券,是股份有限公司在筹集资本时向出资人公开发行的,代表持有人(即股东)对公司的所有权,并根据所持有的股份依法享有权益和承担义务的可转让的书面凭证。

债券,是一种要求借款人按预先规定的时间和方式向投资者支付利息和偿还本金的债务合同。在所有的金融工具中,债券属于债务类工具,其性质、交易和定价与其他的金融工具(如股票等)有很大不同。

证券投资基金是指一种利益共享、风险共担的集合证券投资方式,即通过公开发行基金单位,集中投资者的资金,由基金托管人托管,由基金管理人管理和运用资金,从事股票、债券等金融工具的投资,并将投资收益按基金投资者的投资比例进行分配的一种间接投资方式。

黄金具有一般商品和货币商品的双重属性,是一种保值避险的良好工具;同时黄金是一种金融产品,所以具有投资功能。

理财产品是商业银行将客户关系管理、资金管理与投资组合管理等结合在一起,向客户提供的综合化、个性化服务产品。

创业就是创办企业,是结合当前经济社会建设现状,根据国家有关创新创业政策的要求,通过所学理论和技能,发现和捕捉商机、创造出新产品、新服务或实现其潜在价值的过程。创业投资指创业者为了实现自己进行的伟大创举,将自己的有形资产以及无形资产投入到创立的企业,形成资产创造新产品或提供新服务,以满足市场需求的一种投资方式。

◆ **关键词**

投资规划　宏观经济政策　股票投资　债券投资　证券投资基金　黄金投资　创业　创业投资　创业资源　创业计划

◆ **思考题**

1. 个人投资规划应该注意哪些问题?
2. 股票投资、债券投资和基金投资有哪些区别和联系?
3. 股票投资过程中会遇到哪些风险?
4. 证券投资基金相对于股票投资有哪些优势与不足?
5. 结合实际,分析一下为什么证券投资基金没有成为当前我国居民家庭金融投资的主要渠道?
6. 影响黄金价格的因素有哪些?
7. 你会选择购买银行理财产品吗?如果选择购买,会选择哪种类型?
8. 简述创业与创业投资的内涵。
9. 创业资源有哪些?
10. 创业计划书撰写的要求是什么?

 思考案例

股神巴菲特的投资策略:只投看得懂的生意

专栏作家郝承林撰文指出,股神一出,谁与争锋?只好再当一回文抄公,继续巴菲特1998年在佛罗里达的演讲。这篇文章具有一定的借鉴意义。

问:"谈谈你喜欢的企业吧,怎么样的企业才能让你喜欢?"

"我只喜欢自己能看得懂的生意,这已排除了90%的企业。我也不要会容易引来竞争的生意。我喜欢的生意要有护城河,并由负责能干的人来管理。"

"30年前,柯达和可口可乐的护城河一样深阔。柯达保证,今天拍的照片,20、30年后看来还是一样的栩栩如生,但现在柯达已不再独占人们的心了,富士追了上来,柯达的护城河变窄了。"

巴菲特没料到的是,柯达10余年后被数码相机逼得要宣布破产。

1. 科技重划护城河

过去是企业填满别家企业的护城河,现在则是互联网把许多传统行业的护城河填满。零售、商场、银行(区域链,请参阅8月份《信报月刊》)、保险(无人车普及后,汽车保费将大幅下降)、运输、媒体等都被波及。

企业的护城河在哪?在变阔还是收窄?是投资者时刻都在思考的问题。

"我喜欢经理人想办法把护城河弄得再阔些,把竞争者拒之门外。一般而言,你可以通过产品质量、服务、价格、成本、专利等来达到。"

互联网不只摧毁护城河,也同时建立起自己的护城河。云端服务的领头羊有什么优势?不是加价,而是减价。过去6年上规模的减价已近20次,基本上每年都会降价,较之前便宜近六成。降价就是要把其他竞争者驱逐出场,但价格下降了,领头羊利润却在上升(因市场正急速成长)。云端的领头羊多是网购企业,或许两三年后,将变成云端才是其主要利润所在。

2. 贪便宜让你更穷

"我只会买那些,即使交易所明天起关门5年,我也很乐意持有的股票。就像拥有一家农场,即使未来5年都不知报价,但只要农场运作得好,我也就会很高兴。所以只要企业好就好,只要你的买入价不是太离谱。"所以,重点还是好企业。

问:"谈谈你投资上的失误吧。"

"你确定我们有足够的时间吗(巴菲特式的幽默)?最大的失误不是做了什么,而是该做的没做。但你看得到的亏钱投资,差不多全都是因为贪便宜。早几年买了的全美航空,3.6亿美元投资近乎全部报销。每次我手上有闲钱的时候,就忍不住想做些什么,这让我常常犯错。在我只有1万美元的时候,因贪便宜而花了2000美元在汽车维修厂,结果又输光。这本是有可能变成60亿美元的。贪便宜而做的投资决定,几乎全都是错误的决定。我总觉得自己十分幸运,如果人生能从头再来,我大概会再做我做过的每一件事。当然,买全美航空除外。"

是企业好还是贪便宜,是每次买入前都要扪心自问的问题。

"做决定时,你应看着镜子,说服自己:我用55美元买入通用汽车的原因是……你必须时刻保持理性。如果只是在鸡尾酒会上听别人说过,又或技术指标上不错,根本远远不够。一般而言,你懂得而又好的投资主意,很少会超过6个,我自己没作多元化投资,我所知做得不错的人也没有。"

3. 坏消息带来机会

好的投资主意,还不是云端、网购、社交媒体、新能源汽车、天然气(行业坏消息出台,未来一两个月的低迷或许正是吸纳时刻)等五至六个?只投资看得懂的企业,再排除没有深阔护城河保护的,便可能只余下十几家。

好股票通常都有点不便宜,让人要耐心等待其下跌,但没有人让你只死守等一家啊,哪家下跌便买哪家好了。

思考:

1. 如果进行投资,你会选择股票投资吗?请说明股票投资相对于其他金融产品,有哪些优势和劣势?

2. 从股神巴菲特成功的投资案例中,你能得出什么样的启示?

第九章 税收规划

- 了解我国个人所得税制度的建立与发展
- 理解掌握我国现行个人所得税纳税人的分类、征税对象、课税范围、税收优惠等税制构成要素
- 掌握对个人所得税进行税收筹划的基本方法

第一节 个人所得税概述

印度:为何缴个税竟成为身份象征?

印度主要以间接税为主实行分税制,其主要税种体现在所得税类、流转税类及财产税类上。印度的税收优惠政策重点放在国家扶持和引导发展的领域。印度的所得税税率不是按所得税法案规定的,而是由每年的财政法案确定。因此所得税税率由每年4月1日的所得税条款得到,并且每年都在变化。据世界银行2014年公布的数据,印度人的整体平均工资还不到1000元人民币,另外印度《经济时报》报道:2015年年底印度92%的农村家庭每月最高收入不足10000卢比(约合人民币997元)。大约75%的农村家庭表示家里的成员最高收入不超过5000卢比(约合人民币498元)。

由于能交个税的人比较少,所以在印度能够缴纳个税是一种身份的象征。因为缴税的人比例少,因此个税收入在印度GDP的占比也比较低。根据印度2015年的官方统计,总体个税缴纳额不足印度GDP的2.4%,总税收占印度目前GDP的比例只有11%左右。小企业家是印度城市居民中的主力人群之一,他们是印度中产阶级的典型代表。印度商户为了逃税经常采用"不开发票少算钱"的方式进行交易。印度税务部门对此的应对之法是在消费环节查堵,即调查该商户负责人的支出状况。如果支出与收入严重不符则会加收惩罚性税款。

印度政府的负债率较高且公共支出不足,印度国内的基础设施也比较落后,其部分原因就是印度个税收入较少。《新德里报》报道称：由于征地问题和资金不足，在过去的两年里印度公路建设进程一再延期。另外印度的港口、铁路、机场等设施也非常落后。对于印度来说，落后的基础设施建设跟不上发展需求一直是经济建设的"顽疾"。从某种程度上来讲印度的低税收已经制约了其本身税务经济发展。

税收应该坚持适度原则，太轻太重都不好。因此税收的制度应该根据经济的发展状况及时调整。印度应该这样，其他国家也应该如此。

一、个人所得税的征收模式

所得税是世界税制发展中较早的一个税种，所得税的开征导致了一次世界性的税制改革浪潮。在所得税体系中，个人所得税当前正逐步成为各国税制的主体税种，同时成为国内宏观调控的主要手段。当前来看，世界各国实行的个人所得税制度，通常划分为以下三种模式：

（一）分类所得税制

分类所得税制又称为个别所得税制。它是对同一纳税人不同类别的所得，按不同的税率分别征税，如对工资薪金等劳动所得课以较轻的税，对营业利润、利息、租金、股息等资本所得课以较重的税。它的特点是只对税法上明确规定的所得分别课税，而不是将个人的总所得合并纳税，英国的"所得分类表制度"是分类所得税制的典范。它的优点是能够广泛采用源泉课征法，课征简便，节省征收费用，而且可按所得性质的不同采取差别税率，有利于实现特定的政策目标。它的不足是不能按纳税人全面的、真正的纳税水平征税，不太符合支付水平原则。现在纯粹采用这种课征制度的国家并不多。

（二）综合所得税制

综合所得税制又称为一般所得税制。它是将纳税人在一定期间内的各种所得综合起来，减去法定减免和扣除项目的数额，就其余额按累进税率征收。它的特点是将来源于各种渠道的所有形式的所得加总课税，不分类别，统一扣除，美国等发达国家的个人所得税属于这个类型。这种税制的优点是：税基宽，能够反映纳税人的综合负税水平，并考虑到个人经济情况和家庭负担等，给予减免照顾，对总的净所得采取累进税率，能够达到调节纳税人之间所得税负担的目的，并实现一定水准上的纵向再分配。但它的不足也很明显：课征手续较繁，征收费用较多，且容易出现偷漏税，要求纳税人有较高的纳税意识、较健全的财务会计和先进的税收管理制度。

（三）分类综合所得税制

分类综合所得税制又称为混合所得税制。它由分类所得税与综合所得税合并而成。它是按纳税人的各项有规则来源的所得先课征分类税，从来源扣缴，然后再综合纳税人全年各种所得额，如达到一定数额，再课以累进税率的综合所得税或附加税。它的特点是对同一所得实行两次独立的课税，瑞典、日本、韩国等国家的现行个人所得税属于这种类型。这种所得税制最大的优点就是能最好地体现税收的公平原则，因为它综合了前两种税制的优点，得以实行从来源扣缴、防止漏税，全部所得又要合并申报，等于对所得的课税加上了"双保险"，符合量能负担的要求。所以,分类综合所得税是一种适用性较强的所得税类型。

从世界各国个人所得税制的总体观察,分类制实行较早。以后在某些国家演进为综合制,更多地演进为分类综合制。现在能够这样说,当前世界上几乎没有一个国家实行纯粹的分类制,实行纯粹综合制的也不多。一般都是实行综合与分类的混合制。

二、个人所得税的功能

个人所得税是现行税制中的主要税种之一,主要有以下几个方面的重要作用和意义:

(一)调节收入分配,体现社会公平

在保证人们基本生活费用支出不受影响的前提下,本着高收入者多纳税、中等收入者少纳税、低收入者不纳税的原则,通过征收个人所得税来缓解社会收入分配不公的矛盾,有利于在不损害效率的前提下,体现社会公平,保持社会稳定。

(二)增加纳税意识,树立义务观念

由于历史原因和计划经济体制的影响,我国公民的纳税意识一直比较淡薄,义务观念比较缺乏。通过宣传个人所得税法,建立个人所得税的纳税申报、源泉扣缴制度,通过强化个人所得税的征收管理和对违反税法行为的处罚等措施,可以逐步培养、普及全民依法履行纳税义务的观念,有利于提高全体人民的公民意识和法治意识,为社会主义市场经济发展创造良好的社会环境。

(三)扩大聚财渠道,增加财政收入

个人所得税是国家收入弹性和增长潜力较大的税种,是国家财政收入的一个重要源泉。随着社会主义市场经济体制的建立和我国经济的进一步发展,我国居民的收入水平逐步提高,个人所得税税源不断扩大,个人所得税收入占国家税收总额的比重逐年增加,最终发展成为具有活力的一个主体税种。

三、我国个人所得税的建立与发展

(一)改革开放前的税制状况

改革开放以前,我国基本处于长期的计划经济时期。受到"左"的思想和苏联经济理论的影响,表现出"税收无用论""税收万能论"等阶段性特征。这样带来的后果就是税种越来越少、税制越来越简单,大大地缩小了税收在经济领域中的活动范围和税收在社会政治、经济生活中的影响,严重妨碍了税收职能作用的发挥。个人所得税在这样的大环境下迟迟没有开征,整个税制发展进程十分坎坷缓慢。

(二)改革开放后的税制改革

改革开放后税制建设步伐加快,1980年开征了个人所得税,确立了与社会主义市场经济相适应的个人所得税制的基本框架。后续的改革大致经历了以下两个阶段:

第一阶段(1980~1993年):1978年党的十一届三中全会后,我国走上了一条"摸着石头过河"的渐进、可控的改革开放道路,使资源配置方式逐渐从计划经济转向了市场经济。这个时期的改革开放刚刚拉开帷幕,整个国民经济处于改革的起步、摸索阶段,全国的人均收入水平还很低,为适应改革开放的需要,相继开征了对外籍个人征收的个人所得税、对国内居民征收的城乡个体工商业户所得税和个人收入调节税,期间基本没有做出调整,运行也较为平稳。

第二阶段(1994年至今):党的十四大提出建立社会主义市场经济体制的改革目标后,为适应市场经济体制的内在要求,1994年国家启动了新中国成立以来规模最大、范围最广、成效最显著、影响最深远的一次税制改革。从此将我国的税收制度从与社会主义市场经济相适应向不断深化改革的需要推进。此后的调整都是在这个阶段展开的,具体分为以下七次进行。

第一次:1994年分税制改革在划分中央与地方事权与支出责任的基础上,按税种划分税收收入,并确定中央财政对地方的税收返还,全面改革税收制度。个人所得税在这次改革中将对外籍个人征收的个人所得税、对国内居民征收的城乡个体工商业户所得税和个人收入调节税进行统一合并,并对税率、纳税人、征税项目、免税项目、费用扣除等做出完善。

第二次:1999年个人所得税法中增加"对储蓄存款利息征收个人所得税的开征时间和征收办法由国务院规定",随后,国务院出台对储蓄存款利息征收个人所得税的规定,税率为20%。

第三次:2006年1月1日,工资、薪金所得的费用扣除标准从之前的每月800元提高至1600元,同时增加全员全额扣缴申报的规定。

第四次:2007年6月29日,个人所得税法中增加"对储蓄存款利息所得开征、减征、停征个人所得税及其具体办法由国务院规定"的内容。同年8月15日后对储蓄存款利息所得征收5%的个人所得税,增加年所得12万元以上的个人自行纳税申报的规定,2008年10月9日后又叫停了对存款利息所得的征税规定,实行暂免征收。

第五次:2008年3月1日起,工资、薪金所得的费用扣除标准由每月1600元提高至2000元。

第六次:2011年9月1日,对工资、薪金所得的费用扣除标准提高至3500元,税率结构由九级减少为七级,取消15%和40%两档税率,最低税率由5%降为3%,扩大3%和10%税率的适用范围;对个体工商户生产经营所得和企业承包承租经营所得,扩大了税率级距,对扣缴义务人、纳税申报人申报缴税款的时限做出调整。

第七次:2018年8月31日,免征额提高至5000元;新的个人所得税体系中取消了"其他所得",应税个人所得项目的构成从原来的11项减至9项,其中工资薪金、劳务报酬、稿酬和特许权使用费4项所得作为综合所得在计税时予以合并,新设综合所得;调整了劳务报酬、稿酬和特许权使用费收入额的确定方法,为这3项所得提供了20%的费用减除(相当于按收入全额打8折后计税,其中,稿酬所得的收入还可在此基础上再享受30%的减计,实际相当于收入全额的5.6折计税);扩大了3%、10%、20%三档低税率的级距,缩小25%税率的级距,30%、35%、45%三档较高税率级距不变;另外,2018年这次个人所得税法修订的一项重大制度创新就是增加专项附加扣除,即子女教育、继续教育、大病医疗、赡养老人、住房贷款利息或者住房租金等支出一同作为专项扣除项予以税前扣除。这是自1980年个人所得税开征以来的最大变动。值得一提的是,早在1996年就提出了"建立覆盖全部个人收入的分类与综合相结合的个人所得税制",但此后多次改革都主要是调整基本费用扣除标准,直到2018年的这次调整标志着我国个人所得税开始从分类税制向综合税制转变。个人所得税制伴随着改革开放的发展,在过去这些年中的每一次修正都见证着我国经济的高速增长、居民收入水平的快速提高,未来我国的个人所得税还将继续随着经济结构的变化适时进行调整优化,与我国的经济发展水平相适应,与国家治理能力相匹配,更好地服务于国家、社会和个人。

第二节　个人所得税的基本构成要素

导入案例

2018年6月,十三届全国人大常委会第三次会议对"提高个税起征点"的草案进行了初审;此后是为期一个月的向社会公开征求意见。直到2018年8月27日,十三届全国人大常委会第五次会议对《关于修改个人所得税法的决定草案》进行了二审,仍将个税起征点拟定为5000元。该决定将分为两步实施,"个税起征点由3500元提至5000元"部分拟于2018年10月1日至2018年12月31日先行实施,综合征税拟自2019年1月1日起施行。

一、个人所得税的含义

个人所得税是调整征税机关与自然人(居民、非居民人)之间在个人所得税的征纳与管理过程中所发生的社会关系的法律规范的总称。个人所得税是国家对本国公民、居住在本国境内的个人的所得和境外个人来源于本国的所得征收的一种所得税。

二、个人所得税的纳税义务人

个人所得税的纳税义务人是在中国境内居住有所得的人,以及不在中国境内居住而从中国境内取得所得的个人,包括中国国内公民,在华取得所得的外籍人员和港、澳、台同胞。

根据《中华人民共和国个人所得税法》(以下简称《个人所得税法》)第一条之规定:个人所得税的纳税义务人包括居民个人,也包括非居民个人,其中居民个人是指在中国境内有住所,或者无住所而在境内居住累计满183天的个人。居民个人从中国境内和境外取得的所得,依照本法规定缴纳个人所得税。非居民个人是指在中国境内无住所又不居住,或者无住所而一个纳税年度内在中国境内居住累计不满183天的个人,非居民个人从中国境内取得的所得,依照本法规定缴纳个人所得税。纳税年度,自公历1月1日起至12月31日止。

三、个人所得税的应税税目

(一) 工资、薪金所得

工资、薪金所得,是指个人因任职或者受雇而取得的工资、薪金、奖金、年终加薪、劳动分红、津贴、补贴以及与任职或者受雇有关的其他所得。也就是说,个人取得的所得,只要是与任职、受雇有关,不管其单位的资金开支渠道或以现金、实物、有价证券等形式支付的,都是工资、薪金所得项目的课税对象。

(二) 劳务报酬所得

劳务报酬所得,是指个人从事设计、装潢、安装、制图、化验、测试、医疗、法律、会计、咨询、讲学、新闻、广播、翻译、审稿、书画、雕刻、影视、录音、录像、演出、表演、广告、展览、技术服务、介绍服务、经纪服务、代办服务以及其他劳务报酬的所得(共29项)。

(三) 稿酬所得

稿酬所得,是指个人因其作品以图书、报刊形式出版、发表而取得的所得。这里所说的"作品",是指包括中外文字、图片、乐谱等能以图书、报刊方式出版、发表的作品;"个人作品",包括本人的著作、翻译的作品等。个人取得遗作稿酬,应按稿酬所得项目计税。

(四) 特许权使用费所得

特许权使用费所得,是指个人提供专利权、商标权、著作权、非专利技术以及其他特许权的使用权取得的所得。提供著作权的使用权取得的所得,不包括稿酬所得。作者将自己文字作品手稿原件或复印件公开拍卖(竞价)取得的所得,应按特许权使用费所得项目计税。

(五) 经营所得

包括个体工商户的生产、经营所得和对企业事业单位的承包经营、承租经营所得。个体工商户的生产、经营所得包括四个方面:
(1) 经工商行政管理部门批准开业并领取营业执照的城乡个体工商户,从事工业、手工业、建筑业、交通运输业、商业、饮食业、服务业、修理业及其他行业的生产、经营取得的所得。
(2) 个人经政府有关部门批准,取得营业执照,从事办学、医疗、咨询以及其他有偿服务活动取得的所得。
(3) 其他个人从事个体工商业生产、经营取得的所得,即个人临时从事生产、经营活动取得的所得。
(4) 上述个体工商户和个人取得的生产、经营有关的各项应税所得。
对企事业单位的承包经营、承租经营所得,是指个人承包经营、承租经营以及转包、转租取得的所得,包括个人按月或者按次取得的工资、薪金性质的所得。

(六) 利息、股息、红利所得

(1) 免税的利息(3项):国债利息、国家发行的金融债券利息、储蓄存款利息。

(2) 个人投资者从其投资的企业借款的税务处理

纳税年度内个人投资者从其投资企业(个人独资企业、合伙企业除外)借款,在该纳税年度终了后既不归还又未用于企业生产经营的,其未归还的借款可视为企业对个人投资者的红利分配,依照"利息、股息、红利所得"项目计征个人所得税。

(七) 财产租赁所得

财产租赁所得,是指个人出租建筑物、土地使用权、机器设备、车船以及其他财产取得的所得。个人取得的财产转租收入,属于"财产租赁所得"的征税范围,由财产转租人缴纳个人所得税。

(八) 财产转让所得

财产转让所得,是指个人转让有价证券、股权、建筑物、土地使用权、机器设备、车船以及其他财产取得的所得。

(九) 偶然所得

偶然所得,是指个人得奖、中奖、中彩以及其他偶然性质的所得。偶然所得应缴纳的个人所得税税款,一律由发奖单位或机构代扣代缴。

(十) 其他所得

除上述应税项目以外,其他所得应确定征税的,由国务院财政部门确定。国务院财政部门,是指财政部和国家税务总局。截至1997年4月30日,财政部和国家税务总局确定征税的其他所得项目有:

(1) 个人取得"蔡冠深中国科学院院士荣誉基金会"颁发的中国科学院院士荣誉奖金。

(2) 个人取得由银行部门以超过国家规定利率和保值贴补率支付的揽储奖金。

(3) 个人因任职单位缴纳有关保险费用而取得的无偿款优待收入。

(4) 对保险公司按投保金额,以银行同期储蓄存款利率支付给在保期内未出险的人寿保险户的利息(或以其他名义支付的类似收入)。

(5) 股民个人因证券公司招揽大户股民在本公司开户交易,从取得的交易手续费中支付部分金额给大户股民而取得的回扣收入或交易手续费返还收入。

(6) 个人取得部分单位和部门在年终总结、各种庆典、业务往来及其他活动中,为其他单位和部门的有关人员发放现金、实物或有价证券。

(7) 辞职风险金。

(8) 个人为单位或者他人提供担保获得报酬。

个人取得的所得,如果难以定界是哪一项应税所得项目,由主管税务机关审查确定。

四、个人所得税的优惠政策

(一) 个人所得税免征条件

《个人所得税法》第四条规定,下列各项个人所得,免征个人所得税:

(1) 省级人民政府、国务院部委和中国人民解放军军以上单位,以及外国组织、国际组织颁发的科学、教育、技术、文化、卫生、体育、环境保护等方面的奖金。

(2) 国债和国家发行的金融债券利息。

(3) 按照国家统一规定发给的补贴、津贴。

(4) 福利费、抚恤金、救济金。

(5) 保险赔款。

(6) 军人的转业费、复员费、退役金。

(7) 按照国家统一规定发给干部、职工的安家费、退职费、基本养老金或者退休费、离休费、离休生活补助费。

(8) 依照有关法律规定应予免税的各国驻华使馆、领事馆的外交代表、领事官员和其他人员的所得。

(9) 中国政府参加的国际公约、签订的协议中规定免税的所得。

(10) 国务院规定的其他免税所得。前款第十项免税规定,由国务院报全国人民代表大会常务委员会备案。

(二) 个人所得税减征条件

《个人所得税法》第五条规定,有下列情形之一的,可以减征个人所得税,具体幅度和期限,由省、自治区、直辖市人民政府规定,并报同级人民代表大会常务委员会备案:

(1) 残疾、孤老人员和烈属的所得。

(2) 因自然灾害遭受重大损失的。国务院可以规定其他减税情形,报全国人民代表大会常务委员会备案。

五、个人所得税的适用税率

个人所得税率是个人所得税税额与应纳税所得额之间的比例。个人所得税率是由国家相应的法律法规规定的,根据个人的收入计算。缴纳个人所得税是收入达到缴纳标准的公民应尽的义务。2018 年 8 月 31 日,第十三届全国人民代表大会常务委员会第五次会议通过《关于修改〈中华人民共和国个人所得税法〉的决定》,将个税免征额由 3500 元提高到 5000元,2019 年 1 月 1 日实施。

《个人所得税法》根据纳税人的不同应税所得项目分别规定了比例税率和超额累进税率两种适用税率的形式。

(1) 综合所得(工资、薪金所得、劳务报酬所得、稿酬所得、特许权使用费所得),适用 7 级超额累进税率,最高一级为 45%,最低一级为 3%。见表 9.1。

表 9.1 个人所得税税率表一(综合所得适用)

级数	全年应纳税所得额	税率(%)	速算扣除数
1	不超过 36000 元的	3%	0
2	超过 36000 元至 144000 元的部分	10%	2520
3	超过 144000 元至 300000 元的部分	20%	16920

续表

级数	全年应纳税所得额	税率(%)	速算扣除数
4	超过300000元至420000元的部分	25%	31920
5	超过420000元至660000元的部分	30%	52920
6	超过660000元至960000元的部分	35%	85920
7	超过960000元的部分	45%	181920

注1：本表所称全年应纳税所得额是指依照本法第六条的规定，居民个人取得综合所得以每一纳税年度收入额减除费用6万元以及专项扣除、专项附加扣除和依法确定的其他扣除后的余额。

注2：非居民个人取得工资、薪金所得，劳务报酬所得，稿酬所得和特许权使用费所得，依照本表按月换算后计算应纳税额。

(2) 经营所得(个体工商户的生产、经营所得、对企事业单位的承包经营、承租经营所得，个人独资企业和合伙企业的生产经营所得)适用5级超额累进税率，最低一级为5%，最高一级为35%。见表9.2。

表9.2 个人所得税税率表二(经营所得适用)

级数	全年应纳税所得额	税率
1	不超过30000元的	5%
2	超过30000元至90000元的部分	10%
3	超过90000元至300000元的部分	20%
4	超过300000元至500000元的部分	30%
5	超过500000元的部分	35%

(3) 财产租赁所得、财产转让所得、利息、股息、红利所得、偶然所得适用20%的比例税率。

(4) 预扣预缴适用税率表。见表9.3、表9.4、表9.5。

表9.3 个人所得税预扣率表一(居民个人工资、薪金所得预扣预缴适用)

级数	累计预扣预缴应纳税所得额	预扣率	速算扣除数
1	不超过36000元的部分	3%	0
2	超过36000元至144000元的部分	10%	2520
3	超过144000元至300000元的部分	20%	16920
4	超过300000元至420000元的部分	25%	31920
5	超过420000元至660000元的部分	30%	52920
6	超过660000元至960000元的部分	35%	85920
7	超过960000元的部分	45%	181920

表9.4 个人所得税预扣率表二(居民个人劳务报酬所得预扣预缴适用)

级数	预扣预缴应纳税所得额	预扣率	速算扣除数
1	不超过20000元的	20%	0

续表

级数	预扣预缴应纳税所得额	预扣率	速算扣除数
2	超过20000元至50000元的部分	30%	2000
3	超过50000元的部分	40%	7000

表9.5　个人所得税税率表三(非居民个人工资薪金所得,劳务报酬所得,稿酬所得,特许权使用费所得适用)

级数	应纳税所得额	税率(%)	速算扣除数
1	不超过3000元的	3%	0
2	超过3000元至12000元的部分	10%	210
3	超过12000元至25000元的部分	20%	1410
4	超过25000元至35000元的部分	25%	2660
5	超过35000元至55000元的部分	30%	4410
6	超过55000元至80000元的部分	35%	7160
7	超过80000元的部分	45%	15160

个人所得税应纳税所得额计算公式：

应纳税所得额＝月度收入－5000元(免征额)－专项扣除(三险一金等)
－专项附加扣除－依法确定的其他扣除

个税专项附加扣除如下,明细查看个税专项附加扣除：

子女教育：纳税人的子女接受全日制学历教育的相关支出,按照每个子女每月1000元的标准定额扣除。

继续教育：纳税人在中国境内接受学历(学位)继续教育的支出,在学历(学位)教育期间按照每月400元定额扣除。同一学历(学位)继续教育的扣除期限不能超过48个月。纳税人接受技能人员职业资格继续教育、专业技术人员职业资格继续教育的支出,在取得相关证书的当年,按照3600元定额扣除。

大病医疗：在一个纳税年度内,纳税人发生的与基本医保相关的医药费用支出,扣除医保报销后个人负担(指医保目录范围内的自付部分)累计超过15000元的部分,由纳税人在办理年度汇算清缴时,在80000元限额内据实扣除。

住房贷款利息：纳税人本人或者配偶单独或者共同使用商业银行或者住房公积金个人住房贷款为本人或者其配偶购买中国境内住房,发生的首套住房贷款利息支出,在实际发生贷款利息的年度,按照每月1000元的标准定额扣除,扣除期限最长不超过240个月。纳税人只能享受一次首套住房贷款的利息扣除。

住房租金：纳税人在主要工作城市没有自有住房而发生的住房租金支出,可以按照以下标准定额扣除：

(1) 直辖市、省会(首府)城市、计划单列市以及国务院确定的其他城市,扣除标准为每月1500元。

(2) 除第一项所列城市以外,市辖区户籍人口超过100万人的城市,扣除标准为每月1100元；市辖区户籍人口不超过100万人的城市,扣除标准为每月800元。

赡养老人：纳税人赡养一位及以上被赡养人的赡养支出,统一按照以下标准定额扣除：

（1）纳税人为独生子女的，按照每月2000元的标准定额扣除。

（2）纳税人为非独生子女的，由其与兄弟姐妹分摊每月2000元的扣除额度，每人分摊的额度不能超过每月1000元。可以由赡养人均摊或者约定分摊，也可以由被赡养人指定分摊。约定或者指定分摊的须签订书面分摊协议，指定分摊优先于约定分摊。具体分摊方式和额度在一个纳税年度内不能变更。

例如，已婚人士小李在北京上班，月收入1万元，"三险一金"专项扣除为2000元，每月租金4000元，有一子女上幼儿园，同时父母已经60多岁。

起征点为3500元的情况下，没有专项附加扣除，每月需缴纳345元个税；

起征点为5000元的情况下，没有专项附加扣除，每月需缴纳（10000－5000－2000）×3％＝90元个税。

根据新政策，小李就可以享受住房租金1200元扣除、子女教育1000元扣除、赡养老人1000元扣除（跟姐姐分摊扣除额），所以，个税＝（10000－5000－2000－1200－1000－1000）×3％＝0元。

注：新个税法于2019年1月1日起施行，2018年10月1日起施行最新起征点和税率。新个税法规定，自2018年10月1日至2018年12月31日，纳税人的工资、薪金所得，先行以每月收入额减除费用5000元以及专项扣除和依法确定的其他扣除后的余额为应纳税所得额，依照个人所得税税率表（综合所得适用）按月换算后计算缴纳税款，并不再扣除附加减除费用。

六、个人所得税的计算

个人所得税应纳税额，即纳税人取得个人所得税法中所规定的应税所得后，应当按规定缴纳的个人所得税税款数额。其计算公式为

应纳税额＝应纳税所得额×适用税率

由于个人所得税法所规定的纳税人应税所得的项目和扣除费用的标准及适用税率有一定的区别，所以，对不同的应税所得计算应纳税额的方法也有所不同。

（一）个人取得工资、薪金所得应纳个人所得税的计算

计算公式＝（工资－"五险一金"个人承担部分－5000元）×适用税率－速算扣除数

五险之中个人只是承担三险，工伤保险和生育保险个人不缴费。

【分析案例】9.1

张先生在武汉工作每个月工资为10000元，公司每个月缴纳社保公积金扣除1000元，作为独生子的张先生家里父母已经过了60周岁，儿子还在上大学，目前买房办理了贷款，那么张先生儿子正在上大学，符合子女教育，每个月可以扣除1000元专项附加；父母过了60周岁需要张先生赡养，每个月可以扣除专项附加金额2000元；在武汉买房贷款，武汉属于省会城市，住房贷款利息可扣除1500元；办理了社保公积金可扣除1000元。

最终张先生到手的工资为10000－1000－2000－1500＝5500元，达到了个税起征点5000元，超出的部分按照3％的个人所得税率来计算，500×3％＝15元，那么张先生一个月需要缴纳的个人所得税为15元。

（二）个人取得全年一次性奖金或年终加薪应纳个人所得税的计算

根据国税发〔2005〕9号文件《国家税务总局关于调整个人取得全年一次性奖金等计算征收个人所得税方法问题的通知》的规定，全年一次性奖金，是指行政机关、企事业单位等扣缴义务人根据全年经济效益和对雇员全年工作业绩的综合考核情况，向雇员发放的一次性奖金。一次性奖金也包括年终加薪、实行年薪制和绩效工资办法的单位根据考核情况兑现的年薪和绩效工资。企业员工取得全年一次性奖金，单独作为一个月工资、薪金所得计算缴纳个人所得税，按"降率不降额"的计税方法，由扣缴义务人发放时计算代扣代缴。员工取得除全年一次性奖金以外的其他各种名目奖金，如半年奖、季度奖、加班奖、先进奖、考勤奖等，一律与当月工资、薪金收入合并，按税法规定缴纳个人所得税。

计算公式为：应纳税额＝全年一次性奖金收入×适用税率－速算扣除数

居民个人取得全年一次性奖金，也可以选择并入当年综合所得计算纳税。自2022年1月1日起，居民个人取得全年一次性奖金，应并入当年综合所得计算缴纳个人所得税。根据文件规定，2019年1月1日至2021年12月31日期间居民个人取得的全年一次性奖金，纳税人可以根据情况自行选择计税方式，是否并入综合所得计税。

(1) 选择一：不并入综合所得，计税方式如下：以全年一次性奖金收入除以12个月得到的数额，按月换算后的综合所得税率表，确定适用税率和速算扣除数，单独计算纳税。计算公式为

$$应纳税额＝全年一次性奖金收入×适用税率－速算扣除数$$

(2) 选择二：并入综合所得，计税方式如下：发放的奖金数与居民个人当月的工资薪金，采用累计预扣法进行计算个人所得税。

【分析案例】9.2

> 小李在2019年3月取得公司的全年一次性奖金10000元，3月工资8000元，专项扣除800元，专项附加扣除2500元（子女扣500元，住房贷款1000元，赡养老人1000元），假定1月和2月工资、扣除信息一样。采用累计预扣法计算：
>
> 工资的应纳税所得额＝8000－5000－800－2500＝－300（元）；
>
> 1月应纳税额＝0（元）；
>
> 2月应纳税额＝0（元）；
>
> 3月份的应纳所得税额＝8000×3＋10000－5000×3－800×3－2500×3＝9100（元）；
>
> 3月应纳税额＝9100×0.03＝273（元）。

（三）个人取得劳务报酬所得应纳个人所得税的计算

劳务报酬所得以个人每次取得的收入，定额或定率减除规定费用后的余额为应纳税所得额。对劳务报酬所得，其个人所得税应纳税额的计算公式为：

(1) 每次收入不足4000元的：

$$应纳税额＝应纳税所得额×适用税率$$

或

$$应纳税额＝（每次收入额－800）×20\%$$

(2) 每次收入在4000元以上的：

$$应纳税额＝应纳税所得额×适用税率$$

或

$$应纳税额＝每次收入额×(1-20\%)×20\%$$

(3) 每次收入的应纳税所得额超过20000元的：

$$应纳税额＝应纳税所得额×适用税率－速算扣除数$$

或

$$应纳税额＝每次收入额×(1-20\%)×适用税率－速算扣除数$$

对于收入畸高的，实行加成征收：不超过2万元的部分按20％征收，20000元到50000元部分的按30％征收，速算扣除数为2000元，超过50000元部分的按40％征收，速算扣除数为7000元。

【分析案例】9.3

王某应税劳务报酬所得额为50000元，应该加成征收，适用30％的税率和2000元的速算扣除数。

解：应纳税额＝每次收入额×(1-20％)×适用税率－速算扣除数＝50000×(1-20％)×30％－2000＝10000元。

(四) 个人获得稿酬所得应纳个人所得税的计算

稿酬所得应纳税额的计算公式为：

(1) 每次收入不足4000元的：

$$应纳税额＝应纳税所得额×适用税率×(1-30\%)$$

或

$$应纳税额＝(每次收入额－800)×20\%×(1-30\%)$$

(2) 每次收入在4000元以上的：

$$应纳税额＝应纳税所得额×适用税率×(1-30\%)$$

或

$$应纳税额＝每次收入额×(1-20\%)×20\%×(1-30\%)$$

【分析案例】9.4

作家张先生发表了一部连载小说，取得一次未扣除个人所得税的稿酬收入为30000元整，那么，张先生应缴纳个人所得税税额是多少？

解：应纳税额＝应纳税所得额×适用税率×(1-30％)＝30000×(1-20％)×20％×(1-30％)＝3360元。

(五) 个人取得特许权使用费所得应纳个人所得税的计算

特许权使用费所得应纳税额的计算公式为：

(1) 每次收入不足4000元的：

$$应纳税额＝应纳税所得额×适用税率＝(每次收入额－800)×20\%$$

(2) 每次收入在4000元以上的：

$$应纳税额＝应纳税所得额×适用税率＝每次收入额×(1-20\%)×20\%$$

【分析案例】9.5

谢某发明了一项专利后,转让给某单位使用,并得到了10万元的报酬,他应如何缴纳个人所得税?

解:应纳税额=100000×(1-20%)×20%=16000元。

(六)个人获得利息、股息、红利所得应纳个人所得税的计算

利息、股息、红利所得应纳税额的计算公式为

$$应纳税额=应纳税所得额×适用税率=每次收入额×20\%$$

注意事项:① 国债、地方政府债券利息和国家发行的金融债券利息免个税;② 股息红利差别化个税的相关规定:个人从上市公司取得的股息红利,个人持有全国中小企业股份转让系统挂牌公司股票分得的股息红利。

【分析案例】9.6

张伟2017年3月,取得财政部发行国债的利息2000元,取得国内某上市公司发行的公司债券利息1500元,请计算3月份张伟取得的各项利息收入应缴纳的个人所得税。

解:因为国债利息可以免征个人所得税,所以只需要将公司发行债券的利息上交个人所得税。张伟取得的各项利息收入应纳个人所得税=1500×20%=300元。

(七)个人取得财产租赁所得应纳个人所得税的计算

财产租赁所得一般以个人每次取得的收入,定额或定率减除规定费用后的余额为应纳税所得额。每次收入不超过4000元,定额减除费用800元;每次收入在4000元以上,定率减除20%的费用。财产租赁所得以1个月内取得的收入为一次。虽然财产租赁所得适用20%的比例税率,但对个人按市场价格出租的居民住房取得的所得,自2001年1月1日起暂减按10%的税率征收个人所得税。

【分析案例】9.7

王先生把自有160平方米的公寓租给李先生,每个月收租金6000元,求其应缴纳的个人所得税税额是多少?(注:按市场价出租给个人居住适用10%的税率)

解:(1)每月应纳税额=6000×(1-20%)×10%=480元;

(2)全年应纳税额=480×12=5760元。

(八)个人取得财产转让所得应纳个人所得税的计算

财产转让所得应纳税额的计算公式为

应纳税额=应纳税所得额×适用税率=(收入总额-财产原值-合理税费)×20%

【分析案例】9.8

张先生自建房屋,建筑费用40万元,其他费用10万元,建成后以85万元出售,并支付交易税4万元,那么张先生应缴纳的个人所得税税额为多少?

解:(1)应纳税所得额=财产转让收入-财产原值-合理费用=850000-(400000+100000)-40000=310000元;

(2)应纳税额=310000×20%=62000元。

(九)个人取得偶然所得应纳个人所得税的计算

我国个税法规定,取得偶然所得的个人为个人所得税的纳税义务人,应依法纳税;偶然所得以收入金额为应纳税所得额,纳税率以20%计算。对于常说的1万元的起征点,是专指个人购买福利、体育彩票(奖券)一次中奖收入不超过1万元(含1万元)的暂免征收个人所得税;一次中奖收入超过1万元的,应按税法规定全额征税。

偶然所得,适用20%的比例税率。以每次收入额为应纳税所得额。偶然所得应纳税额的计算公式为

$$应纳税额 = 应纳税所得额 \times 适用税率 = 每次收入额 \times 20\%$$

【分析案例】9.9

> 王芳参加电视台举办的有奖竞猜活动,获得一台价值15000元的电脑,应该缴纳个人所得税税额为多少?
>
> 解:个人所得税税额 = 15000 × 20% = 3000元。

第三节 个人税收规划的原则与方法

一、个人税收规划的含义

个人税收规划是个人或企业进行的旨在减轻税负的谋划与对策。税收规划的实质是节税,但其存在的前提是不仅不违反税法条文、会计准则等的规定,而且应符合立法意图。国家在制订税法及有关制度时,往往对节税行为有所预期,并希望通过节税行为引导全社会资源的有效配置与收入的合理分配。因此,税收规划是在税收法律许可的范围内,以税收政策为导向,通过财务活动的合理安排,为达到税后收益最大化的目标而采取的行为。税收规划着眼于总体的决策和长期利益,谋求的利益是合法的、正当的。正确的税收规划不仅可以避免缴纳不应该缴纳的税款,而且有助于合理安排支出。

二、个人税收规划的特点

税收规划的根本目的是减轻税负以实现个人税后收益的最大化,但与减轻税负的其他形式如逃税、欠税及避税比较,税收规划至少应具有以下特点:合法性、超前性、专业性、目的性、多维性和普遍性。

三、个人税收规划的原则

（一）财务利益最大化原则

税收规划的最终目的在于最大化纳税人的可支配财务利益。不仅要考虑节税收益，还要考虑节税成本；不仅要考虑纳税人当前的、短期的财务利益，还要考虑其未来的、长期的财务利益；不仅要考虑纳税人的所得增加，还要考虑纳税人的资本增值等诸多方面。

（二）稳健性原则

一般来说，纳税人的节税利益越大，风险也越大。各种节减税收的预期方案都有一定的风险，如税制变化风险、市场风险、利率风险、债务风险、汇率风险、通货膨胀风险等税收规划要尽量使风险最小化，要在节税收益与节税风险之间进行必要的权衡，以保证能够真正取得财务利益。

（三）便利性原则

当纳税人可选择的税收规划方案有多个时，应选择简单、容易操作的方案。能够就近解决的，不舍近求远。

（四）节约性原则

税收规划可以使纳税人获得利益，但无论是由自己内部规划，还是由外部规划，都要耗费一定的人力、物力和财力。税收规划要尽量使规划成本费用降低到最低程度，使税收规划效益达到最大限度。

四、个人税收规划的原理

税收规划最重要的原理是节税原理。节税原理又可细分为绝对节税原理、相对节税原理、直接节税原理、间接节税原理、横向节税原理、纵向节税原理、风险节税原理、组合节税原理和模糊节税原理等多种。这里主要介绍绝对节税原理和相对节税原理。

（一）绝对节税原理

绝对节税是指直接使纳税绝对额减少，即在各种可供选择的纳税方案中，选择缴纳税收最少的方案，这种最少的纳税绝对总额，包括横向的和纵向的。横向绝对节税是指直接减少某一个纳税人的当期纳税总额；纵向绝对节税是指直接减少某一个纳税人在一定时期的纳税总额，比如5年的纳税总额。

绝对节税原理是使纳税人的纳税绝对总额减少，它又有直接节税原理和间接节税原理之分。其中，直接节税原理是指直接减少某一个纳税人税收绝对额的节税；间接节税原理是指某一个纳税人的税收绝对额没有减少，但这个纳税人的税收客体所负担的税收绝对额减少，间接减少了另一个或另一些纳税人的税收绝对额。

（二）相对节税原理

相对节税是指一定纳税总额并没有减少，但因各个纳税期纳税总额的变化而增加了收益，从而相当于减少了税收，使税收总额相对减少。相对节税原理主要利用的是货币的时间价值。

五、个人税收规划的步骤

进行税收规划大致有以下6个基本步骤：

（一）熟知税法，归纳相关规定

要进行税收规划，必须要熟知税法及相关法律，全面掌握税法的若干规定，尤其是各项税收优惠、税收鼓励政策，往往都是散见于各项文件之中，有的是人大常委会、国务院颁发的，有的是财政部、国家税务总局联合发文的，有的是国家税务总局发文的，还有的可能是省（市）发文的，这些都要收集齐全、进行归类。

（二）确立节税目标，建立备选方案

根据税收规划内容，确立税收规划的目标，建立多个备选方案，每一方案都包含一些特定法律安排。

（三）建立数学模型，进行模拟决策（测算）

根据有关税法规定和纳税人预计收入情况（中、长期预算等），尽可能建立数学模型进行演算，模拟决策，定量分析，修改备选方案。

（四）根据税后净回报，排列选择方案

分析每一备选方案，所有备选方案的比较都要在成本最低化和利润最大化的分析框架内进行，并以此标准确立能够产生最大税后净回报的方案。另外，还要考虑财务风险、税收风险、政治风险等因素。

（五）选择最佳方案

最佳方案是在特定环境下选择的，这些环境能有多长时间的稳定期，事先也应有所考虑，尤其是在跨地区税收筹划时，更应考虑这个问题。

（六）付诸实践，信息反馈

付诸实践后，再运用信息反馈制度，验证实际税收规划结果是否如当初估算，为今后税务规划提供参考依据。

第四节 个人所得税规划实务

一、利用纳税人身份认定进行纳税规划

个人所得税的纳税义务人,包括居民纳税义务人和非居民纳税义务人两种。居民纳税义务人就其来源于中国境内或境外的全部所得缴纳个人所得税;而非居民纳税义务人仅就其来源于中国境内的所得,向中国缴纳个人所得税。很明显,非居民纳税义务人将会承担较轻的税负。

二、选择不同的所得形式进行纳税规划

我国现行《个人所得税法》将个人所得分为9项,实行分类课征制度,当同笔收入被归属于不同的所得时,其税收负担是不同的,这就为纳税人进行纳税规划提供了可能。在此方面,工资、薪金所得与劳务报酬所得的规划空间最大。

工资、薪金所得适用3%～45%的7级超额累进税率,劳务报酬所得适用的是20%、30%、40%的3级超额累进税率。显然,相同数额的工资、薪金所得与劳务报酬所得的税收负担是不相同的。这样,在一定条件下,将工资、薪金所得与劳务报酬所得分开计算或合并计算,就可以实现一定的节税效果。

【分析案例】9.10

> 张老师就职于某高校,月收入7900元,因专业知识精湛,张老师经常被邀请讲学。某月,张老师应邀到企业讲课,获得劳务报酬5000元,
>
> 如果张老师将这两项所得合并为工资薪金所得共同纳税,那么张老师,该月应缴纳个人所得税税额=(7900+5000-5000)×10%-210=580元。
>
> 如果张老师将这两项所得分别纳税,则张老师该月应纳税个人所得税税额为:①工资、薪金所得应纳税额=(7900-5000)×3%=87元。
> ② 劳务报酬所得应纳税额=5000×(1-20%)×20%=800元。
> 两项所得应纳税额合计=①+②=87+800=887元。
> 合并纳税能够节省纳税额为=887-580=307元。
> 显然对于张老师而言,应该将两项所得合并纳税更加合理,可以节税307元。

三、利用分次申报纳税进行纳税规划

工资、薪金所得较多,自然会适用高税率,从而纳税较多,若采取分摊规划法,将每月的工资、薪金所得控制在低税率的档次,就会降低纳税额,实现节税的效果。

【分析案例】9.11

叶先生月收入6300元,年终公司准备发3000元年终奖金,考虑到以下两种纳税情况:

情况1:如果叶先生在年底12月一次性领取3000元年终奖金,那么,应纳个人所得税=(6300+3000−5000)×10%−210=220元。

第二年1月份应纳个人所得税=(6300−5000)×3%=39元。

两个月合计纳税=220+39=259元。

情况2:如果叶先生将3000元年终奖,分别在12月份和1月份各领取一半,即1500元,则其应纳个人所得税税额为:

12月份应纳个人所得税=(6300+1500−5000)×3%=84元。

第二年1月份应纳个人所得税=(6300+1500−5000)×3%=84元。

两个月合计纳税=84+84=168元。

综上所述:情况2比情况1可以少纳税=259−168=91元,也就是说,把年终奖分两次申报纳税可以实现节税的效果。

四、利用附加减除费用进行纳税规划

在一般情况下,工资、薪金所得,以每月收入额减除5000元费用后为应纳税所得额,但部分人员在每月工资、薪金所得减除5000元费用的基础上,还享受减除1300元的附加减除费用,主要范围包括:

(1)在中国境内的外商投资企业和外国企业中工作并取得工资、薪金所得的外籍人员。

(2)应聘在中国境内的企业、事业单位、社会团体、国家机关中工作并取得工资、薪金所得的外籍专家。

(3)在中国境内有住所而在中国境外任职或者受雇取得工资、薪金所得的外籍人员。

(4)财政部确定的取得工资、薪金所得的其他人员。

(5)华侨和我国香港、澳门、台湾同胞,参照上述附加减除费用标准执行。

【分析案例】9.12

刘经理2018年月薪11900元,该纳税人现在不适用附加减除费用的规定,其应纳个人所得税=(11900−5000)×10%−210=480元。

但是,如果刘经理取得外国国籍,成为符合税法的外国专家(还需成为非居民纳税人),虽然其月薪仍为11900元,但其应纳个人所得税,变为(11900−5000−1300)×10%−210=350元,所以利用附加减除费用进行纳税规划,能够少纳税=480−350=130元。

五、利用非货币支付方式进行纳税规划

对于非货币支付方式,较为常见的就是租房、配车。企业为员工租房以及为高管配车,根据现行有关税法的规定,企业的这部分支出如果是作为个人的消费性支出,即产权人为员

工本人,在计算企业所得税时不得在税前扣除,而且房屋或者车辆的拥有者也应按"利息、股息、红利所得"缴纳个人所得税。但是,如果企业能在现有的条件下,在租房或配车上进行规划,则这部分资产形成的折旧就可以在税前扣除,汽车的日耗也可以在税前扣除。

本 章 小 结

◆ **内容摘要**

个人所得税是调整征税机关与自然人(居民、非居民)之间在个人所得税的征纳与管理过程中所发生的社会关系的法律规范的总称。个人所得税是国家对本国公民、居民在本国境内的个人所得和境外个人源于本国的所得征收的一种所得税。个人所得税的纳税义务人,包括居民纳税义务人和非居民纳税义务人两种。个人所得税的纳税义务人是中国境内居住有所得的人,以及不在中国境内居住而从中国境内取得所得的个人,包括中国国内公民,在华取得所得的外籍人员和港、澳、台同胞。

工资、薪金所得,适用7级超额累计税率,按月应纳税所得额计算征收。个人所得税应纳税额,即纳税人取得个人所得税法中所规定的应税所得后,应当按规定缴纳的个人所得税税款数额。

个人税收规划是个人或企业进行的旨在减轻税负的谋划与对策。税收规划的实质是节税,但其存在的前提是不仅不违反税法条文、会计准则等规定,而且应符合立法意图。税收规划的根本目的是减轻税负以实现个人税后收益的最大化,但与减轻税负的其他形式,例如逃税、欠税以及避税相比,税收规划有以下特点:合法性、超前性、专业性、目的性、多维性和普遍性。

税收规划最重要的原理是节税原理。节税原理又可细分为绝对节税原理、相对节税原理、直接节税原理、间接节税原理、横向节税原理、纵向节税原理、风险节税原理、组合节税原理和模糊节税原理等多种。个人税收规划的基本方法可以归纳为以下几种:利用免费的方法、利用减税的方法、利用税率差异的方法和利用缓税的方法。

◆ **关键词**

税法 个人所得税 工资 薪金所得 劳务所得 稿酬所得 财产转让所得 绝对节税原理 相对节税原理

◆ **思考题**

1. 怎样进行纳税人身份规划?
2. 简述税收规划的方法。
3. 怎样从应税所得角度进行税收规划?

[资料一]某公民2018年9月取得薪金收入6000元,单位发放奖金600元,取得报社稿酬700元,转让专利获得酬金5000元,为其他单位做设计,获得劳务报酬30000元,计算其本月应该缴纳的个人所得税税额。

[资料二]谭某2018年7月取得下列收入:① 工资所得6750元;② 稿酬所得7680元;

③ 特许权使用费所得 3800 元。问:谭某该月应纳个人所得税税额为多少?

[资料三]职工王某于 2018 年 5 月取得如下收入:① 工资收入 5580 元;② 稿酬所得 5200 元;③ 劳务报酬所得 3300 元。问:王某该月应纳个人所得税税额为多少?

1. 实训目的

通过本次实训,使学生能够理解个人所得税的计算原理,培养学生独立计算个人所得税税额的能力。

2. 实训内容

个人所得税税额计算。

3. 实训要求

(1) 认真分析给定的案例材料;

(2) 掌握计算个人所得税税额的方法与技巧。

4. 实训过程设计

(1) 关联知识学习。学生在老师的引导下认真阅读和回顾相关知识。

(2) 学生思考。学生分组,根据所学知识,分别计算不同情况下的个人所得税税额。

(3) 学生汇报。以小组为单位,阐述小组的计算过程和计算结果。

(4) 老师总结。

第十章　退休养老规划

- 了解退休养老规划必要性
- 理解退休需求的分析
- 熟悉退休规划工具的选择
- 掌握退休养老规划的制订

第一节　分析客户养老费用

40多岁客户的养老费用该考虑哪些方面？

42岁的刘先生和其41岁的太太收入丰厚，年薪加起来有30多万元，年终还有总共20万元的奖金。儿子初中二年级在读，准备高中毕业后出国深造。家庭每月开支在1万元左右。夫妻俩分别投有寿险和意外险，为孩子也投有一份综合险，加上家庭财产险等，每年的保费总支出为3万元。除去其他各种不确定费用5万元左右，每年约有30万元的现金结余。另外，刘先生有一套现值200万元的房产，用于自己居住。夫妻俩没有购买金融产品，余钱基本上都存入银行，现有活期存款8万元，定期存款30万元。夫妻俩对养老生活要求较高，经常出去旅游，希望退休后至少不低于现在的生活质量。且因两人身体状况都不大好，希望能提前5年退休。因此，刘先生家庭的养老费用应该考虑哪些方面？

在我国，40多岁的养老规划，需要考虑增值与稳健需求并重，因此若估算养老所需要的费用，需考虑多个方面。对于刘先生来说，养老所需费用主要包括以下这些：日常开支、保费开支、孩子出国费用、医疗开支、旅游开支、不确定因素备用开支等各类花销。若需制订养老规划，除了要估算养老所需要的费用，还需要估算能够筹措到的养老金、测算养老金的差距，最后制订养老金筹措增值计划等措施。

随着社会经济的发展、物价的提高、人们平均寿命的延长等因素，有人表示前半生35年的工作时间所积累的财产需要承担后半生35年的退休生活是越来越艰难了。因此，对客户来说，关于到底需要多少费用来进行养老的研究是十分有必要的。

一、养老现状

随着全球人口老龄化趋势愈加明显，美国战略与国际研究中心（CSIS）研究指出：2030年，中国的老年人口比例将与美国持平，此后老龄人口比例将超过美国。未来数十年内将有数千万中国人步入老年，但由于既无或较低的养老金，又缺乏足够的家庭支持，中国人口的老龄化将会进入一个经济增速放缓、社会压力上升的新时代。

很多人的观念仍停留在养儿防老，可是养儿防老真的可靠吗？我国大多数的家庭结构为"4：2：1"，即一对独生子女结婚生子后，家庭结构组成为：4个父母长辈、1个小孩和他们2人。因此两个年轻人要负担起4个老人的养老重任和至少一个孩子的家庭压力。而随着经济和科技的发展，甚至可能出现"8421"的家庭。由此引发的一个最主要的社会问题就是养老压力。据最近一项北上广城市居民的调查显示，35%的家庭要赡养4位老人，49%的家庭要赡养2到3位老人。而从赡养费看，35.6%的家庭每年花费超过1万元。出于对医疗保险体系的担忧，家庭积极储蓄，不敢增加消费支出，是中年人的普遍心态。

2019年中国65岁及以上老年人口数达10055万，占总人口的比重达到7.7%，到2040年，中国老年人口将达3.8亿人。很多国家的现状是未富先老，人们寿命不断延长。然而随着寿命增加，退休后的日子需要更多的资金支持。因此，需要对养老费用进行分析，从而建立有效的退休养老规划是很有必要的。

二、影响养老费用的因素

随着中国进入老龄化的加快，养老成为许多家庭的负担，传统养儿防老的观念已经过时。而现代社会压力剧增，"421"家庭负担会越来越重，一对夫妇要赡养4个老人，而基本社会保险由于覆盖面窄，保障有限，如何及早准备，未雨绸缪，准备足额的养老金，是很多家庭亟须解决的问题。面对这些问题，如何运用现有投资渠道加以化解？

（一）退休生活时间大幅延长，需要更多的养老费用

由国家统计局公布的数据可知：根据第六次全国人口普查详细汇总资料计算，2010年我国人口平均预期寿命达到74.83岁，比10年前提高了3.43岁。2010年我国男性人口平均预期寿命为72.38岁，比2000年提高2.75岁；女性为77.37岁，提高4.04岁。男女平均预期寿命之差与十年前相比，由3.70岁扩大到4.99岁。然而，中华人民共和国成立初期我国人口平均寿命是男性39岁，女性42岁，改革开放初期为68岁。根据联合国世界卫生组织的定义，65岁以前是中年人，65至74岁是年轻的老年人，75岁至89岁才是真正老年人，90岁以上是长寿老人。据预测，2050年，人均寿命可能将达到85岁。从另一个方面来看，人们需要储备和积累更多的养老费用去生活。

（二）通货膨胀的经济因素，导致物价增长

随着经济的变化与发展，市场变化更加复杂，物价不断增长，通货膨胀对物价、劳务价格及日常生活的影响日益明显。通货膨胀对居民收入和居民消费的影响主要体现在：

(1) 实际收入水平下降。

(2) 价格上涨的收入效应和替代效应导致福利减少。

(3) 通货膨胀的收入分配效应,具体表现为:低收入者(拥有较少禀赋者)福利受损;以工资和租金、利息为收入者,在通货膨胀中会遭受损害。

随着价格的实际上涨,存款的实际价格或购买力就会降低,那些口袋中有闲置货币和存款在银行的人受到严重的打击。同样,像养老金、保险金以及其他有价值的财产证券等,它们本来是作为防患未然和蓄资养老的,在通货膨胀中,其实际价值也会下降。总体来看,都对养老费用带来了新的挑战。

(三)不高的收入水平,造成养老压力大

我国收入水平存在差距较大、贫富明显、地区不均、总值不高等特质,从表10.1中可见,整体的收入水平很不乐观。因此,对于退休养老的老人来说,前期的工资积累在后面的养老过程中,压力还是很大的。

【资料链接】10.1

表10.1 全国各地区月最低工资标准情况(截至2019年6月)

地区	标准实行日期	月最低工资标准(元)				
		第一档	第二档	第三档	第四档	第五档
北京	2018.09.01	2120				
天津	2017.07.01	2050				
河北	2016.07.01	1650	1590	1480	1380	
山西	2017.10.01	1700	1600	1500	1400	
内蒙古	2017.08.01	1760	1660	1560	1460	
辽宁	2018.01.01	1620	1420	1300	1120	
吉林	2017.10.01	1780	1680	1580	1480	
黑龙江	2017.10.01	1680	1450	1270		
上海	2019.04.01	2480				
江苏	2018.08.01	2020	1830	1620		
浙江	2017.12.01	2010	1800	1660	1500	
安徽	2018.11.01	1550	1380	1280	1180	
福建	2017.07.01	1700	1650	1500	1380	1280
江西	2018.01.01	1680	1580	1470		
山东	2018.06.01	1910	1730	1550		
河南	2018.10.01	1900	1700	1500		
湖北	2017.11.01	1750	1500	1380	1250	
湖南	2017.07.01	1580	1430	1280	1130	
广东	2018.07.01	2100	1720	1550	1410	

续表

地区	标准实行日期	月最低工资标准(单位:元)				
		第一档	第二档	第三档	第四档	第五档
深圳	2018.07.01	2200				
广西	2018.02.01	1680	1450	1300		
海南	2018.12.01	1670	1570	1520		
重庆	2019.01.01	1800	1700			
四川	2018.07.01	1780	1650	1550		
贵州	2017.07.01	1680	1570	1470		
云南	2018.05.01	1670	1500	1350		
西藏	2018.01.01	1650				
陕西	2019.05.01	1800	1700	1600		
甘肃	2017.06.01	1620	1570	1520	1470	
青海	2017.05.01	1500				
宁夏	2017.10.01	1660	1560	1480		
新疆	2018.01.01	1820	1620	1540	1460	

数据来源:人力资源和社会保障部。

(四)医疗卫生消费支出较多,呈现不断增长趋势

医疗费用是养老中的重要部分。据测算,老年人花费的医疗费用一般是其他人群的3～5倍。据原卫生部的资料统计,人一生中患重疾的概率高达72.17%,平均医疗费用是8.3万元,而且这个数字正以每年19%的速度不断攀升。医疗卫生消费支出已成为我国居民继家庭食品、教育支出后的第三大消费。随着新科技的投入以及创新手术的开发,医疗卫生消费支出不断增加的趋势只会愈加明显。因此,这部分费用的变化,也是导致养老费用不足的重要原因。

三、客户养老费用分析

为了更好地进行客户养老费用分析,可以完成以下三步。第一步:了解客户的养老需求。退休养老的需求决定养老费用的多少。第二步:对收集到的需求信息进行分类。客户提出退休养老需求,然后根据获取的信息的类型和内容,进行费用的计算分析。第三步:对客户财务信息的统计与整理。运用各类调查表,了解客户的基本情况和相关财务数据,为进一步的分析做好准备。客户的基本情况和相关财务数据不仅包括一些可以用数据进行表示的信息,如资产负债状况和现金流量状况,也包括一些带有较大的主观性且很难用数字或其他有形标准表示的信息,如客户的风险偏好和客户的性格特征等信息。除此之外,还要了解客户目前的年龄、婚姻状况、职业情况、赡养老人的情况和抚养子女的情况,以及客户的身体状况及家庭疾病史,进一步地,还要了解客户参加的基本养老保险、企业年金和商业性养老

保险的情况,这样能更全面地进行养老费用的分析。

(一)了解客户的养老需求

为了更好地了解客户,首先需要了解以下几项基本信息:

1. 家庭结构

孟子说过:"人有恒言,天下国家。天下之本在国,国之本在家,家之本在身。"家庭组织是我国社会的轴心,家庭和社会是息息相关的。当传统的农业社会向工业社会转变的时候,整个社会生活都会发生重大变化。家庭为了适应生产方式、生活方式的变化,也会有相应的变革,由结构复杂、规模庞大的家庭向结构简单、规模较小的核心家庭转化。发达国家随着现代化的完成,家庭小型化已成为基本模式。父母、一到两个孩子的核心家庭成为所有工业社会中家庭模式的标准典型,由大家庭转向小家庭也是农业社会转向工业社会的基本特征。家庭结构和规模的变化对退休养老规划有重要的影响,就中国目前的情况而言,很多都是三口之家。但随着职业的流动,新的技术领域的发展,生活水平的不断提高,子女生活压力越来越大。很多父母并不指望孩子有足够的费用为自己养老,"养儿防老"的理念悄悄地发生了变化,尽早做好退休养老规划变得十分必要。

2. 预期寿命

人们的预期寿命是养老费用中首先要考虑的问题。预期寿命越长,则应多准备退休基金的储备;预期寿命短则应少准备退休基金的储备。若退休后的实际余寿大于准备退休基金覆盖的年份,那么,就意味着产生了风险,也就是人活得太长,也是一种"风险"。因此,进行退休养老规划时应当估计人们的预期寿命。考虑到某个个人预期寿命的时候,除了要了解某一时期全国范围的预期寿命,还需要了解这一时期内客户所处地区的预期寿命,以及影响客户寿命的其他因素,如身体状况和家族疾病史等情况,这样得出信息会比较全面。

3. 退休年龄

退休年龄的相关问题也是费用考虑的一个重点。因为退休年龄相当于退休养老规划的一个关键点。退休时间早,则退休生活时间长,工作时间少,也即消耗养老基金的时间长,积累养老基金的时间少。退休时间晚,则退休生活时间短,工作时间长,也即消耗养老基金的时间短,积累养老基金的时间长。客户从事不同的职业,其退休年龄自然会不同,自由职业者的退休年龄通常比较灵活,但是公务员和城镇企业职工的退休年龄则比较固定,国家有法定退休年龄的规定:国家法定的企业职工退休年龄是男年满60周岁,女工人年满50周岁,女干部年满55周岁。从事井下、高温、高空、特别繁重体力劳动或其他有害身体健康工作的,退休年龄是男年满55周岁,女年满45周岁,因病或非因工致残,由医院证明并经劳动鉴定委员会确认完全丧失劳动能力退休年龄为男年满50周岁,女年满45周岁。因此,退休的早晚是考虑养老花费的重点问题之一。

(二)对收集到的需求信息进行分类

客户养老的问题大致包括了以下三个方面:一是满足老年人的物质生活,即在生活中的各类消费支出;二是劳务的需要以及购买服务的需求,如请护工和家政等劳务费用;三是精神文化生活的追求,此类的需要是较高层次的消费。

按照对于生活品质的追求不同,可以将养老的生活类型分为三类:保障型、小康型、享乐型。三个不同的类型需要的生活条件、物质享受以及精神文化追求也是不一样的。以老年夫妻两人家庭年费用支出为例,每人每月的支出也是差距较大的,保障型为800元,小康型为1500元、享乐型为3000元。数据为大致估算,但也能代表了不同类型的消费水平。再联系之前的工资水平的相关信息,可想而知,若想养老无忧,就养老费用的消费支出数额整体来说,还是有较大的压力。

(三)对客户财务信息的统计与整理

首先,可以通过一个表格信息,如资产负债表、收支平衡表、现金流量表等了解状况。其次,再去分析一些带有较大的主观性且很难用数字或其他有形标准表示的信息,例如客户的风险偏好、客户的性格特征、消费习惯等信息。最后,将信息进行整合大致测算养老所需要的费用。

通过客户各类财务信息,例如消费与支出分析,可以大致了解资金流动情况以及生活状态,为养老生活的财务管理做一定准备。

(四)退休年龄、退休生活标准和退休生存期间费用总需求

由上综合可知,退休年龄、退休生活标准和退休生存时间等几个互相联系的目标之间有时甚至存在着此消彼长的关系。退休年龄提早了,如果不提高退休资金准备总额,则退休生活标准就得下调;并且即使退休资金准备总额不变,但由于工作时间减短,积累期间的压力也会大大增加。

退休第一年费用需求分析,计算退休期间生活费用需求的一个简单可行的方法是以目前生活支出为基础,仔细分析退休前后支出结构的变化,然后按照差额进行调整即可得到退休后的支出额。

调整时应根据以下四个原则:

(1)按照目前家庭人口数和退休后家庭人口数的差异调整膳食和购买衣物的费用。
(2)去除退休前可支付完毕的负担,如子女的教育费用、房屋还贷每月应摊的本息等。
(3)减去因工作而必须额外支出的费用,如交通费和上班衣着费。
(4)加上退休后根据规划而增加的休闲费用及因年老而增加的医疗费用。

因此,退休年龄、退休生活标准和退休生存期间费用总需求可通过表10.2进行大致的测算。

表10.2 退休年龄、退休生活标准和退休生存期间费用总需求

退休年龄	退休生存时间 (预计寿命80岁)	退休生活标准 (元/月)	退休期间费用 总需求(元)	积累期 (25岁开始工作)
50岁	30年	1000 2000 3000 4000	360000 720000 1080000 1440000	25年
55岁	25年	1000 2000 3000 4000	300000 600000 900000 1200000	30年

续表

退休年龄	退休生存时间 （预计寿命80岁）	退休生活标准 （元/月）	退休期间费用 总需求（元）	积累期 （25岁开始工作）
60岁	20年	1000 2000 3000 4000	240000 480000 720000 960000	35年
65岁	15年	1000 2000 3000 4000	180000 360000 540000 720000	40年

然后可根据费用增长率和目前到退休所经历的年限（n）来计算退休后第一年各项生活费用：

退休后第一年所需的各项生活费用＝按目前物价估计的退休后第一年的支出×(1＋费用增长率)^n

需要注意的是，一般情况下，基本维持退休生活的费用占到退休前月支出的60%～70%。因此养老费用分析也与之前的每月消费有一定关系。

第二节　制订退休养老规划

导入案例

如果延迟退休，"60后""70后""80后"退休养老该如何规划？

如果延迟退休之后，生活质量水平如何保障，是每个人从现在就必须面对的问题。根据方案2022年实施计算，60后、70后以及"80后"将是受影响最大的人群。对于这些人而言，究竟该如何进行理财规划，以保证自己有一个舒服安逸的退休生活呢？

60后：影响相对较小，适当补充养老金。如果延迟退休方案出台，将有部分60后的退休时间会被推迟，不过由于方案将采取渐进式推进，因此多数60后延迟的时间不会太长，受到的影响也不会太大。但许多60后一般都只有一个子女，靠子女养老的希望也不是很大，因此更多的还是要靠自己的养老金。不过，从目前国内养老金替代率水平来看，基本在50%到60%。虽然这个水平维持基本生活没有问题，但要保持退休前的生活水平，就需要有70%以上的替代率。因此，还需要通过理财规划来实现养老金补充。在家庭资产中，应当逐渐减少风险性投资，增加银行类理财产品、国债、定存等保本型理财产品在家庭总资产中的比例，控制好投资风险，做到专款专用，保证长期投资方向不变。做足保障，使社保在养老金的构成占比保持在50%左右，这样即使是延迟退休，对生活质量的影响也不是很大。此外，家庭资产结余比较大的家庭,可以在理财规划师的建议下,适当配置一些风险较高收益也较高的资产,提高养老金的增值水平。

70后:都要延迟退休,及早进行规划,即使是1970年出生的人,在2022年方案实施时也才52岁,延迟退休是肯定的,无非会因年龄不同而出现一些差别。因此对于70后而言,延迟退休的影响肯定会很大,所以这部分人群应该未雨绸缪,尽早为自己的养老金做出合理的理财规划。70后目前正年富力强,他们的许多家庭都处于成长期。这一时期的家庭,一方面收入已明显提高,另一方面,支出特别是子女的教育负担慢慢加重。因此,投资需要兼顾股与债的平衡,管控好风险性投资。家庭收入水平10万元以下的,支出主要以满足日常生活为主,减少一切不必要的开支。选择准入门槛比较低的理财产品,将有限的收入最大限度地留存下来,并在每年的年末将节余20%~30%的资金用于保险。10万~20万元的,城市大部分家庭都是这样的中等生活水平。除了平时的生活开支,可能有一些节余,建议将10%~20%的收入用于理财。其余的钱建议20%左右进行基金定投,剩下的可以适当配置黄金等资产。20万元以上家庭,收入较高,财富节余较多。这个收入水平的家庭相对比较富裕,高品质的养老生活也要提前设计,可以选择和投资相结合的返还型产品。例如分红险产品,投资收益可在60岁以后选择一次性拿回来,也可以每年从保险公司领回来一笔养老金,保证在社保的基本水平之上,有更高品质的晚年养老生活。

80后:80后正处于成家立业以及子女的出生阶段,是家庭的形成期,支出会比单身时快速增加,平衡好工资收入与支出显得尤其重要。短期上,不仅要在开源上想办法,还要在节流上下功夫。10万元收入以下的,短期内开源比较难,只能在节流上下苦功夫,可以将每月收入分成3部分:70%用于日常必须开支;20%强制储蓄,进行理财投资,兼顾流动性和收益性;10%用于随机性支出。10万~20万元,每年可留出5万~10万元的资金理财,包括银行理财产品、证券投资、商业保险、贵金属等。家庭保障可选择偏向于"顶梁柱"的意外保险和夫妻双方的商业养老保险。在消费方面,控制杠杆型消费。20万元以上,收入为中上水平,同时风险承受能力更高。用20%的资金做商业养老保险。保险产品费率一般与年龄成正比,越早投保,保费越少,充分做好闲余资金的养老金积累。在此基础上,选择低保费、高保额的消费型保险,用于短期意外和健康保障。每年节余的资金,可隔年选择信托类产品,追求较高的投资回报率。(来源:《齐鲁晚报》。)

退休养老规划,是指为保证客户在将来有一个自立、尊严、高品质的退休生活,而从现在开始积极实施的规划方案。因此,退休规划则是一种以筹集养老金为目标的综合性金融服务,制订有效的退休养老规划,在老龄化趋势日趋明显的当今社会是十分有必要的。

一、退休养老规划的重要性

(一)我国现状及重要性

退休是指在达到一定年龄或为企业服务一定年限的基础上,按照国家的有关法规和员工与企业的劳动合同,而离开企业的行为。退休年龄为男性60岁、女性55岁,且退休年龄有延迟趋势。与以前相比,当代年轻人的就业年龄普遍推迟。但随着人口老龄化,退休年龄缩减,退休生活时间在增加,工作年限减少,年金积累的金额减少,退休养老的压力越来越大,主要体现在以下几个方面:

(1) 医疗支出增加，老年人对生活品质的要求提高。
(2) 养儿防老等传统养老方式难以为继。
(3) "广覆盖、低保障"的社会养老保险仅能满足老年人基本生活保障。
(4) 退休后收入减少，无法保证支出，而且退休时间在增加。

与此同时，老龄化社会的趋势愈加明显。据世界银行统计，中国人口中60岁以上的老龄人口比例到2026年将达到18%。20年后，全世界将有1/4的老人集中在中国。另外，退休后的医疗费用增加。无论年轻时多么强壮，随着年龄的增加，身体的机能也会衰退，体质减弱，各种疾病接踵而至。一般统计，老年人花费的医疗费用是年轻人的三倍以上。再加上各国都有自己的退休保障制度，其制度体系各不相同，但都不能保证所有人的退休生活能够获得完善的保障。一般来说，社会保障体系提供的退休金只能维持生存，按目前的养老金提取比例，在未来社会平均工资稳定提升的前提下，不论现在工资多少，最后拿到的退休金数额差别并不大，因为社会统筹的养老保险保障的是老年人的基本生活。要想仅仅通过某项独立的退休保障制度获得足够的退休费用是不现实的，因此建立多渠道多层次的个人退休保障计划是非常必要的。因此，退休养老规划可以更好地帮助中年人有效进行养老管理，老年人拥有一个更美好的晚年生活。

（二）应遵循的原则

良好的准则，可以使得规划更有原理性、条理性的实现。在规划前，要考虑退休养老之后，一些费用发生的变化，例如，生活费用：按目前与退休后家庭人口数差异调整；负担：剔除已支付完毕的子女高教费用、每月房贷、限期缴纳的保费；额外费用：剔除因工作而支出的交通费、着装费；新增费用：休闲费用、医疗费用等。因此，在进行规划的过程中，主要需要遵循以下原则：

(1) 及早性原则。养老规划，宜早不宜迟。养老规划是长期规划，投资时间越长，复利效应越大，及早进行养老规划，可以用较长的在职时间摊薄养老成本。

(2) 弹性化原则。规划时要注意财产安全，要考虑风险因素，采取多样化的退休金储备方式。以社会养老保险和商业养老保险满足退休后的基本支出，以报酬率较高的有价证券投资满足退休后的生活品质支出。

(3) 谨慎性原则。在规划过程中，多估计些支出，少估计些收入，这样可以使退休后的生活有更多的财务资源，也可以对计划之外发生的消费支出有一些防控作用。

(4) 收益化原则。退休基金使用的侧重收益化。在稳健的前提下寻求收益的最大化。保证给付的资金满足基本支出，回报较高的其他投资满足生活品质支出的原则。但是年龄越大时，应考虑选择储蓄和低风险债券筹集养老基金。

课堂讨论

常见的养老规划误区有哪些？

误区一：完全依赖社会保险和退休金进行养老规划。由于我国人口较多，社会保险的主要特征是覆盖面广和保障力度较低；另一方面退休金数额有限，即使是对于有一定保障的退休人员，如果一旦患有重大疾病，也会出现经济困难或无钱可医，因此有效的养老规划十分有必要。

误区二：单纯依靠子女进行养老规划。在我国，计划生育政策已实行了三十多年，一对夫妻必须赡养四个老人的社会现象逐渐显现出来，加上抚养孩子的经济压力和日益严峻的社会竞争压力，单纯依靠子女的收入进行养老规划显然已是杯水车薪。

误区三：单纯依赖银行存款进行养老规划。很多人认为只要银行有存款，养老就不成为问题。事实上除非有足够的银行存款，否则有限的银行存款根本不足以应对重大疾病、突发事件、通货膨胀、物价增长、金融危机等各种不可测因素。

误区四：单纯依靠投资收益进行养老规划。由于市场经济瞬息万变，充满了多种不可测因素，单纯希望利用投资收益的回报进行养老规划，显然缺乏稳定性，也并非明智之举。

二、退休养老规划工具的选择

我国养老保险体系大致分为三个层次：一是社会养老保险；二是企业年金计划；三是商业养老保险及其他新型养老金融手段。我国的社会养老保险制度就是通常所说的社会统筹与个人账户相结合。该制度在养老保险基金的筹集上采用国家、企业和个人共同负担的形式，社会统筹部分由国家和企业共同筹集，个人账户部分则由企业和个人按一定比例共同缴纳。社会养老保险是由国家强制实施，其目的是保障离退休人员的基本生活需要。它和企业年金、个人储蓄性养老保险以及其他工具共同组成了退休养老规划的工具选择。在进行规划时，一般需要根据客户的需求与实际情况，采取多种方式相结合。

（一）社会养老保险

1. 概念

社会养老保险是指国家和社会根据一定的法律和法规，为解决劳动者在达到国家规定的解除劳动义务的劳动年龄界限，或因年老丧失劳动能力退出劳动岗位后的基本生活而建立的一种社会保险制度。

2. 特点

（1）由国家立法，强制实行，企业单位和个人都必须参加，符合养老条件的人，可向社会保险部门领取养老金。

（2）养老保险费用来源一般由国家、企业和个人三方或企业和个人双方共同负担，并实行广泛的社会互济。

（3）养老保险具有社会性，影响很大，享受人多且时间较长，费用支出庞大。

因此，必须设置专门机构，实行现代化、专业化、社会化的统一规划和管理。

3. 内容

我国的养老保险制度包括三部分内容：

（1）享受条件，包括年龄条件、工龄条件，以及是否完全丧失劳动能力、身体健康条件等。

（2）离休、退休、退职待遇标准，不同的离退休条件享有不同的保障水平。

（3）退休养老金的筹措、基金管理办法以及监督检查等制度。

因此，基本养老保险是为满足离、退休人员基本生活的需要而设定的保险。它由国家政策统一指导，强制实施，覆盖面广，适用于各类企业。基本养老保险基金由国家、企业、职工个人三方共同负担，其统筹办法是由政府根据支付费用的实际需要和企业、职工的承受能力,按照以支定收、各有结余、留有部分积累的原则统一筹集。目前,按照国家对基本养老保险制度的总体思路,未来基本养老保险目标替代率确定为60%。由此可以看出,今后基本养老金主要目的在于保障广大退休人员的晚年基本生活。

(二)企业年金计划

1. 概念

企业年金是指以员工薪酬为基础,个人和企业分别按比例提取一定金额统一放在个人账户下,由金融机构托管,并指定专业投资机构管理的补充养老保险制度。

2. 特征

它是企业根据自身经济实力为本企业职工所建立的一种辅助性养老保险。效益好的企业可以多保,效益差、亏损企业可以暂不投保。该保险由国家宏观指导,企业内部决策执行,所需费用从企业自有资金中的奖励、福利基金内提取。补充养老保险基金经社会保险管理机构计入职工个人账户,所有存款及利息归个人所得。因此,它的主要特征是:非营利性的、属于企业行为、政府鼓励、市场化运营。

3. 国外企业年金计划的举办方式

(1)直接承付。又称"自身保险",即企业直接承担向本企业退休职工支付年金的责任。基金式:"内部积累法""外部积累法"是企业为今后向退休职工支付年金而事先积累该笔基金。非基金式是企业不事先积累基金,而当企业年金支付责任发生时,企业从当期收入中直接支付。

(2)对外承包。企业代表职工与保险公司签订保险合同,企业职工的养老责任由保险公司承担。由于在这种方式下企业养老金的支付风险转移到了保险公司,所以它可以克服直接承保方式下没有第三方承担支付风险的缺点(但这时企业缴纳保险费所形成的保险基金也不能由企业直接使用)。

(3)建立养老基金会。企业参加一个具有独立法人资格的养老基金会来办理其养老计划。养老基金会又称养老信托基金,是一个独立的、非营利性的法人实体(基金法人)。因而一旦举办养老基金会的企业破产,该企业的债权人也无权索取养老信托基金中用于受保职工的财产。

4. 我国企业年金计划

企业年金的建立根据我国《企业年金试行办法》的规定,符合下列条件的企业,可以建立企业年金:① 依法参加基本养老保险并履行缴费义务;② 具有相应的经济负担能力;③ 已建立集体协商机制建立企业年金,应当由企业与工会或职工代表通过集体协商确定,并制订企业年金方案。国有及国有控股企业的企业年金方案(草案)应当提交职工大会或职工代表大会讨论通过。

企业年金基金由企业缴费、职工个人缴费、企业年金基金投资运营收益组成。

(1)企业年金所需费用由企业和职工个人共同缴纳。企业缴费每年不超过本企业上年度职工工资总额的1/12。企业和职工个人缴费合计一般不超过本企业上年度职工工资总额的1/6。

(2)企业年金基金实行完全积累,采用个人账户方式进行管理。企业年金基金可以按照国家规定投资运营。企业年金基金投资运营收益并入企业年金基金。

(3)企业缴费应当按照企业年金方案规定比例计算的数额计入职工企业年金个人账

户;职工个人缴费额计入本人企业年金个人账户。企业年金基金投资运营收益,按净收益率计入企业年金个人账户。

5. 企业年金的领取

(1) 职工在达到国家规定的退休年龄时,可以从本人企业年金个人账户中一次或定期领取企业年金。职工未达到国家规定的退休年龄的,不得从个人账户中提前提取资金。出境定居人员的企业年金个人账户资金,可根据本人要求一次性支付给本人。

(2) 职工变动工作单位时,企业年金个人账户资金可以随同转移。职工升学、参军、失业期间或新就业单位没有实行企业年金制度的,其企业年金个人账户可由原管理机构继续管理。

(3) 职工或退休人员死亡后,其企业年金个人账户余额由其指定的受益人或法定继承人一次性领取。

6. 企业年金的管理

(1) 建立企业年金的企业,应当确定企业年金受托人,受托管理企业年金。受托人可以是企业成立的企业年金理事会,也可以是符合国家规定的法人受托机构。

(2) 企业年金理事会由企业和职工代表组成,也可以聘请企业以外的专业人员参加,其中职工代表应不少于1/3。企业年金理事会除管理本企业的企业年金事务之外,不得从事其他任何形式的营业性活动。

(3) 受托人可以委托具有资格的企业年金账户管理机构作为账户管理人,负责管理企业年金账户;可以委托具有资格的投资运营机构作为投资管理人,负责企业年金基金的投资运营。受托人应当选择具有资格的商业银行或专业托管机构作为托管人,负责托管企业年金基金。

(三) 商业养老保险

1. 概述

商业养老保险是一种商业保险,主要以个人生命或者身体作为投保的对象,当被保险人退休或保期届满时,即由保险公司按合同规定支付养老金。目前商业保险中的年金保险、两全保险、定期保险、终身保险都可以在不同程度起到养老的目的,都属于商业养老保险范畴。商业养老保险可以帮助年轻人未雨绸缪,提前规划退休养老费用,也可以当作一种强制储蓄的手段,避免年轻时的过度消费。

2. 分类

(1) 传统型养老险。传统型养老保险,投保人需要和保险公司签订合同,双方协商确定获取养老金的时间,取得相应的额度养老金,一般来说,其预定的利率是确定的,一般在 2.0%~2.4%。历史上,这个预定的利率是可变的,通常与当时的银行利率保持在同一水平。当银行利率高时,预定利率高。在 20 世纪 90 年代末的高利率时代,商业养老保险的预定利率高达 10%,但现在不超过 2.5%。

优点:固定回报,低风险。基于此类养老金的回报是根据合同规定的预定利率计算的,因此不受外部银行利率变动的影响。因此,即使在零利率或负利率的情况下,也不会影响养老金的回报率。利率已经下调到 3.9% 左右,但是在 20 世纪 90 年代末出售的一些养老金产品仍然按照 10% 的回报率支付养老金。

缺点:抵御通货膨胀能力弱。由于购买的产品是固定利率,如果通货膨胀率相对较高,从长远来看存在贬值的风险。另外,这部分资金投资养老保险,同时也失去了股票、基金等渠道的利润投资机会。

适合人群:以强制储蓄养老为主要目的,在投资理财上比较保守者。

(2) 分红型养老险。分红型养老保险通常有保底的预定利率,一般只有1.5%~2.0%,相较传统的养老保险略低。分红型养老保险除固定的最低回报外,还有不确定的年度红利获得。

优点:除了约定的最低回报外,该部分养老金的回报也与保险公司的经营业绩好坏挂钩。从理论上讲,可以有效避免或部分避免通货膨胀对养老金带来的风险,从而维持甚至提高养老金的相对价值。

缺点:分红具有不确定性,分红多少直接与保险公司的经营状况有关,一旦该公司的经营业绩不好,自己也会蒙受损失。目前我国规定,保险公司应该能够以分红的方式将70%的可分配盈余分配给投资者。但是,保险公司的标准化、规范化管理仍然是一个问题。

适合人群:想要保障最低的养老金,又不愿意坐看风云的人。

(3) 万能型寿险。万能型寿险在扣除部分初始费用和保障费用后,保险费直接进入个人投资账户,保障最低收益,一般在1.75%~2.5%,部分与银行一年期定期的税后利率挂钩起来。除了商定的最低回报之外,还有不确定的"额外收益"。

优点:万能型寿险的特点是保证最低利率,不受上限限制,月结算利率,大部分为5%~6%,按月结算,复利增长,能有效抵御银行利率波动的和通货膨胀的风险。账户相对更透明,存取方便灵活,追加投资方便,万能型寿险保障可以根据不同年龄层次上升或减少。万能型寿险可以根据收入及理财目标的变化,及时灵活应对。

缺点:万能型寿险承诺保底收益在1.75%~2.5%,但是,存款利息的计算基数是进入银行账户的所有本金,而万能险的收益计算基数是保单的账户价值,即个人所缴保费中,扣除初始费、账户管理费等费用以外的资金。如果一名30岁的男性顾客每年将其固定资金投入某公司万能险和银行储蓄相比较,到第5年,无论他投资5000元、10000元还是50000元,该客户的收益率都不如银行储蓄高。

适合人群:理性投资理财者,坚持长期投资,自制能力强。

(4) 投资连结保险。投资连结保险是一种长期投资产品,属于一种基金,设立有不同风险类型的账户,并与不同投资品种的收益挂钩。不设有保底收益,保险公司仅收取账户管理费,由客户承担所有损益。

优势:投资导向,投资品种由专家选择进行财务管理。不同的账户之间可以自行灵活转换,以适应资本市场的不同情形。如果选择长期投资,可能会获得高回报。

缺点:它的投资风险属于高级别的保险产品。如果不能忍受短期波动并盲目调整,可能会遭受巨大损失。

适合人群:该品种有可能出现血本不归的情况,因此,不适合将养老金寄托于此产品。比较适合年轻人,风险承受能力强,投资为主要目的,并兼顾养老。

3. 选择的标准

在选择过程中,要注意以下:选择合适的养老险种;把握额度,确定养老保险金额(包括确定实际需求的养老金额、老年资金需求缺口、实际的养老险保额);确定缴费方式和缴费期限;确定领取时间、方式及年限;注重保障功能;尽早投保,强制储蓄,为养老保障。

（四）其他新型养老金融手段

（1）银行退休养老信托：退休前，以定期存款的形式定期定额累计存入，由银行设立的投资信托进行管理运营，退休后再从银行定期定额赎回。

（2）保险公司变额万能投资型保单：退休前向保险公司定期定额投资，退休后定期定额赎回，并提供全面的医疗保障、意外保障。

（3）银行反向赎楼：退休前为供楼而工作，退休时完成供楼，退休反向将该楼抵押给银行，每月定额获得一笔资金，去世后楼款用完，房屋由银行收回。

退休规划的具体工具包括很多，渠道也是多元化的。有来自政府的社会性质的保障，如社会养老保险及医疗保险；有来自企业的企业年金计划；有来自商业机构的，如商业人寿保险和个人养老储蓄；还有来自家庭的房产及赡养费等。对于我国目前社会的客观情况，也是需要多渠道的养老金来源来保障老年人的养老金、住房和医疗问题。

四、退休养老规划的制订

一个完整的退休规划，包括许多个步骤，考虑多个方面的因素。它不仅需要工作生涯设计与收入分析、退休后生活设计与养老需求分析及自筹退休金部分的储蓄投资设计，还需要透过分析去制订规划，通过一系列的制订流程（图10.1），最终形成完整的规划。

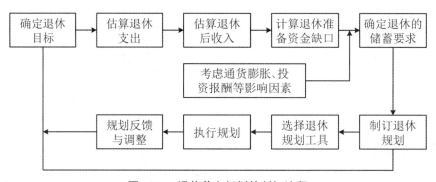

图 10.1 退休养老规划的制订流程

（一）确定退休目标

退休目标是人们所追求的退休之后的生活状态，一般以当前的生活水平来估算，以不降低当前生活水平为目标，同时，可以合理增加老年阶段的开销，减少青壮年期的花费。一般情况可以将退休目标分解成两个因素：退休时间和退休后的生活质量要求。

1. 退休时间

退休时间直接影响着退休计划的其他内容，希望退休的时间越早，需要积累的退休储备金就越大，也就意味着每年要为退休预留更多的钱，或者在投资中冒更高的风险来达成退休目标。目前我国人力资源和社会保障部公布推迟退休的决定，这有利于我们筹集更多的退休储备金。

2. 退休后的生活水平

退休后生活水平的设定，主要考虑两个方面的开支：经常性开支和非经常性开支。人们退休的生活水平既取决于其制订的退休规划,也受到其职业特点和生活方式的约束。主要可以从以下方面来进行考虑:家庭生活、社交生活、居住环境、运动保健、兴趣爱好、旅游活动、教育进修等。

(二)估算退休后的支出

确定了退休目标之后,就应当进一步预测退休后的资金需求。估算退休后养老所需要的费用时,需要了解每年度需要支付养老费用的额度及预期存活年龄,而这两项因素又是非常难以预测的。实际上,很难准确地预计退休后的资金需求究竟需要多少,它受到生存寿命、通货膨胀率、存款利率变动、个人和家庭成员的健康状况、医疗和养老制度改革等各种因素的影响。

退休生活费用支出预算的基本方法如下:基于目前生活支出,根据客户的退休目标,考虑费用增长率和复利终值,预算退休第一年的退休生活费用;以退休后第一年的退休生活费用为基础,估算退休期间费用总需求;根据客户情况调整支出项目,再进行预算。

(1)工资替换率法。它是基于人们退休前收入的某一百分数进行计算,一般定为退休前收入的60%~70%(即为工资替换率)。

(2)开支替换率法。它是基于人们退休前支出的某一百分数(即为开支替换率)进行计算,一般为70%~80%之间。

【分析案例】10.1

> **预测退休支出**
>
> 张先生现年35岁,预计60岁退休,退休后再生活20年。假设从今以后的税后投资报酬率是10%,在退休时年支出为16.4万元。
>
> 试问:(1)不考虑退休后的通货膨胀,请计算张先生退休时需要储备多少养老金才能满足养老需要?(2)假设张先生退休后,平均通货膨胀率是5%,请计算张先生退休时需要储备多少养老金才能满足支出养老需要?
>
> 解析:
>
> (1)不考虑通货膨胀时,需要的退休储备金=16.4万×(P/A,10%,20)=140万元。
>
> (2)考虑通货膨胀时,退休后第t年需要退休金=16.4万×$(1+5\%)^t$,折现到退休时的现值=16.4万×$(1+5\%)^t$÷$(1+10\%)^t$=16.4万÷$(1+4.76\%)^t$。
>
> (3)考虑通货膨胀,20年共需退休储备金=16.4万×(P/A,4.76%,20)=209万元。

(三)估算退休后的收入

一般来说,退休之后我们日常的消费会相应减少。基本维持退休生活的费用占到退休前月支出的70%~75%。这样也就可以算出预计退休后的年支出。

每个人的退休生活最终都要以一定的收入来源为基础。个人退休收入主要包括:社会基本保险、企业年金、商业保险、投资收益、退休时累积的生息资产、子女赡养费、兼职工作收入等。此外,还有固定资产变现、受赠、离婚剩余财产请求权等其他收入来源。与人生其他阶段的理财规划相比,稳定的现金流是维持退休生活品质的重要手段。需要注意的是,在预测退休后收入的时候,不仅需要将退休收入在不同时点的额度预测出来,而且需要将退休后的总收入折现至退休的时刻,也就是考虑到货币时间价值后的折现值。在计算退休后折现值的时候需要使用恰当的折现率,这个折现率应该使用退休基金的投资收益率。

收入来源可能包括以下几种:

(1) 房产租金收入。可以根据市场的租金状况、租金的未来走势和房屋折旧来评估未来的租金收入水平。

(2) 投资收入。要考虑客户的投资偏好、风险承受能力和市场回报率状况等因素来进行预测。

(3) 养老年金。根据客户购买的养老年金的数量来进行评估,计算其退休后能够从保险公司领取的年金数额。

(4) 社会保障收入。社会养老保险收入,与客户工作年限和工资水平密切相关。

对客户退休收入的预测,主要是基于客户当前的退休养老规划。由于退休养老规划往往涉及较长的时期,不确定因素很多。因此,在预测收入时不需要过分强调准确,而应充分利用专业知识加以判断。

(四)估算退休金缺口

通过第二步和第三步后,对比预测的退休后收支差额,计算资金缺口,通过其他的方式来对缺口资金进行填补。在估算的过程中,还需要考虑利率变动和通货膨胀影响。具体估算退休金缺口的基本方法如下:

(1) 估算退休期间的资金总需求至退休时的折现值。

(2) 估算退休期间的资金总收入至退休时的折现值。

(3) 计算准备积累的退休养老基金在退休时的终值。

(4) 计算退休金缺口=(1)-(2)-(3)。

在完成估算,得知缺口的情况后,去寻找资金来源是退休规划的最后步骤。这个计划可以包括寻找额外收入、参加具有更大收益的保障计划、扩大投资额等,因此需要根据退休情况选择退休理财规划工具。例如,养老储备金差额的弥补可以通过提高储蓄比例、降低退休后的开销、延长工作年限、提高投资收益水平、参加额外的退休金计划等方式来实现。

【分析案例】10.2

李先生今年40岁,打算60岁退休,考虑到通货膨胀,退休后每年生活费需要10万元。李先生预计可以活到85岁。李先生拿出10万元储蓄作为退休基金的启动资金,并打算每年年末投入一笔固定的资金。在退休前采取较为积极的投资策略,假定年回报率为9%,退休后采取较为保守的投资策略,回报率6%。问李先生每年应投入多少资金?

第一步:计算李先生60岁时退休基金必须达到的规模。

$N=25, I/Y=6, PMT=-100000$;计算,$PV=1355036$(元)。

第二步:计算40岁时10万元的启动资金到60岁时增长到的数额。

$N=20, I/Y=9, PV=100000$;$FV=560441$(元)。

第三步:计算退休基金缺口。

$1355036-560441=794595$(元)。

第四步:计算李先生每年应投入的资金。

$N=20, I/Y=9, FV=794595$;
$PMT=-15532$ 元。

李先生应在每年年末投入 15532 元,才能填补退休基金缺口,进而实现自己的退休目标。

(五)制订退休规划

从时间的维度,对退休阶段进行细分,从而明确退休后整个周期的大致安排,保证充足的资金和满意的生活。

1. 退休前期(65 岁以前)

这一阶段尚有一定的工作能力,为了进一步发挥余热或想获得一些额外收入,以补贴退休生活,可视工作意愿选择兼职工作,以兼职收入维持基本开销,同时保证有充分的时间享受退休生活。

2. 退休中期(65~75 岁)

本阶段具备积极的生活能力,为退休生活支出的高峰期,如国内外旅游、发展业余爱好等,若无年金规划,可能需要变现资产做一定准备,这一阶段应保证留有三分之一的退休金总额供退休后期使用。

3. 退休后期(75 岁以后)

这是人生的残阳时光,个人身体健康不容乐观,活动性降低,以居家为主,腿脚可能不太灵便,日常生活需要他人照顾,医疗开支增加。这个阶段的花费比前两个阶段要多,需要年金及终生医疗保险来保障。

(六)选择退休规划的理财工具

退休规划的理财工具的选择需要基于各类原则,并充分考虑客户可以接受的风险程度,兼顾"安全性、收益性、流动性、多样性"的组合运用。与此同时,还需要考虑客户的年龄、经济情况、对资金灵活性的要求、对风险的偏好,以及对退休生活的预期等因素,挑选适用于退休规划的理财规划工具,主要有储蓄、保险、国债、信托、货币市场基金等。这些投资工具的性质不同,其缴费方式、资金流动性、账户管理模式、利息产生和分配方式,以及养老金的支付方法也具有不同的特点,这也将影响客户的选择。

(七)退休规划的执行与调整

制订好详细的退休规划后,还需要进行动态监测,如果发生问题,需要进行及时的调整。整个退休规划的执行与监控是一个动态管理的过程,具体步骤如下:

(1)监督客户供款情况,回顾客户理财目标与要求。
(2)评估客户财务状况和投资策略。
(3)评估当前投资组合资产价值和业绩。
(4)评判当前投资组合的优势或进行必要的调整。
(5)依法定和协商方式与客户沟通,获得客户授权和如实进行信息披露。
(6)对退休规划进行敏感性分析。

现实生活中,会有许多情况影响规划的实现。一方面,在规划方案的设计中,假设了一些数据,如通货膨胀率、经济增长率等,也要结合实际发展情况进行调整。另一方面,规划的调整有许多方法可以运用,如利用提高储蓄的比例、延长工作年限并推迟退休、进行更高投资收益率的投资、减少退休后的花费和参加额外的商业保险等方式,最终来实现对退休养老规划的进一步修改。

退休养老规划的执行需要以客户的需求为条件、储蓄为基础,结合客户当前的收入情况,分析资产和负债、收入与支出等财务情况,对具体的规划进行执行。在执行一段时间后,还需要结合执行情况对方案进行评价和调整,看其是否达到了预期的收益,能否满足客户在退休后的养老生活需求。

本章小结

◆ **内容摘要**

退休养老规划是可以帮助个人在将来拥有一个自立、尊严、高品质的退休养老生活,并且从现在开始制订和积极实施的理财方案。

退休规划必须充分考虑退休时间、退休前的时间、退休保障及退休前的资产累积和通货膨胀等影响因素。

完整的退休养老规划具备科学的流程,它包括:个人职业生涯设计和收入分析、退休后生活设计与养老需求分析,以及自筹养老金部分的投资设计。

退休养老规划中核心在于进行退休养老需求的分析和退休规划工具的选择。

退休养老规划的制订包括:确定退休目标、估算退休后的支出、估算退休后的收入、估算退休金缺口、制订退休规划、选择退休规划的理财工具、执行规划、反馈与调整。

退休养老规划的工具包括:社会养老保险、企业年金、商业养老保险以及其他储蓄和投资方式。

我国《企业年金办法》中,企业年金指企业及其职工在依法参加基本养老保险的基础上,自愿建立的补充养老保险制度。

◆ **关键词**

退休养老规划　养老需求　社会养老保险　企业年金　商业养老保险　理财工具　退休金缺口　职业生涯设计

◆ **思考题**

1. 简述退休养老规划的必要性。
2. 简述退休养老的需求有哪些。
3. 退休养老规划的具体流程是什么?
4. 简述退休养老规划的工具有哪些。
5. 结合当前社会发展趋势,分析将来的退休养老规划有哪些新特征。
6. 你考虑过自己的退休目标吗?你有什么规划?

刘先生,是上海某外企的一名中层经理,今年30岁。目前每月支出3000元,假如50岁

退休,寿命活到 80 岁,通货膨胀率为 3%,长期投资回报率为 5%,则计算退休金的方法如下:

(1) 从收入支出表里查出当前每月日常支出,设其为 A。

(2) 计算退休时所需要的每月支出设为 B。减少支出可能有工作支出、服装支出、住房支出、个人所得税、交际支出等;可能增加的支出有保险、医疗费用、闲暇活动支出、礼物盒馈赠等。因此一般将退休后的生活水平维持在退休前一定比例,则 $B=A\times 70\%$。

(3) 扣除通货膨胀因素。设退休时需要的每月支出为 C,则 $C=B\times$ 通货膨胀影响系数(即年金复利终值系数)。

(4) 计算退休后需要的退休金总数,设退休后需要的退休金总数为 D,则 $D=C\times 12\times$ 退休年限。

(5) 计算养老金缺口。扣除已准备的部分养老金,计算养老金缺口。如果已经有保险、存款、资产等养老资产,可以从退休金总数中减去这部分。

设养老金缺口为 E,则 $E=D-$ 已准备部分养老金。

(6) 计算每月的投资额。设每月投资额为 F,则 $F=E/$(年金终值系数$\times 12$)。

请思考:假设简化问题,没有退休金,没有资产,问现在每个月投资多少可以让刘先生过上无忧的晚年退休生活。

田先生夫妇今年均刚过 35 岁,打算 55 岁退休,估计夫妇俩退休后第一年的生活费用为 9 万元,考虑到通货膨胀的因素,夫妇俩每年的生活费用估计会以每年 3% 的速度增长。夫妇俩预计可以活到 80 岁,并且现在拿出 10 万元作为退休基金的启动资金,每年年末投入一笔固定的资金进行退休基金的积累。夫妇俩情况比较特殊,均没有缴纳任何社保费用。夫妇俩在退休前采取较为积极的投资策略,假定年回报率为 6%,退休后采取较为保守的投资策略,假定年回报率为 3%。请计算田先生夫妇俩每年年末应投入多少资金,并根据该案例内容,为其制订退休养老规划方案。

1. 实训目的:

通过本次实训,使学生能够为客户制订退休养老规划方案。

2. 实训内容:

根据题意,制订退休养老规划方案。

3. 实训要求:

(1) 认真分析给定的案例材料。

(2) 掌握制订退休养老规划的规则及要点。

(3) 认真计算方案每一个步骤中涉及的金额变化,并根据实际情况对规划进行调节。

4. 实训过程设计:

(1) 关联知识学习。学生认真阅读和回顾相关知识。

(2) 学生思考。学生分组,根据所学知识,分析退休养老规划的要求。

(3) 学生汇报。以小组为单位,阐述小组观点。

(4) 总结反馈。进行总结,反思不足。

第十一章　财产分配规划与传承规划

- 了解财产分配规划与传承规划的相关概论
- 理解财产传承中法定继承、遗嘱继承等遗产转移方式
- 熟悉财产分配规划与传承规划的制订
- 掌握财产分配规划与传承规划中各类工具的使用

第一节　分析客户财产状况

书画家身后遗产风波引起的思考

一直以来,关于名人遗产的风波不断。齐白石、刘海粟、王式廓等艺术大家都遭遇过遗产纠纷的官司。近些年,书画家身后遗产大戏仿佛又"图穷匕首现"。先是李可染文化财产纠纷案一波三折,紧接着是陈逸飞身后沸沸扬扬的遗产分配案。李可染于20年前猝然辞世,生前没有留下遗嘱,以至于后来的家属对遗产的分割"数不断,理还乱"。李可染艺术基金会虽然已成立10年有余,也出版过相关的画册并组织了关于李可染艺术成就的展览,但由于李可染家属对其遗留作品的确切数量存在争议,不仅是李可染家属利益的纷争、分配问题,也影响到对李可染艺术完整性的研究、对其作品真伪甚至价值的评价。而大多数以私人名字命名的美术馆"名不副实",无法完整、专业地对艺术家作品进行管理。

李可染遗产案也让我们想起了黄宾虹、吴冠中,他们在有生之年就有意识地、系统地将作品进行捐赠或交由国家文化机构保护,这种先见之明和慷慨之举在当今画坛十分罕见。更多的专家和学者还是希望从制度上来规范艺术家书画遗产的管理。毕竟优秀的艺术作品除了艺术贡献以外还有艺术经济、公众的认可、收藏家的参与等方面的价值,艺术家的书画遗产也应当被视为公众的遗产。

总体来看,大部分的财产纠纷都源于对财产数量、价值的不明确,进而影响到一方甚至两方的利益。但从一个侧面也可以看出,整个社会保护和规范书画这类特殊遗产资源的力量和管理、援助手段都非常薄弱。上述此类诉讼之所以长年无法结案,就在于既没有书画家的遗嘱,更没有被继承财产的精确价值记载,同时还存在某些材料被单方掌握的情况,原被告双方甚至法院、国家都无法做到遗产数量、价值等信息的共享、对等。因此在文化遗产保护方面,未来国家的立法应该不仅仅着眼于文物保护或自然遗产法,还可以考虑出台更宽泛的针对书画艺术品遗产保护的社会调整规则。

也有专家提出,对于大师级艺术家,在其去世时就应该由家属、艺术界专业人士和政府机构三方力量组成对其文化遗产进行保护的专门机构,对未分割的遗产进行共同保护。如针对毕加索遗产的管理,法院成立了毕加索艺术管理委员会,对监督作品的保护、复制、使用、征税等事务进行统一管理,如果国内也引入这种做法,将使得今后处理类似李可染遗产案的官司不再复杂和困难。(资料来源:点滴文苑,作者:刘玉璞。)

财产分配和传承规划,自古至今,在个人及团体的理财规划中一直都起着十分重要的作用。财产分配规划是指为了将家庭财产在家庭成员之间进行合理的分配而制订的财务计划,而传承规划是指当事人在其健在的时候通过选择遗产管理工具和制订遗产分配方案,将拥有或控制的各种遗产或负债进行安排,确保在自己去世或丧失行为能力时能够实现家庭财产的代际相传或安全让渡等特定目标。因此,财产分配和传承规划不仅可以对个人及家庭财产进行合理、合法的配置,更是个人及家庭进行规避风险的一种有效保障机制。

在财产分配和传承规划中,获得有效的客户信息和了解客户财产状况是前提和关键。若信息偏差,则会导致规划失效,还可能使得客户遭受一定的损失。因此,客户财产状况分析是开展理财规划中最基础,也是最重要的一步。此步骤不仅包括客户家庭的财产结构状况,还包括其家庭基本构成及家庭成员之间关系等信息,而且不同的规划需求,所需要收集到的客户信息也是各不相同的。

一、客户的家庭婚姻状况分析

随着经济社会发展,不少人的婚姻观念发生了变化。据国家民政部数据显示,2019年全国婚姻登记机关共办理结婚登记947.1万对,离婚登记415.4万对,补发结婚证和离婚证书403.4万对。婚姻生活在每个人的生活中占据重要地位,也是社会的基本组成单位。随着社会的发展与进步,稳定有序的夫妻财产制度是婚姻幸福的重要保证之一。为了维护婚姻制度的稳定,法律对婚姻中的人身和财产关系做出了细致的规范,准确地把握婚姻中的人身和财产制度,对于成就良好的婚姻关系也是十分重要。

(一)婚姻成立的法律要件

按照我国法律的规定,婚姻的成立包括形式要件和实质要件两个部分。

1. 形式要件

结婚登记是婚姻成立的形式要件,是婚姻成立的法定程序。进行婚姻登记,是婚姻成立的首要任务,是婚姻取得法律认可和保护的方式,也是夫妻之间权利义务关系形成的必要条件。《民法典》第一千零四十九条规定:"要求结婚的男女双方必须亲自到婚姻登记机关进行结婚登记,符合本法规定的,予以登记,发给结婚证,取得结婚证,即确立夫妻关系。"婚姻成立的时间是完成登记颁发结婚证之时。

2. 实质要件

婚姻的实质要件又称为"结婚条件",包括婚姻当事人必须具备的条件(又称必备条件或积极条件)和必须排除的条件(又称禁止条件或消极条件)。这是婚姻关系成立的关键。客户的婚姻关系如果不符合婚姻登记的实质要件,可能非但得不到法律的保护,甚至已经成立的婚姻也面临着被撤销的风险。各国法律对结婚必备条件的规定,包括以下几个方面:

(1) 必须男女双方完全自愿。我国《民法典》第一千零四十六条规定,结婚必须男女双方完全自愿,禁止任何一方对他方加以强迫或者任何第三者加以干涉。这是结婚的首要条件,是婚姻自由原则在结婚制度上的具体体现。这就要求尊重当事人的意志自由,排斥一方当事人、当事人父母或第三人对他方进行强迫、包办或干涉。当然,法律并不排除当事人的父母或第三人出于关心,对当事人提出意见和建议。但是,是否结婚最终应由当事人自己决定。

(2) 必须达到法定的结婚年龄。法定婚龄表示法律规定准予结婚的最低年龄。根据《民法典》第一千零四十七条的规定,结婚年龄,男性不得早于22周岁,女性不得早于20周岁。凡当事人一方或双方未达到法定婚龄的,婚姻登记机关不予登记。

(3) 必须符合一夫一妻制。《民法典》第一千零四十一条、第一千零四十二条对一夫一妻制、禁止重婚做了明确规定。同时,《婚姻登记管理条例》第十二条指出:已有配偶的,不予结婚登记;要求结婚的男女,必须双方都是无配偶的人。

(二) 夫妻关系

夫妻关系是家庭关系中最重要的关系。符合结婚的实质条件并依法办理结婚登记之后,婚姻成立,双方形成夫妻关系。从法律上讲,夫妻关系包括夫妻人身和夫妻财产的权利义务关系。

夫妻人身关系是指夫妻双方在婚姻中的身份、地位、人格等多个方面的权利义务关系,是夫妻关系的主要内容。根据《民法典》的有关规定,夫妻人身关系主要有下列内容:① 夫妻双方地位平等、独立;② 夫妻双方都享有姓名权;③ 夫妻之间的忠实义务;④ 夫妻双方的人身自由权;⑤ 夫妻住所选定权;⑥ 禁止家庭暴力、虐待、遗弃;⑦ 计划生育义务。

男女双方因结婚产生了夫妻人身关系,也随之产生了夫妻财产关系。根据我国《婚姻法》的规定,夫妻财产关系由三部分组成,分别是夫妻财产的所有权、夫妻间互相扶养的义务、夫妻间相互继承遗产的权利,相关具体内容在后文详细阐述。

二、家庭成员在财产分配和财产传承中的法律地位

(一) 主要涉及人员

家庭成员之间的财产关系属于亲属财产关系,它不能脱离亲属人身关系而独立存在。它的产生和终止,是以家庭成员之间发生的种种变化为前提的。例如,夫妻双方因结婚而共同拥有财产,因离婚而分割财产;家庭成员的构成与其地位不同,其财产关系也不同。正是由于亲属财产关系涉及每个家庭成员的切身利益,面对日趋复杂多样的家庭关系,越来越有必要对客户所处家庭的夫妻、父母、子女等关系人进行相应的认定,充分了解客户的家庭成

员构成信息,以便于更好地制订规划。

财产分配与继承主要在家庭成员间进行,参与家庭财产分配的家庭成员主要有:配偶、子女、父母、兄弟姐妹、祖父母、外祖父母、对公公和婆婆尽了主要赡养义务的丧偶儿媳,对岳父和岳母尽了主要赡养义务的丧偶女婿等。

(二)财产分配的继承关系:第一顺序人、第二顺序人

根据我国的《民法典》第一千一百二十七条规定,遗产按照下列顺序继承:第一顺序:配偶、子女、父母,第二顺序:兄弟姐妹、祖父母、外祖父母。

继承开始后,由第一顺序继承人继承,第二顺序继承人不继承。没有第一顺序继承人继承的,由第二顺序继承人继承。

(三)财产继承方式

在我国,家庭财产继承方式主要有以下几种:
(1)遗嘱继承:即被继承人在生前订立遗嘱,指定继承人继承自己的遗产。
(2)遗赠:即被继承人生前订立遗嘱,将遗产赠与国家、集体,或者法定继承人以外的人。
(3)遗赠抚养协议:即被继承人与扶养人订立协议,由扶养人负担被继承人生养死葬的义务,被继承人的全部或部分财产在其死后转归扶养人所有。该方式主要出现在老人无人赡养的情况下。
(4)法定继承:在上面三种情况都不存在的情况下,法律根据亲属关系的远近确定继承顺序。

三、客户财产的情况分析

(一)客户基本情况

首先,需要知道客户所属的不同的人生阶段(如图11.1),从而了解客户大概的财产情况。例如,有财产分配规划和传承规划需求的客户,通常处于人生的家庭成长期以及退休期。在此阶段的现金收支关系以及财产金额的多少也是不一样的。因此,清晰地掌握客户的基本情况,可以很好地进行规划,满足客户的需求。

(二)客户财产的注意事项

在进行规划时,有以下几点重要的事项需要注意:

1. 重点关注容易被忽略的资产和负债项目

从以往经验来看,很多客户对自身的财务状况并不是完全、清楚地了解,所以在填写有关内容时容易遗漏一些重要的项目,从而导致高估或低估了其财产价值。如负债项目中的临终医疗费、资产项目中的无形资产(如著作权等)、珠宝的实际市场价值等都是容易被忽略的项目,因此需对这些有重要影响的项目进行格外关注。

2. 认真计算资产的价值(是其目前的市场价值,而非其购买时的支付价格)

有很多资产会随着市场的变化而出现较大差异。例如,房产的价格每年都会有较大幅

度的变化,在很多城市,房价的市场价和历史购价通常相差甚远。此外,对于股票、债券等金融投资也需要准确估算其当前的价值和相关收益。

3. 细心准备重要财产的相关证明材料

在进行规划时,若有必要,需要客户准备重要财产的相关证明材料,以便于在进行财产分配及继承时进行佐证。常见的材料有:房产证证明、汽车购买发票证明、银行存款证明、有价证券证明、保险单据、养老金文件、社会保障证明等。

处于不同的人生阶段(图11.1)的客户,其收支情况也会有很大的差异,继而从一定程度上,会导致资产负债表反映出来的数据也不同。请大家结合实际情况,讨论:在人生的不同阶段,理财规划的侧重点各是什么?

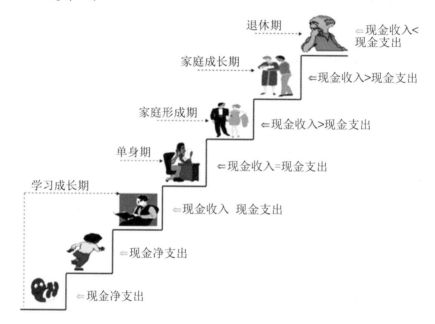

图 11.1 人生不同阶段的现金流情况

四、客户家庭关系及财产范围判定

(一)抚养

抚养通常是指父母对子女在经济上的供养和生活上的照料,包括负担子女的生活费、教育费、医疗费。

(二)赡养

赡养主要指子女在经济上为父母提供必需的生活用品和费用,在日常生活上给予照顾,在精神上予以关怀,在父母不能自理、患病时予以看护。

【分析案例】11.1

没分到财产就可以不赡养父母吗?

陈某的岳母现今已80岁,育有4个子女,自己的妻子胡某是老人唯一的女儿,老人常年居住在他家,由他们夫妻俩精心照料,故老人将自己名下的房产更名至胡某名下。可老人3个儿子在得知此事后,表示3人以后将不承担对老人的赡养义务,老人今后一切事情与3人无关。陈某表示,自己和妻子十分担心当老人病危或是当治疗成本超出其经济负担能力时,其是否有权向其他3个儿子主张母亲的医疗费用。于是他们将此赡养纠纷报至社区法院工作室,请法官帮忙解决此纠纷。

"赡养义务是强制性的法定义务,与财产的分配是两个不同的法律关系。"法官听完陈某的叙述后,向其详细阐述了相关法律规定,明确告知子女有赡养老人的义务,赡养人不得以家庭财产分配比例较小为由拒绝履行赡养义务。

赡养人的赡养义务不仅应做到在经济上供养老人,在生活上照料老人,还应在精神上慰藉老人。因居住生活权是本着方便老人生活及被赡养人自愿选择的原则,老人选择在女儿家居住生活,由女儿进行照料,是因女儿是适合照料老人生活的人选,但不因此免除其他人的赡养义务。

为人子女,均负有赡养及扶助义务,在物质方面提供照料的同时,亦应采取积极方式给予父母精神上的慰藉,比如时常探亲聊天。而当被赡养人出现重大疾病,给一方赡养人造成一定经济困难,或超出其经济能力负担范围时,则可以要求另外的赡养人分担医疗费用。

(三)夫妻财产关系

1. 夫妻财产的所有权

夫妻财产的所有权指的是夫妻一方的财产所有权和夫妻双方的共同财产所有权。夫妻双方对共同所有的财产有平等地占有、使用、收益和处分的权利,不能根据某一方收入的多少和有无来决定或者改变其处理共同财产权利的大小。夫妻双方在对财产进行处理时,应当平等协商,达成一致,擅自处理夫妻共同财产是无效的。

2. 夫妻之间相互扶养的义务

夫妻相互扶养义务表示在夫妻关系存续期间,夫妻双方在物质上和生活上互相扶助、互相供养的义务。双方的权利是对等的、相互的。夫妻中任何一方丧失劳动能力或者出现生活困难,有扶养能力的一方应当自觉承担这一义务,有扶养能力的一方如果拒不承担义务,需要扶养的一方有权要求对方给付扶养费。

3. 夫妻双方相互继承遗产的权利

夫妻之间有相互继承遗产的权利,且互为第一顺序法定继承人。夫妻在婚姻关系存续期间所获得的共同财产,除事先约定的以外,在分割遗产时,应当先预提其配偶所拥有的双方共同财产的一半,剩余的则为被继承人的遗产。我国法律禁止任何人以任何借口侵犯配偶的继承权及继承后的所有权。

【分析案例】11.2

  1980年7月王先生与刘女士结婚,生有3女1男,并于1984年盖有平房10间。1994年,妻子刘女士病故。几年后,王先生在朋友的介绍下与离异的鲍女士相识,并于1999年9月登记结婚。2005年1月,以25.6万元的价格购得住房一套并搬到该房居住,与子女分开生活。2018年10月,王先生因车祸意外去世。随后,王先生与前妻刘女士的孩子强行将鲍女士赶出其现在住的房子,而鲍女士与前夫所生的子女也要夺回房产。因此双方因房产争夺,矛盾激化,闹上法院。请思考:法院应如何判决?

  分析:

  (1) 王先生与其已故前妻共同建成的10间平房:王先生应从夫妻共同财产中分得5间,另外5间是刘女士的遗产,应由王先生及其4个子女共同继承,则王先生又可从中得到1间,共有6间房屋的产权。这6间房子虽属王先生的婚前个人财产,但根据相关法律规定,其去世后,现任妻子鲍女士享有继承权,应当与王先生的4个子女共同继承,则鲍女士可从中继承1.2间房屋产权。

  (2) 王先生与鲍女士再婚后所购的价值25.6万元的商住房,属于夫妻共有财产,鲍女士享有一半的产权即12.8万元,而另一半价值12.8万元的产权属于王先生遗产,应由鲍女士与王先生的4个子女共同继承,鲍女士又可从中继承五分之一的遗产,即2.56万元,则共获得了价值15.36万元的房产权。因此,鲍女士所得由两项相加,共1.2间平房和价值15.36万元商品房的房屋产权。

(四) 法定夫妻财产制与约定夫妻财产制

  在我国,《民法典》对夫妻财产制所采取的是法定夫妻财产制与约定夫妻财产制相结合的模式。

  (1) 法定夫妻财产制表示指夫妻对共同所有的财产,有平等的处理权。

  (2) 约定夫妻财产制,是夫妻双方通过协商对婚前、婚后取得的财产的归属、处分以及在婚姻关系解除后的财产分割达成协议,并优先于法定夫妻财产制适用的夫妻财产制度,又称有契约财产制度。

  我国《民法典》规定,夫妻可以对婚姻关系存续期间所得的财产以及婚前财产作如下约定(应当采用书面形式):各类财产归各自所有、共同所有或部分各自所有、部分共同所有。

【资料链接】11.1 我国现行《民法典》中关于夫妻财产的相关规定

  我国现行《民法典》第一千零六十二条"夫妻共有财产"规定:"夫妻在婚姻关系存续期间所得的下列财产,归夫妻共同所有:

  (一) 工资、奖金;

  (二) 生产经营的收益;

  (三) 知识产权的收益;

  (四) 继承或赠与所得的财产,但本法第十八条第三项规定的除外;

  (五) 其他应当归共同所有的财产。

  夫妻对共同所有的财产,有平等的处理权。

  第一千零六十三条"夫妻一方的财产"有下列情形之一的,为夫妻一方的财产:

> （一）一方的婚前财产；
> （二）一方因身体受到伤害获得的医疗费、残疾人生活补助费等费用；
> （三）遗嘱或赠与合同中确定只归夫或妻一方的财产；
> （四）一方专用的生活用品；
> （五）其他应当归一方的财产。
> 　　第十九条 "夫妻财产约定"夫妻可以约定婚姻关系存续期间所得的财产以及婚前财产归各自所有、共同所有或部分各自所有、部分共同所有。约定应当采用书面形式。没有约定或约定不明确的，适用本法第一千零六十二条、第一千零六十三条的规定。
> 　　夫妻对婚姻关系存续期间所得的财产以及婚前财产的约定，对双方具有约束力。
> 　　夫妻对婚姻关系存续期间所得的财产约定归各自所有的，夫或妻一方对外所负的债务，第三人知道该约定的，以夫或妻一方所有的财产清偿。

（五）夫妻债务

指在婚姻关系存续期间，夫妻双方或一方为维持共同生活的需要，或出于为共同生活目的从事经营活动所引起的债务。

1. 个人债务

个人债务是指夫妻约定为个人负担的债务或者一方从事无关家庭共同生活时所产生的债务。

2. 夫妻共同债务

夫妻共同债务指在夫妻关系存续期间，夫妻双方或一方为共同生活所产生的债务。

3. 夫妻共同财产中的股权构成

夫妻双方分割共同财产中的股票、债券、投资基金份额等有价证券以及未上市股份时，协商不成或者按市价分配有困难的，人民法院可以按照数量比例分配。

4. 房屋财产

(1) 夫妻一方婚前付了全部房款，并取得房产证，该房屋属于婚前财产。

(2) 夫妻一方婚前以个人财产购买房屋，并按揭贷款，把房屋产权证登记在个人名义下，该房屋为个人财产，按揭也为个人债务。

(3) 夫妻一方婚前支付了部分房款，但婚后才取得房产证，即使是婚后双方共同还贷，其仍应属于一方的婚前个人财产。

(4) 如果夫妻一方婚前支付部分房贷，婚后夫妻共同还贷，或一方用个人财产还贷且房屋升值，在进行财产分配时，房产证还没有拿到，先不界定房屋归属权，等双方拿到房产证后再确定。

(5) 一方在婚前购房且房产证登记在其名下，其配偶有证据证明也有出资，分割房屋财产时，该房屋仍为登记人的个人财产，但对配偶方所付房款，一方应当予以赔偿。

五、财产权属的界定

在进行财产分配与传承之前，需要明确划分和界定客户的财产属性，从而保证所进行的理财规划合法有效。《民法典》指出:财产所有权是指所有人依法对自己的财产享有占有、使用、收益和处分的权利,包括占有权、使用权、收益权和处分权四项权能。所有权意味着人对物最充分、最完全的支配,是最完整的物权形式。

(一) 财产权的取得

财产权的取得主要分为继受取得和原始取得。

(二) 财产权的消灭

财产所有权的消灭是指因为一定的法律事实而引起所有人丧失财产所有权的情况。财产所有权消灭的原因很多,主要有以下几种:

(1) 财产所有权的转让。

(2) 财产所有权的客体灭失:

① 所有人对其所有的物进行事实上的处分,使物的财产所有权消灭。② 财产所有权的客体因自然灾害而消灭,如房屋受地震影响而倒塌,其他动产因洪水冲毁而灭失等。

(3) 财产所有权的主体消灭。财产所有权主体的消灭包括自然人的死亡(自然死亡和宣告死亡)和法人的终止。自然人死亡后,其遗产由继承人继承,或由受遗赠人接受遗赠。法人终止后,其财产按法人章程或法律规定处理。

(4) 财产所有人抛弃所有物。在不违背法律规定,不损害国家、社会和他人合法权益的前提下,所有人有权抛弃自己的所有物,这也是所有人行使对所有物的处分权。因此,原所有人的财产所有权消灭。例如,所有人可以将自己的旧家具、旧电器抛弃等。

(5) 财产所有权被依法强制消灭。例如,国家行政机关为公益事业的需要,有权对城乡居民的房屋进行征购、征用、拆迁,房屋所有人有权取得补偿,但其对该房屋的财产所有权归于消灭。国家审判机关依照法定程序有权判决一方当事人的财物归对方所有,该当事人对其财物的财产所有权因而消灭。

六、客户财产可能面临的风险

(一) 家庭主要经济支柱的一方或者双方丧失劳动能力或经济能力的风险

一般的情况下,在家庭组织中,夫妻是核心,是家里的主要经济支柱。如果其中一方或者双方都丧失了劳动力,如工伤、意外事故、造成身体残疾;或者丧失了经济能力,如失业或对外欠债导致被追索等情形,都会导致家庭经济支付能力的下降,影响家庭的正常生活。

(二) 家庭从事商业经营风险

因为从事商业经营的收入受市场、行业和个人等多种因素影响,具有很大的不确定性和不可控性。因此,若家庭大部分成员都进行商业经营,且经营收益是该家庭的主要收入来源和开销支柱,一旦该经营实体受到各类风险的冲击,整个家庭的经济状况就会有消极的影响,威胁到家庭所有成员的正常生活、教育、工作等多个方面。

(三)离婚或再婚风险

离婚即意味着一段夫妻关系的结束,无论对家庭还是夫妻任何一方都会产生重大的影响,其中最突出的方面就体现在家庭财产如何分割上。现实生活中,有许多这样的情况。例如,离婚时,夫妻其中一方有转移、隐匿、变卖财产侵害另一方财产权益的行为,导致出现受害一方的生活质量下降及经济能力减弱等不良后果。再婚是离异或丧偶的男女重新组建家庭的开始,很多再婚人士,特别是曾经有过离异经历且事业取得一定成就的一些人,在再婚前都会在个人财产保护和个人安全感上有所考虑,对结婚动机产生怀疑,有孩子的人还会担心再婚伴侣对与之前伴侣的子女的影响。因此,再婚本身也存在风险。

(四)家庭成员的去世

家庭成员的去世,其遗嘱财产的分配会使得家庭其他成员个人的财产增加或减少,对整个家庭财产也会产生影响。同时,由于多数家庭没有事先立遗嘱的意识,遗产分割很容易在家庭内部产生纠纷,即使有的立了遗嘱,也会因为遗嘱内容表达不清,而在执行过程中出现财产被恶意侵吞或者不按遗嘱人意愿进行分配等情况。

财产分配与传承规划的有效与否,很大程度上取决于其基础步骤即客户的财产状况是否分析的准确,以及对理财相关的非财务信息和客户的期望目标是否有充分的了解。通过对客户财产可能面临的风险进行分析,进而充分掌握客户的财务信息和非财务信息。客户理财目标的形成,须由理财规划师和客户经过充分的沟通共同确定。可见,收集、整理和分析客户的财务信息和与理财有关的非财务信息,是制订理财方案的关键一步。如果无法收集到准确的财务数据,理财规划师就无法准确了解客户的财务状况和理财目标,也就不可能针对不同客户提出切实可行的理财方案。

第二节 制订财产分配方案

导入案例

离婚后发现对方隐瞒共同财产的,能否要求再次分割?

案情简介:原告赵某诉称:已生效的民事判决书已将原告转业安置费(包括住房公积金)按比例进行分配,且法律明文规定,住房公积金、工资、奖金都属于夫妻共同财产;原告在2017年交通事故赔偿的债务是从事生产经营活动,经营收入用于家庭生活开支,故被告理应承担债务。原告赵某的诉讼请求:① 分割被告隐瞒的婚姻存续期间的住房公积金及2018年年底领取的绩效工资;② 被告支付婚姻存续期间的一半的共同债务38000元。被告黄某答辩称:被告与原告离婚时,被告未隐瞒婚姻存续期间的共同财产,原告所举婚姻存续期间的共同债务与已生效民事判决的庭审笔录不一致,属伪造。原告要求分割婚姻存续期间的共同财产的请求已过诉讼时效,请求驳回原告的诉讼请求。

判决要点:法院认为,离婚案件当事人离婚后,一方发现对方有隐藏、转移、变卖、毁损夫妻共同财产,或伪造债务企图侵占另一方财产的,请求再次分割夫妻共同财产的诉讼时效为两年,从当事人发现之次日起计算。在2018年黄某诉赵某忠离婚纠纷一案的诉讼过程中,赵某对黄某的绩效工资进行过陈述,应视为赵某当时已经发现,现赵某起诉要求分割黄某与其离婚前的绩效工资的诉讼请求,按照《最高人民法院关于适用〈中华人民共和国婚姻法〉若干问题的解释(一)》第三十一条的规定,已经超过诉讼时效,依法不予支持。婚姻关系存续期间,黄某个人住房公积金属于夫妻共同财产,但该公积金存于黄某的个人账户,其本人知晓,但在离婚诉讼过程未申报,且没有证据证明赵某当时知晓,故现赵某忠要求分割此部分财产,符合法律规定,予以支持。经查,该账户住房公积金余额3446.84,鉴于被告隐瞒的夫妻共同财产金额较小,法院酌情按照各分得二分之一进行分割。原告赵某未提供证据证明,其与建设公司之间的法律关系的性质、依法是否应当承担责任、承担责任的具体划分、建设公司已向其依法追偿及其已向建设公司付款等有效证据,且在离婚诉讼中和本诉讼对自己承担责任的付款数额陈述不一致,故其要求被告支付婚姻存续期间的共同债务的一半38000元的主张,证据不足,依法不予支持。

判决结果:综上,法院判决如下:由被告黄某在判决生效后十日内给付原告赵某住房公积金1723.42元。

律师点评:夫妻关系存续期间,以一方名义缴纳的住房公积金属于夫妻共同财产,离婚时夫妻双方都有如实申报的义务。该案中,被告黄某在离婚诉讼时未如实申报该项财产,属于隐瞒该项财产的行为,因此法院认定黄某名下的公积金是夫妻共同财产,应当予以再次分割;对于原告赵某请求分割被告黄某的绩效工资问题,由于绩效工资的事情在第一次的离婚诉讼中有过陈述,视为黄某当时已经知悉该绩效工资,到再次起诉分割该项财产时,已经过了两年的诉讼时效,因此法院未予以支持该项财产的分割。所以,当事人一方发现有侵占或漏分的财产,应当及时向法院主张权利。

(资料来源:根据"律师说案"微信公众号内容整理,由胡开盛律师点评。)

一、财产分配方案的制订原则

(一)实现财产分配方案的可变性

财产分配从它的制订到生效有一段不确定的时间,而在该时间内的客户财产状况和财产规划目标都是处于不断变化中的,其财产分配方案也是一样,因此,理财规划师要经常与客户沟通,对规划方案不断地做调整,以保证满足客户的不同需要。

(二)确保财产分配的现金流动性

一般来说,家庭成员过世后的遗产要先用于支付相关的税收及资产处置费用,如法律和会计手续费、丧葬费以及还清债务,剩余的部分才可以分配给受益人。所以,如果客户遗产中的现金数额不足,反而会导致其家人陷入债务危机。

二、财产分配规划的工具

(一)公证

公证,在本门课程中,主要是指夫妻财产约定公证,是依法对夫妻或"准夫妻"各自婚前或婚后财产、债务的范围及权利归属问题所达成的协议的真实性、合法性给予证明的活动。

1. 种类

公证主要分为婚前财产约定公证与婚后财产约定公证两大类。

(1) 婚前财产约定公证,是未婚夫妻在结婚登记前达成协议,办理公证。一般来说,比较容易举证的财产就不需要婚前财产公证,比较难举证的财产,需要婚前财产公证。像不动产,如房屋,因为实行登记制度、产权明确,就不需要婚前财产公证。而产权随时处于变动的动产,像存款、玉器、金银首饰等贵重物品,为避免离婚时无法说明白,需要婚前财产公证。例如,如果一方婚前有一套房产,结婚期间,房子拆迁,这笔补偿款就是个人财产。拿到这笔补偿款后,如有必要,就要及时进行婚姻财产公证。因为钱是动产,若不公证,发生纠纷时就很难说清是谁的,而一般说不清楚的钱就要算作共同财产进行分配。从法律角度来看,婚前财产公证起到一个证明作用,以减少发生纠纷的可能,保障夫妻双方的合法权益。

(2) 婚后财产约定公证,是指公证机构依法对夫妻双方就各自婚后财产和债务的范围和权利归属问题所达成的协议的真实性、合法性给予证明的活动。

2. 办理夫妻财产约定公证

办理的过程主要是需要亲自向户籍所在地公证处进行申请公证,并按要求提供相关的材料。所需双方提供的资料大致包括:① 身份证明(户口簿、身份证、护照等);② 声明和证明;③ 财产约定协议书;④ 被约定财产的所有权及其他证明;⑤ 其他证明等。

3. 夫妻财产约定公证的审查

户籍所在地公证处在接到办理夫妻财产约定公证的申请后,公证员就财产协议的内容,审查财产的权利证明;查问当事人的订约是否受到欺骗或误导。当事人应如实回答公证员的提问,公证员会履行必要的法律告知义务,告诉当事人签订财产协议后承担的法律义务和法律后果,当事人配合公证员做完公正接待笔录,并在笔录上签字确认,以保证其真实性、合法性。

4. 应注意的以下问题

(1) 不要违背法律的规定。夫妻财产约定书生效后对双方产生约束力,最直接的后果就是产权归属问题发生变化。产权发生变化之后,基于财产的收益、处分等问题也发生变化。如银行存款的利息、房产的增值部分、股权的股息等,这些既不属于工资、也不属于经营所得,这些也应当归产权人所有。这些间接后果容易被忽视,所以日常中需要格外注意。个人财产由个人处理,共同财产夫妻有平等的处理权,共有财产的处理需要共有人共同同意。如夫妻一方以自己的名义处理财产对另一方造成损失的应当承担侵权责任。基于我国的登记制度,夫妻财产往往只登记一人名字,很多夫妻共有财产属于"隐名共有"。因此存在财产登记人在处理财产,而不是实际所有人在处理财产。如对于男方婚前房产,双方约定归女方个人所有,但是产权人名字不变更,这就造成实际所有人无法处理房产。因此在办理公证时应当提醒变更登记,达到产权登记人与实际所有人的一致。同时应当告知,按照相关规定,登记人可以处理财产,如不变更登记可能给实际所有人造成损失,也将造成实际所有人无法处理财产。

(2)注意约定的效力。在《民法典》第一千一百三十六条规定:夫妻对婚姻关系存续期间所得的财产以及婚前财产的约定,对双方具有约束力。夫妻对婚姻关系存续期间所得的财产约定归各自所有的,夫或妻一方对外所负的债务,第三人知道该约定的,以夫或妻一方所有的财产清偿。

(3)将法律未明确的重要事项在约定中加以明确。这些重要事项包括夫妻财产约定的生效、变更或撤销约定的程序等。与此同时,应清楚地了解夫妻财产约定适用的法律应是《民法典》。

(4)应注意财产的形态。财产的形态分为静态与动态。静态财产指的是涉及某项具体财产,如存在的房屋、汽车、银行存款等已经在夫妻财产中存在的特定物。动态财产指的是夫妻财产约定中约定的某项财产会随着夫妻关系的存续而进行增值、贬值、消灭或所有权转移等不同的情况。因此,为避免后续可能出现的各类麻烦,直接对特定所有物进行约定是十分有必要的。同时,在约定某项财产归属时,应约定该财产所产生权益的所有,以避免产生不必要的纠纷。

(二)信托

1. 概念

信托是指自然人基于财产规划的目的将其财产所有权委托给受托人,受托人按照信托文件的规定为受益人的利益或特定目的,管理或处分信托财产的行为,是实现财产分配和传承的有效渠道。

2. 种类

依照受益人及信托目的的不同,个人信托可以分为婚姻家庭信托、子女保障信托、人寿保险信托、养老保障信托和遗嘱信托。

(1)婚姻家庭信托。婚姻家庭信托是由夫妻一方或双方作为委托人与受托人签订信托合同,将一定财产权委托于受托人作为信托资产,该财产独立于委托人的家庭财产,由受托人按照约定进行管理和处分。婚姻家庭信托的主要目的是保证夫妻一方或整个家庭在未来遭遇风险时,家庭及个人生活能够正常维系。

此种信托可以使财产分离进而隔离风险,主要包括:离婚赡养信托(防止离异配偶的再婚配偶侵占财产);不可撤销的人生保全信托(以配偶和子女为受益人,提供死亡家庭保障);风险隔离信托(防范因个人破产制的缺乏、合伙企业连带责任、私人公司财产与家庭财产的混淆等问题带来的财务风险);子女教育信托(强制储蓄,使得教育金由专人管理投资,从而增加收益、风险隔离)。

通过婚姻家庭信托,委托人可以妥善管理夫妻双方或一方的财产及生活,即使生活中遭遇一定的挫折或打击,也可以保持一个稳定的生活水准。

(2)子女保障信托。子女保障信托是指由信托委托人(即父母、长辈或子女本人)和信托受托人(即信托机构)签订信托合同,委托人将财产(一般为金钱)转入受托人信托账户,由受托人依约管理运用。透过信托机构专业管理及信托规划的功能,定期或不定期给付信托财产予受益人(子女),作为其养护、教育及创业之用,以确保其未来生活。例如,海外留学费用的给付、离异子女抚养费、未来子女教育及创业基金等。

（3）人寿保险信托。人寿保险信托是委托人基于人寿保险中受领保险金的权利或保险金，以人寿保险金债权或人寿保险金作为信托财产设立信托，指定受托人依据信托合同所规定，为受益人管理运用交付或直接交付的保险金。人寿保险信托可以实现很好的财产风险隔离、专业财产管理、家庭生活保障、规避经营风险等功能。

（4）养老保障信托。养老保障信托是由委托人和受托人签订信托合同，委托人将资金转入受托人的信托账户，由受托人按约定的方式替客户管理运用，同时信托合同已经明确约定信托资金为未来支付受益人的退休生活费用。这种方法是比较好的退休规划工具，在日趋老龄化的过程中，可以有效弥补社会养老保障体系的不足。

（5）遗嘱信托。遗嘱信托是指委托人预先以订立遗嘱的方式，将财产的规划内容，包括设立信托后的管理、分配、运用及给付等，详订于遗嘱中。等到遗嘱生效时，再将信托财产转移给受托人。由受托人依据信托的内容，也就是委托人遗嘱所交办的事项，管理处分信托财产。遗嘱信托同样在委托人死亡后才生效。

三、影响财产分配规划的因素

在日常生活中，若发生以下事件，需要对客户的财产分配规划进行一定的调整，使其更能适应当前的情况变化。

（1）子女的出生。子女的出生对家庭的影响很大，能影响到许多方面。例如：多出来的部分支出，以及财产分配中其他人数额的减少。

（2）配偶或其他继承人的死亡。生活中，配偶或者其他继承人的死亡可能会导致客户的财产状况或者数额发生重大的变化，因此变化时需要进行信息更正。

（3）本人或亲友身患重病。若有家庭成员身患重病，对一个家庭的影响是很大的。本人或者亲友身患重病，会产生大笔医疗费用的支出，可能会导致财产规划中资产的数额和种类的减少。

（4）家庭成员有新的经济来源。家庭成员（常指客户的子女）成年并参加工作后，会形成家庭新的经济来源。因此，客户的经济负担就会有所减轻，以前的费用支出会相应缩减。

（5）遗产继承。客户如果作为继承人接受遗产，当然会引起财产变化，拟计划分配的财产也会增加。因此，形成新的财产分配规划。

（6）结婚或离异。婚姻状况的变化，如结婚或离异，会导致客户家庭财产的形成或者分配。对于结婚的客户来说，会有费用支出的增加，也会有财产种类和规模的扩大，如购置房屋、家电等家庭生活必备的大件财产；而离婚的客户，会面对家庭财产的分割、赡养费支出等问题，这些都会导致客户自身财产的变化。

（7）房地产的出售。根据全球发展趋势来看，房价的变化是比较明显的。因此客户房地产的出售，是对其财产的处分，也是对其现有财产形式的改变，通常会引起财产总值的增加或者是不同财产种类的调整。在财产传承规划中，主要表现为现金流的增加或转变财产分配工具。

四、制订财产分配规划的步骤

（1）计算和评估客户的财产价值。建立规划的第一步就是要计算和评估客户的财产价值。通过计算和评估，客户可以对自己的财产种类和价值有一个大致的了解，以及对财产分配时相关的税收支出有更好的认知。

（2）确定财产分配的规划目标。在完成第一步对客户财产进行估值后，已经对客户现实的财产状况有了一定的了解，接着将要确定规划目标。由于规划管理的特殊性，可以采取与客户面谈的方式，来更好地了解其规划目标，并在此过程中记录重要的相关信息，多与客户进行沟通，并征求客户的意见，以达到更一致的目标。

（3）制订财产分配与传承规划方案。有了目标之后，将根据客户的具体情况，进行合适的财产分配规划方案。主要的客户类型有以下几种：① 已婚，且子女已成年的客户；② 已婚，但子女未成年的客户；③ 离异，有子女的客户；④ 离异，无子女的客户；⑤ 未婚的客户。

在制订方案的过程中，因客户群不同，其规划目标和和意向也会有差异，因此也会影响到工具、策略、配置等选择。

（4）定期检查和修改。财产规划必须能够满足其不同时期的需要，保证规划在全过程中是有效的。然而客户的实际情况、具体需求、财务状况以及策划目标等是时刻处于变化中，为保证规划的可变性与灵活性，因此对财产分配和传承规划方案进行定期的检查是十分有必要的。尤其是客户个人及家庭发生重要的事件变化，会影响到规划的作用，因此一般需要与客户一起每年或半年对规划进行定期检查，若有需要，再做出相应的调整或者重新修订。

第三节　分析客户财产传承需求

导入案例

杭州姑娘遇难题：父母去世后自己无法过户继承房产

杭州姑娘小丽的父母先后过世，在杭州留下一套127平方米、价值约300万元的房子，此房产一直登记在小丽父亲名下。因小丽的女儿快上幼儿园了，父母留下的这套房产学区较好，就想把该房产过户到自己名下，再把自己和女儿户口迁到房子里去。小丽拿着房产证和父母死亡证明去过户时，房管局说仅凭这些材料没法办过户手续，需小丽提供公证处出具的继承公证书，或法院的判决书。小丽去了公证处，公证处要求小丽把她父母的亲戚全部找到，带到公证处才能办公证。

为什么作为独生子女的小丽，没法顺利过户父母留下的房产？有律师从理论上进行分析认为：这套房产是小丽父母的婚内共同财产，父亲去世后，1/2房产归母亲，剩余1/2房产属于父亲遗产,由母亲、小丽和奶奶(爷爷先于父亲去世)三人平分,母亲因此共分得 2/3 房产,小丽和奶奶各分得 1/6 房产。

奶奶过世后,属于奶奶的 1/6 房产由小丽父亲四兄弟姐妹转继承,每人可分得 1/24 房产,因小丽大伯和父亲先于奶奶过世,由晚辈直系血亲代位继承,小丽因此再获 1/24 房产。小丽母亲现在过世,只有她一个继承人(小丽外公外婆早已去世),母亲的财产全由小丽继承,小丽又因此获 2/3 房产。综上,小丽一共获得 1/6+1/24+2/3=7/8 的房产。

这个案例中,小丽作为独生女,竟然没有获得 100%的父母房产,这也是网帖被热议背后的一个主要原因。律师因此呼吁:"这一切,假如小丽的父母在生前立下遗嘱的话,就不会那么麻烦了。我们中国人总认为立遗嘱不吉利,其实,年迈父母在身体尚健康时如能立个遗嘱,也是给子女省事。"(来源:《杭州日报》。)

问题:该房产到底该如何继承?独生子女是唯一继承人吗?

一、财产传承的相关概念

(一)财产传承规划

财产传承规划是指当事人在其健在的时候通过选择遗产管理工具和制订遗产分配方案,将拥有或控制的各种财产或负债进行安排,确保在自己去世或丧失行为能力时能够实现家庭财产的代际相传或安全让渡等特定目标。

(二)相关概念

在进行财产传承规划的过程中,会遇到一些常见的相关概念,具体如下:

1. 继承

继承是指自然人死亡后,由法律规定的一定范围内的人或遗嘱指定的人依法取得死者遗留的个人合法财产的法律制度。

2. 继承权

继承权是指自然人依法取得死者个人所遗留的合法财产的权利,即继承人依照法律的直接规定或者被继承人所立的合法遗嘱享有的继承被继承人遗产的权利就是继承权。生前享有财产因死亡而转移给他人的死者为被继承人;依照法律规定或者被继承人的合法遗嘱承接被继承人遗产的人为继承人。

3. 遗产

遗产是指被继承人死亡时遗留下来的个人合法财产。其主要的构成要件有:

(1) 遗产必须是财产(包括消极财产即债务),不能是人身权及身份等;

(2) 遗产必须是死者生前所有的合法财产,包括所有权、债权、知识产权及股权等各种财产权利;

(3) 遗产必须是非专属于死者的财产,有些财产不具有可转让性,因此不得继承,如养老保险金请求权;

(4) 遗产的形态不以死者死亡时遗留下的状态为限,若从死者遗留下的财产衍生出的财产或替代财产均为遗产。

4. 法定继承

法定继承是指继承人范围、继承顺序、遗产分配原则等,均按法律规定进行的继承方式。

5. 代位继承

代位继承是指被继承人的子女先于被继承人死亡的,死亡的子女的晚辈直系血亲代位继承被继承人遗产的制度。

6. 转继承

转继承是指被继承人死亡后遗产分割前继承人又死亡的,由该死亡之继承人的继承人继承其应当继承的份额的法律制度。

二、财产传承的顺序

(一) 一般情况

根据我国《民法典》第一千一百二十七条规定,遗产按照下列顺序继承:

1. 第一顺序法定继承人

(1) 配偶:即有合法婚姻关系的夫或者妻,已经离婚的或者尚未结婚的不是配偶,不享有继承权。

(2) 子女:包括婚生子女、非婚生子女、养子女和相互之间形成抚养关系的继子女。其中,养子女与其亲生父母相互之间由于没有法律关系所以不具有继承权;继子女与其继父母之间由于形成抚养关系而相互具有继承权的,不影响与其亲生父母之间的继承权,即继子女享有对其亲生父母与继父母的双重继承权。

(3) 父母:与子女相对应。

(4) 丧偶儿媳对公、婆,丧偶女婿对岳父母尽了主要赡养义务的,作为第一顺序继承人。我国《民法典》第一千一百二十九条还规定:"丧偶儿媳对公、婆,丧偶女婿对岳父、岳母,尽了主要赡养义务的,作为第一顺序继承人。"在遗产继承中,被继承人立有遗嘱将其个人财产指定由法定继承人的一人或者数人继承,或者在遗嘱中明确将其个人财产赠给国家、集体或者法定继承人以外的人的,应遵照该遗嘱执行。

2. 第二顺序法定继承人

(1) 兄弟姐妹:兄弟姐妹包括同父母的兄弟姐妹、同父异母或者同母异父的兄弟姐妹、养兄弟姐妹、有扶养关系的继兄弟姐妹。

(2) 祖父母、外祖父母:即父亲的父母与母亲的父母。需要注意的是,孙子女与外孙子女不是祖父母与外祖父母的第二顺序继承人,他们只能通过代位继承取得其祖父母或者外祖父母的遗产。

3. 法定继承顺序的意义

(1) 有第一顺序继承人的,第二顺序继承人不得继承;没有第一顺序继承人或者第一顺序继承人均丧失了继承权或者放弃了继承权的,第二顺序继承人继承。

(2) 同一顺序继承人之间继承权平等,除了例外情形均平等地分配遗产。

(二) 特殊情况

根据《民法典》第一千一百五十四条之规定,立有遗嘱的遗产继承中,有下列情形之一

的,遗产中的有关部分按照法定继承办理:

(1) 遗嘱继承人放弃继承或者受遗赠人放弃受遗赠的。
(2) 遗嘱继承人丧失继承权的。
(3) 遗嘱继承人、受遗赠人先于遗嘱人死亡的。
(4) 遗嘱无效部分所涉及的遗产。
(5) 遗嘱未处分的遗产。

三、财产传承的分配

(一) 同一顺序的各继承人均等分配遗产

根据我国《民法典》第一千一百三十条规定:同一顺序的法定继承人在继承遗产时,一般情况下,应当按继承人的人数均等分数额。

(二) 同一顺序各继承人不均等分配遗产

特殊情况下同一顺序各继承人可不均等分配遗产,这些特殊情况是指:

(1) 对生活有特殊困难和缺乏劳动能力的继承人,在分配遗产时应当予以照顾,可以多分。
(2) 对被继承人尽了主要赡养或扶养义务或者与被继承人共同生活的继承人,在分配遗产时可以多分。
(3) 有扶养能力和扶养条件的继承人,不尽扶养义务的,分配遗产时,应当不分或者少分。
(4) 经继承人之间协商同意的,也可以不均等分配。

(三) 法定继承人以外之人分得遗产

(1) 依靠被继承人抚养的缺乏劳动能力又没有生活来源的人。
(2) 对被继承人扶养较多的人。例如,养子女对其亲生父母若尽了主要赡养义务的,可以依据这一规定适当分得其亲生父母的遗产。

四、财产传承的作用

财产传承是个人财务规划中不可缺少的一部分,可以进行风险隔离和减少损失。它将个人财产从自己转移给他人,主要是家庭成员,从而实现个人为其家庭所确定的目标而进行的一种合理的财产安排。随着社会的不断进步与发展,财产传承发挥的作用也将愈加明显。其主要作用有:首先,专业的财产传承规划能够比较顺利地将财产传承给希望的继承人,避免家庭成员间的纠纷,确保客户财产按照自己的意愿进行分配;其次,通过进行财产传承规划,以尽可能少的成本将财产传承下去,避免损耗,合理的规划可以减少遗产转移过程中的相关费用支出,从而减少不必要的支出,如遗产税、继承税等;最后,尽量降低遗产的处理成本,包括法律费用和财务费用的相关花销。因此,有效的财产传承规划可以更好地满足客户的各项需求,具体的方案制作过程,将在下一节进行介绍。

第四节 制订财产传承规划方案

导入案例

苏大强的遗嘱有法律效力吗？怎样做才能和谐传承财产？

前段时间，引发热议的电视剧《都挺好》虽已落幕，但"作"了几十集的苏大强最终还是为儿女着想，考虑起家产分配之事。他将儿女们召集到一起，宣布三个儿女各自分得的遗产数额，这一幕看哭无数观众。然而在现实中，苏大强的这份遗嘱有没有法律效力？

"电视剧中的苏大强当时已患有阿尔兹海默症，不能判定是否具有民事行为能力。"江苏新高的律师事务所婚姻家事团队负责人律师如是说，她也举了现实中的其他案例。

这几年，独生子女父母成为遗嘱订立的主力群体。过去市民立遗嘱多是为了防范因为子女多而出现财产纠纷，如今独生子女家庭立遗嘱则是为了防止家庭财产损失。于是，有人心存疑虑：自己的房产和存款，难道不是独子独女的？

"很有可能不全是。"律师说道，并举例：李先生是独生子，李先生的父亲于2014年去世，李父在世时与李母共有一套房产。2016年初，李母也去世。李先生欲将父母生前房产过户到自己名下。应房产局要求，李先生到公证处领取继承权公证书，公证处要求所有继承人到场。李父去世时，李先生的奶奶还在世，属于第一顺序继承人之一。李先生奶奶去世后，这部分遗产发生了继承，李先生奶奶共有四个子女（包括李父），加上李父李母，共五位继承人。同时，李先生还要提供自己外公外婆先于李母去世的证明。因李父的兄弟不配合到公证处办理继承权公证书，李先生只能向法院起诉。最终法院判决房产的八分之七归李先生，八分之一归李父的三位兄弟和姐姐所有。该房产价值300万元，最终李先生折价375000元给了李父的三位兄弟和姐姐。

因此，律师提醒说：早做打算，才能少些麻烦。独生子女继承父母遗产，并不那么容易。没有遗嘱指定，就得走法定继承。《继承法》第十条规定：遗产继承第一顺序是配偶、子女、父母；第二顺序是兄弟姐妹、祖父母、外祖父母。法定继承过程手续繁琐，需要证明"你妈是你妈"，还有可能财富外流，出现无关继承人。

尤其是近十年来房价飙升，使得房产成为遗产继承中的"大头"，在生活中想顺利继承房产完成过户手续并不便捷，房屋登记机关往往要求以继承公证或法院判决作为证明材料才给予过户。继承人要么负担一笔公证费用，要么诉至法院打官司，否则无法顺利继承房产。事实上，即便是最权威的继承权公证也遇到不少现实尴尬。有一家母亲去世了，儿女在有遗嘱的情况下去做继承公证。按公证处要求，儿女要提供很多证明：母亲去世后父亲没有再婚证明，父亲履历里儿女名字有错要证明，爷爷奶奶去世要证明。遇到父母更名、子女更名，房产地址变化等问题都得证明。如果这个家庭背景很复杂，公证处会拒绝公证。

近几年,能让财产按照自己的意愿传承的遗嘱传承形式,开始进入公众视野。订立遗嘱的社会需求快速增长,遗产继承规范化、法律化成为大势所趋。

据江苏和谐继承服务中心主任介绍,他们从2016年成立至今已订立超过万份遗嘱。数据显示,98%的人订立遗嘱是为了传承房产等不动产。除了高级知识分子外,资产高净值人群的遗嘱订立需求也在逐步增加。立遗嘱已不再是老年人的"专利",办理遗嘱的年轻化趋势愈加明显。目前该中心最年轻的遗嘱订立者是一位90后,才25岁;而南京市公证机构最小的公证遗嘱人刚刚19周岁。

事后的诉讼补救远远不如事前的未雨绸缪,每一个家庭都应该有一套周全的传承安排。遗嘱形式有很多,公证遗嘱、自书遗嘱、代书遗嘱、录音录像遗嘱、口头遗嘱等。家庭财产不仅仅是房产,还可能是金钱、股权、债权、收藏品等。如何传承给子女,不能一概而论。律师建议,应结合实际情况,咨询专业人士,确保顺利和谐地完成家庭财产的传承。(来源:新华报业网)

总体而言,财产传承规划是针对客户具体的家庭及个人财产状况进行分析,制订有效的财产传承方案,合理选择避险工具,进行有针对性的风险规避安排,消除风险带给个人及家庭的不利影响,最大限度地满足客户财产传承需求。

一、财产传承规划的制订原则

(1) 保证财产传承规划的可变通性。制订财产传承规划的主要目的是使客户在其去世或丧失行为能力后,确保其财产有适当的安排。因此,为客户制订财产传承规划的具体生效执行日期无法确定。在此过程中,客户的财产数额、价值取向、投资偏好以及财务状况等都可能随时发生变化,继而其财产传承规划也要随之变动,因此财产传承规划的最大特点是可变通性。

(2) 减少遗产纳税金额。大多数客户都希望能够尽可能留下较多的遗产。然而,在遗产税很高的国家,往往要支付较高的遗产税。遗产税不同于其他税种,受益人要在将全部遗产登记并计算和缴纳税金以后才可以处置财产,因此受益人必须先筹第一笔现金,把税款交清才可获得遗产。所以减少税收支出也是财产传承规划中重要原则之一。

二、财产传承规划目标

财产传承规划主要目标是帮助客户在其去世或丧失行为能力后分配和安排其资产和债务。首先要考虑其直接债务的偿还,其次要包括客户的长期责任,主要包括:

(1) 为受赠(扶)养人留下足够的生活资源。
(2) 为有特殊需要的受益人提供遗产保障。
(3) 家庭特殊资产的继承。
(4) 其他需要(保证家庭和睦、遗产代代相传等)。

三、财产传承规划工具

(一) 遗嘱

1. 概念

遗嘱是立遗嘱人生前对其财产所作的处分或对其他身后事务所作的安排,并在死亡时发生效力的单方民事法律行为;遗嘱继承是指由被继承人生前所立的遗嘱来指定继承人及其继承的遗产种类、数额的继承方式。

2. 特征

(1) 遗嘱是单方民事法律行为,因此要求遗嘱人的行为能力、意思表示的真实性和内容的合法性等;

(2) 遗嘱是死因行为即只有在立遗嘱人死亡时才发生法律效力,因此在遗嘱生效前,立遗嘱人可以随时修改和撤销其遗嘱;

(3) 遗嘱必须采取法律规定的五种形式之一,并且形式必须符合法律规定的条件,否则无效。

3. 遗嘱的有效要件分为实质要件与形式要件

(1) 实质要件包括:① 遗嘱人有遗嘱能力;② 遗嘱是遗嘱人的真实意思表示;③ 遗嘱的内容合法,不得违背社会公共利益和社会公德;④ 遗嘱不能取消缺乏劳动能力又没有生活来源的继承人的继承权;⑤ 遗嘱中所处分的财产须为遗嘱人的个人财产。

(2) 形式要件遗嘱应当采取公证遗嘱、自书遗嘱、代书遗嘱、录音遗嘱、口头遗嘱五种形式之一。应当注意以下三点:① 代书遗嘱、录音遗嘱、口头遗嘱须有两个以上见证人在场见证。② 在这五种形式中,公证遗嘱的效力最强,若其他遗嘱的内容和公证遗嘱的内容冲突,无论公证遗嘱订立的时间先后均优先适用公证遗嘱。③ 口头遗嘱只能在情况紧急来不及订立其他遗嘱时才能使用,并且紧急情况解除后应当采取其他形式订立遗嘱,否则口头遗嘱无效。

4. 遗嘱的变更和撤销

(1) 遗嘱人立有数份遗嘱的且内容相互抵触的,以最后所立的公证遗嘱为准,推定后立遗嘱变更或撤销前立的遗嘱,但公证遗嘱的变更和撤销须以公证遗嘱的方式进行方有效;

(2) 遗嘱人生前的行为与遗嘱的意思表示相反,而使遗嘱处分的财产在继承开始前灭失、部分灭失,或所有权移转、部分移转的,遗嘱视为被撤销或部分被撤销;

(3) 遗嘱人销毁遗嘱文书,推定遗嘱人撤销遗嘱,但经过公证的遗嘱除外。

5. 遗嘱的执行

遗嘱的执行主要包含:① 确定遗嘱执行人(遗嘱指定的执行人有权拒绝);② 遗嘱执行人查明遗嘱是否合法真实;③ 清理遗产;④ 管理遗产;⑤ 按照遗嘱内容执行遗赠和将遗产最终转移给遗嘱继承人。

6. 遗嘱的形式

(1) 公证遗嘱:必须采用书面形式;亲笔书写的要签名或盖章,公证员代书的由公证人员和遗嘱人共同签名盖章,并注明年月日;要出具遗嘱公证证明书;公证遗嘱优先于其他遗嘱,其撤销只能还用公证遗嘱。

(2) 自书遗嘱:必须亲笔书写全部内容,并签名注明年月日,不能代书或打印。

(3) 代书遗嘱:遗嘱人口授由他人代写;须有两个以上见证人在场见证(可包括代书人);代书人、其他见证人和遗嘱人须签名并注明年月日(不能作为见证人的:无行为能力人和限制行为能力人;继承人和受遗赠人;与继承人和受遗赠人有利害关系的人)。

(4) 录音遗嘱:必须是遗嘱人口述遗嘱内容;须两个以上见证人见证且见证证明录制在遗嘱音像磁带上;封存磁带并由见证人共同签名并注明年月日。

(5) 口头遗嘱:必须在危机情况下,危机解除后有能力以其他形式立遗嘱则口头遗嘱失效;须有两个以上见证人见证。

由此可见,设立遗嘱是法律对公民财产所有权予以全面保护的最佳体现。它有利于财产传承的有效开展;有利于发挥家庭养老育幼的功能;有利于发展社会福利事业;有利于减少和预防纠纷。但是,在运用过程中,也需要防范一些风险,如:遗嘱的效力风险与设立遗嘱执行人的风险。

(二) 遗嘱信托

1. 概念

遗嘱信托是指委托人预先以订立遗嘱的方式,将财产的规划内容,包括设立信托后的管理、分配、运用及给付等,详订于遗嘱中。等到遗嘱生效时,再将信托财产转移给受托人。由受托人依据信托的内容管理处分信托财产。

2. 种类

(1) 执行遗嘱信托:是指由受托人作为遗嘱执行人,按照遗嘱人的遗嘱,处理有关事项并负责分配遗产的业务。它是为了实现遗嘱人的意志而进行的信托。

(2) 管理遗产信托:指信托机构作为受托人对遗嘱人的遗产进行管理。此类信托的形式主要是由于遗产继承问题引起的。

3. 生效

以遗嘱对财产设立信托,遗嘱生效时再将财产转移给受托人,遗嘱信托合同才生效。

4. 适用范围

遗嘱信托的适用范围主要有:名下有可观的财产;有些继承人属于有身心障碍或没有能力处理管理财产;想立遗嘱却不知如何规划;对遗产管理及配置有专业需求的人。

5. 处理程序

遗嘱信托处理具体的程序为:设立个人遗嘱;确立遗嘱信托;编制财产目录;安排预算计划;结清税捐款项;确定投资政策;编制会计账目;进行财产的分配。

(三) 人寿保险信托

1. 概念

人寿保险信托是委托人基于人寿保险中受领保险金的权利或保险金,以人寿保险金债权或人寿保险金作为信托财产设立信托,指定受托人依据信托合同所规定,为受益人管理运用交付或直接交付保险金。

2. 适用形式

(1) 以信托财产支付保险费,但保险金不成立信托财产。在这种方式下,投保人把足以产生支付给保险公司保险费的财产,转移给受托人成立信托,然后再由受托人依照投保人的意思,按期缴纳保险费给保险公司。

(2) 以保险金作为信托财产,但保险费要由投保人另付。

(3) 保险费由信托财产支出,而且保险金成立信托财产。

3. 功能

人寿保险信托的主要优势在于,它同时具备了保险和信托的双重功能。首先是具有储蓄与投资理财的双重功效。受托人专业理财的能力,往往成为受益人能否享受到合法权益的关键所在。而以被保险人死亡为保险事故的人寿保险,大部分都具有储蓄功能,因而将人寿保险与信托相结合,可以达到储蓄与投资理财的双重功效。其次是人寿保险信托具有免税功能。因此,将人寿保险与信托相结合,对于客户来说是十分有吸引力的一项工具选择。

四、影响财产传承规划的因素

与财产分配规划相似,在财产传承规划过程中,有很多事件会影响到规划调整或重新修订。其中,主要常见的因素有以下几种:

(一) 子女的出生或死亡

由于子女的出生或死亡,家庭的成员关系、家庭财务也会因此相应产生变化。其中,子女出生又分为:

(1) 子女未出生时则要注意到法律关于胎儿必留份额的规定,即遗产分割时应当保留胎儿的继承份额。如果应当为胎儿保留遗产份额却没有保留,应从继承人所继承的遗产中扣回。为胎儿保留的遗产份额,如胎儿出生后死亡的,由其继承人继承;如胎儿出生时就是死体的,由被继承人的法定继承人继承。

(2) 子女已经出生则要考虑到子女为法定第一顺序继承人,被继承人就要在继承人数和继承财产份额上有所调整。当然,对于子女的财产继承份额,客户也可以通过遗嘱或者遗嘱信托进行符合自己意愿的安排。如果客户不能或者不愿意为子女安排继承份额时,理财规划师要提醒客户法律有"遗嘱应当对缺乏劳动能力或没有生活来源的继承人保留必要的遗产份额"的规定。这是我国法律对遗产自由进行的限制,目的在于防止遗嘱人滥用遗嘱自由、稳定家庭关系、保障缺乏劳动能力,又没有生活来源的继承人的合法权益,防止遗嘱自由的绝对化。同时也可以减轻国家的负担,防止被继承人将个人对家庭成员的抚养、扶助责任转给社会。

(二) 配偶或其他继承人的死亡

配偶或者其他继承人的死亡,有可能导致客户的财产状况或者数额发生重大的变化。因此如果配偶去世,家庭中属于配偶的那部分财产就要按法律的规定或者配偶的遗嘱确定的方式进行分配,那么客户的财产传承规划中与配偶共有部分财产状况可能就要发生变化,比如共有房子,属于配偶的那部分要通过适当的遗产分割方式在继承人之间进行分配,那么就会引起客户财产状况的变动。不过配偶的死亡通常会引起客户财产总额的增加,毕竟客户本身也是其配偶的法定第一顺序继承人。同样,作为客户的其他继承人的死亡,也会对客户的财产数额及状况产生影响。当然,对于客户的财产传承规划来讲,变动最大的还是客户遗嘱中的继承人和所设立信托中的受益人的调整。

(三)本人或亲友身患重病

本人或者亲友身患重病,客户会有大笔医疗费用的支出,可能会导致财产传承规划中资产中的种类和数额出现减少,或者一些事项的变动。比如存款的减少,一些可即时变现金的资产的变化,或者引起一些保险事项的变化,比如一些健康险的赔付等。

(四)家庭成员成年

家庭成员成年,通常是客户的子女成年,如果参加工作了,客户的经济负担就会有所减轻,以前的费用支出就会相对缩减,财产传承规划就要适当调整。

(五)遗产继承

客户作为继承人接受遗产当然会引起财产变化,具体财产形态视继承财产形态而定,比如房产、存款等。

(六)结婚或离异

结婚或者离异会导致客户家庭财产的形成或者分配,对于结婚的客户,会有费用支出的增加,也会有财产种类和规模的扩大,比如购置房屋、家电等家庭生活必备的大件财产。而离婚的客户可能面对家庭财产的分割等问题。这些都会导致客户自身财产的变化。

(七)财富的变化

财产直接增加、减少,都是财富的变化。遗嘱中的债务是影响遗产变化的常见因素,被继承人的债务具有以下特征:① 被继承人的债务是其生前所欠债务。被继承人死亡后的殡葬费用不属于被继承人的债务,而是其继承人的债务,因此继承人有殡葬被继承人的义务。② 被继承人的债务是用于被继承人个人需要所欠债务,也就是说用来满足被继承人某种特殊需要而欠下的债务,属于个人债务,应用被继承人个人财产偿还。以被继承人的名义所欠的,用于家庭生活需要所欠的债务,属于家庭共同债务,应用家庭共有财产偿还。因继承人不尽抚养、扶养、赡养义务,被继承人迫于生活需要所欠的债务属于有抚养义务人的个人债务。换言之,因继承人能尽而不尽扶养义务所欠的债务,即使遗产不足清偿,继承人仍应负清债责任。继承开始后,处理继承事务所发生的与继承有关的费用,如遗产管理费用、遗产分割费用等,属于在遗产分割前遗产本身的消耗花费,可直接从遗产中扣除。根据权利义务相一致的原则,继承人接受继承,应当承担被继承人的财产权利和义务,不能只继承财产权利而不继承义务。

(八)房地产的出售

客户固定资产房地产的出售,是客户对其财产的处分,也是对其现有财产形式的改变,通常会引起财产总值的增加或者是不同财产种类的调整,体现在财产传承规划中,比如现金流的增加等。

(九)有关税制和遗产法的变化

国际上采用的对财产传承规划影响较大的税种主要是遗产税和赠与税,但我国目前还没有开征这两种税种,所以财产传承规划中不必设计有关规避遗产税收和赠与税的内容。

五、财产传承规划的制订流程

财产传承规划的流程与财产分配大致相似,主要包括:审核相关材料、计算及评估财产传承的数额、确定财产传承规划的目标、分析财产传承规划的工具、制订财产传承的具体方案,以及定期检查和调整方案等几个方面。

(一)审核相关材料

在收到客户的财产传承需求后,对其提交来的相关材料进行认证审核,为后续规划的制订做好准备。

(二)计算及评估财产传承的数额

财产传承规划的基础步骤是要了解客户的财产传承情况,计算一下拥有资产的具体数额,以便于在后续的传承过程中更加公平与公正。在计算的过程中,可以通过编制个人资产负债表,填报相关具体数额,明确资产、负债和净资产。在完成计算后,对财产进行细致的评估分类。在此过程中,有两点需要格外注意的是:第一,只计算个人合法财产去进行继承,因此需要区分夫妻共有财产和个人财产;第二,继承中的"父债子还"说法一般不成立,只有资产减去负债后的净资产才有可能成为遗产。

(三)确定财产传承规划的目标

在进行传承规划的过程中,有很多问题需要去考虑,比如:有多少遗产可以去传承?哪些人可以成为遗产的继承人?选择继承人并计算每个人能够获得多少遗产?如果情况发生变化该如何调整方案等问题。因此,可以按照以下问题为确定目标的主要标准,进而完成规划的制订。问题如下:

(1)需考虑《民法典》的相关规定,如法定继承人有哪些。
(2)继承顺序如何规定、遗产分配规则怎样等。
(3)除了法定继承人以外,需考虑与亲朋好友的关系,想一想那些需要你提供生活来源的亲人和继承人有什么需求。
(4)有哪些特殊的情况需要考虑?

(四)分析财产传承规划的工具

财产传承规划工具主要包括遗嘱、遗嘱信托、人寿保险信托等。因此需要根据客户的不同情况及需求,分析每一种工具的特点,选择最适合的工具进行规划。

(五)制订财产传承的具体方案

根据客户需求,尽可能地制订一个全面的、多维度的、具体的方案,同时保证尽少地缴纳遗产税以及遗产处理成本,控制各项开支,选择合适的工具,达成方案的规划目标。

（六）及时检查和调整方案

财产传承规划会根据客户的实际情况及需求变化而修正。因此,为保证规划的灵活、有效,对财产传承规划方案进行定期的检查是十分有必要的。尤其需要关注客户及其家人发生重大变化,会影响到规划的实践结果的重要事件。因此,保持与客户的联系,及时对规划进行检查,若有需要,再做出相应的方案调整,以满足客户的最新需求,提供良好的后续服务。

本 章 小 结

◆内容摘要

财产分配规划是指为了将家庭财产在家庭成员之间进行合理的分配而制订的财务规划。

传承规划是指当事人在其健在的时候通过选择遗产管理工具和制订遗产分配方案,将拥有或控制的各种资产或负债进行安排,确保在自己去世或丧失行为能力时能够实现家庭财产的代际相传或安全让渡等特定目标。

抚养通常是指父母对子女在经济上的供养和生活上的照料,包括负担子女的生活费、教育费、医疗费。

赡养主要指子女在经济上为父母提供必需的生活用品和费用,在日常生活上给予照顾,在精神上予以关怀,在父母不能自理、患病时予以看护。

夫妻债务指在婚姻关系存续期间,夫妻双方或一方为维持共同生活的需要,或出于为共同生活目的从事经营活动所引起的债务。

遗产信托指当事人通过它指定自己或他人来管理自己的部分或全部遗产,从而实现各种与财产传承规划有关的目标。

制订财产分配规划的步骤:计算和评估客户的财产价值;确定财产分配的规划目标;制订财产分配与传承规划方案;定期检查和修改。

财产传承规划工具:遗嘱;遗嘱信托;人寿保险信托。

影响财产传承规划的因素:子女的出生或死亡、配偶或其他继承人的死亡、本人或亲友身患重病、家庭成员成年、遗产继承、结婚或离异、财富的变化、房地产的出售、有关税制和遗产法的变化。

◆关键词

财产分配规划　财产传承规划　财产继承的顺序　法定继承　遗嘱继承　共同财产　人寿保险信托　婚前财产约定公证

◆思考题

1. 什么是传承规划?
2. 简述财产分配和传承规划的意义。
3. 简述财产分配和传承规划的步骤。
4. 结合实际,谈谈个人及家庭在现实生活中可能遭遇的风险有哪些。
5. 婚姻成立的条件是什么?

6. 哪些是影响财产传承规划的因素？
7. 制订财产分配规划的步骤是什么？

 思考案例

养子是否可以继承两份财产？

现实生活中，许多子女对于父母房产继承权这个事情存在着很多疑问，特别是养子女：能否继承养父母的房产？还能不能继承生父母的房产？下面通过以下案例来了解一下：

张某和刘某是堂兄弟，二人一直关系较好。张某与妻子结婚多年一直未育，而堂弟刘某先天残疾，妻子早逝，只能靠着微薄的收入抚养两个儿子，日子十分艰难。张某夫妇因为膝下无儿女，便主动提出收养堂弟刘某一个孩子，刘某也觉得自己没有能力同时抚养两个孩子，孩子跟着堂哥会生活得更好一些，便同意将小儿子小明（4岁）过继给张某夫妇作养子抚养，双方也都到民政部门办理了相关的收养手续。此后，小明便同张某夫妇共同生活。2011年，张某和妻子离婚。因为张某经常忙于生意应酬，无暇照顾孩子，刘小明便跟随养母一起生活。2017年，养父张某车祸去世，留有一套房产，养母认为应由小明来继承，却遭到张某姐姐的反对，她认为张某早已离婚，小明跟着养母一起生活，无权继承其房产。次年3月生父刘某因病去世，留下一套房子，小明认为自己是刘某的亲生儿子，有权与亲哥哥一起依法继承该处房产，但哥哥认为，小明从小被收养，无权再继承亲生父母的该处房产。那么，小明是否有权继承该处房产呢？

根据《民法典》第一千一百二十七条规定，养父母与养子女有相互继承财产的权利，他们互为第一顺序的法定继承人，所以养子女对于养父母的财产享有继承权。本案中，小明作为养子可以继承养父张某的房产。但根据收养法规定"自收养关系成立之日起，养子女与生父母的权利义务关系，因收养关系的成立而消除"。因此，小明不再享有对生父刘某房产的继承权。

请结合《民法典》相关规定，思考：① 养子女对生父母房产是否享有继承权？② 养子女对于养父母的财产是否有继承权？③ 养父母离异后，养子女对养父母的财产是否还有继承权？

 应用训练

2019年马先生因病去世，家中有房屋两套，市价约值120万元，汽车一辆，市值约12万元。马先生住院期间欠医院治疗费4万元。马先生的爱人刘女士因为身体不好，2017年从单位办理了病退手续，一直在家养病。马先生夫妇有两个儿子，均已成家。在料理完马先生的丧事后，二儿子出示了一份父亲的遗嘱，遗嘱中将一套房屋给刘女士，另一套房屋由他继承，汽车留给大儿子。遗嘱由马先生的妻子代书，上面有马先生的签字，二儿子及医院护士小赵作为见证人在遗嘱上面签名。大儿子认为遗嘱系伪造，于是向法院起诉，要求确认遗嘱无效。经过法院查证，遗嘱上的签字确实是马先生本人。根据该案例内容，为马先生制订其财产分配与传承规划方案。

1. 实训目的：

通过本次实训,使学生能够为客户提供制订财产分配与传承规划的方案。

2. 实训内容:

制订财产分配与传承规划的方案。

3. 实训要求:

(1) 认真分析给定的案例材料。

(2) 掌握制订财产分配与传承规划的规则及要点。

4. 实训过程设计:

(1) 关联知识学习。学生认真阅读和回顾相关知识。

(2) 学生思考。学生分组,根据所学知识,分析财产分配与传承规划的要求。

(3) 学生汇报。以小组为单位,阐述小组观点。

(4) 总结反馈。进行总结,反思不足。

第十二章　综合理财规划方案编写

- 熟悉综合理财规划方案的构成要素
- 掌握如何确定撰写综合理财规划建议书
- 通过学习案例的分析理解综合理财规划方案的核心要领
- 掌握如何实施与调整投资理财规划方案

张先生,40岁,妻子40岁,儿子小张15岁,初中刚毕业,与父母同住某市。张先生在外资企业上班,目前月收入10000元,太太在某商业保险公司工作,月收入5000元,每月除基本生活支出2000元外,张先生夫妇还要给父母提供生活费1000元,夫妻每月另有交际相关的杂项开支费用1000元,以及每年年度旅游支出5000元,由于还有购车贷款余额本利合计60000元未清偿,每年固定偿还10000元(利率12%,尚有6期),现拥有股票型开放式基金50000元,定期存款25000元(利率4%),活期存款5000元(利率0.72%),商业保险方面,太太刚刚投保额度30万元的保险型寿险,年保费2400元(月扣200元),张先生则尚未进行个人保险规划。张先生想要进行投资理财规划。

第一节　综合理财规划书的基本知识

一、综合理财规划的含义与特点

(一)综合理财规划的含义

理财规划是指利用科学方法和具体程序为客户制订切实可行的消费支出规划、现金规划、教育规划、风险管理和保险规划、税收筹划、投资规划、退休计划、财产分配和继承规划,以及某些方面或全面的综合性方案,使客户的生活质量得到不断提高,最终实现终生财务安全、自主和自由的过程。理财规划是个人理财服务中的核心环节,将财务分析、投资建议等服务结合其中,是理财顾问服务的一种基本体现。

(二)综合理财规划服务特点

在提供理财规划服务中,金融理财机构和理财规划师仅提供建议及对策,并不涉及客户财务资源的具体操作,最终由客户决定。若客户接受该提议并实施该提议,则由此产生的所有收益或风险应由客户拥有或承担。

财务规划服务是一项由专业人员提供的专业服务,要求从业人员具备扎实的金融财务知识,清晰了解相关金融市场及其交易机制,准确衡量和分析相关金融产品的风险性和收益性。理财规划服务涉及的内容非常广泛,要求能够兼顾客户财务的各个方面,寻求的是和客户建立一个长期的关系,而不是只追求短期的收益。

二、设计综合理财规划方案流程

《理财规划师执业操作准则》所规定的个人理财规划执业操作流程包括六个步骤:第一步,与客户签订理财服务合同,明确双方的契约关系;第二步,询问、收集并整理客户相关信息资料;第三步,深入分析并评估客户目前财务状况;第四步,制订并向客户提交个人理财规划方案;第五步,实施个人理财规划方案;第六步,调整个人理财规划方案。

(一)建立与客户的关系

1. 与客户交谈与沟通

与客户建立关系的方式多样,通常可以通过电话、互联网、书面交流、面对面交谈等。在这些方式中,与潜在客户进行会谈和沟通是理财规划师建立客户关系最重要、最常见的方式。理财规划师与客户会面的目的通常是为了掌握客户的基本信息,具体的理财目标,都有哪些投资偏好和其他相关重要信息,并寻求与客户建立关系的可能性。与客户初次见面,理财规划师应当作好以下准备:

(1)明确与客户谈话的目的,确定谈话的内容。
(2)准备好所有关于客户评价的背景材料。
(3)选择合适的见面时间和地点。
(4)确认客户的财务决定权是否自己能决定,是否清楚自身的财务状况。
(5)通知客户需要携带的相关个人材料。

理财规划师与客户会面后,应注意为客户创造一个良好的谈话氛围,并给客户提供较多发表意见的机会,让客户切身感受到理财规划师是真正关心自己,站在自己的立场看待问题,而不是推销产品或收取佣金。

2. 建立与客户之间的信任关系

在初步建立与客户间的业务关系后继而面对的就是如何进一步加强与客户间的相互信任。互信是理财规划师开展后续工作的基石,能否确立双方的互信关系将关系到理财过程中资料数据的收集、理财方案的落实、执行及反馈等一系列工作。理财规划师与客户之间的信任关系基于满足客户理财需求、个人服务、提高公司产品或服务信誉这三个基本需求基础。满足客户理财需求是理财规划师与客户互动的基本层面,是理财规划师必须经历的第一道关口。

3. 确定与客户的关系

（1）理财规划师与客户共同确定服务范围。

（2）确定理财规划师和客户的职责。理财规划师的职责主要有：收集、分析和评估客户提供的所有财务信息；通过沟通尽可能了解客户的实际想法和期望，根据客户目标，调整客户预期；为客户准备书面理财规划方案，使其与样本理财规划书的结构保持一致；依据承诺条款为客户提供持续的财务管理服务；在提供上述服务的过程中，应当遵守职业道德准则与执业操作准则。

（3）签订理财服务合同。在与客户对话和沟通后，理财规划师明确了客户的真正理财需求，并与客户建立了信任机制，客户打算委托该理财规划师所在的金融机构帮助其进行财务规划设计，这时双方即可签订理财规划服务合同。

（二）收集客户信息

1. 客户财务信息的收集和整理

客户的财务信息是指客户当前的收支状况、资产负债状况和其他财务安排及这些信息的未来变化状况。财务信息是理财规划师制订个人理财方案的基础和依据，决定了客户的目标和期望是否合理及完成理财计划的可能性。

（1）客户收入与支出情况。客户收入主要有两方面，即经常性收入和非经常性收入，又可细化为工资、奖金、年金、养老金、佣金、自雇收入、投资收入及其他收入等。客户的收入状况可以通过客户填写收入调查表获得。客户支出主要包括客户经常性支出和非经常性支出。经常性支出主要是指生活中应按时支付的费用，非经常性支出主要是指在客户日常生活中不规律地出现的费用，其数额也没有固定标准。

（2）客户的资产与负债情况。客户的资产由金融资产、实物资产和其他个人资产构成。金融资产可划分为现金和现金等价物以及其他金融资产。实物资产是客户资产的主要组成部分。客户的负债主要是指客户作为债务人的各种贷款负债。

（3）客户保险情况主要由社会保险和商业保险两个部分构成。

2. 客户非财务信息的收集和整理

非财务信息主要涉及客户的社会地位、投资偏好、年龄、健康状况、风险承受能力和价值观等，主要是指除财务信息以外与理财规划有关的信息。非财务信息可以帮助理财规划师进一步了解客户，对个人理财方案的选择和制订有直接影响。

3. 了解客户的期望理财目标

理财目标是指客户希望通过财务规划实现或满足的目标或期望。当客户寻求理财规划师的帮助时，他们通常会有自己的预期目标。当然，合理的财务目标绝不是客户一厢情愿的结果，而是由理财规划师根据客户的财务状况、投资偏好、风险偏好等信息形成的。可以说，理财规划师帮助客户形成合理理财目标是制订相应理财规划方案的关键步骤之一。

（三）财务状况的分析和评估

在制订具体的财务规划之前，财务规划师必须全面深入地了解客户的财务状况。客户财务状况分析包括客户资产负债表、现金流量表和财务比率分析。在财务分析的基础上，理财规划师还应根据以前掌握的客户信息和财务目标预测客户的未来现金流量表。

（四）制订理财规划方案

理财规划师的进一步工作是制订切实可行的理财方案,使客户从目前的财务状况出发实现修正后的目标。理财方案应因人而异,即针对特定客户的财务需要、收入能力、风险承受能力、个性和目标来设计。理财方案应该是明确的,具体到由谁做、何时做、做什么、需要运用哪些资源等,理财方案还必须是合理可行、客户可以接受的。通常理财方案的报告应采取书面形式,必要时插入一些曲线图、图表及其他直观的辅助工具,以便客户易于理解和接受。理财规划师应将一系列理财建议整合后转化为正式的书面理财方案以呈递给客户。理财规划方案需具备一系列基本要素,体现标准化。

三、理财规划建议书的基本要素

（一）客户背景

客户背景是理财规划制订的基础和依据。通常情况下,客户背景由客户根据理财机构或理财规划师提供的提纲,或者一问一答表述,或填写表格。对于客户提供的背景资料,理财规划师不应做任何修改,一定要保持"原汁原味"。对于客户资料提供不全的,理财规划师应要求其进行补充。

在理财规划中,我们之所以要让客户提供的背景资料"原汁原味",是为了维护理财规划师独立的人格,取得理财规划客户认可,并在实施环节减少理财规划师与客户的摩擦。因为,一名恪守职业道德,具有较高业务水准的理财规划师,他做出的理财方案通常一次就能得到客户的认同并实施。而摩擦的发生,常常在于客户提供的背景资料不全、不准。

（二）理财目标

理财需求也是由客户自己提出。在理财规划中,亦应保持"原汁原味",确定客户的投资理财目标。由于投资理财规划可以分为全面投资理财规划和专项投资理财规划两种,因此不同品种的投资理财规划其目标也有所不同。在撰写投资理财规划建议书的过程中,应根据不同类型的投资理财规划制订不同的理财目标。

1. 全面投资理财规划目标

在全面投资理财规划中,由于客户关心的是家庭整体财务状况达到最优水平,因此制订的投资理财目标要包含诸如养老、保险、子女教育、投资、遗产等多方面因素。在这些规划中投资理财目标可以分为几个阶段性目标,通过与客户的充分沟通得出其合理的各阶段分期目标。首先是短期目标,如五年内的目标写明五年内希望实现的财务任务,如购买新房、新车、出国旅游等。接下来是中期目标十年或二十年内希望实现的财务任务,如子女教育规划、双方父母的养老安排、双方自身后续教育规划、旅游安排、家庭固定资产置换规划等。长期目标为20~30年内希望实现的财务任务,如夫妻双方的养老规划,对金融资产及实物资产的投资和出国旅游等。

2. 专项投资理财规划目标

对于专项投资理财规划,由于客户只关心在某一特定方面实现最优,因此只要考虑与该专项投资理财规划相关的因素即可,不要求全面分析。专项投资理财目标应从两方面来制订。首先应制订理财目标,通过与客户的充分交流总结出客户通过专项理财规划所希望实现的规划目标。这些目标应包括足够的意外现金储备,充分的保险保障,双方父母的养老储蓄基金,双方亲友、特殊大型开支的资源储备基金,夫妻双方的未来养老储备基金,子女的教育储备基金等。其次,应制订具体目标包括家庭储备率应达到的比重,各金融产品应达到的比重,保险保障覆盖程度,家庭现金流数量,非工资性收入比重和家庭净资产值等。

另外专项投资理财规划只是独立地进行规划,并没有从整体的角度去考察。因此很可能出现看似每个规划都能实现,都不需要花很多的钱,但将全部专项规划所需费用加总,就发现现有资金有可能不够用。因此必须有所取舍,先实施最重要的,不是必须要实现的规划可以暂时放弃。

3. 理财组合建议

理财组合建议,是整个理财规划的纲领,也是衡量一个理财规划是否科学、合理、具有可操作性的关键所在。可以这么说,理财规划师的专业水准和道德素养如何,都表现在这个上面。同时,对理财规划进行调整和完善,也应在这里进行。

4. 理财组合示意图

理财组合示意图,一般分为两个部分,一部分为流动资产分流比例;一部分为收入分流比例。这两个图,就是要直观地、清清楚楚地告诉客户,你的钱都往哪里走了,这些钱分别占家庭流动资产和收入的比例。

5. 理财建议分析

理财建议分析,通常分为两个部分:一部分为客户财务状况分析;一部分为具体理财项目计划安排的分析,其中还包括一些具体的操作方法。理财建议分析,既可以将客户财务状况分析单列出来,也可将其与具体理财项目的分析放在一起。单列的好处是,比较洋气,比较时髦。放在一起的好处是,有利于客户形成连贯的思维,思考起来顺畅一些,深入一些,容易进入角色一些。从理财规划制订的实践来看,后者的客户认同度高一些。

6. 理财提示

理财规划是一个动态的过程。这是因为,市场和人总是处在一个动态的过程之中。如果我们的理财规划不随着市场和人的变化而变化,那么这样的理财规划就成了"明日黄花",而不起作用。理财提示,就是要明明白白地告诉客户,你的理财规划在什么条件下应予调整。这样做的目的是,让客户和理财规划师都共同关注这件事,以此通过理财规划的调整,真正实现抓住今天的快乐,规避明天的风险,追逐未来生活的更加快乐的理财目标。

四、综合理财规划建议书的撰写要求与内容

(一) 综合理财规划建议书的撰写要求

综合理财规划报告基于对客户的家庭状况、财务状况、理财目标及风险偏好等详尽调查分析的基础上,通过与客户的充分沟通,运用科学的方法,利用财务指标、统计资料、分析核算等多种手段,对客户的财务现状进行描述、分析和评价,并对客户财务规划提出方案和建议。一份完善的理财规划报告应符合三大要求:

1. 可读性强,容易被客户阅读和理解

理财规划报告的阅读对象是客户,如果报告用词过于专业,难以被一般客户理解,就谈

不到后面的执行了。因此,理财规划建议书的表达要亲切友好、结构合理、思路严谨清晰、图表简洁易懂,使客户容易阅读和理解。

2. 合乎客户理财要求和目标

理财规划师和客户进行充分沟通,在了解客户生活目标和财务目标后,理财规划报告中理财目标的表达要有时间和实际金额,明确而有序,要围绕客户的理财目标来展开。客户的理财目标必须运用理财规划的基本理论和技术方法来进行科学的需求分析。这样,才能保证理财规划方案的有效执行,以此实现客户的理财目标。

3. 具有可行性

一份好的理财规划建议书并非纸上谈兵,而应该是以客户需求为导向,理财方案的思路要清晰具体、有操作性,易于监控和执行。

(二)撰写综合理财规划报告书的内容

为客户进行理财规划是理财工作人员的最基本的工作,如何将工作成果展现给客户,是一个完美理财工作的重要环节。一份完整的理财规划书通常有着固定的结构,具体内容则根据不同的家庭,不同的规划而有所不同。理财规划书基本上应包含如下内容:

1. 理财机构声明

在一份理财规划书的开篇,通常由理财机构向客户声明,大多由理财规划师以书信的形式向客户说明,内容多包含双方的理财服务关系的确认、理财规划师的专业胜任资格、保密条款等。这部分内容通常大同小异,不会因客户的改变而变化,属于相对制式的内容。

2. 客户基本情况

理财规划师在了解客户基本情况后,应将零散信息予以总结归纳,在规划书中清晰列出,为下一步规划做好准备。客户的基本情况总结应包括自然情况,具体为家庭成员、年龄、职业、健康状况、赡养义务等;财务情况,常规性的收入支出、房产、投资、债务、已有保险等;基本情况中还需包括客户自己希望通过理财可以达到的生活目标,如购房、购车、安排子女留学等。将以上信息分类总结,也是协助客户理清自己家庭的基本情况。

3. 客户财务分析

这部分内容主要是对已知的财务信息进行分析,为客户进行财务诊断,找出其家庭财务存在的问题,为理财规划提供数据支撑。具体内容在这部分可分作两步,一是制作家庭财务报表;二是进行财务比率分析,得出结论。财务报表包括家庭收支表(也称家庭现金流量表)和资产负债表;财务比率分析中有很多比率可以采用,在具体规划时应选择与客户关联性较强的。常见的财务比率有资产负债率、储蓄比率、应急准备金倍数、财务自由度、流动比率等。通过这些比率分析,列示出客户存在的财务问题。

4. 假设数据

为了便于理财规划师做出数据翔实的理财规划,通常要对规划中应用的比率进行假设。这些假设都是根据国家数据统计而进行的合理预测。常见的预测假设数值包括通货膨胀率、收入增长率、学费成长率、房价成长率、各类投资品的收益率等。在这些合理假设的基础上,才能进行较为准确的预测及规划。

5. 客户风险属性确定

在理财规划中,具体方案的设计与客户本身的风险属性有着很大的关系。客户风险属性的确定方法,即从客户的风险承受能力和风险偏好态度两个方面入手,确认客户的风险类型。在制订规划书时,需要将这部分内容展示给客户,请客户明确自己的风险特征。通常是通过调查问卷的形式请客户作答,在规划书中则是将客户的问卷结果做出总结。

6. 具体理财规划内容

这部分是实际上理财规划书的核心所在,每个理财规划师会有不同的规划内容,都在这部分体现出来。具体的内容与客户的理财目标有关,根据客户的不同,其规划项目也不同,但通常也有一定共性。首先,需要由理财规划师协助客户确定其理财目标,包括客户主动要求的及其尚未意识到但理财规划师认为必要的理财目标。在规划内容中较为常见的有紧急预备金的规划、购房购车的规划、教育养老规划、保险规划、投资规划等。这部分往往篇幅较大,涉及内容较多。

7. 具体产品配置

这部分内容实际上是将具体规划内容进行一个产品上的总结。在上一部分中,已经对每个具体的理财目标给予规划,那么在这里,落实到具体的产品上。将各类投资产品进行总结,方便客户进行操作,一眼可以看出全部资金安排的情况。例如,哪些资金投向货币型产品,投资在哪一款具体货币型产品上;购买哪些保险产品,保额保费具体数值;哪些投资在黄金基金等具体的产品安排。

8. 可行性分析

在对客户家庭目标和财务资源进行安排后,理财规划师需要对全部方案进行可行性分析。较为简单的一种方式是将计划支出资金与当前实际资金水平对比,检测其资金是否可满足按计划操作。更为精确的一种方式是将客户家庭全部资金变动进行生涯模拟,测算实现全部目标的内部报酬率。如果内部报酬率低于或接近于理财规划为客户预估的投资报酬率,则说明客户的理财目标可以实现。

9. 风险提示

在理财规划书的结尾部分,需要理财规划师对客户进行风险提示。这是一个必须的内容,向客户说明理财规划书仅是一个规划,必然存在风险,请客户在进行具体投资前清楚风险的存在。同时,也可在结尾部分,为客户安排定期检视规划执行情况的约定,为将来的继续服务做好铺垫。

10. 附录

在理财规划书中,附录通常是最后一部分,用来说明一些正文部分提到过的,但是篇幅有限的内容。例如:在附录中介绍风险偏好态度的测试问卷,某阶段一类基金收益情况与银行存款利率对比等。附录中的内容并没有固定的要求,只是更好地帮助客户理解理财规划书的内容。

第二节 综合理财规划书的撰写与案例

综合理财规划书是运用科学的方法,利用财务指标、统计资料、分析核算等多种手段,对客户的财务现状进行描述、分析和评议,并对客户财务规划提出方案和建议的书面报告。理财规划建议书的关键在于理财规划方案是否科学合理,因此客户经理应该用90%的精力设计理财规划方案,用10%的精力撰写理财规划建议书。下面以一个案例来说明理财规划建议书的撰写。

客户基本资料:赵小姐,现年23岁,未婚,独自一人在外打工,无男友,现担任某销售公司业务员。税后薪金收入2000元,根据经营业绩每年年终奖金2～4万元。公司按照规定计提四金,住房公积金提缴6%,个人养老金提缴8%,医疗保险金提缴2%,失业保险金提缴1%,住房公积金账户余额1000元,个人养老金账户余额6000元,每月住房公积金个人账户归集280元。现有银行存款10000元,信用卡未付账单3500元,无任何投资,未投任何商业保险。住房月租400元,每月水电费100元,通信费300元,交通费300元,餐饮和购物各1000元,月其他支出500元,花钱随心所欲,持信用卡消费时容易出现购物冲动,花一些自己后悔的冤枉钱,故经常提前将工资花完。有3年后结婚、购房、装修的规划。相关的理财规划书模版分别如下所示。

(一)封面

个人理财规划书

理财规划师:×××

完成日期:×年×月×日

服务机构:××银行××分行

(二)目录

目录

1. 理财规划顾问契约。
2. 理财规划师声明。
3. 理财报告摘要。
4. 客户基本情况。
5. 客户理财目标。
6. 客户财务分析。
7. 客户风险属性分析。
8. 宏观经济与基本假设的依据。
9. 理财建议。
10. 其他建议。

(三)正文

理财规划顾问契约

本理财规划顾问契约由赵小姐(以下称甲方)与中国建设银行股份有限公司洛阳分行(以下称乙方)共同订定,其内容如下:

1. 甲方提供乙方足以供做理财规划报告书所需之家庭收支、资产负债、风险偏好、理财目标、特殊需求与考虑等问卷、数据及各项凭证。
2. 乙方针对甲方之个别状况及需求,提供甲方理财规划顾问咨询,包括资产负债表规划、现金流规划及理财投资工具的最适规划。
3. 其他内容:略。

甲方：	乙方：
地址：	地址：
签章：	代理人：×××理财规划师
日期：	日期：

理财规划师声明

尊敬的赵小姐：

非常荣幸有这个机会为您提供全方位的理财规划服务。首先请参阅以下声明：

1. 本理财规划报告书是用来帮助您明确财务需求及目标，对理财事务进行更好的决策，达到财务自由、决策自主与生活自在的人生目标。

2. 本理财规划报告书是在您提供的资料基础上，基于通常可接受的假设、合理的估计，综合考虑您的资产负债状况、理财目标、现金收支状况而制订的。

3. 本理财规划报告书做出的所有的分析都是基于您当前的家庭情况、财务状况、生活环境、未来目标和规划以及对一些金融参数的假设和当前所处的经济形势，以上内容都有可能发生变化。建议您定期评估自己的目标和规划，特别是在人生阶段发生较大变化的时候，如家庭结构转变或更换工作等。

4. 专业胜任说明：略

5. 保密条款：本规划报告书将由理财规划师直接交与客户，充分沟通讨论后协助客户执行规划书中的建议方案。未经客户书面许可本行负责的理财规划师与助理人员，不得透露任何有关客户的个人信息。

6. 应揭露事项：略

理财报告书摘要（略）

一、客户基本情况介绍

经与赵小姐充分沟通后，整理其基本情况如下：

赵小姐，现年23岁，未婚……（客户资料见上述客户基本资料）

二、理财规划的目标

根据与赵小姐的沟通，认定其理财目标依照优先级排列如下：

1. 准备3年后的结婚费用3万元。

2. 3年后在较繁华地段购买80平方米自有房产一套。

3. 准备3年后自有住房的装修费4万元。

三、客户财务分析

表12.1　赵小姐2011年2月收支储蓄表

单位：元

收入项目	金额	支出项目	金额	储蓄项目	金额
薪资	2343	交通费	300	活期储蓄	10000
"三金"扣除	340	手机费	300		
所得税扣除	0	饮食费用	1000		
家庭可支配收入	2000	房租、水电	500		

续表

收入项目	金额	支出项目	金额	储蓄项目	金额
月养老金缴存	180	购物	500		
月住房公积金缴存	280	其他消费	500		
月医疗保险缴存	46				
月可运用收入	2000	生活支出	3600	生活储蓄	8400
利息收入		保障型保险			
		信用卡还款	3500		
年终奖		消费支出	0		
实现资本利得		利息支出	0		
理财收入	0	理财指出	0	理财储蓄	0
总收入	2000	总支出	7100	总储蓄	3300

通过分析得知：

1. 客户可运用自由储蓄额几乎没有，每月生活支出均超出当月可支配收入的80%，超出部分主要靠信用卡透支来实现支付，可运用资产少，更没有理财性资产。故归还透支的资金来源于每年不确定的年终奖金，不理性消费比例明显偏高，这种不合理的消费结构，如持续下去极易出现债务危机。

2. 客户没有足够支付3～4个月的紧急预备金，现有储蓄额还不够1个月的生活支出，说明其抵御外部风险和变化的能力极低，很可能面临支付危机。

四、客户风险属性分析

通过对赵小姐年龄、就业状况、家庭负担、置产状况、投资经验、投资知识等方面的综合分析得出，客户风险能力分值为74分，具有中高风险能力；对其投资首要考虑、认赔动作、赔钱心理、最重要特性和避免工具等风险承受因素分析计算得出客户风险承受态度为46分，属于中度风险承受态度。因此，客户属于中高风险能力与中度风险承受态度的投资人，除了紧急预备金仍以存款持有以外，参照风险矩阵，建议金融资产投资的比例为股票型基金60%、债券40%。投资组合的预期报酬率为8%，标准差为20%。比照客户的理财需求以及理财目标达成时间，可将股票比重60%视为投资组合的上限。

五、宏观经济与基本假设的依据

1. 目前的宏观经济持续成长，经济增长率预估为8%，通货膨胀率预估为5.1%。
2. 住房公积金贷款利率5年以上为5.22%，贷款额的上限为25万元，贷款期限最长30年。
3. 商业房贷利率5年以上为6.66%。
4. 信用卡循环信用贷款利率为18%。
5. 购房地段房屋均价3200元/平方米，房价成长率估计为5%。
6. 赵小姐的收入年成长率假设为3%。
7. 投资回报率为8%，基金投资收益为15%，股票投资收益为20%。
8. 住房公积金账户的报酬率假设为3%。

六、理财建议

由于赵小姐3年后结婚、购房和装修的理财目标均在同一接近时点实现,为达成其目标,采用目标并进法进行规划。(注以下计算公式为Excel中特定的函数计算)

1. 计算客户达成3个理财目标的月储蓄额。

(1) 实现结婚费用目标月需储蓄。

结婚费月储蓄额=PMT(3*12 N,8%/12 I,0 PV,30000 FV)=740.09(元)

(2) 实现购买房产目标月需储蓄。

① 购房路段80平方米住房现价=80×3200=256000(元)。

② 3年后,购房路段80平方米住房价格,按照5%的房价增长率计算,三年后房价=FV(3*12 N,5%/12 I,0 PMT,−256000 PV)=297337(元)。

③ 3年后住房公积金个人账户累积余额=FV(3*12 N,3%/12 I,−280 PMT,−10000 PV)=21474(元)。

④ 公积金贷款首付为30%,购房首付款=297337×30%=89201(元)。

⑤ 考虑将公积金全部支取后,购房首付款差额=89201−21474=67727(元)。

⑥ 实现购房目标月需储蓄 PMT(3*12 N,8%/12 I,0 PV,67727 FV)=1670.80(元)。

(3) 实现装修目标月需储蓄。

装修费月储蓄额=PMT(3*12 N,8%/12 I,0 PV,40000 FV)=986.79(元)。

通过以上计算得知,若在3年后同时实现客户所有理财目标,需要客户从现在起每月储蓄 3397.68(740.00+1670.50+956.79)元。

2. 按照赵小姐目前生活方式每月生活费支出3600元,每月固定收入2000元,远远不够其花销。为实现全部理财目标,提出如下建议:

(1) 改变生活习惯,勤俭持家,准备结婚费用。

① 为降低房租和交通费支出,赵小姐应马上搬迁至公司附近,换租一套两房一厅或一房一厅,月租金只要300元的住所,每月可节约租金100元。

② 不要再打出租车。尽量使用公共交通工具,办理月票,可节约交通费250元。

③ 赵小姐有刷卡购物冲动,每月刷卡消费导致无积蓄,故首先赵小姐必须马上将信用卡透支额还清,剪卡后不再申办可以透支的信用卡。改变自己的消费习惯以减少无谓的消费,消费习惯改变后,有利于控制不合理支出。

④ 不要再追逐名牌服装及进出高级餐厅及酒吧。将家庭全部生活支出压缩到1000元以内。同时运用基金定投方式每月强制投资股票型基金1000元。

3年后可储蓄 FV(3*12 N,15%/12 I,−1000 PMT,0 PV)=45115.51(元)。

可实现准备3万元结婚费用的目标,还能为购房积攒首付款15000元。

(2) 努力工作,广开财源,实现购房、装修目标。

生活习惯调整后,3年后客户在完成第一个理财目标后还能有15000元的节余,重新计算客户购房目标差额为:

首付款−公积金累计额−15000=89201−21474−15000=52727(元)。

实现购房目标年需储蓄额=PMT(3 N,8% I,0 PV,52727 FV)=16241.68(元)。

准备装修费年需储蓄额=PMT(3 N,8% I,0 PV,40000 FV)=12321(元)。

综上所述,赵小姐若要实现3年后购房目标,年奖金收入不能低于16241.68元,若同时考虑装修费用,客户就要努力工作以确保每年奖金不低于28562.68元,才能确保购房同时完成新房的装修。由于分红收入存在不确定性,建议赵小姐充分考虑,若判断年底分红不能稳定达到以上数额,可适当延迟购房时间或调低购房和装修目标。

3. 房贷建议。

因赵小姐公司按规定为其缴纳住房公积金,5年以上住房公积金贷款利率低于商业按揭贷款1.44%,故建议客户申请住房公积金贷款。通过计算得知:

客户贷款金额=297337－89201=208136(元)。

若贷款20年月还款额=1455.35(元)。

若贷款25年每月还款额=1243.57(元)。

若贷款30年月还款额=1145.47(元)。

贷款期限可根据赵小姐结婚后夫妇共同收入进行综合考虑后确定。其他建议:

(1) 根据年龄分析,赵小姐正处于生涯规划和理财活动的建立期,建议投保商业意外险和寿险,结婚前受益人应为其外地的父母。

(2) 节税,改变奖金发放模式。赵小姐每年根据业绩情况可发奖金,金额较大,现在发放模式为每年一次性发放。经过计算得知,若采用分摊方式发放,每年可节约所得税款支出。故建议赵小姐向单位要求改变奖金发放方式。

七、就所建议的投资产品,告知客户可能的风险

1. 流动性风险:急需变现时可能的损失。
2. 市场风险:市场价格可能不涨反跌。
3. 信用风险:个别标的的特殊风险。
4. 就预估的投资报酬率,提出说明:需要的内部报酬率可能会下降。
5. 估计平均报酬率的依据:风险属性分析表与内部报酬率法。
6. 预估最高报酬率与最低报酬率分别为:25%、8%。
7. 过去的绩效并不能代表未来的趋势。

八、定期检讨的安排

理财规划师的职责是准确评估客户的财务需求,并在此基础上为客户提供高质量的财务建议和长期的定期检讨服务。客户如果有任何疑问,欢迎随时向理财规划师进行咨询。根据客户的情况,建议半年定期检讨一次。暂时预约××年××月末为下次检讨日期,届时若家庭基业有重大变化,需要重新制作理财规划报告书。

第三节 实施与调整投资理财规划方案

一、实施理财规划方案

理财规划师按照客户提出的要求制订理财方案,并得到客户认可后,接下来便是实施理财方案。理财方案的实施是整个理财规划中最具实质性的一个环节,方案实施的好坏决定了整个理财方案的效果。理财规划方案的执行者可以是理财规划师也可以是客户选定的专业人士或客户本人。应该选择谁作为理财规划的执行人,取决于理财服务合同的相关规定。一般而言,客户会选择专业理财规划师作为理财规划方案的执行者。为了防止双方法律纠纷,需明确理财规划师与客户之间的权利和义务,同时理财规划师应获得客户关于理财规划实施的书面授权。在理财方案的执行过程中,理财规划师要注意保持与其他相关领域的专业人员的沟通与合作,有这些专业人员的参与,才能保证该规划具有良好的可信性和可行性,从而实现客户的财务目标。

如果在理财规划制订和执行过程中,理财规划师与客户发生争端,理财规划师应主动与客户进行沟通,争取问题得到妥善解决。如果双方协商后仍无法解决,则可以提交仲裁机构或交由法院裁决。一般来说,理财规划师要尽可能地采用第一种方式解决争端,尽量避免产生法律纠纷。

二、理财方案的调整

在方案实施之后,整个宏观环境中的各种因素仍然会持续的变化,客户的自身状况也会不断变化,这些变化都会影响到理财规划的执行效果,一些原定的理财目标及方案可能与现实具体情况出现不相符的情况。因此,理财规划师在执行理财规划时,需要根据外部环境及客户个人状况的变化与客户取得沟通,对理财规划进行及时的调整和完善,从而确保理财目标的顺利实现。注重长期策略性安排是理财规划方案的关键点,而并不是短期内随意改变目标及方案的规划设计。规划开始实施时,需实行过程监控,考虑宏观及微观环境变化对理财方案执行结果会造成积极或消极影响,理财规划师和客户两者之间需时常保持联系,进行沟通。理财规划师每半年至少与客户会面一次,对规划的实际实施情况进行检查,环境多变时则更需要频繁的会面,以就实施结果及时与客户进行沟通,对理财的执行和实施情况进行有效的监控和评估,必要时还可以对制订的理财方案进行适当调整。

方案的执行与调整是投资理财规划活动中重要的一部分。在此,应对具体执行工作按照轻重缓急进行排序,即编制一个具体执行的时间计划,明确各项工作的前后顺序,以提高方案实施的效率,节约客户的实施成本,并一一列明参加方案实施的人员,如对于一个积极成长型方案,应当配备证券、信托、不动产等方面的投资专家;对于一个退休客户的方案,则可能需要配备保险专家或税收专家。对于某些外部事务,可能还需要客户律师与会计师的参与配合。

（一）定期对理财方案进行评估

1. 适用情况

有很多相关因素是缓慢变化的，稍微一点变化对理财方案的整体效果不会产生太大的影响，但经过长时间的积累，细微的变化逐渐变大，会使原来的方案与现实情况严重脱节。这就需要理财规划师定期对理财方案的执行和实施情况进行监控和评估，了解阶段性的理财方案实施结果，以便及时与客户沟通，并对方案进行及时调整。定期评估是理财服务协议的要求，是理财规划师应尽的责任。

2. 评估频率

定期评估的频率可以在签订理财规划服务协议时由双方约定。一般来说，理财规划师每年需要对客户的理财规划方案评估两次，也可以是每季度一次、每半年一次。评估的频率主要取决于以下几个因素：

（1）客户的资本规模。客户的资本规模越大，就越是需要经常对理财规划方案进行监测和评估，因为资本规模较大，一旦决策建议错误，损失也大。对资产规模较小的客户可以适当降低评估频率。

（2）客户个人财务状况变化幅度。如果客户正处在事业的黄金时期，收入增长很快；或者正面临退休，就需要理财规划师经常评估和修改理财方案。反之，财务状况比较稳定的客户就可以相应减少评估次数。

（3）客户的投资风格。有些客户偏爱高风险高收益的投资产品，投资风格积极主动；而有些客户属于风险厌恶型的投资者，投资风格谨慎、稳健，注重长期投资。那么前者比后者更需要经常性的理财方案评估。显然，频率越高对客户越有利，也有助于建立公司和理财规划师个人的信誉和形象。但同时也增大了理财规划师的工作量，增加了理财方案的评估成本。

3. 评估步骤

理财规划方案的评估实际上是对整个理财规划过程所有主要步骤的重新分析，所以对理财规划方案的评估过程与之前的方案制作过程有很多相似的地方。

（1）回顾客户的目标与需求。考察客户原来的理财目标，看看哪些目标有变化，各个目标的重要性和紧迫性有什么变化。

（2）评估当前方案的效果。根据原来的专项方案，分析到评估之日应该达到的财务目标。再评估当前实际达到的水平，看看与预定目标相比有多大差距，找出产生差距的原因。理财规划师应该实事求是，客观地评价原理财方案的效果，切记不可一味地肯定自己的成绩，掩盖不足之处，否则容易引起客户的反感。

（3）研究环境的变化。分析自从上次评估以来，或者自从完成原来理财规划方案以来，哪些宏微观因素发生了变化，发生多大的变化，将来是否会继续变化，如何变化。研究这些变化对理财方案有什么影响，如何调整策略以应对这些变化和影响。

（4）考察在新情况下，原有的规划方案是否可以达到最终目标。如果达不到预定目标，则考虑如何修改方案，适应新情况。

（5）向客户解释新方案。与客户沟通，征求客户的意见。

（6）实施新方案。实施并预测这个新方案在下次评估时能达到的阶段性目标。

（二）不定期的信息服务和方案调整

不定期的信息服务发生在出现某些突发情况时，主要包括下列情况：

（1）宏观经济的重要参数发生变化。比如政府公布预测的经济数据明显异于理财方案中的估计值，政府决定对某个金融领域进行大的改革，法律法规的修订，利率、汇率政策的突然调整等。

（2）金融市场中的重大变化。比如市场出现了适合客户的新的投资机会或者风险因素。

（3）客户自身情况的突然变动。比如客户可能因家中失窃导致原有资产数量大量减少、家庭主要收入来源者失业、家庭成员发生意外事故导致了大额的支出、客户改变买房买车的计划等。

其中，前两种为外部因素的变化，第三种为客户自身因素的变化。

对于外部因素，理财规划师由于职业的优势，往往更早发现这些变化，也更能意识到这些变化能给客户带来什么影响。因此规划师应该主动联系客户，尽快通知、提醒客户采取正确的应对措施。对于客户自身情况的变化，一般是客户主动与理财规划师联系，寻求建议。这时理财规划师应该明白，客户主动询问是基于对理财规划师的信任，规划师应该耐心地对待客户，如果是客户家中发生了不幸的事情还应该注意说话的语气，表现出对客户的关心和理解。这对于理财规划师的信誉和公司的形象有着十分重要的意义。外部因素发生变化导致理财规划方案需要调整的情况比较多。理财规划师在经过审慎分析后判断，外在环境因素的变化对理财目标的实现并无实质性影响，而只是对具体资金运用产生时间性影响或较小的数额影响。在这种情况下，理财规划师一般只需要对执行规划进行调整修改即可。但在修改前，理财规划师应与客户进行必要的沟通。规划调整完毕后，理财规划师还应及时对人员安排和资金运用规划做出相应调整。如果理财规划师在经过审慎分析后判断，外在环境因素的变化对理财目标的实现将产生重大影响，就有必要对整个方案进行修改。例如，央行决定提高利率，这就意味着投资成本增加，消费意愿降低，证券价格将趋于下降。此时如果理财方案建议客户积极进行股票投资，则客户的潜在收益就可能大受影响，因此就有必要对投资策略进行修改。

对方案进行调整应按照如下的程序进行：

（1）情况说明。理财规划师应该向客户出具书面意见，说明理财方案原先的设计依据发生了变化，新情况有可能导致客户预定财务目标无法顺利实现，因此完全有必要对理财策略和建议，乃至理财目标进行修订。

（2）会谈记录。理财规划师要详细记录双方就方案修改所进行的讨论内容。

（3）客户声明。客户应当出具书面声明，同意理财规划师根据新情况对理财方案进行修改。

（4）方案确认。理财规划师在方案修改完毕后，应及时与客户进行讨论沟通并取得客户签署的确认函。同时，理财规划师应该书面通知所属部门。

（5）修订执行规划。方案修改完毕后，理财规划师应根据修改内容对执行规划进行相应的调整。

本 章 小 结

◆ **内容摘要**

本章主要阐述了综合理财规划的含义、理财规划的流程、理财规划建议书的撰写与调整,然后通过案例分析演示理财规划书编写的核心要义。理财规划是指利用科学方法和具体程序为客户制订切实可行的消费支出规划、现金规划、教育规划、风险管理和保险规划、税收筹划、投资规划、退休计划、财产分配和继承规划,以及某些方面或全面的综合性方案,使客户的生活质量得到不断提高,最终实现终生财务安全、自主和自由的过程。理财规划是个人理财服务中的核心环节,将财务分析、投资建议等服务结合其中,是理财顾问服务的一种基本体现。

为客户进行理财规划是理财工作人员的最基本的工作,一份完整的理财规划书通常有着固定的结构,基本上包含如下内容:理财机构声明、客户基本情况、客户财务分析、假设数据、客户风险属性确定、具体理财规划内容、具体产品配置、可行性分析、风险提示和附录。

◆ **关键词**

理财规划方案流程　核心要领　理财规划建议书　实施　评估　调整

实训项目一:

情景一: 赵女士家在二线城市,家庭月收入 13000 元,有个 2 岁的宝宝,没有房贷,有部代步车。想在好的地段买个学区房,学区房的房价是每平方米 9000 元左右,家庭有 10 万元的存款。每个月开销有 4000 元左右。跟公婆住,生活费都是公婆出,赵女士夫妻就养孩子养车。赵女士想在两三年内买套 90 平方米的学区房,换部 10 万元左右的车。

情景二: 李先生,30 岁,外企中层,年薪税后 15 万元(其他,油费、交通费、通信费、餐费报销)。张女士,29 岁,在一家大型私企工作,年薪税后 14 万元。两人公积金每年 3.5 万元。房租收入 2000 元/月。有一个两岁半的宝宝。

目前家庭有两套房,一套自住两居无贷款,市值 240 万元,一套出租,租金每月 2000 元,房贷月供 2900 元,还剩 38 万元贷款。目前家庭存款 42 万元(包括 12 万元公积金未取)。

家庭支出:宝宝 2000 元/月,生活费 5000 元/月,房贷 2900 元/月;其他支出,包括车辆保养、孝敬父母、出国游、买电子产品等每年总计 9 万元。

理财规划师分析了李先生家庭的基本情况之后,认为李先生和太太目前在家庭收入稳定、宝宝尚小的情况下,可考虑进一步改善生活质量,但应注意在计划购车购房的同时,要为自身做好合理的安全保障。在投资理财产品的选择上,要根据不同产品的特点,采用短、中、长期产品结合的投资方式,完成既定的理财目标。

1. 根据客户赵女士家庭情况,为赵女士设定理财规划目标。

2. 根据情景二理财规划师的分析结论,你认为理财规划师在分析李先生的家庭基本情况后,为李先生提供理财服务遵循的理财规划原则是什么?

3. 假如你为赵女士和李先生做理财规划,那么理财方案中应包括哪些基本内容? 理财规划的基本业务流程是怎样的？

实训项目二：个人家庭综合理财规划调研分析

1. 实训目的

通过本实训，使学生能够结合自身家庭经济状况，设计一份符合个人家庭综合理财规划调研报告，培养学生收集资料、整理资料、分析问题的能力，提高学生的团队意识。

2. 实训内容

学生收集相关资料，分析个人家庭综合理财规划。

3. 实训要求

(1) 能够通过图书、杂志、网络等渠道，收集和整理相关资料。

(2) 能够根据收集和整理的资料，以书面报告的形式得出观点。

4. 实训过程设计

(1) 学生通过多种渠道和方法收集相关资料。

(2) 撰写调查报告并制作PPT进行展示。

(3) 老师点评和总结。

参 考 文 献

[1] 江珂. 个人理财[M]. 北京:经济管理出版社,2014.
[2] 盛亦工. 个人理财[M]. 北京:科学出版社,2012.
[3] 黄祝华. 个人理财[M]. 大连:东北财经大学出版社,2019.
[4] 潘静波,陶永诚. 个人理财[M]. 北京:高等教育出版社,2018.
[5] 韩海燕. 个人理财[M]. 北京:清华大学出版社,2014.
[6] 廖旗平. 个人理财[M]. 北京:高等教育出版社,2016.
[7] 张晓东. 个人理财[M]. 大连:东北财经大学出版社,2016.
[8] 陈飞飞. 个人理财[M]. 北京:中国传媒大学出版社,2014.
[9] 张丹. 个人理财[M]. 武汉:湖北科学技术出版社,2016.
[10] 侯志铭. 个人理财[M]. 北京:对外经济贸易大学出版社,2016.
[11] 张炳达. 个人理财[M]. 上海:上海财经大学出版社,2015.
[12] 成蕴琳. 个人理财[M]. 北京:北京理工大学出版社,2014.
[13] 柴效武. 个人理财[M]. 北京:清华大学出版社,2013.
[14] 陶永诚. 个人理财[M]. 北京:高等教育出版社,2014.
[15] 景海萍. 个人理财[M]. 北京:北京理工大学出版社,2014.
[16] 徐雨光. 个人理财[M]. 成都:电子科技大学出版社,2013.
[17] 李治. 个人理财实务[M]. 西安:西北工业大学出版社,2019.
[18] 曹文芳. 个人理财规划[M]. 北京:中国轻工业出版社,2018.
[19] 刘宇红. 个人投资理财[M]. 北京:经济管理出版社,2014.
[20] 张炳达,黄侃梅. 投资与理财[M]. 上海:上海财经大学出版社,2010.
[21] 孙晓宇. 理财规划与设计[M]. 北京:电子工业出版社,2019.
[22] 柴效武,孟晓苏. 个人理财规划[M]. 北京:清华大学出版社,2017.
[23] 陈玉罡. 个人理财理论、实务与案例[M]. 北京:北京大学出版社,2012.
[24] 刘永刚. 投资理财概论[M]. 北京:清华大学出版社,2018.
[25] 魏涛. 投资与理财[M]. 北京:电子工业出版社,2012.
[26] 郑慧文. 理财规划与方案设计[M]. 北京:机械工业出版社,2014.
[27] 周佰成. 投资学[M]. 北京:清华大学出版社,2012.
[28] 贺显南. 投资学原理及应用[M]. 3版. 北京:机械工业出版社,2018.
[29] 刘永刚. 保险学案例分析[M]. 北京:中国财政经济出版社,2016.
[30] 王启. 保险实务[M]. 北京:清华大学出版社,2013.
[31] 闫定军. 理财规划实务[M]. 北京:清华大学出版社,2013.
[32] 张旺军. 个人理财[M]. 北京:科学出版社,2012.
[33] 金利娟. 证券投资学[M]. 合肥:中国科学技术大学出版社,2013.

[34] 中国就业培训技术指导中心. 理财规划师基础知识[M]. 5版. 北京:中国财政经济出版社,2013.

[35] 中国就业培训技术指导中心. 理财规划师专业能力[M]. 5版. 北京:中国财政经济出版社,2013.

[36] 张秀中. 税收筹划教程[M]. 北京:中国人民大学出版社,2005.

[37] 计金标. 税收筹划[M]. 北京:中国人民大学出版社,2004.

[38] 郭明瑞. 继承法[M]. 北京:法律出版社,2003.

[39] 清崎,莱希特. 富爸爸财务自由之路[M]. 龙秀,译. 北京:世界图书出版社,2000.

[40] 清崎,莱希特. 富爸爸财富大趋势[M]. 萧明,译. 海口:海南出版社,2011.

[41] 清崎,莱希特. 富爸爸穷爸爸实践篇[M]. 萧明,译. 海口:海南出版社,2011.